缙云文化研究 续编

■ 王达钦 著

ZHEJIANG UNIVERSITY PRESS
浙江大学出版社

前　言

缙云县，地处浙中偏南的括苍山区，她有峻拔秀美的山川、勤劳淳朴的人民、源远流长的历史和博大精深的文化。我生于斯，长于斯，耳濡目染，岁月磨砺，使我对她有了越来越深的感情和关切。

从20世纪80年代开始，我利用早晚工作之暇，对全县的山水风光、历史事件、神话传说、人文逸事等内容，进行了一个专题、一个专题的思索和研究，陆续写出数百篇介绍性小文和百余篇学术性论文。其中《缙云仙都黄帝文化概论》一文，三十年中以《缙云山开发历史考证》、《缙云山考》、《缙云黄帝文化的历史考察》等见于报刊，大大小小修改数百次，几乎凝聚了本人一生心血，是本人在缙云黄帝文化研究中的代表作。2008年在县委书记的关注下，《缙云文化研究》一书正式出版，全国发行。

当时，自以为已遂了一生心愿，踌躇满志。谁料，在2009年重阳的"缙云仙都黄帝文化大讲坛"上，全国政协委员、中国社会科学院历史研究所先秦史研究室主任、甲骨文殷商史研究中心主任、中国先秦史学会常务副会长宋镇豪先生在所做的题为《缙云黄帝文脉》的学术报告中，向大家通报了1993年湖北江陵王家台15号秦代古墓出土有"晋之墟"竹简。"心有灵犀一点通"，我感觉天外有天、学无止境，缙云文化的研究还需要深化，于是写了《缙云墟溯源》一文，将缙云黄帝文化的源头上溯至殷商时期。

后来，县志办江剑扬先生为我安装文渊阁《四库全书》(电子版)，人大科教文卫办公室主任麻松亘先生为我安装《中华古诗文系列经典文库》(电子版)，同时从北京购进了《四部丛刊》(电子版)。在搜索的文渊阁《四库全书》有关"缙云"的1123条古代文献中，我发现晋代文学家庾阐、王微、简文帝以及南朝高允和庾信的传世作品中都有一些与缙云有关的文字记载，由此我退而未休，继续从事艰辛的探索之旅。从那以后逐步写成《千古缙云说黄帝》、《黄帝南巡升天传说的历史推测》、《缙云堂考》、《缙云黄帝文化的历史渊源和中国南方黄帝文化辐射中心的确立》、《再释三天子都》、《南山寻踪大越魂》等文，现在总算可以松一口气了。在其他领域有《缙云县地层地质研究》、《鲍彪的身世和注释〈战国策〉》、《武则天嵩山封禅与缙云封县》、《瓯、处州、括苍新释》、《刘基与石抹宜孙》、《壶镇考》和《探秘缙云丹址、龙津王氏》等等，先后在《嫘祖文化研究》、《炎黄精神与和谐文化》、《刘基文化论丛》、《丽水研究》、《丽水方志》、《缙云文学》、《括苍古今》等刊物上正式发表。

为了让读者和后人了解我缙云文化研究的整体进展，趁思绪尚未混乱之前，现将近五六年间写成的六十篇研究性论文，加上《李阳冰集》等，合为《缙云文化研究续编》，与《缙云文化研究》合璧，以飨读者。

古人云："言而无文，行之不远。"同理，文字没有文采，流传也不会远。社会文化研究，特别是人类社会历史研究，向来是以书证书，兼以民间传说去佐证。近人提出要用田野考古证实，自然是对的。但一个县、一个地区范围有限，不可能有更多出土资料作证明。即使有，对它们的研究也很复杂。因此以书证书，辅以民间传说去探索，不失为主要的研究方法。《缙云文化研究续编》，作为学术性的著作，自然不可能像文艺类读物那样靠生动的情节和华丽的词句来吸引人，而是以父老乡亲们耳熟能详的人和事为题，尽量所举皆准，所引皆确，议论思辨，面向全国，这本身就有雅俗共赏的趣味，因此是有生命力的。

《缙云文化研究续编》是研究性学术论文集，前后文之间，史料和观点的重复，在各篇之中是难免的，整体去读，很容易让人觉得冗长啰唆，自知难以避免，却又无可奈何，只好请有识者谅解了。

学术的攀登是永无止境的，虽然我对此书进行了认真的校读与修订，但由于资料不可能完备，加上水平的限制，舛讹疏失，当不在少，望批评赐教。

王达钦

2014 年 9 月初稿

2015 年 7 月 16 日再稿

于缙云墟翠微山谷

目　录

一、地质地层

二、黄帝文化

三、地域文化

四、经　济

五、民风习俗

六、地方戏剧

七、人物轶事

八、战　事

九、宗　教

十、文物研究

十一、李阳冰集

一、 地质地层

缙云县地层地质研究①

一、地 层

浙江大地构造，总体以江山—绍兴深断裂带为界，分成浙西北和浙东南两个区。浙西北属扬子准地台(Yangtze paraplatform)，或称扬子地块。浙东南属华南褶皱系(South China folded system)，或称华夏地块，它出露地层比较简单，为元古界变质岩和不整合覆盖，其上广泛分布着中生代火山岩系。缙云县属华南地块，地层主要出露中生代白垩系磨石山群、永康群、天台群、新近系上新统和第四系。

(一)磨石山群

磨石山群地层名称，源于1959年浙江省石油地质队在缙云、永康两县交界的缙云一侧磨石山所建的磨石山组。浙江省区域调查地质大队和省内外地质工作者，历经20多年，发现浙江东南部的磨石山组自下而上有5套不同组合特征的地层，将它们分别命名为大爽组、高坞组、西山头组、茶湾组和九里坪组，合称磨石山群。而原磨石山组只包括部分西山头组和九里坪组。其上为永康群馆头组所覆。“磨石山”一名，本由笕川村农民于角山山麓石头磨刀而取，新中国成立后所编制的地图上均无此名，而该山上部正式名称为刘山和乌岩洞岗，即今缙云县新建镇的笕川、宏坦、玉溪、刘山、凝碧等村北部的角山、乌岩洞岗、大排帝、大面岩、历山等组成的诸山中段。磨石山群代表浙江东南部早白垩世早期广泛发育的火山沉积岩系，不仅为国内地质界所熟知，也为国际上地质学界，特别是火山地质学和地层学界熟知和接受。为避免引起混乱和误解，当今地质学界仍特别保留了“磨石山群”这一名称。

测区西南的缙云县磨石山剖面(图1-1)，本亚段(J_3^{c-1})无下1304.8米。自上而下为：

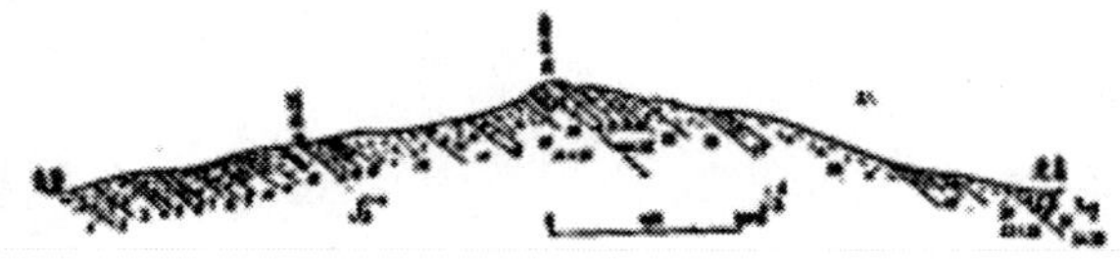

磨石山火山岩系剖面图

① 成文于2007年10月5日，曾发表于《缙云县国土资源志》2011年版。

〔上覆地层〕九里坪组流纹岩。

～～～～火 山 喷 发 不 整 合～～～～

西山头组

20. 紫红色中厚至厚层状流纹质玻屑凝灰岩。上部夹沉凝灰岩。厚 32.6 米

19. 紫黑色块状英安质熔结凝灰岩。 厚 57.8 米

18. 暗紫色块状英安质岩屑玻屑凝灰岩。 厚 33.3 米

17. 暗紫至紫红色块状英安质凝灰熔岩，中部夹英安质含砾玻屑凝灰岩，上部夹流纹质凝熔结凝灰岩。 厚 102.1 米

16. 暗紫灰色块状含角砾安山质晶屑玻屑熔结凝灰岩。 厚 219.0 米

15. 灰黄绿色厚至中厚层状凝灰质砂岩间夹沉凝灰岩和英安质熔结凝灰岩。 厚 43.9 米

14. 灰黑、灰紫色厚层状沉凝灰岩。 厚 24.3 米

13. 灰黑色厚层至块状安山质角砾熔结凝灰岩。 厚 33.2 米

12. 紫红色块状流纹质熔结凝灰岩，上部夹珍珠岩。 厚 106.5 米

11. 灰黑至灰紫色厚层状凝灰质砾岩。上部夹流纹质玻屑凝灰岩。 厚 65.3 米

10. 暗灰至黑色厚层状凝灰质粗砂岩、细砂岩、沉凝灰岩互层。 厚 23.0 米

9. 绿色块状英安质凝灰熔岩。 厚 14.5 米

8. 浅褐色薄至中厚层状凝灰质不等粒砂岩。 厚 38.0 米

7. 浅绿色中厚层状英安质玻屑凝灰岩。 厚 20.2 米

6. 墨绿色条带状沉凝灰岩。 厚 17.2 米

5. 浅灰色块状英安质含角砾玻屑熔结凝灰岩。中上部夹沉凝灰岩。 厚 284.8 米

4. 浅绿色块状凝灰质不等粒砂岩夹砂质页岩。 厚 10.7 米

3. 浅灰色块状英安质玻屑晶屑熔结凝灰岩。 厚 114.1 米

2. 浅紫红色块状流纹质玻屑凝灰岩。 厚 53.6 米

1. 暗紫色块状英安质凝灰岩。 厚 10.2 米

————断　　　层————

缙云县磨石山上侏盘统火山岩系（J_3^{c-1}—J_3^{d}）剖面图①

1. 大爽组

系早白垩系磨石山群最下部的一层地层，是一套成层性较好的火山沉积岩，属于早白垩世第一火山活动旋回早期阶段间歇性、弱喷发活动的产物。下部以

① 图中序号为地层编号，因下层生成早，上层生成晚，故为倒序。下文中有同样情况的，不再赘述。

沉积岩为主,部分地区玄武岩较多;上部为酸性火山岩夹沉积岩。东阳大爽一带出露较全,具有一定的代表性。缙云县内未见出露。

2. 高坞组

主要为中酸性、酸性火山碎屑岩组成,沉积夹层少,是一套岩性单一的厚层至块状火山岩。以诸暨、嵊州交界处的清秀田—雾露尖剖面为代表。是早白垩世火山喷发第一旋回的产物。

高坞组火山岩,多数具晶屑塑变结构,石英、长石晶含量高(30%—40%),晶粒较大。宏观貌似花岗岩体。风化后常形成类似岩体的盾形山顶。在柱状节理发育地段,又常形成陡峭山谷。缙云主要分布区为西岙—皂坑、上陆—方溪、木栗—南溪一带。总厚度 1210—2350 米。构成缙云中部、南部和西部中山区地貌。

3. 西山头组

磨石山群剖面总厚 1138.3 米,基本代表了壶镇—回山一带的西山头组的面貌,岩性为一套英安质间夹流纹质的玻屑熔结凝灰岩或凝灰岩。

西山头组是一套岩性复杂的火山沉积岩,主要由酸性火山碎屑岩组成,间夹沉积岩,部分地区夹少量中、酸性熔岩。天台九里坪剖面,层序清楚,顶底齐全。

西山头组是早白垩世火山活动第一旋回晚期的产物,分布面广,岩性杂,成层性好,横向变化大。与下伏高坞组一般为整合接触。缙云县内出露于壶镇—南田、大陆岙—白岩、横塘岸及东余一带。厚度在 1000 米以上,底部与高坞组整合接触。

4. 茶湾组

由凝灰质沙砾岩、砂岩、粉砂质泥岩、沉积岩组成,部分地区由基性和少量中性熔岩、酸性火山碎屑岩间沉积岩组成,为火山洼地堆积。天台九里坪剖面出露较完整。

茶湾组岩性主要为青灰、紫灰色含角砾流纹质或英安质玻屑熔结凝灰岩,夹沉积凝灰岩、凝灰质砂岩。缙云县境内分布于西山—越陈—麻田一带。壶镇水口亦有出露,如出土于南方伊克昭弓鳍鱼的一个新种斜体化石。伊克昭弓鳍鱼,为中华弓鳍鱼科的一个属。

5. 九里坪组

主要为酸性熔岩或流纹岩,与酸性火山碎屑岩夹沉凝灰岩、沉积岩构成,偶夹中酸性熔岩。天台九里坪剖面层序为代表。

九里坪组是早白垩世火山活动第二旋回晚期的产物。它与下伏茶湾组、西山头组为火山喷发不整合接触,有时呈浸出—喷溢相产出,局部地段则超覆于高坞组之上。缙云县除磨石山外,尚未发现。

6. 关于磨石山群的时代

国内大多数古生物学者认为地层的生物时代应为早白垩世。1999 年，浙江省区域地质调查大队俞云文、浙江省地质矿产研究所徐步台发表“浙江中生代晚期火山—沉积岩系层序和时代”一文，根据同位素地质年代结合该区火山—沉积地层的古地磁和古生物研究资料，指出磨石山群属早白垩世早期。2001 年，俞云文、徐步台、陈江峰、董传万发表的“浙东南中生代火山岩 nd 同位素组成及其地层学意义”一文中指出，下白垩统磨石山群具有两组不同∈nd(t)值，可划分为三个火山旋回。而后中国地质调查局南京地质矿产研究所李耀西、汪迎平、丁保良发表论文，支持上述观点。2005 年，中国科学院院士顾知微在《论闽浙运动》一文中指出：“最新的地层古生物资料，特别是我国东北地区夹有海相软体动物化石层的资料证明，黑龙江省东部的龙爪沟群、鸡西群与辽宁省西部的热河群均属于白垩系，因此，浙江省的建德群自其下部的劳村起，也均属白垩系。……浙东南的磨石山群，相当于建德群劳村组至寿昌组岩层。”经测同位素年龄，磨石山群火山岩年龄在 135—115Ma 之间。

（二）永康群

永康群为一套红色的沉积岩夹火山岩，习惯称红层，主要分布于 46 个大小不等的盆地内。1959 年，浙江省石油地质队在永康盆地测制了地层剖面，划分出永康组（包括馆头段、朝川段）及方岩砾岩。20 世纪 60 年代以来，浙江区域地质调查大队、南京地质古生物研究所等单位，对浙江东南部“红色盆地”地层层序和生物化石作了详细研究，自下而上建立了馆头组、朝川组和方岩组，原来的永康组不再引用，并将这三个岩组合称为永康群。永康群，为一套内陆河湖沉积岩夹火山岩。岩层厚度在各盆地差别很大，横向变化迅速，累计最大厚度在 5986.6 米以上。

1. 馆头组

馆头组，以永康市石柱乡馆头村中地层命名。其岩性主要是一套黄绿色、浅灰色、灰黑色混杂的粉砂岩或泥岩，夹少量火山岩。同位素年龄在 113—103Ma。[①] 该组厚度横向变化很大，一般为 300—600 米，最大厚度近 2300 米。建组剖面在永康和缙云之交的永康市前仓镇馆头村。

馆头组岩层，在缙云出露于壶镇盆地、双溪盆地，以及靖岳盆地边缘，厚度为 240—500 米。在前路乡水口和三溪西应盆地一带，底部夹杂厚达 192 米的紫红色凝灰质砂岩。唐市盆地中上部夹杂厚 2—3 米的泥灰岩，下部普遍夹有玄武

① 罗以达，俞云文. 试论永康群时代及区域地层对比. 中国地质，2004(4).

岩、安山岩。

2. 朝川组

朝川组岩性为紫色钙质细砂粉岩或泥岩、夹砂岩、沙砾岩和流纹质玻屑凝灰岩、熔结凝灰岩等。朝川组命名剖面在永康盆地西南侧的朝川村。缙云县主要分布在壶镇盆地东侧唐市一带，以及双溪口盆地之中。紧随馆头组出露，与下伏馆头组整合接触，厚度为650—1000米。分布在舒洪一带的是一巨厚层块状沙砾岩，砾岩夹含沙砾岩，上部为含砾玻屑沙砾岩。

3. 方岩组

方岩组，即方岩砾岩，以永康市方岩岩层命名。其岩性主要为紫红色厚层至块状砾岩，夹沙砾岩、砂岩，偶夹火山岩。方岩组砾岩常形成丹霞地貌[①]，山势陡峻，怪石嶙峋，往往成为奇特的风景胜地。

缙云地区方岩组出露在五云镇城南鹁鸠山，詹山西北部、东渡中学后山、舒洪大岩洞、仙都仙岩村东一带和溶江乡岩门花岗附近等零星分布。

（三）天台群

天台群在年代上大体与永康群同时。自下而上划分为塘上组、两头塘组和赤城山组。

1. 塘上组

为一套紫灰色、黄绿带褐色块状流纹质，含砾玻屑凝灰岩、玻屑熔结凝灰岩、流纹岩夹沉凝灰岩、紫红色凝灰岩质粉砂岩和沙砾岩。厚度一般在100—300米，最厚达2359.3米（仙岩铺），沈宅为256.7米，最薄为68.8米（郑坑口）。1978年，浙江区域地质调查队在天台县西塘上村建立剖面。缙云县天台群主要分布在白垩纪盆地中。

舒洪—马鞍山破火山口内，塘上组主要为流纹岩、珍珠岩和松脂岩等酸性熔岩，底部偶夹红色沙砾岩，沸石化较普遍。中国首个沸石矿床就是发现于马鞍山。壶镇火山洼地内，以流纹质含砾玻屑凝灰岩为主，中上部夹三层流纹岩，红色沉积夹层略多，底部为巨砾岩层。本组火山岩抗风化能力强，常形成船形单面山和石笋、石柱，仙都风景名胜区即属塘上组地层。

马鞍山火山机体内的塘上组以流纹岩夹凝灰岩和珍珠岩、松脂岩为主，底部偶夹紫红色沙砾岩，厚度巨大。往北逐渐消失，夹杂多层珍珠岩和沸石矿层。

---

① 丹霞地貌，即以广东仁化县城南丹霞山红砂岩命名的岩层。

2. 两头塘组

原称赖家组一段，由浙江省区域地质调查大队所创，以天台县街头赖家剖面命名。它位于塘上组之上，上部被新近系上新统嵊县（州）组（N_2S）所不整合覆盖的一套红色河相沉积建造。由于碎屑沉积岩有下细上粗的特点，据此又分为一、二两段，以两头塘、赤城山剖面为代表。

缙云壶镇盆地和马鞍山南侧的舒洪盆地有出露。厚度为500—1000米，为紫红色中厚层状砂岩、粉砂岩为主，夹薄至中厚层状沙砾岩和流纹质玻屑凝灰岩。

壶镇盆地的西山沿含有丰富的恐龙骨化石，剖面厚度大于175米，化石层具体位置及岩性可见大山脚剖面，层序自上而下为：

11. 紫红色薄层状泥质粉砂岩，底部夹三层薄层细沙粉砂岩，含有少量姜状钙结核。 厚>88.0米

10. 浅灰绿色薄层状含砾凝灰质粗砂岩。 厚1米

9. 紫红色薄层状钙质泥质粉砂岩，局部含姜状钙质结核。上部含 Ornithischia（鸟臂类甲片及椎体）、Saurpoda（蜥脚类）、Ankylosawidae（甲龙的甲板、尺骨、乌喙、股骨、脊椎等）。 厚86.8米

————整　　合————

〔下伏地层〕上白垩统塘上组灰褐色块状流纹质玻屑熔结凝灰岩。

3. 赤城山组

赤城山组，即赖家组二段，由浙江省区域地质调查大队所创。岩性为紫红色厚层砾岩和沙砾岩。在壶镇盆地和舒洪盆地与西山头组一带均有零星分布。

（四）第三系

新生代喜马拉雅山运动使我国西北和西藏地区强烈上升，华南地块和丽水—余姚、温州—淳安断裂带的挤压使缙云县东南部括苍山脉主峰大洋山一带隆起和褶皱。

新近系上新世嵊县（州）组，主要分布在丽水—永康—诸暨一线以东，仙居—临海—椒江以北的玄武岩。东方镇下东方村隔溪的磊山（石囤山）黑色玄武岩，测定年龄为距今930万年，属新生代第三纪火山口喷发遗迹，是缙云地域内最后一次火山活动的记录。

（五）第四系

第四纪（Quaternay Per od），地质年代中最后一个纪，由法国学者德斯诺伊

尔斯在1829年创立。1932年,第二届国际第四纪会议进一步将第四纪划分为更新世和全新世。第四纪是哺乳动物崛起和人类孕育、发展的时代。它的延续时间,目前普遍认为是200万至300万年。

第四纪的沉积物称第四系,主要分布于山前、河谷和平原地区。在壶镇、新建山谷、河谷盆地出露,以洪积物和冲积物为主。由于成因不同分为古红土和近代沉积物两类。红土砾石层分布于壶镇东侧低丘阶段,面积0.48平方公里。新建盆地的南侧及大洋山一带的低丘有零星分布,穿插有晚更新统堆积物。近代沉积物分布于县境内各条河流中上游及河谷平缓地带,洪积物覆盖面积约222平方公里,冲积物覆盖面积约19平方公里。

二、构　造

(一)构造发展阶段

地质学家推测,浙江地质自元古代以来经历了地槽、地台和陆缘活动三个发展阶段。在距今8亿年左右的前震旦纪末的晋宁运动主幕期间,浙江受西北侧扬子地槽回返的牵动,边缘局部褶皱隆起为地槽。古生代加里东运动使浙东南褶皱带经受第二次强烈的变质作用。中生代环太平洋地带是地壳运动最为强烈的地带。我国濒临太平洋西端,地壳运动和岩浆活动一发生于三叠纪的印支运动,二发生于侏罗纪和白垩纪的燕山运动。印支运动,在早石炭世末,地壳隆升运动波及浙江全境,由地槽上升为陆地。三叠纪晚期,较强烈的印支运动使华南地盘上升,海水退出,基本上结束了原来南海北陆的局面,使华南、华北连接成完整的大陆。到侏罗纪时,我国只有西藏、青海南部、两广沿海、东北乌苏里江下游等处尚存海水。而到侏罗纪和白垩纪,又发生了非常强烈的燕山运动。由于陆壳由北向南推动,受到太平洋洋壳的阻力,在力偶作用下发生了不均衡的扭动,因而导致由"多"字形构造所控制的隆起和凹陷,形成了北东或北东向的褶皱断裂山地和许多规模不等的斜列盆地。印支运动以后,浙江处于陆缘活动阶段,由于大洋板块向欧亚大陆的俯冲,造成固化地台的再次活动。大规模的岩浆喷出和侵入活动,断陷盆地的形成以及各时代地层之间普遍出现假整合或不整合接触。

燕山运动是中生代的构造运动,旋回以断块活动为主要特征,兼有水平挤压。浙江在侏罗纪和白垩纪,地层之间存在假整合或不整合,并结合岩浆侵入活动。新生代第三纪的构造运动——喜马拉雅运动(简称"喜山运动"),方使我国西部迅速上升，并出现了向东延伸的喜马拉雅山脉，终于形成了西高东低的地形。后来由于青藏高原的再次上升，导致了上新世后期以内陆为主的水系结构发展成为以外流居多的水系特点。早期的河谷、小溪的岩层，众水汇聚的好溪水对表面岩层的侵蚀切割日渐剧烈，而地球内部的压力也开始挤压四周的地层。在地表水和地下水以及植物的作用下，峡谷越来越深，终于使好溪上下连通。上新统嵊县群为一套以基性火山岩为主、间夹砂砾石的火山沉积建造，表明这一构造发生了间歇性的岩浆喷发活动。

（二）断裂构造

《浙江省地质构造图》显示，缙云县属浙东南的华南地块，处于西南—东北走向的丽水—余姚深断裂带、东南—西北走向的温州—淳安大断裂带以及鹤溪—奉化大断裂带的交汇地域。它决定了桐宫山、括苍山、仙霞岭等山脉从西南向东北的大体定向，同时也造就了瓯江大溪、好溪的西北—东南走向。

缙云还处在武夷山—戴云山构造隆起带中段。表现为两个部分：东部是隆起带的轴部，为括苍山脉西端；西部为好溪、新建溪两个断裂带，为寿昌—丽水—景宁断裂带的中段部分。此构造为缙云最主要的构造形式，控制县境内的地层分布、岩浆活动和表层构造，为径向构造。

1. 丽水—余姚深断裂

此断裂是浙东南最醒目的断裂构造，南延福建，北经嵊州过余姚，潜入杭州湾水域。总体走向约 30°，浙江省内长达 350 公里。卫星照片显示清晰，为平行排列之线状影像。航磁反映为正负异常分界，其中北段跳动频繁。地表为一系列北东、北北东向大致平行或斜列的仰冲断裂，组成宽达 15—40 公里的断裂带。这些断裂形迹清晰，均具 30 米—4 公里宽度的挤压破碎带。丽水盆地南部、安文等地岩石遭受动力变质作用，出现强烈的片理化及千枚岩化，宽达 3 公里左右。沿断裂带有燕山晚期酸性岩体的侵入。在东阳尖山镇至新昌、嵊州一带，有大量的晚第三纪玄武岩喷出。在壶镇—丽水一带，基性、超基性岩筒呈串珠状排列产出。缙云附近还见喜马拉雅期的超基性岩具挤压破碎现象，表明该断裂晚近时期尚在继续活动。

丽水—余姚断裂带，其西南段和东北段的延伸所经过的具体位置尚有分歧，有人认为它与福建省的政和—大浦断裂带相衔接，其东段经永康—南马盆地南缘，东阳、巍山、嵊州盆地的西北边缘直抵上虞，故也曾称其为丽水—上虞断裂带。大量资料表明，该断裂与早白垩世的火山喷发活动没有亲缘关系，但它却直接控制了早白垩世晚期至晚白垩世盆地的现在形态。由此看来，它不是基底断裂的复活，而是燕山晚期才开始形成，在白垩世晚期活动最为剧烈。因此，对断裂具体位置的判定，主要从地表形迹上去观察，凡单条断裂规模较大者均可作为主断裂经过的位置。

丽水—余姚断裂带无论断距规模或断裂延伸长度都比较大，多为高角度的仰冲断裂；倾角多在70°—80°之间，有的断裂面近于直立或倾向相背，纵张断裂较少。断裂挤压破碎带一般宽达数十米，最宽者可达500—1000米。主要为构造透镜体、劈理、片理化等形迹。部分地段岩层受牵引而直立倒转。一些断裂平面上常出现树枝状分叉或叉后又合并的现象。在一些规模较大的断裂旁，往往出现一些由于劈理或低序级旋扭断裂组成的帚状构造，如窈川帚状构造。有的断裂部分地段走向急剧向东偏转，说明较早形成的北东向构造起着相当程度的控制作用。

在这个断裂带上，基性或超基性的火山角砾岩筒达15个之多。这些岩筒，一般认为是来自较深位置，表现这一构造带断裂波及的深度。

2. 温州—淳安大断裂带

该大断裂带斜贯浙江中部，呈310°—320°方向延伸，西北起自淳安洪家附近，往南东经兰溪、金华至温州，全长约300公里。航磁异常图上，该大断裂带东南段反映为负异常背景上正高异常点呈北西向串珠状排列；西北段呈现正负异常截然分界。卫星照片显示断续的线形影像。建德市白沙一带和金衢盆地内有一组北西向断裂断续分布，断面常具追踪现象。断裂中有石英脉、花岗斑岩脉充填。该大断裂形成于燕山期，断裂性质曾多次转化。

3. 鹤溪—奉化大断裂带

此大断裂带南段与丽水—余姚深断合并，往北经仙居盆地北缘，并继续向北东方向延伸，直抵宁波盆地南缘与温州—镇海大断裂带会合，主体走向呈北东向，全长215公里。断裂主要发育在白垩纪中，后多次切割燕山晚期花岗岩体。破碎带南窄北宽，有20—300米，断面舒缓，呈波状。航磁显示为北东向的正负磁异常交接带和呈北东向串珠状排列的短轴状正高异常带。该断裂可能是基底断裂复活，故推测断裂形成于加里东期后期，对白垩世岩浆喷出与侵入活动有直接影响。

2008 年 5 月 9 日，浙江省博物馆专家清理缙云出土的恐龙化石

缙云出土的恐龙蛋(2008 年)

表1－1　浙江省缙云县区域年代底层、地质年代表

单位：百万年

宇(宙)	界(代)	系(纪)	统(世)	阶(期)	绝对年龄	构造发展阶段	造山运动构造期	地里形态	出土化石
显生宇(宙)PH	新生界代C_2	第四系(纪)Q	全新统(世)Qh		0.01	陆缘活动阶段	喜马拉雅期	壶镇新建平原	
			更新统(世)Qp	鄞江桥组					
				山门街组	2.6				
		新近系(纪)	上新统(世)N_2	嵊县组				东方磊山火山口	
			中新统(世)N_1		23.3				
		古近系(纪)	渐新统(世)E_3		32				
			始新统(世)E_2		56.5				
			古新统(世)E_1		65				
	中生界(代)M_z	白垩系(纪)K	上(晚)白垩统(世)K_2	永康群 方岩组；天台群 赤城山组			燕山期	大岩洞	西山沿 恐龙化 石和鱼 化 石
				永康群 朝川组；天台群 两头塘组				壶镇、仙都	
			下(早)白垩统(世)K_1	永康群 馆头组；天台群 塘上组	96				
				磨石山群 九里坪组					
				磨石山群 茶湾组					
				磨石山群 西山头组					
				磨石山群 高鸟组					
				磨石山群 大爽组	137				
		侏罗系(纪)J	上(晚)侏罗统(世)						
			中侏罗统(世)J_2	毛弄组					
			下(早)侏罗统(世)J_1		205				

注：表中**加黑**部分为缙云县地层地质，非**加黑**部分为理论地质地层。

二、 黄帝文化

缙云黄帝文化的研究历程[①]

一

仙都，位于浙江省中部偏南的缙云县境内，地理上属于瓯江支流好溪上游和钱塘江水系新安江上游的武义江南源新建溪一带，它东接括苍山山脉，西连仙霞岭余脉的雪峰山、大洋山和历山，《志》称三百里。古名缙云山，缙云县以此而得名。境内群峰插天，溪流如练，山水神秀，名闻天下。因此，仙都是缙云县风景名胜的总称。

三十多年来，人们在舒洪、东渡、壶镇、新建等地先后发现新石器时代的石钺、石斧、石刀、石锛和硬陶残片，表明四五千年前这一带就有人类居住。战国、秦汉时期，它位于闽（闽中郡）西北的海中（古时“九夷、八狄、七戒、六蛮”为四海，“海中”相当于当今少数民族地区），为瓯（貙）、越、豹、闽等多部落聚居的地方，被《山海经》称为“三天子鄣山”。秦汉以后，它的北部为会稽郡，南部为闽中郡东北边境。由于被峰岩奇绝的名山吸引，后汉和魏晋南北朝时期，方士和道教徒们开始在此修炼和进行传教活动，这里由此成为我国南方道教的发祥地，而被列入洞天福地。三国孙权在乌伤县（义乌）上铺乡设置永康县以后，西南山地为石城山，其中离永康县南四里的“小石城”被载入《张氏土地记》、《吴录》等当时的地方志之中，且以“黄帝曾游此”的传说与“三天子都”相合。永嘉之乱以后，晋室南迁，为正统皇权南移的政治服务，西晋末，在此始建“缙云堂”，从那时起，这里成为地方政府祭祀黄帝的场所。当时崔豹的《古今注》中记载，著名文学家永嘉太守孙绰，与人讨论过黄帝炼丹成仙，乘龙上天，群臣拔龙须，须坠而生缙云草的故事。山水诗人谢灵运在《名山记》、《游名山志》、《归途赋》、《山居赋》等文学作品中，第一次将缙云山自然风光、黄帝传说介绍给世人。著名道士陶弘景说缙云堂“孤峰直耸，岩岭秀杰，特冠群山”，是“缙云琼阁”和黄帝“觞百神”之地。文学家江总有《云堂赋》描绘其壮丽气势。也就在同一时期，郑缉之的《东阳记》、《永嘉记》，刘澄之的《宋永初山川古今记》，顾野王的《舆地志》等南朝地理方志中，出现了缙云台、独峰山、丹峰山等名称。隋唐之际，国家一统，武周万岁登封元年（696）划婺州永康县南乡、括州丽水县北界置缙云县，缙云县以境内有缙云山而得名。此

① 成文于2001年5月15日，曾发表于《缙云年鉴》2001年版。

时,缙云堂道士开始用"仙都"来称这处洞天;缙云郡刺史苗奉倩将这里彩云仙乐之异,上奏朝廷,唐明皇下旨,敕改缙云山为仙都,改缙云堂为黄帝祠宇。从唐殿中侍御史韦翊、括州刺史李季贞、淮南节度使张鹭和北宋两浙转运使叶清臣等人所著《仙都山铭》推测,唐宋时期在此祭祀黄帝的级别,是道州(省地)二级。盛世修志,当时史学大师张守节云:"黄帝有熊国君,乃少典国君之次子,号曰有熊氏,又曰缙云氏,又曰帝鸿氏,亦曰轩辕氏……今括州缙云县,盖其所封也。"因此,缙云仙都,是中华民族人文始祖轩辕黄帝觞百神、炼丹封禅、驾龙飞升之地,江南人民在这里祭祀黄帝,至少已有一千六七百年的历史。

二

地方历史研究,属社会科学范畴。缙云仙都黄帝文化的研究,除对历史文献资料进行全方位的搜索和梳理外,我们开始用理性的思维去探索,找出缙云黄帝传说和文化产生的真正原因。

"缙云"一词,出于《左传》和《世本》,《史记》亦同此说。汉孔安国云:"缙云氏之后为诸侯,号饕餮。"东汉贾逵:"缙云氏,姜姓也,炎帝之苗裔,当黄帝时任缙云之官也。"服虔云:"黄帝以云名官,盖春官为青云氏,夏官为缙云氏,秋官为白云氏,冬官为黑云氏,中官为黄云氏。"应劭云:"黄帝受命有云瑞,故以云纪事也。春官为青云,夏官为缙云,秋官为白云,冬官为黑云,中官为黄云。"西晋杜预云:"缙云,黄帝时官名,非帝子孙。"唐陆德明云:"黄帝轩辕氏,姬姓之祖也。黄帝受命有云瑞,故以云纪事,百官师长皆以云为号名。缙云氏,盖其一官也。"对于这些解释,唐孔颖达指出:"此黄帝以上四代(黄帝、炎帝、共工、大昊),用云、火、水、龙纪事,其官之名必用云、火、水、龙为之。但书典散亡,更无文纪其名,不可复知。……唯有缙云见《传》,疑是黄帝官耳。"因此,缙云氏的本源问题,尚未弄清。

"缙"字,在古代与晋、搢二字相通。杨树达的《释晋》有云:"晋字上象二矢,下为插矢之器。""二矢插器,其义为箭。"《说文》中对缙的解释为:"帛赤色也。"缙字作浅红色的帛解。有人亦认为缙就是指箭尾的翎羽。搢,义为插,与绅字相连组成"缙绅"、"搢绅"、"荐绅"三个词,初为官宦(主要是武臣)的装束,后作官宦的代称。因此,缙字通晋和搢,原义是箭,亦有箭尾帛质翎羽之意;后来发展到插笏到大带与革带之间的官员装束,从而产生出缙绅、搢绅、荐绅这三个代称官员之词。"晋"字,又专指地名,今山西省,古为晋国地;其河流为晋水,即汾河,也许是以有插弓背箭部落而得名。

云，云雨之云。《左传·昭公十七年》记载："昔者黄帝氏以云纪，故为云师而云名。"如前文所述，杜预注有："黄帝轩辕氏，姬姓之祖也。黄帝受命有云瑞，故以云纪事，百官师长皆以云为名号，缙云氏盖其一官也。"应劭曰："黄帝受命有云瑞，故以云纪事也。春官为青云，夏官为缙云，秋官为白云，冬官为黑云，中官为黄云。"云，也为地名。山西北部多带有"云"字的地名，如云州、云中郡、云中山、云内州、云阳谷、云冈石窟等。因此，云字也和缙字一样，具有官员和地名的双重含义。

将"缙"、"云"两字连而称之，地名之义自然指山西北部，即晋国云中一带之意；而从官员之义去认识，缙云为执弓背箭的武臣。因此，从字源学解释考察，缙云氏很可能是山西北部大同一带一个执弓背箭的氏族部落，在五千多年前的炎黄时期，担任统帅(夏官)之职。

缙云氏族在浙江中南部，古有缙云国之说。现金华市，古为婺州，也称缙州。其实，缙云氏族活动的踪迹，远在山东省也可以找到踪迹。①

在当今的姓氏中，明确承认是缙云氏后裔的有许、云、章三姓，而这三姓又是黄帝二十五子中十二姓之一——任姓(黄帝小子禹阳后裔)分支。

许，见汉许冲《上说文解字表》云："曾曾小子，祖自炎神，缙云相黄，共承高辛。太岳佐夏，吕叔作藩。俾侯于许，世祚遗灵。"宋郑樵的《通志·氏族略二》曰："许氏，姜姓，与齐同祖，炎帝之后，尧四岳伯夷之子也。周武王封其苗裔文叔于许，以为太岳后。"

云姓，《通志·氏族略四》上说："云氏，缙云氏之后也。"有"缙云结庆，姬水导源"之说。

章姓，《通志·氏族略二》有载："章氏，即章国之后也。姜姓，齐太公支孙封于鄣，为纪附庸之国，今密州有古鄣城，为齐所灭。子孙去邑为章氏……望出豫章(南昌)。"今浙江缙云、永康一带有章姓，民国戊辰年(1928)缙云《章氏宗谱》称"缙云

---

① 清乾隆《济宁直隶志》载："缙云山，(济宁)州西南三十里，山有古寺。北瞰重询，西联九十九峰，漕河绕其左，陡巅登眺，颇称大观。……晋阳山，(济宁)州西南三十里，彭子山之南，前志云：'晋阳山即缙云山。……山上慈云寺。''嘉祥县云山，县东南十里，与济宁缙云山连界。'"济宁，古为任国，春秋属鲁，战国属宋，后属齐。缙云山在漕河旁边，漕河即担负漕运的运河，即在运河一旁。缙云山，即晋阳山，表明它的得名源自山西。郚，缙云氏族居住之城。在山东，古有两个郚邑。《春秋·庄公元年》："齐师迁纪、郱、鄑、郚。"杨伯峻注："无传。郱、鄑、郚为纪国邑名，齐欲灭纪，故迁徙其民而夺取其地。郱音瓶(山东安丘市西)，鄑音赀(山东昌邑县西北二十里)，郚，音吾(安丘市西南六十里)。"鲁庄公元年(前693，即周庄王四年)，故郚，本为春秋纪国之城，可以称为纪郚。《春秋·庄公十一年》(前683)："夏五月，戌寅，公败宋师于郚。"杜预注："郚，鲁地。"杨伯峻注："此郚为鲁地，而在宋之间者，与元年纪邑之郚非一地也。"故此郚，当可称鲁郚。纪郚与鲁郚同名，应当属同一氏族。此外，鲁庄公元年，齐国军队迁郚人，到庄公十一年，鲁国军队在郚地将宋国军队打败，相距十年。鲁郚可能从纪郚迁来或郚氏族双方合并的聚居地的地名。

氏”，为始祖之一，并云“穆子虎，（姜）太公三世孙，受周封于鄣，今东平郡无盐县西北鄣城是也。东平在济宁之北，古为鲁国地。”永康《章氏宗谱》记载：“太公有功于齐，齐封其次子于障，传十三世韗公，去邑为章，即章氏得姓之始。”民国《山东通志》：“鄣，姜姓，齐太公支孙封于鄣，为齐附庸国。”《春秋·庄公三十年》（前664）：“秋七月，齐人降鄣。”晋杜预注：“无《左传》，鄣，纪附庸国，东平无盐县东北有鄣城。小国孤危，不能自同，盖齐遥以兵威胁使降附。”杨伯峻注：“鄣，音章，纪之远邑，纪亡虽已二十七年，纪季犹保，兼有鄣邑。至此，齐桓始降鄣而有之。”故鄣城与纪酅都为纪国地，纪鄣即纪缙，当为缙云氏族曾经聚居过的地方。

江苏与山东两省之交靠海有赣榆县，古有纪鄣城。《左传·昭公十九年》（前521）有载：

秋，齐高发帅师伐莒，莒子奔纪鄣，使孙书伐之。初，莒有妇人，莒子杀其夫，已为嫠妇。及老，托于纪鄣，纺焉以度而去之。及师至，则投诸外，或献诸子占。子占使师夜缒而登。登者六十人，缒绝，师鼓噪。城上之人亦噪。莒共公惧，启西门而出。七月丙子，齐师入纪。

此纪，杨伯峻注：“孔疏云：‘此纪，即上纪鄣也。《春秋释例·土地名》于莒地有纪鄣、纪二名。’”此纪鄣，当为纪郚（缙云氏族）南迁（前693）而建立的小国，该国亡于鲁昭公十九年，即公元前521年。杨伯峻注：“鄣当即昭公十九年《左传》之纪鄣，本纪国之鄣邑也，当在今江苏省赣榆县旧城北七十五里处。依杜注，则宜以今山东省东平县六十里之鄣城集当之，不知东平县之鄣城集乃《世本》任姓之国，与纪国相隔遥远非纪国所有。”

在春秋时齐国的都营丘（淄博），纪为齐的附庸，位于东部寿光一带。鲁庄公元年（前693），齐师迁纪郱、郚、郚三城。鲁庄公三十年（前664）齐师降鄣。郚、鄣名称不同，鄣为之所变。邑破出迁，颠沛流离，三十年间从东迁到西部东平一带，最后亡国，原为纪的附庸，纪又为齐的附庸，鄣自然为齐的附庸，杜预的注并没有错。南方鲁昭公十九年，齐师伐莒，莒子奔纪鄣。纪鄣在鲁国之南，纪鄣（郚人）失国南迁。一百四十多年间又在南方聚族为方国，似乎完全有可能。

总之，缙云山，以氏族居住而得名，有怀祖之义；晋阳山，有怀土之意。到了春秋时期，在纪国的，住郚，郚为纪的附庸，纪又为齐的附庸，郚其实是齐的附庸。公元前693年，即齐襄公五年，齐欲灭纪，出兵纪国郱、郚、郚三城，占其地而迁三族。郚人一部可能往西迁到同族鄣地，即今山东东平一带；一部往南迁到鲁国，即今山东济宁一带，和那里的同族聚居。鲁庄公八年（前686）齐灭纪国，十一年（前683），鲁军在郚地打败宋师，郚人可能又向南迁移，进入山东、江苏之交的赣榆一带，聚居而成为方国。齐桓公二十二年（前664），率军兼并鄣（东平），鄣人和郚人会合加入纪鄣，聚族成为方国称纪鄣。齐景公二十五年（前523）秋，齐师伐莒，齐军追到纪鄣,灭其国,缙云氏族中鄫、鄣等部,见城破,为了纪念,改姓为章,并继续南迁,散居于今江苏、安徽、浙江、江西、福建一带。

综上所述,缙云氏是黄帝轩辕氏从西北陕甘高原游牧到今山西大同一带后,为了抗击东夷蚩尤集团,与炎帝和熊罴、貔貅、貙虎等众多部落合兵,自任统帅时的称呼。它由黄帝及其子女统率,经过涿鹿、阪泉大战,统一了我国原始社会中原大地,迁入河南、山东一带。唐尧时,他的裔孙担任四岳,佐尧掌礼,佐禹治水。其中一部(缙云氏不才子)和共工、鲧一起主张尧子丹朱世袭,反对虞舜接位。舜囚尧后,缙云氏不才子被舜打散,作为四凶之一流放,一部分进入浙江中部[①],一部进入四川。而留在山东一带的缙云氏族,一支居北,西周时属纪国,已沦为齐的附庸;一支在鲁济宁一带,聚居地以缙云山为名。春秋战国时,南北二支都改为章、吕、许等姓。尧舜时迁入和战国时迁入浙江中部的缙云氏族,见山中柱石(鼎湖峰)和古文"祖"字同形,把它作为始祖的象征,鼎湖峰遂成祭祀黄帝之地,而命名缙云山。黄帝缙云氏族,后来和三苗、瓯、闽、越等氏族不断融合和同化,成为汉民族的一部分。南北朝皇权中心南移后,人们怀念始祖黄帝,在三天子都建立缙云堂,开始祭祀;到盛唐改成黄帝祠宇,进行道州二级公祭,将黄帝缙云氏族文化和方士、道家、道教文化相结合,逐渐演变成为黄帝铸鼎、觞百神、飞仙为主要内容的南中国黄帝文化。浙江缙云县民居,都为黄帝合官式,俗称道坛和明堂,是黄帝文化的遗存。

三

上述的观点,都是本人通过艰苦的考证得出,近二十年来所撰写的论文中,以黄帝文化为主的有:《缙云仙都及其他》(缙云县文联《仙都》,1990 年总第四期)、《轩辕黄帝炼丹飞升之地——仙都》(《风景名胜》,1995 年第 5 期);《浙西南山区研究》(1996),被编入《中国改革发展战略丛书》,并于 2001 年 10 月中国东欧中亚经济研究会、2001 年 12 月"重庆新人文经济与中国西部大发展学术交流会"、2002 年 5 月中国管理科学研究院四川分院在深圳举行的"'十五'社会经济发展与特区文化建设学术研讨会"、2002 年 7 月在昆明召开的"WTO 中国西部经济发展战略学术交流会"分别被评为一等奖,并成为会议指定交流论文。其他发表的文章有:《缙云山开发的历史考证》(《浙西南山区研究》,1993 年第 1 期)、《三天子鄣山考》(《古籍研究》,1997 年第 2 期)、《缙云氏考》(《仙都研究》,1999

① 郑缉之《永嘉记》:"永嘉南岸有帆石,乃尧时神人吼破石为帆,将人恶溪道次,置之溪侧。"

年第1期)、《浙江中部黄帝神话流传研究》(《华夏文化》,2000年第1期,删节发表);《轩辕黄帝与缙云仙都的传说》(《今日丽水》,2000年第8期;《先秦史研究动态》,2000年第1期)、《试探黄帝登天之说》、《缙云黄帝传说研究》(《轩辕黄帝与缙云仙都》,浙江人民出版社2001年版)、《轩辕黄帝与缙云仙都·文献资料汇编》(同上),以及《黄帝鼎湖飞升与我国重阳习俗》、《中国古代的自然崇拜和缙云封禅》、《缙云氏在华东的历史踪迹》、《括苍山历史地域文化考察》,等等。

四

1998年春,黄帝祠宇第一期工程竣工,它标志着黄帝的北陵南祠格局开始恢复。5月,时任缙云县长吕军民,县委常委、宣传部长葛学斌赴陕西省黄帝陵考察,并以经济、文化交流为主要内容与黄陵县缔结为友好县。10月28日,缙云县各界十万人在仙都黄帝祠宇前,隆重举行新时期首次公祭黄帝典礼。以时任政协副主席郭兴才为首的陕西黄陵县党政代表团,在典礼上向轩辕黄帝敬献了花环,并做了热情洋溢的讲话。同时,在缙云县“黄帝文化学术报告会”上,黄陵县黄帝文化研究会兰草先生就黄帝的生平业绩、文化内涵等问题,做了重要讲话,从而激起了人们对黄帝文化的兴趣。1999年清明节,时任县委常委、宣传部长葛学斌、副县长胡巧良、政协副主席张瑞虎等在参加黄陵公祭典礼活动期间,应邀访问了西北大学中国思想文化研究所,并与西北大学签订黄帝文化研究意向合作协议书。6月,西北大学历史系教授、博士生导师、中国先秦史学会副理事长刘宝才,西北大学中国思想文化研究所副所长、原黄陵县祭陵办主任何炳武来缙云考察,并与我进行了很长时间的学术交流。在缙云县第二次“黄帝文化学术报告会”上,刘宝才做题为“缙云仙都黄帝文化源远流长”的学术报告。当年重阳节,刘宝才教授再次来缙云考察,在缙云县第三次“黄帝文化学术报告会”上,他又做了题为“黄帝与黄帝文化”的学术报告,受到了县内各界高度评价。

由于刘宝才先生的介绍,在中国先秦史学会会长、夏商周断代工程首席专家李学勤的支持下,以中国先秦史学会副会长兼秘书长孟世凯为首,1999年10月在缙云县五云镇联合召开了“中国首届黄帝文化学术研讨会”。会上,与会专家就黄帝文化的文献资料、形成过程、传播方式、发展状态、基本精神、时代意义和缙云仙都文化在全国的地位等方面,进行了高水平的探讨,并发出《关于深化黄帝文化研究、提升缙云纪念黄帝活动规格》的倡议。当年年底,中国先秦史学会主编的《先秦史研究动态·缙云与黄帝文化专刊》发行全国。在山东烟台大学校长助理江林昌、《杭州师范学院学报》编辑严军女士和县委宣传部的帮助下,这次会议的"消息"、"综述"、"专家笔谈"等，除在《缙云报》、《丽水日报》、《浙江日报》、《钱江晚报》等省内报纸刊登外，还先后在《光明日报》、《中国史研究动态》(中国社会科学院历史研究所主编)、《学术月刊》(上海市社会科学界联合会)、《杭州师范学院学报》和《管子学刊》等期刊发表，受到国内史学界和文化界的关注。

2001年春，由中国先秦史学会和丽水市、缙云县委、县政府联合成立中国首届黄帝文化学术研讨会论文编辑委员会；8月，浙江人民出版社出版《轩辕黄帝与缙云仙都》一书。仙都文化节期间，缙云县政府又邀请中国先秦史学会常务副会长孟世凯，北京大学历史系教授、博士生导师吴荣曾，中国社会科学院考古研究所研究员曹定云等来缙云。在缙云县第四次"黄帝文化学术报告会"上，孟世凯做了深入全面的黄帝文化报告，吴荣曾做题为《黄帝和历史上的民族团结》的报告，从而把缙云仙都文化活动引向新的高度。

仙都鼎湖峰全景

缘结仙都黄帝情[①]

——孟世凯等人在浙江缙云的学术活动

1998年，对处于浙江省中南部括苍山区的缙云县来说，是值得纪念的一年：已经湮没360多年的中华民族宗祠式建筑——黄帝祠宇(第一期工程)，在国家重点风景名胜区仙都的核心区域——鼎湖峰景点内得到恢复性重建。长期以来，浙江省文化界内就有这样一个疑问：黄帝，作为炎黄子孙共同尊崇的第一位高祖，在古书里，都是在北方的黄河流域活动，而处在长江以南沿海区域的缙云县为什么会有以黄帝命名的祠宇呢？为了破解这个千古文化难题，我加入了这一研究行列。大约在20世纪80年代从事农村基层工作期间，我就利用早晚工作之暇，找资料、啃古书，走上艰难而又漫长的探索之路。十年后，在对地方志和民间宗谱研究的基础上，我先后写出《缙云仙都及其他》、《轩辕黄帝炼丹飞升之地——仙都》、《缙云山开发的历史考证》、《三天子鄣山考》、《缙云氏考》、《轩辕黄帝与缙云仙都》(文献资料和传说新编)、《缙云仙都文化发展史》、《浙江中部黄帝文化流传研究》、《古今研究缙云概述》等学术性论文，分别在国内各期刊上发表。地方文献的挖掘和研究活动，提高了人们对黄帝文化的认同，也及时引起了当地党政领导的关注和重视。为了更进一步掌握历史文化内涵，创建与此相适应的文化氛围，在新形势下理清仙都风景资源开发和旅游发展的工作思路，1998年5月初，缙云县相关领导专程赴陕西黄帝陵考察，并以文化、经济交流为主要形式，与黄陵县缔结友好县。10月28日，缙云县各界10万余人在新落成的黄帝祠宇前，隆重举行首次公祭黄帝典礼。期间，黄陵县党政代表团向轩辕黄帝雕像敬献花环并发表了热情洋溢的讲话。同时，黄陵县黄帝文化研究会兰草先生在缙云县首次黄帝文化报告会上，作了专题讲话，从而引起了缙云史学界对黄帝文化研究的兴趣。

1999年4月，我作为缙云县党政代表团的成员赴陕西黄帝陵出席公祭黄帝典礼活动。在住宿的黄陵县人武部招待所内，我们结识了中国先秦史学会副理事长、西北大学博士生导师刘宝才教授。他向我们介绍了中国先秦史学会的性质、地位和组织的一些情况。在回程途中，代表团应邀访问西北大学，并与校方签订黄帝文化研究意向性协议书。此后，刘宝才先生先后两次来浙江缙云实地考察，并从历史唯物主义角度，与我对南方黄帝文化的形成和特点等问题进行了

① 成文于2005年3月18日，曾发表于《史海侦迹》(香港新世纪出版社2006年版，第441页)。

深入的探索性交流。在缙云县机关干部和乡镇主要领导出席的"黄帝文化报告会"上，刘宝才先生先后做了题为"缙云仙都黄帝文化源远流长"和"黄帝与黄帝文化"的专题报告。他的报告不但推动了缙云县黄帝文化的研究工作，也让县委主要领导向刘宝才先生提出在缙云开一次黄帝文化学术研讨会的请求。此事经刘宝才先生的转达，及时得到中国先秦史学会会长、夏商周断代工程首席专家李学勤先生，以及主持中国先秦史学会日常工作的副会长兼秘书长孟世凯先生的支持。2000年年初，时任县委宣传部长葛学斌同志在北京出差期间，拜访了李学勤先生。缙云县仙都风景旅游管理局局长王子全决定让我与孟世凯同志进行工作联系。8月初，葛学斌率王子全、县文化局副局长项一中和我去北京与李学勤、孟世凯、刘宝才等学会负责人落实研讨会的具体问题。期间，孟世凯先生带我们去黄帝、炎帝、蚩尤三部族之间的古战场——涿鹿、阪泉大战遗址实地考察。

10月24日，孟世凯作为学会的主持者，与夫人一起提前一天到达缙云。第二天，山东、陕西、上海、广东、四川、吉林、青海、天津等地专家陆续到会。他们分别就古代缙云县名为氏族等问题进行了深入研讨。

刘宝才先生是这样论述的：缙云氏是黄帝时代的一个氏族，《史记正义》说，黄帝"号曰有熊氏，又曰缙云氏，又曰帝鸿氏，又曰帝轩氏"。因为黄帝时"以云名官"，故有青云、缙云、白云、黑云、黄云等官。夏官缙云氏所属的氏族得名为缙云氏。不管缙云氏属于哪个部落，缙云氏的后裔一直奉祀黄帝而成为黄帝族的一支是没有疑问的。有学者考证，缙云氏这一支在尧舜时代主张世袭，反对舜继尧位，与当时主流势力冲突，被迫离开中原迁徙到长江以南。迁徙到江南的缙云氏把黄帝传说带到江南，是我国南方黄帝文化的开始。

东北师范大学副校长詹子庆教授认为：饕餮，传说最早记载于《左传·文公十八年》，被称为缙云氏不才子。西汉孔安国云："缙云氏之后为诸侯，号饕餮。""或云是缙云氏的一支。"缙云氏，贾逵注："缙云氏，姜姓也，炎帝之苗裔，当黄帝时任缙之官也。"服虔云："夏官为缙云氏。"此解认为缙云氏其渊源属炎帝部落，但其后炎黄联盟，缙云氏的首领又成为黄帝部落的夏官。《左传·昭公十七年》云："昔者黄帝氏以云纪，故为云师而云名。"杜预注："缙云，黄帝时官名。"这是用后人的眼光来看待远古时代的首领。唐人张守节《史记正义》认为："案，黄帝有熊国君，乃少典国君之次子，号曰有熊氏，又曰缙云氏，又曰帝鸿氏，亦曰帝轩氏。"即认为缙云氏是黄帝部族的一支。缙云氏部落属于何方，文献没有记载，刘起釪先生把缙云氏放在"不详地望"或"可能在西"之列。王达钦经过缜密考证认为：缙云氏所住之地（大同），离涿鹿、阪泉不远，属黄土高原的一部分……在跟随黄帝东征西讨之中，整个氏族也和黄帝族一样，逐步向东南迁移，他们首先进入鄣河流域。此解可备一说。在虞舜时代，缙云氏的一支饕餮（或称三苗），受到打击流放，其中主要部分被流放到三危（敦煌），但还有一支南下到湘、鄂、赣之间，甚至有部分支系落脚于浙江中南部括苍山麓下。当然，这仅仅是一种推测，最好有考古资料为依据。从中原来的缙云氏一支因受中原部落冲突的影响，来到浙江中南部、瓯江上游好溪一带，与土著越人文化交融，且逐渐越人化，变成了蛮夷。春秋战国时期中原儒士接受"夷夏之辨"的传统影响，以歧视、敌视的眼光看待四裔，常常加上侮辱性称谓。饕餮称号的由来，取之义为"贪"字，把南下蛮夷化的缙云氏族支系称之为饕餮，正是"夷夏之辨"思想根深蒂固的表现。因为他们原来是黄帝部落缙云氏的一支，故后人就把这里当作缙云氏的受封地。缙云黄帝文化的最终形成，与东汉以来道教的兴起，尤其是东晋南朝时期道教在南方传播、缙云仙都山成为南方道教活动中心有着直接关系。

原青海师范大学校长、教授张广志认为：在国家形成前夕的战乱纷争中，原居于中原地区并属炎黄系的缙云氏人中某一支，在斗争中吃了败仗，在中原无法立足，只好远走他乡，辗转移徙到大江以南去了。初到江南时，由于这里是三苗等土著居民的天下，新来乍到，为数不多的缙云氏后人自然不会在当地产生多大影响。他们在相当长一个时期内似乎被历史遗忘了。魏晋以降，随着北人的大量南迁，才又重新勾起了人们对这支缙云氏之后南下先行者的深切怀念，并利用这点史影逐渐繁衍出黄帝早就到过这里，并在这里得道成仙、乘龙飞升的美丽故事。

四川师范大学历史研究所所长姚政教授认为：缙云氏原本是炎帝的后裔，所以，东汉贾逵说："缙云氏，姜姓也，炎帝之苗裔，当黄帝时任缙云之官也。"阪泉之战后，炎帝部族被征服而融入黄帝部族，缙云氏也就成为黄帝部族中的一员。故唐张守节说："案，黄帝有熊国君，乃少典国君之次子，号曰有熊氏，又曰缙云氏，又曰帝鸿氏，亦曰帝轩氏。"黄帝建国，以缙云氏为夏官。同时，缙云氏又被封为南方三苗国的诸侯。孔安国说："三苗，国名。缙云氏之后为诸侯，号饕餮。""到舜时，缙云氏之后裔已成为原始社会公有制经济向阶级社会私有制经济发展的先进生产方式的代表。到原始公社父系氏族阶段，随着社会生产的发展，在男子身边，特别是在父家长身边聚积的财产多了，父家长就要求自己的亲生子来继承自己的财产和权力，因而，在政治上主张实行君位世袭制，反对尧舜仍坚持的实行落后于时代的原始民主传统的禅让制。舜继尧后，就责骂缙云氏为贪财、贪食的'饕餮'、'凶人'和'不才子'。"把它作为"四凶族"之一，加以讨伐和流放。《左传》说："饕餮，投之四裔，以御螭魅。"缙云氏之后裔，一部分"窜三苗于三危"，被驱逐到今甘肃敦煌一带；另一部分，被改封到远离中原的"四裔"之地的缙云（今浙江缙云县一带）。这就是唐张守节所说"今括州缙云县，盖其所封也"。据此，黄帝文化传播到江南的三苗地区，再从洞庭湖一带传播到浙江缙云一带，最早可追溯到虞舜时代。

浙江省社会科学院研究员董楚平先生认为：缙云的黄帝传说，一般认为是北方移民带来，此说符合一般情理，目前难以排除。缙云的黄帝文化是否可能源于良渚文化与好川文化？良渚文化在太湖消失后，其中一支南下演化为好川文化。缙云和遂昌同属丽水市，仙都文化和好川文化属同一文化区。

天津师范大学历史系教授杜勇认为：缙云黄帝文化严格来说源于道家和道教，黄帝文化印象的还原，又必须剥离其各种神话或宗教色彩。以浙江缙云仙都山重建的黄帝祠宇为例，虽然古有黄帝在此铸鼎炼丹并乘龙升天的传说，却不必当作信史来看。黄帝祠宇本属道教宫观，有关黄帝南巡东海在此炼丹升天的说法，无疑是道教神仙家根据《史记·封禅书》所做的一种附会。

缙云县老年大学任课老师黄文也认为：黄帝飞升传说的形成和衍变、黄帝传说向南方扩展、在仙都的定位、黄帝祠宇的建立等，除了先民对祖先崇拜这一因素外，都是在一定历史时期的政治、文化、宗教诸因素影响下出现的。其中宗教，即道教的因素起的作用似乎更明显一些。

上述有关缙云氏和缙云黄帝文化的各个专家的精彩论述，都是我在以往论文中引而未议、考而未述、议而未明、论而未清的问题。深奥简练的古文，在历史教育家笔下化枯燥为神奇，引人入胜，表达出浅显而又深邃的科学道理。但有的学者是从严谨史实角度去认识的，陕西师范大学校长赵世超教授说，春秋时代典籍中没有见过神农。神农说的大盛始自战国。其本意不过是“主于稼穑”的土神，但也常用以指示一个时代或氏族。战国人已意识到人类物质生活的进化有明显的阶段性，他们分别以有巢氏、燧人氏、神农氏作为阶段的特征，并大致以为神农氏属于黄帝之前的一个时期。“炎帝与神农并为一名，合称炎帝神农氏的事，大约发生在汉代，合并的原因或谓出自刘歆有意改作，或谓是两汉的学者既知神农为黄帝以前的一个阶段，又知黄帝独强之前，炎帝族在中原影响甚大，遂误以为炎帝便是神农了。”

孟世凯作为中国社会科学院历史研究员，对缙云氏的研究更具严谨和求实。他提出了发人深省的论点：作为一个“传说时代”的氏族或部落来说，缙云氏最早见于《左传·文公十八年》，谓：“缙云氏不才子，贪于饮食，冒于货贿，侵欲崇侈，聚敛积实，不恤穷匮，天下之民比之三凶，谓之饕餮。”杜预注：“缙云，黄帝时官名。”司马迁据《左传》编入《史记·五帝本纪》中，谓：“缙云氏有不才子，贪于饮食，冒于货贿，天下谓之饕餮。天下恶之，比之三凶。”《集解》引贾逵曰：“缙云氏，姜姓也，炎帝之后裔，当黄帝时任缙云之官也。”《正义》曰：“今括州缙云县，盖其所封也。”又“谓三苗也。言贪饮食，冒货贿，故谓之饕餮”。《左传》中的缙云氏是与帝鸿氏、少昊氏、颛顼氏并列叙述，可见缙云氏也是一个古老的氏族。不过，缙云氏与炎帝、黄帝、三苗的关系“需要再探讨”。东汉贾逵是古文经学大师许慎的老师，“其父贾徽曾受业于刘歆学习《左传》，又专习《古文尚书》和《毛诗》”。按说他对古史解说应是无大问题。可是说缙云氏是“炎帝的苗裔”，就让人难以理解，它给研究先秦历史文化设置了不少的障碍和谜团。

孟世凯进而大胆地提出：缙云氏应是神农氏之苗裔。为了说明问题，他引用《庄子》、《管子》、《易》、《吕氏春秋》四书中的四条根据，且云汉司马迁也认为神农与炎帝不是同一人。既然炎帝、黄帝、缙云氏均处于同一时代，那么确切地说，缙云氏应当和炎帝、黄帝一样，均是神农氏的后裔，不是炎帝之苗裔。

同时，孟老就汉儒杜预、应劭、服虔等人注的《左传·昭公十七年》中“昔者黄帝氏以云纪，故为云师而云名。炎帝以火纪，故为火师而火名”一句的说法，进行了实事求是的论述：应劭是汉末灵帝和献帝时期的人，以博学多闻著称，著述颇多，今存《风俗通》即其中一种。应劭的注释明显指“五云”是以颜色区分，即青、缙、白、黑、黄。缙是淡红色。《说文》曰：“缙，帛赤白色也。《春秋传》‘缙云氏’。《礼》有‘缙缘’。从系，晋声。”缙云氏、“缙缘”都是举例说有用此字，不是说缙云就是缙云氏。如缙云就是缙云氏，其他四色又是何氏？对此孔颖达也表示怀疑。他说：“书典散亡，更无文纪其名。唯有缙云见《传》，疑是黄帝官耳。”服虔云：“黄帝以云名官，盖春官为青云氏，夏官为缙云氏，秋官为白云氏，冬官为黑云氏，中官为黄云氏。”服虔是东汉末人，作有《春秋左氏传解谊》（已佚），为圆其“五云”官，不知何所据每云后加氏字。故服虔、杜预之说皆不可取。

对缙云氏的解释，孟老和我一样，都从古文字视角入手，进行破译。我认为“缙”、“云”两字，都有官员和地名的双重含义，将“缙”、“云”两字联而称之，地名之义指今山西北部，即晋水上游云中一带之意。官员之义可从执弓背箭的武臣去理解。以“缙云”命名的氏族很可能是今山西省北部桑干河上游大同一带的古代氏族部落。在5000年前的炎黄联军中担任军事统帅“夏官”之职，后来顺着桑干河而下涿鹿、阪泉一带，打败蚩尤，成为黄河、长江两大流域中众多部落的首领，名为黄帝。

孟老作为甲骨文专家，当然不可能同意我以文字证文字、过多推测后形成的论点，中肯而直截了当地指出：“王达钦先生的缙云氏后裔迁徙考证，认为最后到浙江中部。黄帝时期缙云氏是因地名为族名，或是因族名为地名，缺乏具体资料。”“缙”字从系、从晋。晋字甲骨文和金文是上从二倒“矢”，下从“曰”。《说文》上有：“晋，进也。日出万物进，从日、从至。”段玉裁注：“至者，到也。从日出而作会意，隶作晋。”甲金文“矢”字正形下一横即“至”。“日出万物进”、“日出而作”，古代指的主要是农耕。《说文》曰：“系，细丝也。”又“丝，蚕所吐也，从二系”。从古文字的视角来看，凡从丝之字多与蚕丝、纺织有关。养蚕、纺织在上古时代亦是属于“男耕女织”的农事活动。故缙云氏应是从神农氏分化出的一支部族，也是以农耕为主的氏族。神农氏是南方定居、农耕为主的大氏族（或部落），炎帝是其裔孙。据《帝王世纪》说，炎帝“以火承木位，在南方主夏”。黄帝之五官：夏官为缙云，缙是淡红色，淡红也是赤色。“南方谓之赤。”如《说文》上有“赤，南方色也”。缙云氏也正是继神农氏之后族居于南方的神农氏族。黄帝与炎帝、蚩尤两位始祖在阪泉、涿鹿之战后，炎帝南迁，蚩尤族人东返。不少氏族部落也就拥戴黄帝。缙云氏与炎帝同是南方之氏族，因“炎帝欲侵陵诸侯，诸侯咸归轩辕”。缙云氏是受炎帝侵陵而归黄帝的诸侯之一，在“两战”中立了战功，被黄帝命为“官”。

接着，孟老从《太平御览》卷七九中引晋皇甫谧的《帝王世纪》“黄帝四目”一节后说：分掌四方诸人中有神农，疑当是缙云氏之误。如不误，亦是指神农之苗裔缙云氏之首领，否则前说“与神农氏战于阪泉之野”，后说为师为将又是神农师将，师将应是率军参战者，这就成为自己打自己，于情于理不合。黄帝在两战取胜后，建制封官，命缙云氏为南方主夏之诸侯，注疏家附会“五云”中夏官为缙云，即缙云氏当是本此。黄帝命缙云氏回南方故土，乃是监视因战败而徙南方的炎帝，恐其再“侵陵诸侯”，也是“监于万国”的举措之一。缙云氏受命代表黄帝监于南国，自此又传黄帝亦号缙云氏。缙云古国即孟老所称“代表黄帝监于南国主夏”的地域(三苗)，当在整个江浙一带。它对于研究良渚文化、好川文化，将有极大的推动。因此，孟世凯画龙点睛般的研究，在破译缙云氏的族源问题上起了重大的突破作用，有着深远的指导意义。

对于缙云氏被后人定为三苗的问题，孟老的见解与上述相符。三苗之出现当在黄帝之后的尧舜部落联盟时期，其活动于南方，地域很广，或是时缙云氏之后人已经加入三苗部落这一南方大集团，故才有缙云氏即三苗的传说。

浙江中南部缙云县流传的黄帝文化总的观点，孟老通过“专家笔谈”系统地表述说：根据先秦典籍记载来看，缙云氏是一个古老的氏族，与炎帝、黄帝、蚩尤同时，是神农氏之后裔。神农氏是南方农耕氏族，缙云氏亦应是以农耕为主的氏族。黄帝以云名官，缙云是夏官。缙是红色，与春官青云、秋官白云、冬官黑云、中官黄云一样表示云色，不是五个氏族。黄帝在涿鹿和阪泉之战中，杀了蚩尤，打败炎帝，蚩尤氏的族人向东迁徙，炎帝族返回南方故土。黄帝经过涿鹿、阪泉之战后，成为中华民族文明史上第一位具有强大凝聚力的英雄。许多氏族、部落都归服于黄帝。于是黄帝开始建制封官，官名皆以云命为云师，置左右大监，监于万国。缙云氏被封于南方主夏，监视炎帝族不再“侵陵诸侯”。于是缙云氏就代表黄帝成为南方诸侯，故后人又称黄帝为缙云氏。传说黄帝乘龙飞升上天，小臣不得乘龙，乃悉持龙须，龙须与黄帝之弓坠地，留下遗迹为“鼎湖”，即今缙云仙都鼎湖。后人为纪念黄帝，建起黄帝祠宇，在中华民族文明史上形成“北陵南祠”，受到后人永祀。

2000 年 10 月 6 日，农历九月九日重阳节，到会专家在仙都黄帝祠宇前参加公祭黄帝盛典，并参观人文始祖轩辕黄帝史迹展览馆。下午，中国首届黄帝文化学术研讨会正式开幕。次日，考察仙都风景区、黄帝驻跸之地——黄碧和河阳古民居。而后，学者们本着“百家争鸣”的原则，交流了学术见解。会议认为：中国人以炎黄子孙自称，历史上的炎黄时代相当于考古学上的龙山时代，是中国文明的开创时期，距今已有5000多年的历史了。从那时起，中华民族便与古埃及、古巴比伦、古印度并列为世界四大文明古国。在古文献中对黄帝有许多记载，司马迁的《史记》以《五帝本纪》开篇，而《五帝本纪》又以黄帝为首。在《史记》以前还有《国语》、《逸周书》、《左传》、《庄子》、《韩非子》、《山海经》、《大戴礼记》等。东周时期的青铜器“陈侯因资敦”铭文亦有“高祖黄帝”之名。黄帝，作为一个原始部落的总称或者酋长之名，应该说是真实存在的。在黄帝时代，黄帝部落把中国广大地区内许多部族联合起来，于是黄帝成为中华民族文明史上第一位具有强大凝聚力的英雄人物，成了中华民族统一的象征。

黄帝传说，不仅见于古代文献，还在民间广为流传。黄河流域的陕西、河北、河南、山东等省都有与黄帝有关的文物古迹。而地处江南沿海地区的浙江省缙云县，会议认为，是长江流域黄帝传说最悠久、最丰富、最有影响的地区，它是我国南方黄帝文化的辐射中心。长期以来，人们习惯认为黄河流域是中华文明的摇篮，这自然是不错的，但不全面。因为近几十年来的考古发现证明，长江流域的古文明同样悠久。有学者还因此提出中国也有“两河文明”，这就是黄河文明和长江文明，浙江缙云黄帝文化的流传，也正说明了这一点。

在学术界，有关北方黄帝文化的研究起源较早，陕西的黄陵、河南的新郑、河北的涿鹿，都先后进行过相关的学术活动。相比之下，长江流域的黄帝文化研究稍嫌薄弱，因此，这次在浙江缙云召开的首届黄帝文化学术研讨会，就具有特别重要的意义。

仙都，本名缙云山，道教三十六小洞天之二十九。境内除了留有轩辕黄帝活动的传说外，汉驸马都尉李元，褒德侯卓茂，晋将军阮孚、大书法家王羲之、山水诗人谢灵运，唐大诗人李白、白居易，宋科学家沈括、理学家朱熹、文学家范成大、状元王十朋，明戏剧艺术家汤显祖、地理学家王士性和徐霞客、诗人陈子龙，清诗人朱彝尊、袁枚，当代文学家郭沫若和茅盾、书法家沙孟海等都留有在此活动过的芳躅。中国先秦史学会历史学家李学勤、孟世凯、刘宝才、詹子庆、张广志、赵世超、江林昌、周苏平、董楚平、徐建春、杜勇，以及陈剩勇、胡一华、黄文等人对缙云黄帝文化研究所做的贡献，已在四十多万缙云人民中广为传颂；他们的精辟论述，永远在仙山帝里之间回荡。

黄帝元妃嫘祖考略[①]

一

嫘祖，相传是中华民族人文始祖黄帝的正妃。黄帝，五帝之首。西汉司马迁有云：

> 自黄帝至舜、禹，皆同姓而异其国号，以章明德。故黄帝为有熊，帝颛顼为高阳，帝喾为高辛，帝尧为陶唐，帝舜为有虞，帝禹为夏后而别氏，姓姒。契为商，姓子氏。弃为周，姓姬氏。太史公曰：学者多称五帝，尚矣。然《尚书》独载尧以来；而百家言黄帝，其文不雅驯，荐绅先生难言之。孔子所传宰予问《五帝德》及《帝系姓》，儒者或不传。余尝西至空桐，北过涿鹿，东渐于海，南浮江淮矣，至长老皆各往往称黄帝、尧、舜之处，风教固殊焉，总之不离古文者近是。予观《春秋》、《国语》，其发明《五帝德》、《帝系姓》章矣，顾弟弗深考，其所表见皆不虚。《书》缺有间矣，其轶乃时时见于他说。非好学深思，心知其意，固难为浅见寡闻道也。余并论次，择其言尤雅者，故著为本纪书首。[②]

由此之故，我国著名历史学家苏秉琦先生说[③]："而五帝则可能实有其人其事，所以司马迁著《史记》时，径直从《五帝本纪》开始。"从历史学的角度来看，黄帝是四五千年前原始社会末期(铜石并用时期)，中国大地上的氏族部落联盟总首领，是我国古史传说时期最早的一位祖宗神，即华夏部落形成后公认的全氏族的始祖。对远古世系来说，上下的传承，一般为血缘氏族的分化，大多非父子直传，属人文性质。因此，在当今社会，称黄帝是中华民族的"人文始祖"或"人文初祖"。嫘祖，作为黄帝的正式配偶，自然可以被称为中华民族的"人文祖母"和"人文母祖"。

二

嫘祖，亦作累祖、絫祖、傫祖和雷祖，最早见《世本》："黄帝娶于西陵氏之子

---

① 成文于2006年10月1日，曾发表于《嫘祖文化研究》(文物出版社2007年版，第116—124页)。

② 司马迁：《史记·五帝本纪》卷一，中华书局1959年版，第45—46页。

③ 白寿彝：《中国通史》(第二版)，上海人民出版社1996年版，第309页。

谓之嫘祖，产青阳及昌意。”《山海经·海内经》亦云：“黄帝妻嫘祖，生昌意。”西汉戴德的《大戴礼记·帝系》亦载：“黄帝居轩辕之丘娶于西陵氏。西陵氏之子谓之嫘祖，产青阳及昌意。”西汉司马迁根据上述记载，在《史记·五帝本纪》中归纳为：

黄帝居轩辕之丘，而娶于西陵氏之女，是为嫘祖。嫘祖为黄帝正妃；生二子；其后皆有天下。其一曰玄嚣，是为青阳。青阳降居江水。其二曰昌意，降居若水。

因此，嫘祖西陵氏，生了两个儿子，一为青阳，一为昌意。唐张守节《史记正义》注云：“西陵，国名也。”故“西陵”是与黄帝同时期且通婚的氏族部落名称。

至于黄帝与西陵氏的具体关系，《国语·晋语四》载：

黄帝之子二十五人，其同姓者二人而已，唯青阳、夷鼓皆为己姓。青阳，方雷氏之甥也；夷鼓，彤鱼氏之甥也。其同生而异姓者，四母之子，别为十二姓。凡黄帝之子二十五宗，其得姓者十四人，为十二姓：姬、酉、祁、己、滕、箴、任、苟、僖、女吉、儇、依是也。唯青阳与苍林氏同于黄帝，故皆为姬姓。

这四母，晋皇甫谧所著《帝王世纪》有云：

黄帝四妃，生二十五子。元姬西陵氏女，曰嫘祖，生昌意；次妃方雷氏女，曰女节，生青阳；次妃彤鱼氏女，生夷鼓，一名苍林；次妃嫫母，班在三人之下。

而方雷，三国韦昭《国语》注曰：“方雷，西陵氏之姓。彤鱼，国名。姐妹之子曰甥。”可见，嫘祖为黄帝正妃，次妃方雷氏、彤鱼氏，俱系西陵氏方雷之女。西陵，又可以认为是方雷居地之名。其三女同时嫁与黄帝为妻，与尧帝二女娥皇、女英一同嫁与舜帝为妻一样，故古代才有“西陵配黄，英娥降妫，并以贤名，流芳上世”[①]之说。在距今5000年前的黄帝时代，氏族部落之间的几个女子与另一部落同一青年男子结婚是十分平常的事情。

方雷氏，河南固始县《金紫方氏宗谱》、安徽《徽州方山宗谱》、湖南岳阳县《方氏族谱》、湖北通城县《云溪洞方氏族谱》均云：“方氏，出自方雷氏，方雷者，西陵氏女也，轩辕之正妃，是为嫘祖；或曰榆罔之子雷以功封于方山，后人因以方为姓。”[②]河南省西平县西部有方城县，可能亦与方雷氏有涉。

---

① 陈寿：《三国志·后妃传》卷五。

② 何光岳：《炎黄源流史》，江西教育出版社1992年版，第542—545页。

三

西陵之地，何光岳先生认为在四川岷山，即方雷氏发源地。[①] 岷山东麓，隋置方维县，在今四川省平武县东北。方维、方雷音近，或即方雷氏所居之地。江水，即长江。若水，即雅砻江，是长江上游金沙江支流。其实，作为炎帝氏族部落的名称和地名，全国甚多。河南新郑刘文学先生搜索，大体有十一处："湖北三处，一说在宜昌，一说在黄冈，一说在浠水；四川有二处，一说在盐亭县，一说在叠溪县；河南省三处，一说在开封，一说在西平，一说在荥阳；其地还有山西夏县说、山东肥城说、浙江杭州说。"[②]

地名，是人类社会生产活动中识别不同地域的各种地理事物的符号。而一些与历史人物重大事件有关的地名，都有一个发生、发展、派生、变迁、消亡和分布规律的问题。历史事件原来发生之地，称原生地。所谓派生，就是同一人物或事物从原生地转移出去，形成了一个或多个相同的地名。黄帝和嫘祖，作为距今5000年前传说中的历史人物，考古发现当时已有刻画符号。他们的生平业绩，在相当长的时间里，都是靠氏族部落中有组织的口耳相传。由于生产力水平十分低下，人们抗御自然灾害的能力还很低，受山川崇拜和原始宗教的影响，他们的传说一般带有神的烙印。大约从春秋战国开始，黄帝的业绩才在青铜器皿和诸子百家笔下出现[③]。在资料不甚充分的情况下，去判定这些传说中的历史人物的具体位置，是十分困难的。《国语·晋语》云："昔少典娶于有蛴氏、生黄帝、炎帝。黄帝以姬水成，炎帝以姜水成……故黄帝为姬，炎帝为姜。"姬水，郦道元在《水经注》中说"南安姚瞻以为黄帝生于(甘肃)天水，在上邽城东七十里轩辕谷"。姜水，即渭河上游宝鸡一带，都在我国西北部。

黄帝和炎帝，作为同源氏族的双子星，据徐旭生等人研究[④]，华夏族起初仅是一个由若干部落联合而成的部落集团，不仅血族不同，发展水平亦参差不齐。迨至进入父系氏族阶段后，为扩大生存空间，攫取更多财富，毗邻部落间一直处于共处与争斗交替的状态之中。这时炎帝族"筚路蓝缕"，于林立的氏族、部落中脱颖而出，成为中原地区部落联盟的重要力量。炎帝族大约顺渭水直下，再沿黄

---

① 何光岳：《炎黄源流史》，江西教育出版社1992年版，第534页。

② 刘文学：《嫘祖故里地望》，西平县炎黄文化研究会《嫘祖文化资料摘编》，2006年7月。

③ 郭沫若：《郭沫若全集》，人民出版社1982年版，第155页。

④ 徐旭生：《中国古史的传说时代·中国古代部族之集团考》，广西师范大学出版社2003年版，第50—52页。

河南岸向东，一直发展到河南及河北、山东三省交界的地方。同期，黄帝氏族东迁路线，大约偏北。顺北洛河南下，到今大荔、朝邑一带，东渡黄河，沿着中条及太行山根一直到北京附近；或者顺着永定河岸到达河北北部宣化附近。在这年复一年，经过千难万险的长途跋涉的迁徙过程中，炎黄二族与外界保持着十分广泛的联系，主动吸取四方民族的特长。随着父权制的逐步确立，人口和军事力量不断壮大，逐渐形成以姜姓部落为核心包括姬姓黄帝部落在内的强盛部落联盟。炎帝族武力上弱于黄帝，文化上却优于黄帝。

《逸周书·尝麦》云："昔天之初，□（原缺，可能为"诞"——引者注）作二后，乃设建命，命赤（炎）帝分正二卿。""二后"，指炎帝和黄帝。《史记·五帝本纪》亦云："轩辕之时，神农氏世衰。诸侯相侵伐，暴虐百姓，而神农氏弗能征。"这就是说，当炎帝到达河南北部后，即由南向北发展，这时遭到蚩尤氏族的顽强阻挡。炎帝不堪重创，致使"九隅无遗"，"赤帝大摄，乃说黄帝"。黄帝"习用干戈"，"执蚩尤，杀之于中冀"。《史记》称战于"涿鹿"。此外，《史记》还记有炎黄之间的阪泉大战。黄帝"三战，然后得其志"。"诸侯咸尊轩辕为天子，代神农氏是为黄帝。"涿鹿、阪泉之战，以战争面目流传，应作文化同化来理解，最终结成以黄帝为首的更大氏族部落联盟，从而奠定了华夏民族的基础。

对于中国古代的传说，我国著名的古史专家、考古学家徐旭生早在20世纪50年代就认为要对文献资料进行分等[①]："以见于金文，今文《尚书·虞夏书》的《甘誓》一篇、《商书》、《周书》、《周易》的卦爻辞，《诗经》、《左传》、《国语》及其他的先秦诸子著作，作为第一等。《山海经》里《大荒经》以下为东汉所增益，但因其所述古事绝非东汉所能伪作，仍列入第一等。《尚书》中的三篇、《大戴礼记》中的两篇综合材料，虽也属先秦著作，但因为他们的特殊性质，只能同西汉人著作中所保存的有关材料同列为第二等（《礼记》中各篇中有些不很容易断定其写定究竟是在战国时，还是在西汉时的，只能随时研究和推定）。新综合材料《世经》为第三等。谯周、皇甫谧、郦道元书中载有关材料也备参考。使用的时候，如果没有特别可靠的理由，不能拿应作参考的资料，非议第二、三等的资料；更重要的是，如果没有特别可靠的理由，绝不能用第二、三等的资料非议第一等资料。至于《水经注》以后各书中所载的古事，即可一笔勾销以免惑乱视听。"

时代在发展，随着大量的考古发现和研究的深入，如《大戴礼记》中《尝麦篇》已被学术界公认为《周书》的逸篇，史学研究有了许多变化，但就整体来说，徐旭生的划分范围，至今仍有现实的指导意义。

《史记·五帝本纪》云："黄帝者，少典之子，姓公孙，名曰轩辕。"三国谯周曰：

---

① 徐旭生：《中国古代的传说时代》，广西师范大学出版社2003年版，第37—38页。

黄帝“有熊国名，少典之子也”。晋皇甫谧在《帝王世纪》中云：“黄帝有熊氏，少典之子，姬姓也。”“有圣德，受国于有熊，居轩辕之丘，故因以为名，又以为号。”“黄帝都涿鹿，于周官幽州之域，在汉为上谷。而《世本》云‘涿鹿在彭城’。今上谷有涿鹿县及蚩尤城，阪泉城，又有黄帝祠，皆黄帝战蚩尤之处也。或曰：黄帝都有熊，今河南新郑是也。”“或言故有熊氏之墟，黄帝之所都也。郑氏徙居之，故曰新郑矣。”又有唐张守节在《正义》中云：“黄帝有熊国君，乃少典国君之次子，号曰有熊氏，又曰缙云氏，又曰帝鸿氏，亦曰帝轩氏。”“今括州缙云县，盖其所封也。”等等。以上这些都是徐旭生先生定为“备参考”及以外的文献资料，我们将它作为参考是可以的，但若作为判定历史事实的标准，显然是不够科学的。

然河南新郑所处的华夏中部，属炎帝东迁活动区域范围，唐李吉甫的《元和郡县志》有云：“郑州新郑县，本有熊之墟。”明顾祖禹的《读史方舆纪要》载：“古有熊地，黄帝都焉，因封黄帝后于此，为郐国。”今新郑市西北有轩辕丘，此皆黄帝居地之证。今天，我们从历史角度去认识，黄帝在位百年，他作为当时部落联盟首领第一代群体的总称，出生在有熊故国也是可能的，故新郑“黄帝故里”之说，现应得到人们的认同。

四

西平县，位于河南省中部，洪河中游，西部为伏牛山余脉，东部为淮北平原，属仰韶、龙山考古文化圈南缘。[①] 洪河，淮河支流，源出方城县东，经西平县，在淮滨东入淮河。其中上游原称㶏水，一名舞水。《山海经·中山经·中次十一山经》：“朝歌之山，㶏水出焉，东南流注于荥，其中多人鱼。其上多梓楠，其兽多羚麋，有草焉，名曰莽草，可以毒鱼。”北魏郦道元在《水经注》中云：“㶏水又东过西平县北。县，故柏国也。……汉曰西平，其西吕墟，即西陵亭也。”吕墟，地势较高且平，当为周初姜姓吕国(南阳)辖区。《国语·周语下》：“祚四岳国，命以侯伯，赐姓曰姜，氏曰有吕，谓其能为禹股肱心膂，以养物丰民人也。”

三国韦昭注曰：“姜，四岳之先，炎帝之姓也。炎帝世衰，其后变易，至四岳有德，帝复赐之祖姓，使炎帝之后。”因此，西部吕墟属炎帝古西陵氏国范畴。

吕，作为四岳部落之后裔，是羌人的一支，也是姜姓的一个分支。当新石器时代末期，吕部族由羌人分出，与亲族申部族由甘肃东部东迁到山西中部的汾水中游，姜姓诸侯助周灭商后，吕国与申国便南迁至河南南阳一带，为周朝镇守二

---

① 白寿彝：《中国通史·第二卷》，第284页。

南，防止南蛮的骚扰。另一个亲族许国，则迁至豫中的许昌一带，他们的一些姜姓亲族，则分别建立了州、甫、向、甘、纪、其、章、井、怡、戏、露、厉(赖)、封、逢和缙云、三乌、姜戎、小戎等国家和部族。

吕的一支有姜太公吕尚，其佐周武王灭商有功，被封于齐，成为周之大国、春秋五霸之一。这些姜姓诸国和部落，遍布于山西、陕西、河南、山东、陇东及鄂北、皖北等广大地区。吕、申在西周时盛极一时，曾左右过西周末期和东周初期的政治。但后来衰落，都被楚所灭，纪、章为齐所灭，州为杞所灭，并先后为周和郑所并，戏并于卫，怡并于鲁，向灭于莒，甫为蔡所并，甘并入东周，姜戎并入晋，小戎并入秦，其余如露、封、逢、缙云、三乌当于商末时已先后消亡了。到了春秋末期，姜姓诸国已全数灭亡，绝大部分融合成为汉族，构成了中华民族的主体。①

西陵氏方国，秦朝入颍川郡。《西平县志》载，汉高帝四年(前 203)始置西平县。十一年(前 196)三月，刘邦封子刘友为淮阳王，都陈，属淮阳国。汉惠帝元年(前 194)改为淮阳郡。汉惠帝七年初(前 188)，重置淮阳国。汉高后八年(前 180)国除。汉文帝三年(前 177)重置淮阳国。汉文帝十一年(前 169)，梁怀王(文帝子)死。文帝从贾谊言，移淮阳王武(亦文帝子)为梁王，原淮阳国地为淮阳郡。汉景帝元年(前 156)，封其子刘余为淮阳王，重置淮阳国，三年(前 154)三月，刘余徙鲁，淮阳其他仍为淮阳郡。汉武帝元封五年(前 106)四月，置十三部州刺史，西平属豫州汝南郡。

1959 年，甘肃武威出土的《武威汉简》中“王杖十简”载：

河平元年，汝南西陵县昌里，先，年七十，受王杖颊，部游徼吴赏使从者殴击。先用诉，地大(太)守上献。廷尉报：罪名明白，赏当弃市。

河平元年，即公元前 28 年，汉成帝年号。它表明在汉成帝之前，西平县曾改名西陵县。而《汉书·地理志》却云：“汝南郡西平，有铁官。莽曰新亭。”不载。《后汉书·郡国志》亦云：“汝南郡西平，有铁。有柏亭，故柏国。”也不载。北魏郦道元《水经注》：“汉曰西平，其西吕墟，即西陵亭也。”

《水经舆图》中，西平县下有“故柏国”三字，再往东，还有“西平”这一地名。柏，《姓考》：“古帝柏皇氏之后，有黄帝臣柏常，颛顼师柏亮父，帝喾师柏昭。”柏皇，《易·系辞下》“包牺辕氏没”下，唐孔颖达疏作“皇黄”。宋罗泌《路史·前纪六》，综合诸古籍谓：“柏黄氏，姓柏名芝，是为皇柏。出搏日之阳，驾六龙，以木纪德。为而不有，应而不求，立于正阳之南，是为皇人山。有柏氏，柏常为黄帝地官，柏亮为颛顼师，柏昭为帝喾师。”

① 何光岳：《炎黄源流史》，江西教育出版社 1992 年版，第 391 页。

由此看来，今西平县东之地为古柏国辖区。也就是说，今西平县地，在远古时，东部曾经是黄帝地官柏皇氏柏常国；西部吕墟，曾经是炎帝西陵氏方国。

新亭、西陵亭、柏亭之“亭”，非亭阁之义，为郡县级行政机构名称，主要在王莽时设立。《汉书》曰：“新亭。”《后汉书》曰：“有柏亭。”《水经注》曰：“西陵亭。”“新亭”即王莽新朝设立之亭，也名柏亭，亦曰“西陵亭”，当为两古国之交地域上设立的行政机构。史书记载，王莽篡政以后，为了拉拢宗室、功臣后裔，网罗官僚封建知识分子，滥封滥置，使郡县区域大增。[①] 据《汉书·地理志》统计，王莽时已有 125 个郡国、2203 个县，其中 360 个郡县以亭命名。《后汉书·郡国志》所记告诉我们，到东汉光武帝刘秀即位后，再将西陵亭恢复旧名西平县。

也许西平县由两古国合并而成，民心未协，到南北朝隋唐初期，区域变动十分频繁。后魏属襄城郡，后齐改文城郡。隋大业初年(605)省，其地并入洧州、般州。唐武德初年(618)又置，贞观元年(627)废。周天授二年(691)分郾城重置，未几又废。唐玄宗开元四年(716)重置，一直相沿至今。因此，在西平县历史上，采用西陵县之名，大体始自汉成帝在位时期(前 32)。到王莽篡位时改称西陵亭，亦曰柏亭，到东汉光武刘秀即位(25)不久，就恢复西平县旧名，前后总共 60 年左右。后到三国魏明帝(曹叡)即位(226)，汝南西平县人和洽，官吏部尚书进封西陵乡侯，邑二百户。[②] 它表明“西陵”之名仍在人群中传播着。新中国成立前夕，在西平县境内有嫘祖坟、嫘祖庙多处。每年农历三月初六为蚕桑节，保留有祭蚕神等习俗。

总而言之，河南西平县东部平原，远古时为黄帝地官柏常封地，西部高坪，为炎帝西陵氏黄帝正妃嫘祖的封地。西平县蕴藏着丰富的“嫘祖文化”，在学术上可以成立。

五

我国祷蚕神习俗由来已久，早在殷商时代就有隆重祭祀蚕神的仪式。据甲骨卜辞记载，当时祭一次蚕神用太牢，要杀三头牛，或是三头羊作为供品。[③]《隋书·礼仪志》云：

《周礼》王后蚕于北郊，而汉法皇后蚕于东郊……后齐为蚕坊于京城之

① 徐学林:《中国历史行政区划》，安徽教育出版社 1991 年版，第 88 页。

② 陈寿:《三国志·和洽传》卷二十三。

③ 于省吾:《甲骨文字诂林》，中华书局 1996 年版，第 1400 页。

西……别殿一区，置蚕宫，令丞佐史，皆宦者为之。路西置皇后蚕坛……置先蚕坛……以供蚕母。每岁季春谷雨后吉日，使公卿以太一牢祀先蚕黄帝轩辕氏于坛上，无配，如祀先农。礼讫，皇后因亲桑于桑坛……后周制，皇后乘辂，率三妃三代御媛、三公夫人、三孤内子至蚕所，以一太牢亲祭进奠先蚕西陵氏神。

后齐，萧道成建立，历七帝共二十四年(479—502)；后周即北周，西魏宇文觉创建，历五帝共二十五年(557—581)。唐王瓘《轩辕本纪》："(黄)帝周游时，元妃嫘祖死于道。帝祭之以为祖神。"[①]宋丁度《集韵·平脂》："黄帝聚西陵氏女为妃，名嫘祖。嫘祖为远游。死于道，后人祀以为行神。"郑樵《通志·氏族略》："西陵氏，古侯国也，黄帝娶西陵氏女为妃，名累祖。"北宋刘恕《通鉴外纪》曰："正妃西陵氏之女嫘祖，生二子，为帝之妃，始教民育蚕，治丝蚕以供衣服。"南宋罗泌《路史·黄帝纪上》："元妃西陵氏曰嫘祖，生昌意、玄嚣、龙苗。昌意就德游居若水……玄嚣姬姓，降泯水……龙苗生吾融，为吾氏……帝之南游，西陵氏殒于道，式祀于行。以其始蚕，故又祀先蚕。"因此，我国民间把嫘祖奉为"先蚕"而祭，大体上从南北朝开始。

明清以后，出于崇祖的需要，学人对嫘祖的生平又衍生出了许多记述。清李元度《南岳志》引"湘衡稽古"云："雷祖从帝南游，死于衡山，遂葬之。今岣嵝有雷(嫘)祖峰，上有雷祖之墓，谓之先蚕冢。其峰下曰西陵路，盖西陵氏始蚕，后人祀之为先蚕也。"

西陵(方雷)氏族的后裔，《世本》云："方氏，方雷氏之后。"汉应劭《风俗通》亦云："方氏，方雷氏之后，汉有方贺。"

① 张君房：《云笈七签》卷一百。

炎帝、神农氏和缙云氏[①]

在我国，炎帝和黄帝一样，是几千年来人们共同尊崇的历史人物，这是中国历史传统下所产生的独特的文化现象。《逸周书·谥法》曰："德象天地曰帝。"对这"德"字，《易·系辞下》云："天地之大德曰生。"《庄子·天地篇》曰："物得以生谓之德。"故"帝"字初义为生育、诞生之意。炎、黄称"帝"，本义为诞生，故有"人文始祖"或"人文初祖"之称。

一

炎黄二帝的业绩，最早见于《国语·晋语四》：

> 昔少典娶于有蟜氏，生黄帝、炎帝。黄帝以姬水成，炎帝以姜水成。成而异德，故黄帝为姬，炎帝为姜，二帝用师以相济也，异德之故也。

所以，炎帝、黄帝由少典氏和有蟜氏分化而出。刘起釪先生认为："少典和氐，有蟜和羌，在语言上看，它们在古时都是同音异写。""少典族即氐族，有蟜即羌族。""华夏族最早的祖先是分别被称为姬姜两姓的黄帝族、炎帝族，他们是由被称为少典、有蟜的氐、羌两族发展分化出来的。"氐、羌居住在黄河流域上游的广大西北地区，这里是华夏族的摇篮。《史记·五帝本纪》："黄帝者，少典之子，姓公孙，名曰轩辕。""轩辕之时，神农氏世衰。"《索隐》："少典者，诸侯国号，非人名也。"而对有蟜氏，汉贾逵云："诸侯也。"《礼记·檀弓》："鲁有蟜国。"因此，少典、有蟜应是远古时代氏族部落的名称。姬水，大约在陕西省偏北一带，为黄土山地，气候较冷。姜水，渭水支流，在今陕西省岐山县西，源出岐山，南向与横水合流，入雍河。北魏郦道元《水经注》："岐水，又东经姜氏城南，为姜水。"

至于黄、炎两族为主体的华夏部族的活动范围，据徐旭生研究，起初仅是一个由若干部落联合而成的部落集团，不仅血统不同，发展水平亦参差不齐。迨至进入父系氏族阶段后，为扩大生存空间，攫取更多财富，毗邻部落间一直处于共处与争斗交替的状态之中。其中炎帝族于林立的氏族部落中脱颖而出，成为中

① 成文于2007年1月15日，曾发表于中华炎黄文化研究会、黄帝陵基金会、炎帝陵基金会、株洲市人民政府《炎黄精神与和谐文化论文集》2007年刊，第396页。

原地区部落联盟的重要力量。炎帝族大约顺渭水直下，再沿黄河南岸继续向东，一直发展到河南及河北、山东三省交界的地区。同期，作为与炎帝氏族互为通婚的黄帝氏族，随之也向东发展，大约偏北：大体顺北洛河南下，到今大荔、朝邑一带，东渡黄河，沿着中条及太行山根一直到北京附近，或者顺着永定河到达河北北部宣化附近。在年复一年的长途迁徙过程中，炎、黄二族与外界保持着十分广泛的联系，主动吸取四方氏族的特长，随着父权制的逐步确立，人口和军事力量不断壮大，逐渐形成以姜姓部落为核心包括姬姓黄帝部落在内的强盛部落联盟。当历史进入炎帝的后期，整个形势发生了重大变化，据《逸周书·尝麦》载：

昔天之初，□(诞)作二后，乃设建典。命赤(炎)帝分正二卿，命蚩尤于宇少昊，以临四方，司□□上天未成之庆。蚩尤乃逐帝争于涿鹿之河九隅无遗。赤帝大慑，乃说于黄帝，执蚩尤，杀之于中冀。

“二后”指炎帝与黄帝。“二卿”指蚩尤和少昊。“诞”，大也。“建典”，建立法典制度。汉司马迁《史记·五帝本纪》的记载更具体，说：

轩辕之时，神农氏世衰。诸侯相侵伐，暴虐百姓，而神农氏弗能征。于是轩辕乃习用干戈，以征不享，诸侯咸来宾从。而蚩尤最为暴，莫能伐。炎帝欲侵陵诸侯，诸侯咸归轩辕。轩辕乃修德振兵，治五气，制五种，抚万民，度四方，教熊罴貔貅貙虎，以与炎帝战于阪泉之野。三战，然后得其志。蚩尤作乱，不用帝命，于是黄帝乃征师诸侯，与蚩尤战于涿鹿之野，遂禽杀蚩尤。而诸侯咸尊轩辕为天子，代神农氏是为黄帝。

黄炎结盟战胜蚩尤，诸侯咸尊轩辕为天子，代神农氏是为黄帝，即进入新的历史阶段——黄帝为首(部落联盟首领)的五帝时期。炎帝作为一个氏族部落领袖，对他的传承世系，《山海经·海内经》载：

炎帝之妻赤水之子听訞生炎居，炎居生节并，节并生戏器，戏器生祝融。祝融降处于江水，生共工。共工生术器，术器首方颠，是复土穰，以处江水。共工生后土，后土生噎鸣，噎鸣生岁十有二。

炎帝之生，亦有所传，汉纬书《春秋元命苞》曰：

少典妃安登游于华阳，有神龙首感之于常羊，生神子，人而龙颜，好耕，是为神农。

《管子·轻重篇》曰：“神农作种五谷于淇山之阳，九州之人乃知谷食。”又说：“神农教耕生谷以致民利。”故神农，是由游牧生活最早转向原始农业生活的古老民族的名称。

我国汉代以后的学者晋皇甫谧，宋刘恕、罗泌等人，“旁推毖纬，钩探九流，其义博而正”，归纳分析能力较强，他们根据当时流传的各种资料，编排出上古史之系统。虽有一些不完全可信，但很符合历史发展的一般规律。在探讨上古史时，我们不应该轻易地否定这些古人留传下来的文献资料，因为这些资料（包括寓言资料），可以和考古资料互证，使研究结果更接近历史实际。

炎帝神农氏，晋皇甫谧《帝王世纪》载：

神农氏，姜姓也。母曰任姒，有乔氏之女，名女登，为少典妃。游于华阳，有神龙首，感女登于常羊，生炎帝。人首牛身，长于姜水，因以氏焉。有圣德，以火承木，位在南方，主夏，故谓之炎帝。都于陈，又徙鲁，又曰魁隗氏，又曰连山氏，又曰列山氏，作五弦之琴。……凡八世：帝承、帝临、帝明、帝直、帝来、帝衰、帝榆罔。……在位百二十年而崩，葬长沙。至榆罔凡八世，合五百三十年。

炎帝二世帝临，东迁河南洛阳北郊谷城，宋刘恕《通鉴外纪》：“帝临魁元年辛巳，在位六十年，或云八十年。”帝临之弟柱，亦称炎帝。《国语·鲁语上》：“烈山氏之有天下也，其子曰柱，能植百谷百蔬。”迁湖北随州西北厉山镇。

炎帝三世帝承，宋刘恕《通鉴外纪》：“帝承元年辛巳，在位六年，或云六十年。”柱之裔有帝庆甲，迁神农架。

炎帝四世帝魁，宋罗泌《路史·后纪四》：“帝魁之立祗修自勤。质（夙）沙氏殆叛，其大臣锢职而䄷，诛临之以罪而弗服。其臣谏之，不听，杀之三卿，朝而亡礼，怒而拘焉。䄷而弗加，䄷卿二质沙之民自攻其主以归。”

炎帝五世帝明，宋刘恕《通鉴外纪》：“帝明元年丁亥，在位四十九年。”

炎帝六世帝直，宋刘恕《通鉴外纪》：“帝直元年丙子，在位四十五年。”都陈，即今河南省淮阳县。

炎帝七世帝厘，宋刘恕《通鉴外纪》：“帝厘一曰克，元年辛酉，在位四十八年。”都曲阜，或即指炎帝来，居大庭氏之故地。其后裔一支为来国。

炎帝八世帝居，又名帝哀。宋刘恕《通鉴外纪》：“帝哀元年己酉，在位四十三年。炎帝克，炎帝戏，宋罗泌《路史·后妃四》：“炎帝居，母曰听訞，桑水氏之子也。炎居生节茎。……炎帝节茎，节茎生克及戏。戏生器及小帝。自庆甲以来疑年。”

炎帝榆罔，宋刘恕《通鉴外纪》：“帝榆罔元年壬辰，在位五十五年。”宋罗泌《路史·后纪四》：“炎帝参卢，是曰榆罔，居空桑，政束急，务乘人而斗其捷，于是诸侯携二，乃分正二卿，命蚩尤于宇小颢（曲阜），以临西方，司百工，德不能御，蚩尤产乱，出羊水，登九淖（上党羊头山水），以伐空桑，逐帝而居于涿鹿，兴封禅，号炎帝。”吴倬信补注引《汲冢周书》云：“昔烈山帝榆罔之后，其国为榆州。曲沃灭榆州，其社存焉，谓之榆社。地次相接者为榆次。”晋皇甫谧《帝王世纪》云：“蚩尤氏强，与榆罔争王于涿鹿之阿。”这个蚩尤，也是姜姓炎帝之裔，他驱逐炎帝榆罔出空桑（曲阜）都城，自立为炎帝。榆罔被迫北迁于山西榆社，与黄帝联合在涿鹿（河北）大败蚩尤。

这场战争的结果，黄帝取代炎帝榆罔成了部落联盟的首领，也成了黄河中下游的新主人。炎帝榆罔被排斥，南迁至江汉间，湖北随州厉乡因而出现了神农氏遗迹。《水经·漻水注》云：“漻水西经历乡，水南有重山，即烈山也。山下有一穴，父老传云，是神农所生处也，故礼谓之烈山氏。水北有九井，子书所谓神农既诞，九井自穿，谓斯水也。”旁有神农社。这一支族人还继续南迁。周初，兵力达于江汉，周朝分封亲族随、唐、蓼、蒋、霍、聃、粱等国于江汉之间，才迫使这一支神农氏部族继续南迁至湖南境内。

晋皇甫谧《帝王世纪》说炎帝榆罔“崩葬长沙”。刘宋范晔《后汉书·郡国志》也说：“炎帝神农氏，葬长沙。”宋罗泌《路史·后纪四》认为柱之裔炎帝庆甲、来（帝厘）“俱兆茶陵”，即庆甲和来的子孙都迁到茶陵发迹。罗泌之子罗萍注云：“今陵山尚存二百余坟，盖妃后亲宗子属在焉。”宋王象之《舆地纪胜》说炎帝葬茶陵县南，茶乡之尾。茶陵有茶山，接江西永新县界，一名景阳山。《名胜志》曰：“史记炎帝葬于茶山之野。以林谷间多生茶茗，故名。”

此处炎帝陵，唐代曾祭祀。相传宋太祖赵匡胤登基，遍访古陵不得，忽梦一神指点，才于茶乡觅见炎帝陵。明万历四十八年（1620）吴道南《修炎陵碑记》云，乾德五年（967），宋太祖赵匡胤曾派大臣在茶乡白鹿原到访了炎帝陵，加以修理，并立庙奉祀。开宝四年（971）置守陵七户，明嘉靖年间置圣容殿，以奉祀神农氏。

炎帝器，宋罗泌《路史·后纪四》载：“炎帝器，器生钜及伯陵、祝庸。钜为黄帝师，胙土命氏为封、钜。……伯陵为黄帝臣，封逢。……祝庸为黄帝司徒，居于江水，生术器，兑首方颠，是袭土址，生条及句龙。条喜远游，岁终死而为祖。句龙为后土，能平九州，是以社祀。”

黄帝取代炎帝榆罔而成为中原部落大联盟首领后，建都新郑。至此，中国的国家机构雏形已宣告形成。而炎帝戏、炎帝器只是降为炎帝本部落的酋长，后来形成了戏国等诸侯国，而戏、器仍保留着帝的尊称。以后共工氏虽然也自称为帝，以与颛顼（黄帝之孙）争雄，但不久即失败。从此，炎帝族便失去帝号的尊称，而与黄帝族实行姬、姜两姓通婚融合，形成了华夏族的雏形，被中华民族尊为“炎黄祖先”。从历史角度来说，炎帝时代实现了中国远古史上第一次部族大联合，是华夏部落联盟的奠基人，为黄帝族后来的大发展奠定了基础。

二

炎帝与神农氏的关系，历来存在着两种观点：一是认为炎帝与神农氏本为两人，应分而论之；二是主张炎帝与神农氏并称，可合而论之。先秦典籍在记载炎帝和神农氏时主要有三种情况：第一种以《左传》、《国语》、《山海经》为代表，只提赤帝，不提神农氏；第二种以《孟子》、《庄子》、《周易》、《尸子》、《韩非子》、《商君书》、《战国策》为代表，只提神农氏，不提炎帝；第三种以《逸周书》、《管子》、《吕氏春秋》为代表，同时提及炎帝（赤帝）、神农氏。

先秦典籍中唯一并称"炎帝神农氏"的是《世本》。《世本·氏姓篇》："姜姓，炎帝神农氏后。"而《世本》其他各处提及炎帝、神农时均不连称。《世本》原书在宋代已佚失，我们现在所见皆清人所辑，故"炎帝神农氏"之称是否原本就有，让人怀疑。唐代孔颖达在《左传正义》中说"《帝系》、《世本》皆为炎帝，即神农氏"，由此可证唐代所见的《世本》中确有"炎帝神农氏"之说。经考证，真正开始把炎帝与神农氏合二为一的是东汉学者班固和王符。

炎帝与神农氏之间的关系，我认为，从人文历史角度考察，黄帝和炎帝是新石器时期铜石并用时代原始社会晚期华夏部落联盟首领的族系。根据考古资料，半坡姜寨遗址出土的半坡类陶器刻画符号，距今约 6200－4800 年；后来在山东大汶口也出现图画文字，距今约 6500－4500 年，故黄炎时代处于文字初创阶段。黄、炎二帝的生平业绩，在相当长的时间里，都是靠氏族部落内有组织的口耳相传。由于生产力水平低，人们抗御自然灾害的能力还相当低下，受山川崇拜和原始宗教的影响，黄帝和炎帝的生平业绩都被蒙上了一层神的光环。两千多年后的春秋战国时期起，黄帝和炎帝的传说才在诸子百家笔下和陈侯因資敦等青铜器皿中出现。到公元前 1 世纪，国家统一强盛，著名史学家、文学家司马迁"西至空桐，北过涿鹿，东渐于海，南浮江淮"，在各地采访长老，搜集古史传说。他发现各地风俗教化固有不同，但有关黄帝的传说与古文文献相近，故将所得资料加以选择，在撰写《史记》时，著列《五帝本纪》之首。因此，炎帝、黄帝是传说中的历史人物，炎帝、黄帝为首的时代是中国文明起源的传说时代。而神农氏，不应是一个具体的人物，是中国远古农耕时代的代称，炎帝则是五百多年农耕史中氏族部落一代又一代实际的领导人——部落联盟首领系列的总称。

三

《左传·文公十八年》有"缙云氏有不才子",东汉贾逵断曰:

缙云氏,姜姓也,炎帝之苗裔,当黄帝时任缙云之官也。

贾逵学生许慎,在《说文解字》中释"缙"字,"帛赤色也"。他的儿子许冲在进献《说文解字》一书时自豪地宣称:

曾曾小子,祖自炎神,缙云相黄,共承高辛。

后来服虔亦云:

黄帝受命得景云之瑞,故以云纪事,黄帝云瑞或当是景云也。黄帝以云名官,盖春官为青云氏,夏官为缙云氏,秋官为白云氏,冬官为黑云氏,中官黄云氏。

应劭曰:

黄帝受命有云瑞,故以云纪事也,春官为青云,夏官为缙云,秋官为白云,冬官为黑云,中官为黄云。

西晋杜预不信此说,仅曰:

黄帝轩辕氏,姬姓之祖也。黄帝受命有云瑞,故以云纪事也。百官师长皆以云为名号,缙云氏盖其一官也。

承培元《说文引经证例》中也说:

服虔曰:"夏官为缙云氏。"夏,火令,赤色,故曰缙云。

这其实不是缙云氏族的真实本源。因为大约从东周开始,人们的意识往往受五行思想所支配。当时阴阳消长、五行生克的思想,弥漫于意识的各个领域,深嵌到生活的一切方面。五行即木、火、土、金、水。它起源于原始的宗教崇拜,又从宗教母体中脱胎而出,进入哲学思维的境界,发展成为五行哲学。认为自然界和人类的各种事物和现象的发展,都是这五种不同属性的物质不断运动和相互作用的结果。以五行哲学为中心,向文化的各个领域及阶层延伸和关联,便构成了五行文化的大系统。用五行哲学指导政治,便有了天子明堂说和三纲五常等政治理论体系;用五行哲学来认识历史,便产生了五德终始说的历史循环论。《左传·昭公十七年》载,郯子曰:"昔者黄帝氏为云纪,故为云师而云名;炎帝氏为火纪,故为火师而火名;共工氏为水纪,故为水师而水名;太昊氏以龙纪,故为龙师而龙名。”

《吕氏春秋·应同》亦云：

凡帝王之将兴也，天必先见祥于下民。黄帝之时天先见大螾大蝼，黄帝曰："土气胜。"土气胜，故尚黄，其事则土。及禹之时，天先见草木，秋冬不杀。禹曰："木气胜。"故其色尚青，其事则木。及汤之时，天先见金，刃生于水。汤曰："金气胜。"故其色尚白，其事则金。及文王之时，赤乌衔丹书，集于周社。文王曰："火气胜。"火气胜，故其色尚赤，其事则火。代火者必得水，天且先见火气胜，故其色尚黑，其事则水。水汽至而不知，数备，将徙于土。

历史进入汉王朝，刘邦对于自己的德运颇为踌躇，开始以火德自居尚赤。两年后改为水德尚黑。建元元年(前140)武帝即位，正式确立土德尚黄。董仲舒以天人三策，得到汉武帝赏识，罢黜百家，独尊儒术，开创儒学正统，并杂以阴阳五行之说，把神权、君权、父权、夫权贯融为一体，为大一统中央集权制政治服务。这些人以汉代官方通行隶书作为教材，称今文学派，为主流。还有一些民间学者，以战国和秦篆书写的经书作为依据，称古文学派。以王充为代表，通训诂，与之相抗。东汉建初四年(79)，朝廷在白虎观召集今文学者讲论五经异同，章帝亲自临决，班固奉命撰集成《白虎通义》一书。书中秉承董仲舒唯心主义学说，宣扬土居中央，土为五行之首，以土为君，强调"君为臣纲"是三纲中的纲中之纲，把神学和经学合为一炉。后来今文学派大都走向烦琐、迷信和谶纬，古文学派注重训诂。两派之间向杂糅方向发展。

魏晋南北朝是离乱的时代，由汉人建立起的政权闭口不谈天命五德，而少数民族的建国者倒抓住五德终始的老调不放。整个思想界以反传统为其特色，玄学家们一扫汉代谶纬学迷雾，标新立异，开哲学思辨之风气，被汉儒固定化了的阴阳五行学受到冷落，除了五德终始说仍在王朝更替时发挥一些作用，在道教典籍和具体得到应用发展外，从整个思潮来说已显沉寂。李唐王朝建立以后，感儒学多门，章句繁杂，加之南北经学的不同对科举取士有许多不便，为了统一经义，于是诏国子祭酒孔颖达撰定五经义疏，名曰《五经正义》，于高宗永徽四年(653)颁行全国。所谓"正义"，正前人义疏，就是对前代繁杂的经说来一番统一整理，编出一套统一的经书注释作为标准。对《左传·昭公十七年》的注疏，陆德明曰："黄帝轩辕氏，姬姓之祖也。黄帝受命有云瑞，故以云纪事。百官师长皆以云为名号，缙云氏，盖其一官也。"孔颖达云："黄帝以上四代用云火水龙纪事，其官必用云火水龙为之。但书典散亡，更无文纪其名，不可复知……唯有缙云见传，疑是黄帝官耳。"

汉代司马迁所著的《史记》是史学名著，上始轩辕，下讫大汉，究天人之际，通古今之变，成一家之言，被鲁迅誉为“史家之绝唱，无韵之《离骚》”。对它的注释一千多年来公认有三家：刘宋裴骃《史记集解》、唐司马贞《史记索隐》和张守节《史记正义》。对三家之优劣，当代史学家朱东润评曰：[①]

张守节年辈在司马贞之后，其书成于开元二十四年，自序言“涉学三十余年，六籍九流，地理《苍雅》，锐心观采，评《史》、《汉》，诠众训，释而作《正义》。郡国城邑，委曲申明，古典幽微，窃探其美，索理允惬”。……《正义》最有功于《史记》者，为及见徐广、裴骃等所未见之厥文，古本孤传，赖此得见本来之面目。……《史记》之三注之中……《正义》持论较为平整。

《史记》首篇《五帝本纪》云：“黄帝者，少典之子，姓公孙，名曰轩辕。”《正义》按：“黄帝有熊国君，乃少典国君之次子，号曰有熊氏，又曰缙云氏，又曰帝鸿氏，亦曰帝轩氏。”对于“缙云氏不才子”，《正义》注“今括州缙云县，盖其所封也”。

就“缙云氏”而论，唐张守节《史记正义》断为黄帝别名，汉有郭子横《汉武洞冥记》（实为六朝），晋有崔豹《古今注》，南朝有谢灵运《山居赋》、刘竣《东阳金华山栖志》，北朝有《元爽墓志铭》可佐，可以正贾逵、许慎、杜预训诂之失，解陆德明、孔颖达之疑，清服虔、应劭五行之惑，最确切。著名史学家郭沫若主编的《中国史稿》中也肯定了这个结论：传说中的黄帝，就是这些（夷羌）氏族部落想象中的祖先。传说黄帝号有熊氏，又号轩辕氏，也号缙云氏。

总而言之，神农氏是我国远古时期农耕阶段氏族族群的代称，炎帝是这个氏族族群即部落联盟一代又一代首领们的总称。在距今约五千年前后的涿鹿、阪泉之战以后，与炎帝通婚的姬姓氏族部落首领，取代炎帝登上部落联盟首领宝座，是为黄帝，它标志着神农氏时代的终结，以黄帝为首的五帝时代的开始；神农氏炎帝是华夏文明的奠基者，也是中华民族世世代代共同尊崇的人文始祖。

神农炎帝时代是中国古代从母系氏族社会向父系氏族社会的过渡时期，黄帝时代标志着已进入父系氏族社会。缙云氏是黄帝“以云纪官”时一方氏族部落首领的名称，本属黄帝姬姓轩辕氏族。由于文献的散失，从东汉开始，在五行思想的影响下，一直认为是姜姓炎帝氏族。魏晋南北朝以后，五行思想崇拜地位下降，隋唐国家一统，拨乱反正，将缙云氏恢复为黄帝氏族。浙江中南部缙云县境内流传的黄帝传说，是黄帝氏族南迁后形成的文化形态，也应是我国黄帝非物质文化遗产的一部分。

① 朱东润：《史记考索》（外二种），华东师范大学出版社 1996 年版，第 169 页。

千古缙云说黄帝[①]

在浙江省中南部的丽水、金华一带，一两千年以前有许多用“缙云”一词作为行政区域和山川墟里的名称，这是一种十分独特的历史现象。

缙云里，缙云乡，缙云墟，缙云山，缙云县

缙云里、缙云乡，《万历义乌县志》载：“秦始皇之二十五年，定江南平百越置会稽郡，始为乌伤县焉。《异苑》载以颜乌孝子事因名县曰乌伤。”境内分置崇德、缙云、龙祈、永宁、智者、同义、双林、明义八乡。其中，缙云乡在县东，管里三(缙云、永昌、修仁)，又辖四、五、六三都，区域相对稳定，一直相沿至清末。此八乡旧名中“崇德、龙祈、永宁、智者、同义、双林、明义”七名，都是儒学思想的产物，唯“缙云里、缙云乡”的名称，为远古氏族名号，它很大可能是秦汉乌伤县时所存在的旧名。

缙云墟，《太平御览》和《太平寰宇记》载：“《图经》云‘处州缙云郡(今丽水市)，古缙云之墟也’。”

缙云山，即仙都山，谢灵运《名山记》云：“缙云山，旁有孤石，屹然干云，高二百丈，三面临水，周围一百六十丈。顶有湖，生莲花。有岩相近名步虚，远而视之，步虚居其下。……中岩上有峰，高数十丈，或如莲花，或如羊角，古老云：‘黄帝炼丹于此。’”

缙云县，历史上设置有两次，都和永康县有关。第一次是在唐初武德四年，于婺州永康县地置丽州，下设缙云县。八年，丽州和缙云县废撤，恢复永康县，仍归婺州。存在时间仅四年。第二次是在武周万岁登封元年，划婺州永康县南界和括州丽水县北界置缙云县，属处州，县治设婺括驿道古缙云墟上(五云镇)，一直相沿至今。

---

① 成文于2009年5月20日，曾发表于《华夏源》2010年第18期、《缙云黄帝文化研究》(西泠印社出版社2011年版，引页)。

缙云氏

“缙云”，宋《政和处州志》中就认为是缙云氏。“缙云氏”，首见于《左传》：

帝鸿氏有不才子，掩义隐贼，好行凶德，丑类恶物，顽嚚不友，是与比周，天下之民渭之浑敦。少昊氏有不才子，毁信废忠，崇饬恶言，靖潜庸回，服谗投慝，以诬盛德，天下之民谓之穷奇。颛顼氏有不才子，不可教训，不知话言；告之则顽，舍之则嚚；傲很明德，以乱天常，天下之民谓之梼杌。此三族也，世济其凶，增其恶名，以至于尧，尧不能去。缙云氏有不才子，贪于饮食，冒于货贿；侵欲崇侈，不可盈厌；聚敛积实，不知纪极，不分孤寡，不恤穷匮，天下之以比三凶，谓之饕餮。舜臣尧，宾于四门，流四凶族浑沌、穷奇、杌，饕餮，投诸四裔，以御螭魅。

汉司马迁将这一段稍作删改，写进《史记·五帝本纪》。孔安国注云：“缙云氏之后为诸侯，号饕餮也。”“饕餮”，《吕氏春秋·先识篇》云：“周鼎铸饕餮，有首无身。”其源头应是良渚兽面纹，到两周中期衰落，北宋开始称饕餮纹，而它竟早在龙山、良渚、三星堆等考古文化遗址中都以保护神的形式得到普遍使用。

这也即是历史上著名的“流四凶”事件，有鸿氏不才子浑沌，指可驩兜，亦驩头，《山海经》说：“驩头国……其为人，人面，有翼，鸟喙，方哺鱼……或驩朱国。”南方多水，此氏族在尧舜禹时，大约还以捕鱼为主要的生活来源。少昊氏不才子穷奇，指共工。颛顼氏不才子梼杌，指鲧，相传是大禹的父亲。缙云氏不才子饕餮，指三苗。《尚书》文中原先次序是：共工、驩兜、三苗、鲧。《左传·文公一八年》和《史记·五帝本纪》变为有鸿氏（驩兜）、少昊氏（共工）、颛顼氏（鲧）、缙云氏（三苗）而已。《史记正义》曰：“饕餮，谓三苗也。言贪饮食，冒货贿，故谓之饕餮。”因此，帝鸿、少昊、颛琐、缙云的“四凶”，都是和黄帝有直接血缘关系的古老氏族。

“三苗”，亦称苗蛮，古代南方的氏族部落。吴起云：“三苗之国左洞庭右彭蠡。”他们大约生活在河南西南部、湖北、江西、湖南一带，江汉平原上的石家河遗址，相当于三苗氏族部落文化。他们在五帝时代后期，与尧舜禹为核心的部落集团发生过长期的冲突，因战败而被拆散流放。《尧典》：“分北三苗。”汉郑玄曰：“所窜三苗为四裔诸侯者尤为恶，乃复分流之。”“分”，是说分散它的人民；“北”，是说把他们迁到北方。对于“迁三苗于三危”，《括地志》云：“三危山有三峰，故曰三危，俗亦名卑羽山，在沙州敦煌县东南三十里。”《神异经》云：“西荒中有人焉，面目手足皆人形，而胳下有翼不能飞，为人饕餮，淫逸无理，名曰苗民。”因此，三苗族君，是从南方被流放到北方。宋罗泌《路史·国名记》云：

余披传记，见蛮夷之种，多（黄）帝者之苗矣。若巴人之出于伏羲；玄、氐、羌九州戎之出于炎帝；诸蛮、髦氏、党项、安息之出黄帝；百民、防风、骥头、三鲵之出帝鸿；淮夷、允戎、鸠幕、群舒之出少昊；昆吾、滇濮、瓯闽、珞越之出高阳；东胡、儋人、暴舆、吐浑之出高辛；匈奴、突厥、没鹿、无余之出夏后，曰是固有矣。缙云之子，黄帝子孙，其始不肖以至不才，几何而不胥为夷也。

因此，伏羲、黄帝、帝鸿、少昊、高阳、高辛、夏后等古代传说中的帝王的苗裔散居东西南北广大地域的许多氏族，可以用“缙云之子，黄帝子孙”去统称，这表明黄帝不仅是炎黄族的始祖，也是古代南方、北方众多少数民族公认的共同始祖。

轩辕黄帝

黄帝和炎帝，从历史角度考察，是新石器时期铜石并用时代、原始社会晚期华夏部落联盟首领的族系。中国文字的起源之一——半坡姜寨遗址出土的半坡类陶器刻画符号，距今4800—6200年；后来在山东大汶口也出现图画文字，距今4500—6500年，故黄炎时代处于文字初创阶段。黄炎二帝的生平业绩，在相当长的时间里，都是靠氏族部落内有组织的口耳相传，被蒙上了一层神的光环。从春秋战国起，他们的传说开始在诸子百家笔下和陈侯因資敦等青铜器皿中出现。到公元前1世纪，司马迁“西至空桐，北过涿鹿，东渐于海，南浮江淮”，通过采访长老，搜集古史传说。他发现各地有关黄帝的传说与古文文献相近，就在撰写《史记》时将其列于“五帝本纪”之首。因此，黄帝是传说中的历史人物，黄帝文化是传说文化。

王国维《今本竹书纪年疏证》载：“黄帝轩辕氏……一百年，地裂，帝陟。”晋皇甫谧《帝王世纪》说：“黄帝在位百年而崩，年百一十一岁。”作为一个历史人物，担任首领职位，不可能有这么长的时间。《春秋元命苞》载“轩辕氏三世”，可能不假。《史记·五帝本纪》云“黄帝者，姓公孙，名曰轩辕”；《正义》云“黄帝有熊国君，乃少典国君之次子，号曰有熊氏，又曰缙云氏，又曰帝鸿氏，又曰帝轩氏”；经过整合：黄帝，姓公孙，名轩辕，号有熊，一世为缙云氏，二世为帝鸿氏，三世为帝轩氏，也许比较合理。

《国语·晋语》：“昔少典娶于有蟜氏，生黄帝、炎帝以姬水成，炎帝以姜水成，成而异德，故黄帝为姬，炎帝为姜。”由此可知，炎黄由两族共同从少典氏分出，有蟜氏大约也是少典氏族互通婚姻的一个氏族。而作为一个时代的神农氏族，少典氏和黄帝、炎帝均应是神农氏后裔。著名考古学家徐旭生揣测，黄帝起于陕西北部，炎帝起于陕西渭水中游，然后都继续向东发展。黄帝氏族东迁的路线大约偏北，顺北洛水南下，到今大荔、朝邑一带，东渡黄河，跟着中条及太行山根一直到北京附近；或者顺着永定河岸到达河北北部宣化附近。炎帝氏族大约顺渭水直下，再沿黄河南岸向东，一直发展到河南及河北、山东三省交界的地方。他们与东夷相遇，双方发生冲突。东夷部落集团首领蚩尤本领颇大，炎帝连连战败，无奈之下，求救于北方同族黄帝。黄帝因为居住的地域多偏北方，还滞留于游牧阶段，所以武力较强。《史记・五帝本纪》云：

轩辕之时，神农氏世衰。诸侯相侵伐，暴虐百姓，而神农氏弗能征。于是轩辕乃习干戈，以征不享，诸侯咸来宾从。而蚩尤最为暴，莫能伐。炎帝欲侵陵诸侯，诸侯咸归轩辕。轩辕乃修德振兵，治五气，艺五种，抚万民，度四方，教熊罴貔貅貙虎，以与炎帝战于阪泉之野。三战，然后得其志。蚩尤作乱，不用帝命。于是黄帝乃征师诸侯，与蚩尤战于涿鹿之野，遂擒杀蚩尤，而诸侯咸尊轩辕为天子，代神农氏，是为黄帝。

这就是说，当时黄炎两大部族集团，与熊罴、貔貅、貙虎等众多部族一起，组成联军，共同对蚩尤作战，投入涿鹿、阪泉战场。经过生死搏斗，杀蚩尤，败炎帝，终于统一中原，代神农氏为黄帝。

轩辕黄帝与缙云氏

清周永年、盛百二《济宁直隶州志》载："缙云山，州西南三十里……前志云：'晋阳山即缙云山，上有慈云寺。'"何光岳《炎黄源流史・缙云氏分布》中说："从济宁的缙云山又叫晋阳山来看，晋、缙相同，缙云，古当为晋云，初居地当在今山西晋水。"[①]

对缙云氏的"缙"字，《说文》中有："帛赤色也。""缙"，古代与"晋"字通。晋，从矢从一，亦与至字通。《说文》："进也。日出万物进。从日从至。"《易・晋》："彖曰：'晋，进也，明出地上顺而利乎大明，柔进而上行。'"义为进长、升进。晋，又通箭，杨树达《释晋》："'晋'字，上象二矢，下为插矢之器"，"二矢插器，其义为箭"。晋，颜师古曰："缙，字本作晋，插笏于大带与革带之间耳。"绅，束腰的大带。插箭于绅，插笏于绅，当为古代标志性军服装束，故有晋绅、缙绅、荐绅三个代称

① 何光岳：《炎黄源流史》，江西教育出版社1992年版，第504页。

士大夫的同义词。同时,“缙”字,是晋加糸而成。《说文》:“糸,细丝也。”又:“丝,蚕所吐也,从二糸。”有农耕桑织的含义。晋,还为水名,即汾水,今为山西省的代称。

云,州名。山西省北部地名多云字,如云州、云中郡、云中山、云内谷、云阳谷、云冈石窟等。云,云雨之云。《左传·昭公十七年》:“昔者黄帝氏以云纪,故为云师而云名。”汉应劭曰:“黄帝受命有云瑞,故以云纪事也。”晋杜预曰:“黄帝轩辕氏,姬姓之祖也。黄帝受命有云瑞,故以云纪事也。”云,也为姓。《通志·姓氏略四》:“云氏,缙云氏之后也。北齐有云定兴。”

如果将缙、云两字分别训诂的内容联合起来综合考虑,那“缙云”这个词所蕴含的奥秘,大体是:一是五彩祥云,缙云和景云、卿云、吉云三个词音近,都是五色祥云,黄帝受命有云瑞,以云为纪,以云为名,黄帝号为缙云氏;二是军事集结,进长升进,集聚成王,“姬水导源,缙云结庆”;三是山西省晋水上游古云中(大同)一带;四是缙云为名的氏族部落。由此而推,大约在距今五千年前,炎帝族被蚩尤打败,向北撤退,请求黄帝帮助。炎黄两兄弟部族在晋水上游云中一带组成联军,起兵时以黄土为依托,故有土德之瑞;时值三秋,彩云缭绕,故有缙(景)云之吉,军事统帅遂取名曰缙云氏。随后大军沿桑干河而下,先驻扎在涿鹿东北的龙关:

民国《察哈尔省通志》载:“龙关为缙云氏故城。”又曰:“《旧志》载:‘距县城二十里板搭峪川,即今二道川有缙北庄。’”民国《龙关县志》亦载:“龙关古为缙云氏地。”

后来又继续向东,其山名为缙山(今北京市延庆县,唐末为缙山县,因境内有缙云山而得名),结果打败九藜族,杀死蚩尤;接着又战胜炎帝,统一了中原大地,登上部族联盟总首领的宝座,代神农而成为黄帝。因此,缙云是黄帝的一个别称。

黄帝岩岳考[①]

一

“黄帝岩岳”一名，唯一的出处见《吴越春秋·越王无余外传》：

> 禹伤父功不成，循江泝河，尽济甄淮，乃劳身焦思以行。七年闻乐不听，过门不入，冠挂不顾，履遗不蹑，功未及成，愁然沉思。乃案《黄帝中经历》，盖圣人所记，曰：“在于九山东南天柱，号曰宛委，赤帝左阙，其岩之巅，承以文玉，覆以磐石。其书金简，青玉为字，编以白银，皆瑑其文。”禹乃东巡，登衡岳，血白马以祭，不幸所求。禹乃登山，仰天而啸，忽然而卧。因梦见赤绣衣男子，自称玄夷苍水使者，闻帝使文命于斯，故来候之。非厥岁月，将告以期，无为戏吟。故倚歌覆釜之山，东顾谓禹曰：“欲得我山神书者，斋于黄帝岩岳之下。三月庚子，登山发石，金简之书存矣。”禹退，又斋。三月庚子，登宛委山，发金简之书，案金简玉字，得通水之理。

这就是夏禹登东南天柱宛委山，斋黄帝岩岳，得通水之理的著名传说。

《吴越春秋》一书，是东汉章帝、和帝、殇帝、安帝时（76—125），山阴（绍兴）赵晔著。他在《越绝书》的基础上，参考当地史乘，又经过长期考察，精心编撰而成。其中虽有某些“近小说家言”的内容，就整体而言属异体杂记式地方史书。著名学者蔡邕至会稽，读其著作，拍案叫绝，以为比王充《论衡》还好。后来赵岐、张遐、郭颁、杨方和皇甫遵等人用同样的体裁、同样书名作书多种。当今流传的十卷本《吴越春秋》一书，经周生春先生研究：晋时曾经杨方刊削，后由皇甫遵编定。至元大德十年（1306）徐天祐“刊正疑讹……复为之音注”，刊版而成。[②]

① 成文于2010年9月5日，曾以笔名“王耀东”发表于《缙云黄帝文化研究》（西泠印社出版社2011年版，第187页）。

② 周生春：《吴越春秋辑校汇考》，上海古籍出版社1997年版，第2页。

二

上述“夏禹登东南天柱宛委山，斋黄帝岩岳，得通水之理”的著名传说，近两千年来只有元徐天祐作注，云：

禹未尝两至越，其至越，在会稽之时，非治水时也。《禹贡》记南方山川，多与今不合，禹治水时未尝亲至南方故也。孟子曰：“禹八年于外。”而《禹贡》云：“作十有三载乃同。”或者以为比禹治水之年，通鲧九载言之也。马融曰：“禹治水三年，而八州平。是十二年而八州平，十三年而兖州平。兖州平在舜受终之年，然则禹之成功，不过三四年间耳。此书谓劳身焦思七年，功未及成，乃东巡，登宛委，发金简之书，得通水之理。使禹之治水七年，而后得神书，始知通水之理，不已晚乎！诸若此类，盖传疑尚矣。”

《古微书》卷四云：

女占法，禹问于风后曰：“吾闻黄帝有胜负之图，六甲阴阳之道，今安在乎?”风后曰：“黄帝藏会稽之山下，其坎深十丈，广十丈，镇以磐石。致难得也。”禹北见六子问。海口所出，禹乃决江口鸣角会稽龙神为见匮玉浮出。禹乃开而视之，中有《太一经》十二卷。禹未及持之其四卷，飞上天，禹不能得也。其四卷复下陂池，禹不能及也。禹得中四卷，开而视之，自古之功莫奇于禹矣。则呼召神鬼鞭挞，风霆理应有之，不得为误。

凡是传说，孔子说：“虽小道，必有可观者焉。”自然不可以当作历史去读，但也没必要绝对加以否定，因为传说的本源和相关联的区域性文化，往往是以事实为起点的。徐天祐的理由是“禹未尝两至越，其至越，在会计之时，非治水时也”，这是一般传统的说法。在现代考古科学飞速发展的今天，我们有必要对它作进一步的考察。禹，就是夏禹，俗称大禹，汉司马迁《史记·夏本纪》云：

夏禹，名曰文命。禹之父曰鲧，鲧之父曰帝颛顼，颛顼之父曰昌意，昌意之父曰黄帝。禹者，黄帝之玄孙而帝颛顼之孙也。禹之曾大父昌意及父鲧皆不得在帝位，为人臣。当帝尧之时，鸿水滔天，浩浩怀山襄陵，下民其忧。尧求能治水者，群臣四岳皆曰鲧可。尧曰：“鲧为人负命毁族，不可。”四岳曰：“等之未有贤于鲧者，愿帝试之。”于是尧听四岳，用鲧治水。九年而水不息，功用不成。于是帝尧乃求人，更得舜。舜登用，摄行天子之政，巡狩。行视鲧之治水无状，乃殛鲧于羽山以死。天下皆以舜之诛为是。于是舜举鲧子禹，而使续鲧之业。

尧崩，帝舜问四岳曰："有能成美尧之事者使居官？"皆曰："伯禹为司空，可成美尧之功。"舜曰："嗟，然！"命禹："女平水土，维是勉之。"禹拜稽首，让于契、后稷、皋陶。舜曰："女其往视尔事矣。"禹为人敏尔克勤；其德不违，其仁可亲，其言可信；声为律，身为度，称以出；亹亹穆穆，为纲为纪。

禹乃遂与益、后稷奉帝命，命诸侯百姓兴人徒以传土，行山表木，定高山大川。禹伤先人父鲧功之不成受诛，乃劳身焦思，居外十三年，过家门不敢入。薄衣食，致孝于鬼神。卑宫室，致费于沟淢。陆行乘车，水行乘船，泥行乘橇，山行乘晜。左准绳，右规矩，载四时，以开九州，通九道，陂九泽，度九山。令益予众庶稻，可种卑湿。命后稷予众庶难得之食。食少，调有余相给，以均诸侯。禹乃行相地宜所有以贡，及山川之便利。

禹于是遂即天子位，南面朝天下，国号曰夏后，姓姒氏。帝禹立而举皋陶荐之，且授政焉，而皋陶卒。封皋陶之后于英、六，或在许。而后举益，任之政。十年，帝禹东巡狩，至于会稽而崩。

这是说，到尧舜禹时，华夏血缘部落联盟首领的权力交替期间，出现了尧子丹朱与舜谁接尧位的世袭和禅让的斗争。禹之父辈鲧和共工、驩兜、三苗都因反对禅让，而卷入当时部族内部的斗争漩涡之中。鲧是南方苗蛮集团的重要成员，舜禅位成功以后，将鲧作为四凶（黄帝氏族有鸿、缙云、颛顼、鲧）之一流放后杀害。禹作为鲧族中的子辈，又临危受命接管治水重担，"始军事、宽以粟、柔而业，愿与共"，堵疏并举。"命益与众庶稻，命后稷予众难得之食。食少调有余相给，以均诸侯"，即采用政治、军事、经济和文化等相结合的"通水之理"正确方针，实现了华夏的空前大统一。由于禹治水功大，后来舜禅让给禹，为父传子嗣的国家奠定了牢固的基础。

《越绝书》云："昔者，越之先君无余，乃禹之世，别封于越，以守禹冢。"故禹为越族之祖。"越"，《说文·走部》："度也，从走，戊声。""戉"，为族名；"从走"，表明此族流动面极广，它似乎有欧洲吉普赛人的某些形态。《说文》："戉，斧也。从戈。"《玉篇·戉部》："戉，黄戉，以黄金饰斧也，又作钺。"《广韵·月韵》："《司马法》曰：'夏执玄戉，殷执白戚……又作钺。'"《尚书·牧誓》："王左杖黄钺。"叶玉森："戉乃国名，疑'越'省。"饶宗颐："按'戉'亦称'戉方'，又有'西戉'。"董楚平在《吴越文化研究新探》一书中认为，在距今4200年左右，即约当黄河流域尧舜禅让时期，良渚玉器突然在家乡消失，出现文化逆转；其中许多玉器在遥远的黄河流域，甚至在四川盆地奇迹般地出现，表明江浙会稽一带可能是鲧禹一族的聚居之地。因此，徐天祐说"禹未尝两至越，其至越，在会稽之时，非治水时也"的结论，事实上是站不住脚的。

越族，是原来居住在江浙一带的古代氏族。在跨湖桥、河姆渡、横溪下汤、良渚等地的考古发现表明，在黄帝时代，它可能作为东夷族一部因参加涿鹿会战而北上的。由于部族的东征西讨，先后与羌、狄等西北氏族结缘。到五帝之末，禹和尧、舜联盟，逐渐打败三苗、防风等部族，成为盟主，最终建立夏朝。禹子启登上王位后，又南下卜觞（封禅）于帝晋（黄帝）之墟璿台。《越绝书·越绝外传记地传第十》卷八亦云：

昔者，越之先君无余，乃禹之世，别封于越，以守禹冢。问天地之道，万物之纪，莫失其本。……畴粪桑麻，播种五谷，必以手足。大越海滨之民，独以鸟田，小大有差，进退有行，莫将自使，其故何也？曰："禹始也，忧民救水，到大越，上茅山，大会计，爵有德，封有功，更名茅山曰会稽。及其王也，巡狩大越，见耆老，纳诗书，审铨衡，平斗斛。因病亡死，葬会稽。苇椁桐棺，穿圹七尺，上无漏泄，下无即水；坛高三尺，土阶三等，延袤一亩。尚以为居之者乐，为之者苦，无以报民功，教民鸟田，一盛一衰。当禹之时，舜死苍梧，象为民田也。禹至此者，亦有因矣，亦覆釜也。覆釜者，州土也，填德也。禹美而告至焉。禹知时晏岁暮，年加申酉，求书其下，祠白马禹井。井者，法也。以为禹葬以法度，不烦人众。"

覆釜，山名，浙江省内尚多，如缙云县舒洪、东渡、胡源三乡镇之交大镬山，就是覆釜山。同时大洋山中亦有覆釜山，清康熙《缙云县志》载："石釜山，东北八十里，上有黄帝炼丹釜。"

三

上述引文中，有《黄帝中经历》、东南天柱宛委山、黄帝岩岳、赤帝等书名、人名和山岭名称。

《黄帝中经历》，历谱名。《汉书·艺文志》中载有《黄帝五家历》三十三卷。"历谱者，序四时之位，正分至之节，会日月五星之辰，以考寒暑杀生之实。故圣王厂必正历数，以定三统服色之制，又以探知五星日月之会。凶厄之患，吉隆之喜，其术皆出焉。"故在汉代有托名黄帝的历书。《黄帝中经历》很可能是其中五家之一，今已失传。

"东南天柱宛委山"，对其中的"宛委山"，唐贺知章《纂山记》曰："黄帝号宛委。"宋施宿《会稽志》卷九（原文存缺——引者注）云：

宛委山，在会稽县东南十五里。旧《经》云："山上有石匮壁立干云，升者累梯而至。"《十道志》："石匮山，一名宛委，一名玉笥。有悬崖之险，亦名天柱山。昔禹治水，歌功未成，乃斋于此，得金简玉字，因知山河体势。"《水经》云："玉笥竹林，云门天柱精舍，并疏山为基，筑林栽宇，割涧延流，尽泉石之好。"《太平御览》

云："会稽石匮山上，有金简玉字之书。夏禹发之，得百川之理。山下有栖神馆。唐改为怀仙馆，今为龙瑞宫。"《道书》云"阳明洞天"，一云极□太女之天，山巅有飞来石，其下葛仙翁丹井，山南叶天师龙见坛，太史公上会稽探禹穴，《史记》注云："禹至会稽因□焉。"上有孔穴，民云："禹入此穴。"自旧《经》诸书皆以禹穴系之。会稽宛委山里，人以阳明洞为禹穴，今无所考。唯唐郑鲂书"禹穴"二大字，符徽之铭而鲂序之。然吕蓁送惠师云："尝闻禹穴奇，东去穿瓯闽，越俗不好古，流传失其真。"则禹穴不可定名久矣。旧经引《遁甲开山图》云："禹治水至会稽，宿衡岭宛委之神奏玉匮书十二卷，禹开宛委山得赤珪如日碧，珪如月各长一尺二寸。《吴越春秋》引《黄帝中经》云：东南天柱曰宛委，赤帝在阙其岩之巅，承以文玉，覆以盘石，其书金简玉字，编以白银，皆瑑其文。及禹巡衡岳血白马而祭之，梦见赤绣衣男子，自称玄夷使者，闻帝使命于斯，故来之倚歌覆釜之山，顾谓禹曰"欲得我神书者，斋于黄帝皇岩之下。三月庚子，登宛委山发金简之书。按金简玉字得通治水之理。"俚说不经，故录之。

宋嘉泰《会稽志》卷九："宛委山，在会稽县东南十五里。旧《经》云：'山上有石匮壁立干云，升者累梯而至。'《十道志》：石匮山，一名宛委，一名玉笥。有悬崖之险，亦名天柱山。昔禹治水，歌功未成，乃斋于此，得金简玉字，因知山河体势。"元徐天祐《吴越春秋注》："在会稽县东南十五里，一名玉笥山。"这是传统的说法，需要作进一步深入研究。

在古代，人口稀少，往往以辖区内的名山之名作为州郡的名称，亦以名山之名作州郡山岭总代称。东汉永建四年(129)朝廷分浙江西置吴郡，会稽郡从吴县(今苏州)移治山阴(绍兴)，辖县山阴、鄮(鄞县)、乌伤(义乌)、诸暨、余暨(萧山)、大末(衢州龙游)、上虞、余姚、句章(余姚北)、鄞(宁波)、章安(台州)、永宁(温州丽水)，隶扬州，即今浙东、浙中、浙西和浙南。《吴越春秋·越王无余外传》中的宛委山，应在上述浙东、浙中、浙西、浙南的地理范围内。南朝宋孝建元年(454)改称东扬州，治山阴县，辖会稽、东阳、新安、永嘉、临海五郡。永光元年(465)省，梁普通五年(524)复置，太平元年(556)又省，陈天嘉三年(562)再置。隋开皇九年(589)废会稽郡，改东扬州为吴州，治所在会稽县。大业初年(605)改越州，三年(607)复为会稽郡。唐武德四年(621)又罢郡置越州。开元二十六年(738)分置明州，隶江南东道。天宝初年(742)改为会稽郡。乾元元年(758)复为越州，隶浙江东道并为道治。辖会稽、山阴、诸暨、余姚、剡、上虞、萧山七县。这时会稽管辖范围只相当于东汉时山阴、诸暨余暨、上虞、余姚一带，大体指今绍兴市一带，已经极大地缩小了。在历史上，会稽是浙东的政治、经济、文化中心，名士文人荟萃之地。到唐代，当时的文人用会稽山附近的山丘作为山名，是很自然的。唐梁载言《十道志》："石匮山，一名宛委，一名玉笥。有悬崖之险，亦名天柱山。昔禹治水，歌功未成，乃斋于此，得金简玉字，因知山河体势。”从历史事实去考察，这隋唐时代的宛委山，未必就是东汉大会稽郡的宛委山。

《吴越春秋·越王无余外传》云：“禹……乃案《黄帝中经历》，盖圣人所记，云‘在于九山东南天柱，号曰宛委，赤帝左阙，其岩之巅，承以文玉，覆以磐石。其书金简，青玉为字，编以白银，皆瑑其文’。”“九山”，非实数之九，表示实际离会稽山之多、之远。“天柱”，顾名思义就是高大的柱状石峰。仙都的核心是鼎湖峰，它状如春笋，直刺云天，拔地 170.8 米，是世界上最高大的石柱。谢灵运《名山记》：“缙云山旁有孤石，屹然干云，高二百丈，三面临水。周围一百六十丈；顶有湖生莲花，有岩相近名步虚。远而视之步虚居其下。”“中岩上有峰，高数十丈，或如莲花、如羊角，古老云：黄帝炼丹于此。”《归途赋》：“停余舟而掩留，搜缙云之遗迹，漾百里之清潭，见仞之孤石。”《游名山志》：“凡此诸山多龙须草，以为攀龙而坠化为草；又有孤石从地突起，高三百丈以临水，连绵数千峰，或如莲花，或如羊角之状。”《山居赋注》中云：“方石，直上万丈，下有长溪，亦是缙云之流云。”几千年来，人们俗称石笋，又有孤石、方石、玉柱、独峰、丹峰、仙都石、仙都岩、朋峰石等美名，且有天下第一笋、天下第一石、天下第一峰之誉。峰巅西北高，东南低，中间蓄水成池，四时不竭，称鼎湖，相传是轩辕黄帝铸鼎、觞百神、驭龙飞升之地。大诗人白居易有诗：“黄帝旌旗去不回，片云孤石独巍嵬。有时风激鼎湖浪，散作晴天雨点来。”

“宛委”的“宛”，《说文》中有：“宛，屈草自复也。”徐灏注笺：“宛者屈曲之义……又为屈曲之称。”“委”，水流的聚合处；亦通隈，曲折。仙都，古称缙云山，处于缙云县东九曲好溪的两岸。它古称恶溪，发源于磐安县大盘山南侧笔架山马祥岭，是瓯江东北支流。它潭结绿而澄清，濑扬白而生花，弯多水急，自古说九十九里有五十九滩，有九潭、九桥、九堰、九滩、九渡。晋谢灵运《与弟书》：“闻恶溪道中，九十九里有五十九濑，王右军游此恶道，叹其奇绝，遂书‘突星濑’于石。”并作《长溪赋》传世。顾野王《舆地志》：“恶溪道间九十里而有五十九濑，两岸连云，高岩壁立。”唐李白《送王屋山人魏万还王屋》：“缙云川谷难，石门最可观。瀑布挂北斗，莫穷此水端。喷壁洒素雪，空蒙生昼寒。却思恶溪去，宁惧恶溪恶。咆哮七十滩，水石相喷薄。路创李北海，岩开谢康乐。松风和猿声，搜索连洞壑。”李吉甫《元和郡县志》：“恶溪，以其湍流阻险。九十里间五十六濑，名为大恶。隋开皇中改为丽水。”它与《黄帝中经历》中圣人所记“九山东南天柱，号宛委”之义完全相合。赤帝，即缙云氏，一传为黄帝时夏官。左阙，即玉柱，其岩之巅，承以文玉，覆以磐石，似乎就是苍松翠柏之间的鼎湖之巅。《十道志》云：“石匮山，一名宛委，一名玉笥。有悬崖之险，亦名天柱山。昔禹治水，歌功未成，乃斋于此，得金简玉字，因知山河体势。”

缙云县，境内处处有岳庙，其县名本为黄帝之号，其地后汉时北部属乌伤县（今义乌市）地，南部属永宁县（今温州永嘉县），为会稽郡辖区。境内大洋山中多叠箱岩，就是石匮，亦可称玉笥，因此，仙都在秦汉时名为宛委山，晋时称缙云山，山中建有缙云堂，唐天宝七年（748）敕改仙都山，并改建缙云堂为黄帝祠宇，自古相传是轩辕黄帝铸鼎驭龙飞升之地，故《吴越春秋》中黄帝岩岳之地，当是仙都核心景点鼎湖峰。

《山海经》，古传禹、益所作，非人所授。汉代刘绣《上山海经表》曰："《山海经》者，出于唐虞之际……禹别九州，任土作贡，而益等类物善恶，著《山海经》。"《吴越春秋·越王无余外传》亦曰："（禹）与益、夔共谋，行到名山大泽，召其神而问之，山川脉理、金玉所有、鸟兽昆虫之类，及八方之民俗、殊国异域、土地里数，使益疏而记之，故名之曰《山海经》。"

四

综上所述，《吴越春秋·越王无余外传》中载夏禹登东南天柱宛委山，斋黄帝岩岳，得通水之理的传说，原本流传在汉会稽郡内，它包括浙中偏南括苍山中缙云县仙都一带。由于近两千年来行政区划的变化和山区交通、文化闭塞的影响，这个传说在发源地很快消亡了，而黄帝铸鼎驭龙升天为主要内容的黄帝缙云氏传说，却愈加丰富，一直流传至今。隋唐以后，当时的文人在绍兴附近地区，附会夏禹登宛委山、斋黄帝岩岳、得通水之理的传说所在地，属文人效应文化，同样有一定的积极意义。

缙云墟溯源[①]

一

缙云墟，缙云县城（五云镇）古名，清光绪乙酉年（1885）《梅苏王周宗谱·宋九松山人梅隐（源流世系序）》云："（梅）棱者，刘宋时仕彭城守，退隐于会稽之缙云墟。"缙云县属处州，即今丽水市。宋李昉《太平御览》卷一七一："处州，《图经》曰：'处州，缙云郡，古缙云之墟。'"乐史《太平寰宇记》卷九十九："处州，缙云郡，理丽水县，古缙云之墟。"宋罗泌《路史·国名纪·帝鸿后厘姓国》云："缙云，今处州缙云郡有缙云山，是为缙云堂，缙云氏之虚也。《永初山川记》谓'永宁县，有缙云堂是矣'。《旧经图记》皆以为黄帝之号，黄帝之踪失之。"明李贤《大明一统志》云："缙云墟，处州为古缙云墟，上应牵牛之宿，下当少阳之位，黄帝炼丹于缙云之山。"清潘绍诒《（光绪）处州府志·封域志》卷一："处州府，（禹贡）扬州之域，斗分吴地，古缙云之墟。"近代著名方志专家余绍宋主编《民国浙江通志稿》云："古代所传，夏禹之前，浙江盖有二国，一为缙云氏，在今缙云县……世守封要之山者也。"古代缙云氏（墟）方国的范围，除丽水市范围外，还包括今金华一带。金华古为婺州，在南北朝时曾称缙州；缙云乡、缙云里在义乌市；永康市本称缙云。

《太平御览》、《太平寰宇记》是北宋初年官府编纂的大型类书和著名的地理总志，书中所载必有所据。而"缙云之墟"的文献依据，一直渺无踪影，无处可觅。

二

缙云，词出《左传·文公十八年》："缙云氏不才子。"汉司马迁将这一段稍作删改，写进《史记·五帝本纪》。《正义》注："今括州缙云县，盖其所封也。"而《史记·五帝本纪》亦云："黄帝者，少典之子，姓公孙，名曰轩辕。"《正义》按："黄帝有熊国君，乃少典国君之次子，号曰有熊氏，又曰缙云氏，又曰帝鸿氏，亦曰帝轩氏。"因此，缙云是黄帝的号。墟，清段玉裁注："虚者，今之墟字。"虚，《说文》："虚，大丘也。昆仑丘谓之昆仑虚，古者九夫为井，四井为邑，四邑为丘，丘谓之

① 成文于2010年9月22日，曾发表于《丽水研究》2010年第2期。

虚。从丘，虍声。"《汉语大字典》按："丘，篆文象穴居两侧有孔之形；以后建造简单房屋，上面蒙以兽皮作屋顶，故字作虚。"故"墟"通"虚"，有大丘、故城、废址、废墟的含义。连而言之，缙云墟就是黄帝故里的意思。

《史记正义》，唐张守节"涉学三十余年，六籍九流，地理《苍雅》，锐心观采，评史汉，诠众训，释而作《正义》"。对"黄帝有熊国君，乃少典国君之次子，号有熊氏，又曰缙云氏"的出处，晋崔豹《古今注》云：

孙兴公问曰："世称黄帝炼丹于凿砚山乃得仙，乘龙上天，群臣拔龙须，须坠而生草曰龙须，有之乎？"答曰："无也。有龙须草，一曰缙云草，故世人为之妄传。"

孙兴公就是晋著名文学家永嘉太守（属温州）孙绰，他问黄帝炼丹的传说真假，答者所说龙须草即缙云草，并把缙云和黄帝的关系间接地告诉了我们。晋郭璞《山海经·海内南经注》还说："《张氏土地记》曰：'东阳永康县南四（十）里有石城，山上有小石城，云黄帝曾游此。'"

我国南北朝山水诗人谢灵运，是第一位介绍缙云文化的著名作家，他在《游名山记》中云："凡此诸山多龙须草，以为攀龙而坠化为草，又有孤石从地特起，高二百丈以临水，连绵数千峰，或如莲花或如羊角之状"，"龙须草，唯东阳，永嘉有。永嘉有缙云堂，意者谓鼎湖攀龙须有坠落，化而为草，故有龙须之称。"《归途赋》中有："停余舟而掩留，搜缙云之遗迹，漾百里之清潭，见千仞之孤石。"

三

2009 年重阳的缙云仙都黄帝文化大讲坛上，全国政协委员、中国社会科学院历史研究所先秦史研究室主任、甲骨文殷商史研究中心主任、中国先秦史学会常务副会长宋镇豪先生所做的题为《缙云黄帝文脉》的学术报告中，向大家展示了 1993 年湖北江陵王家台 15 号秦代古墓出土的竹简中的两条条文（存缺——引者注）：

一六一六六六。曅曰：昔者夏后启卜□帝曅之虚，作为……（336 号）

……昔者夏后启卜觞帝大陵上钧台，而支占夸陆，夸陆……

这和唐欧阳询《艺文类聚》、李善《文选注》、徐坚《初学记》和宋李昉《太平御览》，清王国维《今本竹书纪年疏证》所引的《归藏》条文近似：

昔者夏后启筮，享神于晋之墟，作为璿台，于水之阳。

《归藏》，古《易》书名，最早见于《周礼》。归藏者，万物莫不归而藏于其中，以纯坤为首。坤为地，故万物莫不归而藏于中，而名《归藏》。在刘歆“发现”《周礼》之前，众多先秦及秦汉古籍中从无提及。《北史·刘炫传》载：“时牛弘奏购求天下道逸之书，炫遂为伪造书百余卷，题为“连山易”、“鲁史记”等，录上送官，取赏而去。后有人讼之，经赦免死，坐除名，归于家，以教授为务。”郭沫若亦云：“原来《归藏》之名，仅见于《周礼》的《春官·大卜》，“与《连山》、《周易》共合为所谓《三易》，但《汉书·艺文志》中并没有《连山》和《归藏》的著录，我疑是和《周礼》一样，乃刘歆所伪托的东西，不过那伪托品没有流传便化为了乌有。”1993 年湖北江陵王家台 15 号秦代古墓出土竹简条文，经与传世的《归藏》佚文相对照，宋镇豪先生指出：“除内容相近和相同外，格式体例也基本相同。”“可见传世《归藏》实有所本，并非无稽之谈，证实了传本《归藏》不是伪书。”

四

《今本竹书纪年疏证》、《艺文类聚》、《文选注》、《初学记》、《太平御览》所引的《归藏》条文中，“晋”，秦简原字从艸、从晋。晋，进也。离为日、坤为地，日出地上，故曰“晋”。离为夏，故言及夏后启（秦简《归藏·困》、秦简《归藏·井》）。“享”，秦简原字从西、从昜，读作“xiǎng”。离为日，故曰“卜享”。坎为唐（秦简《归藏·小过》），即晋地，故坎为晋。坎为晋，坤为虚（秦简《归藏·介》），故曰“晋之虚”。“虚”，大丘也。夏后启钧台之享，载《左传·昭公四年》。《竹书纪年·上》亦载：“帝启元年，诸侯从帝，归于冀都，大飨诸侯于钧台。”钧台，在河南省禹县南。《太平御览》卷 177 引：“夏后曰启筮，享神于晋之灵台，作璇台。”蒙文通在《古史甄微·夏之兴替》中云：“则钧台之享，固在晋虚。”刘起釪在《古史续辨》中说，晋南是夏人之故墟，称夏墟或大夏之墟，并没有晋之墟，说明人们历来认识并不一致。

江陵王家台 15 号秦代古墓出土竹简（336 号）中条文：“昔者夏后启卜□（觞）帝晋（此字上为草头，下为“晋”，倒立，当是“晋”字）之虚，作为……”“帝晋”一词，和先秦古籍《山海经·大荒东经》中的“帝俊”音近。著名考古历史学家徐旭生说：“帝俊这个人物，在《山海经》里面，可以说是第一显赫的了。里面载他的事，多至十六（在《经》里面只有帝颛顼多至十七事，可是他与九嫔葬处一事三见，那只剩下十五事。此外黄帝十事，炎帝四事，帝喾三事，帝尧二事，帝舜九见八事，帝丹朱二事，帝江一事，帝鸿一事。其余的人没有帝称）。”通过这十六项的帝俊故事可以看出：第一，他东西南北，无所不至；第二，古代重要的大发明，差不多全出于他的子孙；第三，包括姬姓、姜姓、姚姓在内许多氏族都是由他分出；第四，太阳是他的儿子，月亮是他的女儿，在他之下有“人面、犬耳、兽身，珥两青蛇，名曰奢比尸”的神人和“五彩之鸟”的“下友”。

金荣权《帝俊及其神系考略》中也指出：“帝俊在中国古代神话中是一个谜一般的神性人物，他的事迹既不为正史所载，也不为诸子所传，只见于《山海经》之中，尤其集中反映在《大荒》、《海内》两经之中。究其神系渊源与脉络，显然不属于炎帝世系，也不隶属于黄帝世系，是与炎、黄两大神系并存的第三神系。”[①]“关于帝俊在中国古代诸神中的地位，今天众说纷纭，然一般认为帝俊当是上古时代东方民族的祖先神，这种看法是一致的，因为《山海经》记载的帝俊活动地及其子孙之国大多在东方。”

帝俊，晋代郭璞说他是帝舜，清代郝懿行疑惑他是帝喾、帝舜、少典、黄帝。近代王国维又博考文献，证以考古工作的出土材料，举出五个证据，判定帝俊必为帝喾。而徐旭生指出王氏考证之误后，认为帝俊属于华夏集团，即黄炎部落。此说最确，我国古代，与《山海经》同期成书的先秦诸子百家中，据清马骕《绎史》搜集，三皇五帝时代“第一显赫”是黄帝。因此，帝俊应当就是黄帝，也就是帝晋。

对《山海经》中“帝俊”的世系，经著名史学家徐中舒和唐嘉弘研究，得图2-1、图 2-2 如下[②]：

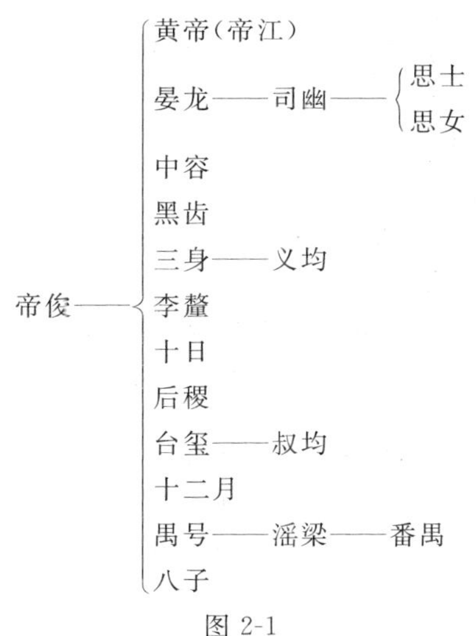

图 2-1

① 《中州学刊》1998 年第 1 期。

② 徐中舒，唐嘉弘：《山海经和黄帝》，《山海经新探》1986 年刊，第 98—99 页。

- 黄帝
  - 昌意—韩流—颛顼
    - 季禺
    - 老童
      - 重
      - 黎—噎
      - 祝融—长琴
    - 伯服
    - 淑士
    - 三面
    - 叔歜
    - 驩头——苗民
  - 白民
  - 骆民—白马(鲧)——
    - 炎融—驩头
    - 禹—均国—役采—修鞈
  - 苗龙——融吾——弄明——白犬(犬戎)
  - 禺虢——始均——北狄

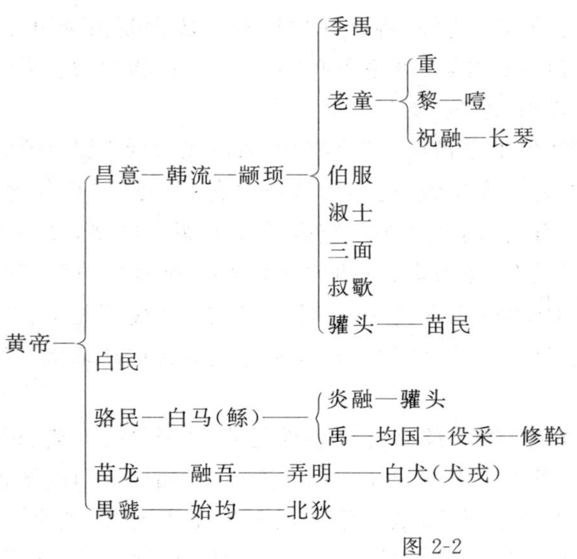

图 2-2

我们结合《史记》中的其他有关资料，以及《国语》、《世本》、《大戴礼记·帝系》和《五帝德》等古籍，绘出黄帝的世系简图，见图 2-3、图 2-4、图 2-5[①]：

- 少典——
  - 炎帝(姜姓)
  - 黄帝(姬姓)——
    - 昌意——高阳(颛顼)
    - 玄嚣(青阳)

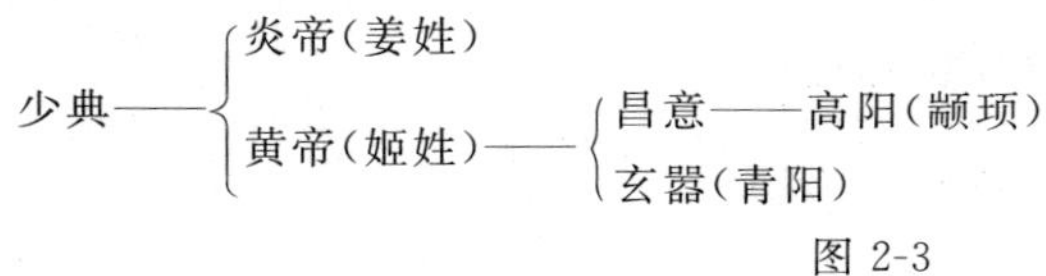

图 2-3

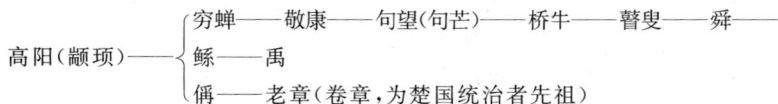

- 高阳(颛顼)——
  - 穷蝉——敬康——句望(句芒)——桥牛——瞽叟——舜——
  - 鲧——禹
  - 偁——老章(卷章，为楚国统治者先祖)

图 2-4

- 玄嚣(青阳)——蟜极——帝喾(高辛)——
  - 放勋(帝尧)
  - 挚
  - 契(殷商先祖)
  - 稷(周人先祖)

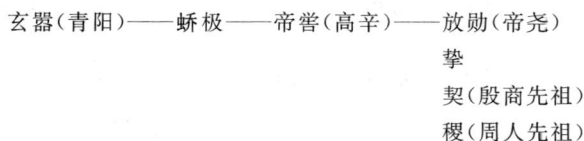

图 2-5

“帝俊”生帝江，帝江即帝鸿，就是黄帝。王国维《今本竹书纪年疏证》载：“黄

① 徐中舒，唐嘉弘：《山海经与黄帝》，《山海经新探》1986 年刊，第 97 页。

帝轩辕氏……一百年，地裂，帝陟。”晋皇甫谧《帝王世纪》说：“黄帝在位百年而崩，年百一十一岁。”作为一个历史人物担任首领职位，不可能有这么长的时间。汉《春秋元命苞》载“轩辕氏三世”，可能不假。《史记·五帝本纪》云“黄帝者，姓公孙，名曰轩辕”；《正义》云“黄帝有熊国君，乃少典国君之次子，号曰有熊氏，又曰缙云氏，又曰帝鸿氏，又曰帝轩氏”；经过整合：黄帝，姓公孙，名轩辕，号有熊，一世为帝晋缙云氏，二世为帝鸿(江)氏，三世为帝轩氏，也许比较合理。

从上述世系简表分析，两个关于“黄帝”的世系简表的基本结构差不多，“帝俊”生帝江，帝江即帝鸿，就是黄帝。“帝晋”又和神农八世(帝承、帝临、帝明、帝直、帝来、帝哀、帝榆罔)和帝喾、帝挚、帝尧、帝舜等五帝称号同类。且“晋”字，是倒写，上面又为草头，都和“缙云氏不才子”作为四凶之一的义相符。

由此而推，大约在距今五千年前，炎帝族被蚩尤打败，向北撤退，请求黄帝帮助。黄炎两兄弟部族，在晋水上游云中(今山西大同)一带组成联军。起兵时以黄土为依托，故有土德之瑞；时值三秋，彩云缭绕，故有缙云之吉，军事统帅(部落联盟首领)遂取名曰缙云氏。随后大军沿桑干河而下，先占领涿鹿西部关隘(今河北省赤城县龙门关)，然后出关向东(今北京市延庆县，唐末为缙山县，因境内有缙云山而得名)，结果打败九黎族，杀死蚩尤；接着又战胜炎帝，统一了中原大地，登上部族联盟总首领，代神农而成为黄帝。

所以，江陵王家台15号秦代古墓出土的战国竹简两条简文所记载的夏后启卜享钧台和卜觞帝晋璿台，不应是同一个事件：夏后启卜享钧台在河南禹县钧台，夏后启觞帝晋璿台在浙江缙云。这就是“缙云墟”和“缙云之墟”的真正源头。夏后启筮，享神于帝晋之墟，是重大事件。报天之功为封，报地之功为禅，由天子去进行。《太平御览》卷九五三引汉郭子横《洞冥记》载汉东方朔说“缙云封禅”一事，当实有所本，并非诳骗。

五

《史记·五帝本纪》云：

黄帝者，少典之子，姓公孙，名曰轩辕。生而神灵，弱而能言，幼而徇齐，长而敦敏，成而聪明。轩辕之时，神农氏世衰。诸侯相侵伐，暴虐百姓，而神农氏弗能征。于是轩辕乃习用干戈，以征不享，诸侯咸来宾从。而蚩尤最为暴，莫能伐。炎帝欲侵陵诸侯，诸侯咸归轩辕。轩辕乃修德振兵，治五气，艺五种，抚万民，度四方，教熊罴貔貅貙虎，以与炎帝战于阪泉之野。三战，然后得其志。蚩尤作乱，不用帝命。于是黄帝乃征师诸侯，与蚩尤战于涿鹿之野，遂禽杀蚩尤。而诸侯咸尊轩辕为天子，代神农氏，是为黄帝。

著名的《山海经》中有“使四鸟：虎、豹、熊、罴”一事，同从帝俊分出的氏族似乎有着特别的关系。《大荒经》说他出的有中容、司幽、白民、黑齿、三身、季釐、羲和、西周八国，中容、白民两国全有此文。司幽、黑齿、三身三国，虽说没有细数四鸟的名字，可是也有“使四鸟”的文字。《大荒东经》有玄股，《大荒南经》有张宏，《大荒西经》有先民，《大荒北经》有毛民，全有“使四鸟”的文字；《大荒东经》中有芀国，《大荒北经》有叔歜，均有“使四鸟：虎、豹、熊、罴”的文字；《大荒北经》中北齐之国，虽没有说四鸟，却有“使虎、豹、熊、罴”。这七个氏族，除叔歜出于“颛顼之子”有明文外，北齐姜姓，与帝俊关系很明显。此外《大荒南经》中舜与叔均葬处，《大荒南经》中帝尧、帝喾、帝舜葬处，《大荒北经》中帝颛顼与九嫔葬处，均有这四兽间杂于各禽兽中间。这“四鸟”或者是代表四族的图腾。古埃及当美尼斯(Menes)的时候，把他所征服的氏族的图腾合成玫瑰、蜂、秃鹰、蛇同当时的图腾和刺斯鹰结合起来为国王的名字（见 A. Moret et G. Davy 所著《从部落到帝国主义》），然则这“四鸟”或是帝俊氏族所征服的四氏族图腾。[①]

遂昌好川遗址石钺

① 徐旭生：《中国古史的传说时代》，广西师范大学出版社 2003 年版，第 64 页。

丽水市遂昌县2000年发现好川遗址，出土了一件石钺。上有细刻图像：最下面是两横线，中间是用短平行斜线填充的纹条幅。条幅线上左右并列刻制两个古代纹钱般的圆形图案，中用阔叶树叶纹饰。圆形图案上又用两根并列条幅相隔。条幅之上最高处用细阴线和小琢点雕刻出一只昂首而立如虎似豹的猛兽。豹，与虎同类。钺是越人礼器，为权力的象征。故好川遗址的主人，很有可能是五千年前帮助轩辕黄帝打败东夷蚩尤的虎部族的首领。

《越绝书》说瓯越为于越之一支。这是说战国中期，楚灭于越之后，越王后人的一支南逃入瓯而立国称瓯越。其居地，以今浙江南部瓯江流域为中心，即温州、台州、丽水三个地区以及沿海各岛屿，都为瓯人分布范围。现在浙闽一带方言繁多、复杂，语言佶屈聱牙，是与古代部落众多，居民频繁迁出、移入分不开的。对瓯人的服饰，《战国策·魏策》称："被发文身，错臂左衽，瓯越之民也。"

六

通过对以上两种《归藏》条文的疏理，我找到唐宋古籍中有关记载的文化渊源，如果再参考一千多年来"缙云墟"和"缙云之墟"仅指处州一地的实际情况，很容易得出如下结论：江陵王家台15号秦代古墓出土的战国竹简（336号）中所说的内容和《艺文类聚》、《文选注》、《初学记》、《大平御览》、《今本竹书纪年疏证》所引的《归藏》条文，是夏王启登上王位后，为了纪念为父传子嗣王位而献身的黄帝缙云氏族先辈，专程南下浙江中部（缙云）一带时的一次封禅公祭活动，也就是说，浙江缙云祭祀黄帝的历史已有4000多年了。

黄帝南巡升天传说的历史推测[①]

黄帝，是远古中原大地的统一者，中原社会管理体制的制定者，中华文明的开创者，是中华民族的共同始祖。从历史角度考察，他是原始社会晚期华夏部落联盟的首领。中国文字的起源——半坡姜寨遗址出土陶器刻画符号，距今4800－6200年；山东大汶口图画文字距今4500－6500年；黄帝时代属初创阶段。因而，黄帝的生平业绩，在相当长的时期里，都是靠远古氏族部落中有组织的口耳相传。现有资料表明，大约从殷商开始，有关黄帝的记载才在甲骨文中出现，到春秋战国时期，诸子百家们从不同视角将其用文字记录下来。这些距今2200－3500年间的文献，记载距今4500－5000年的黄帝业绩，自然都带有原始神话传说的形态。

一

黄帝，《史记·五帝本纪》云"黄帝者，少典之子，姓公孙，名曰轩辕"；《正义》云"黄帝有熊国君，乃少典国君之次子，号曰有熊氏，又曰缙云氏，又曰帝鸿氏，又曰帝轩氏"。其中对"帝鸿"，甲骨文（存缺——引者注）有云：[②]

"贞，帝鸿三羊、三豕、三犬。□己巳卜贞，帝鸿。□七月。"（前，4，17，5，17，5；通纂772）

"黄帝"一词，最早出现在陈侯因资敦（前356—前320）中的皿器上，原铭文为：

唯正六月癸未，陈侯因资曰：皇考武桓公龚哉大谟，克成其烈，因资扬皇考邵统，高祖黄啻（帝），迩嗣桓文，朝问诸侯，合扬厥德，诸侯贡献吉金，用乍（作）考武桓公祭器敦，以蒸以尝，保有齐邦，万世子子孙孙，永为典尚。

到公元前1世纪，国家统一强盛。著名史学家、文学家司马迁随汉武帝"西至空桐，北过涿鹿，东渐于海，南浮江淮"。他在各地采访长老，搜集古史传说。他发现各地风俗教化固有不同，但有关黄帝的传说与古文文献相近，在撰写《史记》时，列《五帝本纪》之首：

① 成文于2011年9月30日，曾发表于《缙云报》、《丽水研究》。

② 丁山：《中国古代宗教与神话考》，上海书店出版社2011年版，第200页。

黄帝者，少典之子，姓公孙，名曰轩辕。生而神灵，弱而能言，幼而徇齐，长而敦敏，成而聪明。……而诸侯咸尊轩辕为天子，代神农氏，是为黄帝。……东至于海，登丸山，及岱宗。西至于空桐，登鸡头。南至于江，登熊、湘。……有土德之瑞，故号黄帝。

近年出土的有关黄帝文物，主要有：湖北江陵王家台《秦简》①、《马王堆汉墓帛书·十六经·立命》②、《上博简·容成氏》③，银雀山汉墓竹简《孙膑兵法·见威王》④、《孙膑兵法·势备》⑤等。总之，这都是一些神话般的史前传说，它们集中反映了我国原始社会后期黄帝、炎帝、蚩尤和熊、罴、貔、貅、貙、虎等众多氏族部落之间聚散分合、最终独尊黄帝的统一历程。

二

黄帝生平业绩的文献记载，首推《逸周书·尝麦》：

昔天之初，□（存缺——引者注）作二后，乃设建典，命赤帝分正二卿，命蚩尤于宇少昊，以临四方，司□□上天莫成之庆。蚩尤乃逐帝，争于涿鹿之河，九隅无遗。赤帝大慑，乃说于黄帝，执蚩尤，杀之于中冀。以甲兵释怒，用大正顺天思序，纪于大帝，用名之曰绝辔之野。乃命少昊请司马鸟师以正五帝之官，故名曰质。天用大成，至于今不乱。

这段有残缺的文献，经过清丁宗洛、当今李学勤和黄怀信等人研究，记载的是周成王元年（约前1042）四月，摄政王周公（姬旦）在向祖先祭献新麦的典礼上，命大正（大司寇）修正定刑书时，对大宗（伯）掩、大司寇说的话：⑥

从前上天开始造就炎帝、黄帝两位大君的时候，就设置了法典，命令炎帝分别确定两位卿士。于是炎帝命令蚩尤抵御少昊，以监视西方，并主持上天尚未完

---

① 湖北江陵王家台《秦简》："同人曰：'昔考（者）黄啻与炎啻战◇182；＝咸＝占之曰：果哉而有吝□◇189。'"

② 《马王堆汉墓帛书·十六经·立命》："昔者黄宗质始好信，作自为象，方四面，傅一心。四达自中，前参后参，左参右参，践立履参，是以能为天下宗。"

③ 《上博简·容成氏》"（容成氏……尊）卢氏、赫胥氏、乔结氏、仓颉氏、轩辕氏、神农氏……之有天下也，皆不授其子而授贤。"

④ 银雀山汉墓竹简《孙膑兵法·见威王》："昔者神戎（农）战斧（补）遂，黄帝战蜀（涿）禄（鹿）。"

⑤ 银雀山汉墓竹简《孙膑兵法·势备》："黄帝作剑，以阵象之。"

⑥ 黄怀信：《逸周书校补注译》（修订本），三秦出版社2006年版，第294—296页。

成的奖赏。而蚩尤却追逐炎帝，于炎帝在涿鹿山相争，转遍了所有的山角。炎帝大为恐惧，就向黄帝求救。黄帝抓住蚩尤，在冀中杀掉了他。黄帝是用武力消解心中的怒气，而用大正和顺天意，使天下变得有秩序。为了把黄帝的功绩记录在太常旗上，因此就把杀蚩尤的地方命名为绝辔之野。黄帝又命令少昊为鸟师，以修正后来五帝共同沿用的职官，所以少昊名叫质。天下因此大为和解有序，到现在(周公)仍不混乱。

这告诉人们，在西周初年，当时的人们已经认为：炎帝、黄帝是后，就是君王；蚩尤、少昊为卿，就是臣子。蚩尤打炎帝是犯上作乱，黄帝杀死蚩尤就是行刑执法。稍后，《管子·五行》亦云：

黄帝泽参，治之至也。昔者黄帝得蚩尤而明乎天道，得大常而察乎地利，得奢龙而辨乎东方，得祝融而辨乎南方，得大封而辨乎西方，得后土辨乎北方。黄帝得六相而天地治，神明至。蚩尤明乎天道，故使为当时；大常察乎地利，故使为廪者；奢龙辨乎东方，故使为土师；祝融辨乎南方，故使为司徒；大封辨乎西方，故使为司马；后土辨乎北方，故使为李。故春者土师也，夏者司徒也，秋者司马也，冬者李也。

《淮南子·原道篇》云："昔者冯夷大丙之御也，乘云车，入云蜺。"黄帝以云纪官，故蚩尤、大常、奢龙、祝融、大封、后土六人为六云，即云师，就是六相。六云，商甲骨文：[①]

癸酉卜，又番于六云，五豕，卯五羊；癸酉卜，又番于六云，六豕，卯羊六。

氏族部落之间聚散分合，最终独尊黄帝的统一历程，司马迁在《史记·五帝本纪》中描述为：

轩辕之时，神农氏世衰。诸侯相侵伐，暴虐百姓，而神农氏弗能征。于是轩辕乃习用干戈，以征不享，诸侯咸来宾从。而蚩尤最为暴，莫能伐。炎帝欲侵陵诸侯，诸侯咸归轩辕。轩辕乃修德振兵，治五气，制五种，抚万民，度四方，教熊罴貔貅貙虎，以与炎帝战于阪泉之野。三战，然后得其志。蚩尤作乱，不用帝命。于是黄帝乃征师诸侯，与蚩尤战于涿鹿之野，遂禽杀蚩尤。而诸侯咸尊轩辕为天子，代神农氏，是为黄帝。天下有不顺者，黄帝从而征之，平者去之，披山通道，未尝宁居，东至于海，登丸山，及岱宗。西至于空桐，登鸡头。南至于江，登熊、湘，

① 黄帝巡行具体区域的文字表述，与司马迁随汉武帝"西至空桐，北过涿鹿，东渐于海，南浮江淮"基本相同。在研究历史文化时，对上述文字所标的地域名，我们不必太执拗。

北逐獯鬻,[①]合符釜山,而邑于涿鹿之阿。迁徙往来无常处,以师兵为营卫。官名皆以云命,为云师。置左右大监,监于万国。……举风后、力牧、常先、大鸿以治民。顺天地之纪,幽明之占,死生之说,存亡之难。时播百谷草木,淳化鸟兽虫蛾,旁罗日月星辰水波土石金玉,劳勤心力耳目,节用水火材物。

三

《韩非子·十过》亦云:"驾象车而六蛟龙。"《管子·封禅》又云:

昔者黄帝合鬼神于泰山之上,驾象车而六蛟龙。毕方并辖,蚩尤居前,风伯进扫;雨师洒道,虎狼在前,鬼神在后,腾蛇伏地,凤凰覆上,大合鬼神,作为清角。

这分明是一幅《天(黄)帝出巡图》。[②] 黄帝巡行,队伍十分雄壮。蚩尤居前,且明乎天道为六相之首。"天下有不顺者,黄帝从而征之,平者去之,披山通道,未尝宁居",故黄帝巡行都离不开军事行动。上则文献中,包含许多古老传说:蚩尤在天为赤色的火云,即蚩尤之旗。《史记·天官书》:"蚩尤之旗,类彗而后曲,象旗。见则王者征伐四方。"所以,我国著名历史学家丁山说:"要而言之,'夔'即天鼋,亦即缙云氏。'饕餮'之与'天鼋',声纽相同,可能是一名之分化。……从文公十八年《左传》称'缙云氏有不才子,天下谓之饕餮',看来,这位他书无证的缙云氏,现在也可于此论定即是'蚩尤之旗'。"[③]

"南至于江,登熊、湘。"江,就是长江;而熊,即熊耳山。唐初李泰《括地志》云:"熊耳山,在商州(今河南郾城)上洛县西十里,齐桓公登之以望江汉也。"[④]湘,湖南省的代称。湘山,即君山,在湖南省岳阳市西南洞庭湖中,亦作山名。

晋皇甫谧《帝王世纪》载,炎帝神农氏"在位一百二十年而崩,葬长沙"。宋罗谧《路史》:"葬长沙茶乡之尾,是曰茶陵,所谓天子墓者。"王象之《舆地纪胜》:"炎帝墓,在茶陵县南一百里康乐乡白鹿原。"宋嘉定四年(1211),将茶陵县康乐、霞

---

① 丁山:《中国古代宗教与神话考》,上海书店出版社 2011 年版,第 452 页。

② 顾颉刚:《史林杂识初编·乘龙》,中华书局 2005 年版,第 172 页。

③ 丁山:《中国古代宗教与神话考》,上海书店出版社 2011 年版,第 452 页。

④ "齐桓公登之以望江汉"一事,发生在周襄王一年(前 651),即秦缪公九年。秦缪公,即秦穆公。"齐桓公登之以望江汉也"的出处,见《史记·封禅书》:"秦缪公即位九年,齐桓公既霸,会诸侯于葵丘,而欲封禅。……桓公曰:'寡人北伐山戎,过孤竹;西伐大夏,涉流沙,束马悬车,上卑耳之山;南伐至召陵,登熊耳山以望江汉。'"召陵,春秋时楚地名。《左传·僖公四年(前 656)》:"夏,楚子(王)使屈完(原)如师,师退,次于召陵。"战国时期,魏医立召陵邑。汉设县,属汝南郡,晋改为召陵,隋废。旧城在河南郾城县东,今为漯河市召陵区。

阳、常平三乡折出置酃县(今称炎陵县)。

黄帝南下登熊湘和炎帝崩葬长沙,地点在同一区域,这表明已经归服的炎帝和蚩尤的残部,都已退守聚集在长江以南。黄帝为了消除隐患,因此决定南巡。

四

黄帝南巡在熊、湘一带,就是进入三苗地区。苗,春秋以前读 māo,春秋以后读 miāo[①];而缙云土话读 mō(猫、忙),老虎叫大苗。三苗,又叫"苗民"、"有苗",是黄帝至尧舜禹时代的古族名。《战国策·魏策一》:"吴起对曰:……昔者三苗之居,左有彭蠡之波,右有洞庭之水,文山在其南而衡山在其北。"《史记·孙子吴起列传》:"(吴)起对曰:……昔三苗氏左洞庭,右彭蠡。"洞庭是湖南洞庭湖。彭蠡是江西鄱阳湖。衡山是河南雉衡山[②]、安徽霍山[③]一带。文山,宋缙云著名史学家鲍彪注:"文作汶。"[④]就是武夷山。[⑤] 因此三苗之地,大致包括今河南、安徽南部、湖北、湖南、江西、浙江、福建等大片地区。

《山海经》:"三苗国,一曰三毛国。"《墨子·非攻》:"昔者三苗大乱,天命殛之,日妖宵出,雨血三朝;龙生于庙,犬哭乎市,夏冰,地拆及泉,五谷变化,民乃大振。高阳乃命禹于玄宫,禹亲把天子瑞令以征有苗。四电诱祇。有神人面鸟身,若瑾以待,扼失有苗之祥。苗师大乱,后乃遂几。"晋郭璞注《山海经·海外南经》亦云:"昔尧以天下让舜,三苗之君非之,帝杀之,有苗之民叛入南海,为三苗国。"

《尚书·舜典》:"流共工于幽州,放驩兜于崇山,窜三苗于三危,殛鲧于羽山,四罪而天下咸服。"虞舜流放共工、驩兜、三苗、鲧四人。《左传·文公十八年》云:

帝鸿氏有不才子,掩义隐贼,好行凶德,丑类恶物,顽嚚不友,是与比周,天下之民渭之浑敦。少昊氏有不才子,毁信废忠,崇饬恶言,靖潜庸回,服谗搜慝,以诬盛德,天下之民谓之穷奇。颛顼氏有不才子,不可教训,不知话言;告之则顽,舍之则嚚;傲很明德,以乱天常,天下之民谓之梼杌。此三族也,世济其凶,增其恶名,以至于尧,尧不能去。缙云氏有不才子,贪于饮食,冒于货贿;侵欲崇侈,不

---

① 徐旭生:《中国古史的传说时代》,广西师范大学出版社 2003 年版,第 66 页。

② 徐旭生:《中国古史的传说时代》,广西师范大学出版社 2003 年版,第 66 页。

③ 何光岳:《山海经新探·山海经中的瓯、闽部落》,四川省社会科学出版社 1986 年版,第 148 页。

④ 《战国策·魏策一》注,上海古籍出版社 1995 年版,第 782 页。

⑤ 何光岳:《山海经新探·山海经中的瓯、闽部落》,四川省社会科学出版社 1986 年版,第 148 页。

可盈厌；聚敛积实，不知纪极，不分孤寡，不恤穷匮，天下之以比三凶，谓之饕餮。舜臣尧，宾于四门，流四凶族浑沌、穷奇、梼杌，饕餮，投诸四裔，以御螭魅。

这里四人中的“三苗”，已变换成“缙云氏”。司马迁《史记·五帝本纪》稍加删削，亦相同：

昔帝鸿氏有不才子，掩义隐贼，好行凶德，天下谓之浑敦。少昊氏有不才子，毁信恶忠，崇饬恶言，天下谓之穷奇。颛顼氏有不才子，不可教训，不知话言，天下谓之梼杌。此三族世忧之。至于尧，尧未能去。缙云氏有不才子，贪于饮食，冒于货贿；天下谓之饕餮。天下恶之，比之三凶。舜宾于四门，乃流四凶族，迁于四裔，以御螭魅，于是四门辟，言无毋凶人也。……三苗在江淮、荆州数为乱。于是舜归言于帝，请流共工于幽陵，以变北狄；放驩兜于崇山，以变南蛮；迁三苗于三危，以变西戎；殛鲧于羽山，以变东夷，四罪而天下咸服。

也就是说，五帝尧舜时代“三苗”就是“缙云氏”。

彭蠡，属江西省，代称“赣”。境内有赣州、赣县、新淦、余干等地名。新干原称新淦，也叫新赣，古称上淦。因为有淦水发展的骊岭，流经紫淦山，蜿蜒向西北，于樟树之南注入赣江，水以山名，县以水名，故名新淦。余干，古称邗越、干越（干越），是古代百越的一支。早在西周时期，干越首领建立方国，一度活动于彭蠡、今天的浙西及江苏相邻一带。春秋时先后属吴国和越国。《庄子·刻意》：“夫有干越之剑者，柙而藏之，不敢用也，宝之至也。”陆德明释文：“司马云：‘干’，吴也。吴越出善剑也。……案：吴有溪名干溪，越有溪名若耶，并出善铁，铸为名剑也。”《荀子·劝学》：“干越夷貉之子，生而同声，长而异俗，教使之然也。”杨倞注：“干越犹言吴越也。”《越绝书·卷八》载：“东西百里……东为右，西为左，大越故界，浙江至就李，南姑末，写干。”姑末，今龙游一带；写干，当在今江西东北一带。江西德兴和浙江缙云境内都有大茅山，武义县境内有东干。茅、姆和苗同音，大茅山就是大苗山。前面说，黄帝又曰缙云氏，缙云氏就是三苗君，那大苗自然是三苗氏族中的最高首领——黄帝了。这也就可以理解为黄帝缙云氏（三苗君）巡行进入浙江省中南部一带。

衢州龙游县，古称姑蔑。“姑”，从女古声，似乎为母系的残余；“蔑”，象形字，与战神东夷蚩尤相近。“姑蔑”古地名的由来，与蚩尤部族残部有着丝丝缕缕的联系，和黄帝南巡的目的直接相牵。

五

晋《张氏土地记》曰："东阳永康县南四里有石城山，上有小石城，云黄帝曾游此，即三天子都也。"[①]庾阐《扬都赋》："土映黄旗之景，峦吐紫盖之祥；岩栖赤松之馆，岫启缙云之堂。"[②]崔豹《古今注》："孙兴公（绰）问曰：'世称黄帝炼丹于凿砚山，乃得仙，乘龙上天，群臣拔龙须，须坠而生草，曰龙须。有之乎？'答曰：'无也，有龙须草，一曰缙云草，故世人为之妄传。'"谢灵运《名山记》："缙云山旁有孤石，屹然干云，高二百丈，三面临水。周围一百六十丈；顶有湖生莲花，有岩相近名步虚。远而视之步虚居其下。……中岩上有峰，高数十丈，或如莲花、如羊角，古老云：黄帝炼丹于此。"[③]谢灵运《游名山记》："龙须草，唯东阳、永嘉有。永嘉有缙云堂，意者谓鼎湖攀龙须有坠落，化而为草，故有龙须之称。"[④]谢灵运《山居赋》："合宫非缙云之馆、巨室岂放勋之堂。迈深心于鼎湖，送高情于汾阳。"[⑤]（缙云、放勋不以天居所乐，故合宫巨室，皆非掩留，鼎湖、汾阳乃是新居——引者注）谢灵运《归途赋》："停余舟而掩留，搜缙云之遗迹，漾百里之清潭，见仞之孤石"；"凡此诸山多龙须草，以为攀龙而坠化为草；又有孤石从地突起，高三百丈以临水，连绵数千峰，或如莲花，或如羊角之状。"[⑥]郑缉之《东阳记》："缙云山，孤石撑云，高六百余丈，世传轩辕游此飞升，辙迹尚存。石顶有湖，生莲花，尝有花一瓣至东阳境，于是山名金华、置金华县。"[⑦]刘澄之《宋永初山川古今记》："永康有缙云堂，黄帝炼丹处。……晋成帝作。"[⑧]"……缙云台，黄帝炼丹之所。"唐王瓘《广轩辕本行纪》："帝以景云之瑞，庆云之祥，即以云纪官，官以云为名，故有缙云之官（或云帝炼金丹，有缙云之瑞，自号缙云氏。赤多白少为缙）。于是设官分职，以云命官：春为青云官，夏为缙云官，秋为白云官，冬为黑云官，帝以云为师也。是时炎帝之裔姜姓者也，缙云者，帝之祥云。其云非云非烟，非红非紫。又以帝炼丹于婺州缙云之堂，有此祥云也。……南至江，登熊湘山。往天台山，受金液神丹。……黄帝往，炼石于缙云堂，于地炼丹时，有非红非紫之云现，是曰缙云，因名缙云山（在婺州金华市，一云永

---

① 《山海经·海内南经》晋郭璞注引。

② 《艺文类聚》卷七七六。

③ 元陈性定《仙都志》。

④ 宋《太平御览》卷九九四。

⑤ 沈约《宋书·谢灵运传》。

⑥ 《集部经典丛刊·谢灵运集》，岳麓书社 1999 年版，第 403 页。

⑦ 元陈性定：《仙都志》。

⑧ 唐徐坚：《初学记·卷二十七》，中华书局 2004 年版，第 576 页。

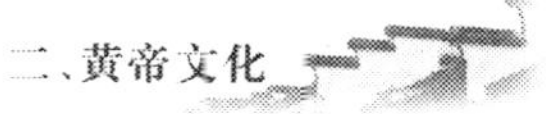

康县也)。……时有熏风至,神人集,成厌代之际,即留冠剑佩舄于鼎湖极峻处昆仑台上,立馆其下,昆仑山之轩辕台也。”

六

《路史·国名记》云:

余披传记,见蛮夷之种,多(黄)帝者之苗矣。若巴人之出于伏羲;玄、氐、羌九州岛戎之出于炎帝;诸蛮、髦氏、党项、安息之出黄帝;百民、防风、驩头、三蜣之出帝鸿;淮夷、允戎、鸠幕、群舒之出少昊;昆吾、滇濮、瓯闽、珞越之出高阳;东胡、儋人、暴舆、吐浑之出高辛;匈奴、突厥、没鹿、无余之出夏后,曰是固有矣。缙云之子,黄帝子孙,其始不肖以至不才,几何而不胥为夷也。

上述文献中记载黄帝在南巡期间,与缙云氏、三苗君、蚩尤之旗等氏族名称终于整合,它真实地体现了原始氏族部落融合归一的历史发展过程。著名历史学家顾颉刚先生说:“然吾人藉此诸文,可推见当时各国以疆土之开拓,交通之频繁,经济之联系,人民心胸之开广,皆欲泯除旧日种姓之成见而酝酿民族统一运动,故假黄帝之大神为人间之共祖,此固我国民族史上一嘉话矣。”[①]因此,炎帝、黄帝、帝鸿、少昊、高阳、高辛、夏后等古代传说中的帝王的苗裔散居东西南北广大地域的许多氏族,都用“缙云之子,黄帝子孙”去代称之。

七

黄帝的熊、罴、貔、貅、貙、虎等远古氏族部落,《山海经》中称虎、豹、熊、罴,名叫四鸟:《山海经·大荒东经》:

东海之外大壑,少昊之国。少昊孺帝颛顼于此,弃其琴瑟。……有蒍国,黍食,使四鸟:虎、豹、熊、罴。……有中容之国,帝俊生中容,中容人食兽、木实,使四鸟:豹、虎、熊、罴。……有司幽之国,帝俊生晏龙,晏龙生司幽,司幽生思士,不妻。思女,不夫。食黍,食兽,是使四鸟。……有白民之国。帝俊生帝鸿,帝鸿生白民,白民销姓。黍食,使四鸟:虎、豹、熊、罴。……有黑齿之国。帝俊生黑齿,姜姓,黍食,使四鸟。……有神人,八首人面,虎身十尾,名曰天吴。……东海之

① 顾颉刚:《史林杂识初编·黄帝》,中华书局2005年版,第180页。

渚中，有神，人面鸟身，珥两黄蛇，践两黄蛇，名曰禺虢，黄帝生禺虢，禺虢生禺京，禺京处北海，禺虢处东海，是唯海神。两……有招摇山，融水出焉。有国曰玄股，黍食，使四鸟。

《山海经·大荒南经》：

大荒之中有不庭之山，荥水穷焉。有人三身，帝俊妻娥皇，生此三身之国，姚姓，黍食，使四鸟。……有国曰颛顼，生伯服，食黍，有鼬姓之国。……又有白水山，白水出焉，而生白渊，昆吾之师所浴也。……有人名曰张弘，在海上捕鱼海中，有张弘之国，食鱼，使四鸟。……大荒之中，有山名曰天台高山，海水入焉。

他们在浙江的踪迹：

1. 瓯江的“瓯”，原称貙。瓯人历唐虞、夏至商时，卜辞有“弗区”、“貙丑貙其貙区”和“贞，王其狩区”，知区为地名。《说文解字》云：“区，跨区，藏匿也，众品在匸中，品，众也。”说明区人之多。周成王时称欧，就向中央政府进贡蝉蛇。

对瓯人的服饰，《战国策·魏策》称：“被发文身，错臂左衽，瓯越之民也。”周昭王时又向周王贡“辩口丽辞，巧善歌笑”的瓯女王后。越王允常崛起时，北面被强吴所阻，只得转向南面的瓯人，置于越国统治之下，并进行移民，从此便成了瓯越，所以被称为于越的一支。《列子·黄帝》云：“海上之人，有好沤鸟者，每旦之海上，从沤鸟游。沤鸟之至者，百数而不止。其父曰：‘吾闻沤鸟皆从汝游，汝取来，吾玩之。’明日之海上，沤鸟舞而不下也。故曰：‘至言去言，至为无为。齐智之所知，则浅矣。’”

2. 处州之名“处”，原写成“處”。徐中舒云：“‘《说文》虎文也。’此字原形作處，非虎文，乃虎皮或兽皮。古人在屋顶上端蒙以虎皮或兽皮以避风寒，卢、肤等字，即从此而来。卢，上面像屋顶，蒙以兽皮，下面是火炉餐具；肤字引申为皮肤。如果不从这种意义上去探求，这两个字就讲不通。”[①]而孙海波却认为当为地名。[②]

“处女”的“处”字，从甲骨卜辞以地名去认识，井人钟、鱼鼎匕、车册父癸尊铭文中，为居、止义；那“处女”当处地（丽水）之女，处应亦为地名。《汉书·朱买臣传》：“是时东越数反复，买臣因言故东越王居保泉山，一人守险千人不得上。今闻东越王更徙处南行，去泉山五百里，居大泽中。今发兵浮海直指泉山，陈舟列兵，席卷南行可破灭也。”其中“徙处南行”之“处”，当指温州西北的古代处地（今丽水市）而言。

3. 缙云县有古丽尖，海拔 495 米。丽水，水名和地名。丽阳山，嘉庆《大清一

---

① 徐中舒：《怎样研究中国古代文字》，《古文字研究》第十五期。

② 于省吾：《甲骨文字诂林》，中华书局 1996 年版，第 1633 页。

统志·处州府》:"在丽水县北十里,上有龙津、石室、天井,下环清溪,县名丽水以此。"元冯德秀《重修丽阳庙记》云:"处之北山,丽水出焉,古白塔庙在其东,唐大中九年(855)守者审时度势改今庙,塑三神像名以丽阳。"正位丽阳王,乃北山之神。这丽阳王之庙,在缙云县五云镇、新建镇亦有,叫丽阳殿。丽水城的北门为丽阳门,亦称望京门。丽州,《旧唐书》载,武德四年(621)置丽州及缙云县(其范围大约在今永康市、武义县北部和缙云县北部一带)。八年(625)废丽州及缙云县,以永康来属。永康市城关镇,本有古丽坊,1946年合松石、华溪二镇改称古丽镇。

地名,人为所定。丽水,为瓯江流域;丽州,为钱塘江流域。隋唐之际,南北相连的两地,同时定地名用"丽"字。"丽"字,远古楚王有"熊丽"一名。《史记·楚世家》云:

楚之先祖出自帝颛顼高阳。高阳者,黄帝之孙,昌意之子也。高阳生称,称生卷章,卷章生重黎。重黎为帝喾高辛居火正,甚有功,能光融天下,帝喾命曰祝融。共工氏作乱,帝喾使重黎诛之而不尽。帝乃以庚寅日诛重黎,而以其弟吴回为重黎后,复居火正,为祝融。吴回生陆终。陆终生子六人,坼剖而产焉。其长一曰昆吾;二曰参胡;三曰彭祖;四曰会人;五曰曹姓;六曰季连,芈姓,楚其后也。昆吾氏,夏之时尝为侯伯,桀之时汤灭之。彭祖氏,殷之时尝为侯伯,殷之末世灭彭祖氏。季连生附沮,附沮生穴熊。其后中微,或在中国,或在蛮夷,弗能纪其世。周文王之时,季连之苗裔曰鬻熊。鬻熊子事文王,蚤卒。其子曰熊丽。熊丽生熊狂,熊狂生熊绎。

熊丽,《清华大学藏战国竹简(壹)·楚居》中作"丽季":

季连初降于騩,抵于穴穷。前出于乔山,宅处爰波。逆上洲水,见盘庚之子,处于方山,女曰妣隹,秉兹率相,詈胄四方。季连闻其有聘,从及之盘,爰生郢伯、远仲。毓徜徉,先处于京宗。穴酓迟徙于京宗,爰得妣疠,逆流哉水,厥状聂耳,乃妻之,生侸叔、丽季。丽不从行,溃自胁出,妣疠宾于天,巫戕赅其胁以楚,抵今曰楚人。

熊丽、丽季,说明楚族属黄帝有熊氏族,当即熊部落。

八

最近发现的《清华大学藏战国竹简(壹)·楚居》中云:"季连初降于騩山,抵于穴穷。前出于乔山。"《史记·五帝本纪》:"黄帝崩葬桥山。"桥通乔,义为高,属山葬。它似乎告诉人们，黄帝崩葬桥山之地，有可能在楚地。《史记·封禅书》更云：

黄帝采首山铜，铸鼎荆山下，鼎既成，有龙垂胡髯下迎黄帝。黄帝上骑，群臣后宫从上者七十余人，龙乃上去。余小臣不得上，乃悉持龙髯。龙髯拔坠，坠黄帝之弓，百姓仰望黄帝既上天，乃抱其弓与胡髯号，故后世因名其处曰鼎湖，其弓曰乌弓。

《集解》引晋灼曰："《地理志》首山属河东蒲阪，荆山在冯翊怀德县。"而鼎湖，一说在河南灵宝，一说在浙江缙云。灵宝境内有铸鼎原，它其实是个山顶，山北有谷，谷水流入黄河，《汉书·地理志》云："京兆，胡县，有周天子祠二所，故曰胡，武帝建元元年(前140)更名为湖。"本不言黄帝升龙。到三国《魏土地记》才云："弘农，湖县有轩辕黄帝登仙处。"后来《正义》云："《括地志》云：'湖水原台虢州湖城县南三十五里夸父山，北流入河，即鼎湖也。'"这湖水源，有唐贞元十七年(801)虢州刺史王颜《轩辕黄帝铸鼎原碑》。① 而缙云《黄帝祠宇碑》，内有湖州刺史颜真卿代李阳冰签名，篆刻时间大约为唐代宗大历八年(773)。这年李阳冰经浙西观察使、苏州刺史兼御史大夫李涵推荐，离处州缙云，赴京都任京兆府法曹。途中过岘山，与湖州刺史颜真卿、诗僧皎然相会。故《黄帝祠宇碑》比《轩辕黄帝铸鼎原碑》早28年。

这是一个流传在中华广阔大地上的著名神话，出自公孙卿受申公《鼎书》。其实它的渊源甚远。《楚辞·东皇太一》"龙驾兮帝服"；《湘君》"驾飞龙兮北征……飞龙兮翩翩；《大司命》"乘龙兮辚辚，高驼兮冲天"；《东君》"驾龙舟兮乘雷"；《韩非·说难》"夫龙之为虫也，可柔狎为骑也"；《素问》"昔在黄帝，生而神灵，弱而能言，幼而徇齐，长而敦敏，成而登天。"

《轩辕黄帝铸鼎原碑》和白居易(一作徐凝)《缙云山鼎池》诗："黄帝旌旗去不回，片云孤石独崔嵬。有时风激鼎湖浪，散作晴天雨点来。"在创作时间上亦大体相当。

黄帝驭龙飞升的传说和"黄帝崩葬桥山"，都是黄帝去世的意思。前者有屈原等人的说法，显得神秘而超脱；后者属儒家，显得实在而淳朴，都标志着黄帝传说时代的终结，少昊、颛顼时代的开始。

---

① 王颜：《轩辕黄帝铸鼎原碑》铭文："唯天为大，唯帝尧则之；唯道为大，唯黄帝得之。"《南华经》曰："道神鬼神帝，生天生地。"黄帝守一气，衍三坟，以治人之性命，乃铸鼎兹原，鼎成上升。得神帝之道，原有为谷之变，铭记铸鼎之神。铭曰："道□神帝，帝在子人。大哉上古，轩辕为君。化人以道，铸鼎自神。汉武秦皇，仙冀徒勤。去道日远，失德及仁。恭维我唐，元德为邻。方始昌运，皇天所亲，唐兴兹原，名常鼎新。"全是道士口气，非信史。《轩辕黄帝铸鼎原碑》今存河南省灵宝市。

综上所述，这是一些距今 2200—3500 年间的文献，记载距今 4500—5000 年的黄帝业绩传说，虽然不能脱离以文字证文字的局限，但根据社会存在决定社会意识的唯物主义原理推测，浙江中南部缙云一带蕴藏的黄帝传说文化，就应是黄帝率六相和熊罴貔貅貙虎等大臣南巡东行、驭龙飞升，实行氏族部落融合统一的一种对传说的历史记录形态。

初考神农①

——宝鸡炎帝文化学术研讨会论文

神农,中国古代传说中的大神,影响很大,《世本》、《尚书序》、《白虎通》、《风俗通义》、《帝王世纪》等古书上将其尊为三皇之一,大约从东汉开始又和炎帝合而为一,称“炎帝神农氏”。其本源,初步梳理于下。

一

关于“神农”之“神”字:神,是人类社会发展到一定阶段产生的历史文化现象。神的最初产生,反映了在生产力水平极低的情况下,原始人对自然现象的好奇和敬畏。神,申也,古为“电”的本字。霹雳电闪,惊吓莫测为神。《说文》:“神,天神引出万物者也。”徐锴《系传》:“天主广降气以感万物,故言引出万物也。”徐灏注笺:“天地生万物,物有主之者曰神。”即神为天地万物的创造者和主宰者。

至于“神农”之“农”字:农,本为農。《说文》:“農,耕也。”按金文从田辰会意,辰乃耕器。《尚书·盘庚》:“若农服田力穑乃亦有秋。”《左传·襄公九年》:“其庶人力于农穑。”晋杜预注:“种曰农,收曰穑。”

“神农”,顾名思义,当为农神,即精于耕种者,相当于农业技术专家和始教民耕种的神。我国对神农(农神)的祭祀十分久远。商卜辞有云:

……田农……食……(前,5,48,2)

戊辰卜,旅贞,王宾大丁,肜,龠农,亡尤。在十一月。(戬,寿,2,9)

……农……乞耷于岳。十月。(佚855)

龠农,《诗经·小雅·甫田》:“以社以方,我田既臧,农夫之庆。琴瑟击鼓,以御田祖,以祈甘雨。”毛传云:“田祖,先啬也。谓始耕田者,即神农也。”2002年,湖南省龙山县里耶古城出土了22枚属官府“祠先农”秦简,秦简上的时间是秦始皇三十二年(前215)三月二十一日。此外,1993年,湖北省沙市区关沮乡清河村周家台30号秦墓里,出土的民间竹简上记载了用“少牢”祭祀“先农”一事。

农神,原有二人,一为烈山氏之子柱,一为周弃。《左传·昭公二十九年》:

① 成文于2011年4月25日。

"稷，田正也。有烈山氏之子曰柱，为稷，自夏以上祀之。"《礼记·祭法》："是故厉山氏之有天下也，其子曰农，能殖百谷。……故祀以为稷。"《尚书大传·卷四》："神农为农皇也。……神农以地纪，悉地力种谷疏，故托农皇于地。"《尸子》："神农氏并耕而王，所以劝耕也。"故神农，在古代指烈山氏之子柱，一曰农。而烈山氏又作厉山氏。

对古代帝王，《上博简·容成氏》中有云："（容成氏……尊）卢氏、赫胥氏、乔结氏、仓颉氏、轩辕氏、神农氏……之有天下也，皆不授其子而授贤。"《管子·封禅》："管仲曰：'古者封泰山、禅梁父者，七十二家，而夷吾所记者，十有二焉。昔虑戏封泰山，禅云云。神农封泰山，禅云云。炎帝封泰山，禅云云。黄帝封泰山，禅亭亭。颛顼封泰山，禅云云。'"这表明神农和黄帝、炎帝并列在一起，足见地位之显赫。

二

神农氏之"氏"，甲骨文字形，像物体欲倾倒而将其支撑住的形象，是"支"的本字，本义是古代贵族标志宗族系统的称号。秦汉以前，"姓"和"氏"不同，"姓"为"氏"之本，"氏"从"姓"出。夏、商、周三代，氏是姓的支系，用以区别子孙之所由出生。男子称氏，妇人称姓。氏之所以别贵贱，盖因为贵者有氏，贱者有名无氏。而氏族，是以血缘关系为纽带形成的社会共同体，又称氏族公社。它是原始社会一定发展阶段上的社会组织和经济组织的基本单位。氏族大约产生于旧石器时代晚期，其主要特征是：靠血缘纽带维系，实行族外婚；生产资料归氏族公有，成员共同劳动，平均分配产品；公共事务由选举出的氏族长管理，重大问题（血亲复仇、收容养子等）由氏族成员会议决定。在共同经济生活的基础上，形成氏族共同的语言、习惯和原始的宗教信仰。几个新老氏族结合在一起，便形成了一个部落。每个部落都有自己的名称与领土，具有共同的语言、共同的经济、共同的宗教与祭祀仪式。部落内各氏族地位平等，部落最高首领称为酋长，由各氏族推选产生，公共事务由各氏族首领组成的部落议事会讨论决定。部落形成于原始社会晚期，有较明确的地域、名称、方言、宗教信仰和习俗，有以氏族酋长和军事首领组成的部落议事会，部分部落还设最高首领。进入原始公社后期，因各种战争的日益频繁，最终导致了血缘联系逐渐被地域联系所取代，出现了由若干部落的解体而结合成的部落联盟，成为原始公社瓦解的开始和新的民族共同体部族或民族出现的前提。

对中国原始社会晚期的部落及部落联合组织，《周易·系辞下》说："古者包牺氏之王天下也，仰则观象于天，俯则观法于地，观鸟兽之文与地之宜，近取诸身，远取诸物，于是始作八卦，以通神明之德，以类万物之情。作结绳而为罔罟，以佃以渔，盖取诸离。包牺氏没，神农氏作，斲木为耜，揉木为耒，耒耨之利，以教天下，盖取诸益。日中为市，致天下之民，聚天下之货，交易而退，各得其所，盖耴诸噬嗑。神农氏没，黄帝、尧、舜氏作，通其变，使民不倦，神而化之，使民宜之。《易》，穷则变，变则通，通则久。是以'自天佑之，吉，无不利'。黄帝、尧、舜垂衣裳而天下治。盖耴诸乾坤。"因此，神农氏就是中国原始社会晚期部落联盟的称号。

三

对于口耳相传，《公羊传·隐公元年》上说："所见异辞，所闻异辞，所传闻异辞。"即辗转听到或辗转流传的事情，为口头上流传的关于某人某事的叙述或某种说法。一般为上辈向下辈传授。在对远古历史的研究中，口述历史的价值并不亚于有文献记载的史料。在世界史研究中，许多国家的早期历史的研究都和对传说乃至神话资料的运用有关。在希腊早期历史中，关于提秀斯的资料主要来自传说，而他的有些事迹甚至是神话性的。但他却被大多数希腊史著作看作是历史人物，在希腊历史中占有重要地位。著名历史学家李学勤指出："古史与神话传说结合在一起，是世界各个古代文明的共同现象，在传说的背后有史实的因素"，"完全相信传说，将神话成分当成历史真实是错误的；通盘否定传说，不顾其中蕴含的历史实际，也难负'有过'。"①

先秦典籍在记载神农和炎帝时，主要有三种情况：《左传》、《国语》、《山海经》只提赤帝，不提神农氏；《孟子》、《庄子》、《周易》、《尸子》、《韩非子》、《商君书》、《战国策》只提神农氏，不提赤帝；《逸周书》、《管子》、《吕氏春秋》，同时提及炎(赤)帝、神农氏。《逸周书·尝麦》(存缺——引者注)："昔天之初，□作二后，乃设建典，命赤帝分正二卿，命蚩尤于宇少昊，以临四方，司□□上天莫成之庆。蚩尤乃逐帝，争于涿鹿之河，九隅无遗。赤帝大慑，乃说于黄帝，执蚩尤，杀之于中冀。以甲兵释怒，用大正顺天思序，纪于大帝，用名之曰绝辔之野。"又曰："宓牺神农，教而不诛；黄帝尧舜，诛而不怒。"《管子·封禅》："管仲曰：'古者封泰山、禅梁父者，七十二家，而夷吾所记者，十有二焉。昔虑戏封泰山，禅云云。神农封泰

① 李学勤：《黄帝文化研究序》；李凭，赵导亮：《缙云国际黄帝文化学术研讨会论文果·黄帝文化研究》，山西古籍出版社2005年版，第2页。

山，禅云云。炎帝封泰山，禅云云。黄帝封泰山，禅亭亭。颛顼封泰山，禅云云。'"神农、炎帝非一人，十分明确。先秦典籍中唯一并称"炎帝神农氏"的是《世本》。《世本·氏姓篇》(清江都秦嘉谟辑本)卷七上："姜姓，炎帝神农氏后。"《世本》原本宋代已佚失，我们如今所见《世本》，皆为清人所辑，殊难判定。

西汉时期，《新语》只提神农，《新书》只提炎帝，董仲舒《春秋繁露·三代改制质文》："以神农为赤帝。"而《淮南子》、《史记》亦视炎帝、黄帝为两人。班固《汉书·古今人表》使用"炎帝神农氏"一称。在《律历志》中说："以火承木，故为炎帝。教民耕农，故天下号曰神农氏。"这显然是在说道理，而非讲历史。王符《潜夫论》说："有神龙首出常羊，感妊姒，生赤帝魁隗，身号炎帝，世号神农氏。"这离历史就更遥远了。晋皇甫谧《帝王世纪》、宋刘恕《通鉴外纪》、罗泌《路史》，"旁推毖纬，钩探九流，其义博而正"。他们根据当时流行的各种资料，编排出上古史系统，很符合历史发展的一般规律，是文化史研究的重要参考文献。

四

对神农氏时代的状况，比较起来还是先秦诸子中的一些段落可信度高一些。如《管子·揆度》："管子曰：'《神农之数》曰：一谷不登，减一谷，谷之法什倍。二谷不登，减二谷。谷之法再什倍。夷疏满之，无食者予之陈，无种者贷之新。故无什倍之贾，无倍称之民。'"《管子·轻重戊》："神农种五谷淇山之阳，九州之民，乃知谷食，而天下化之。"《管子·形势》："神农教耕生谷，以致民利。"《庄子·盗跖》："神农之世，卧则居居，起则于于。民知其母，不知其父。与麋鹿共处。耕而食，织而衣，无有相害之心。此至德之隆也。"《韩非子·六反》："凡人之生也，财用足则隳于用力，上懦则肆于为非，财用足而力作者神农也。"《商君书·画策》："神农之世，男耕而食，妇织而衣，刑政不用而治，甲兵不起而王。"

《孟子·滕文公上》："有为神农之言者许行。"《周礼·冬官·考工记》："神农曰天府。"《淮南子·主术训》："昔者神农之治天下也，神不驰于胸中，智不出于四域，怀其仁成之心。甘雨时降，五谷蕃植，春生夏长，秋收冬藏。月省时考，岁终献功；以时尝谷，祀于明堂。明堂之制，有盖而无四方，风雨不能袭，寒暑不能伤，迁延而乳汁，养民以公。其民朴重端悫，不忿争而财足，不劳形而功成，因天地之资而与之和同。是故威厉而不杀，刑错而不用，法省而不烦，故其化如神。其地南至交趾，北至幽都，东至汤谷，西至三危，莫不听从。"

《淮南子·齐俗训》："故神农之法曰：文夫丁壮而不耕，天下有受其饥者；妇人当年而不织，天下有受其寒者。故身自耕，妻亲织，以为天下先。其导民也，不贵难得之货，不器无用之物。是故其耕不强者，无以养生；其织不力者，无以掩形；有余不足，各归其身；衣食饶溢，奸邪不生；安乐无事，而天下均平。"

《淮南子·氾论训》："神农无制令而民从。……神农、伏羲，不施贺罚而民不为非。"

《尸子·卷上·君治》："神农理天下，欲雨则雨，五日而行雨，旬为谷雨，旬五日为时雨。正四时之制，万物咸利，故谓之神"；"神农夫负妻戴，以治天下。尧曰：'朕之比神农，犹昏之与旦也。'""神农七十世有天下，岂每世为贤哉？牧民易也。"《吕氏春秋·审为》："神农之教曰：士有当年而有不耕者，则天下或则受其饥矣。女有当年而不绩者，则天下或则受其寒矣。故身亲耕，妻亲织，所以见教名利也。"《吕氏春秋·用民》："夙沙之民，自伐其君而归神农。"《鬻子》："黄帝十岁，知神农之非，而改其政。"

五

《商君书·画策》："神农之世，男耕而食，妇织而衣，刑政不用而治，甲兵不起而王。神农既殁，以强胜弱，以众暴寡，故黄帝内行刀锯，外用甲兵。"《战国策·赵策》："宓犧、神农，教而不诛，黄帝、尧、舜。诛而不怒。"《战国策·秦策》："苏秦曰：'……昔者神农伐补遂，黄帝伐涿鹿而擒蚩尤。尧伐驩兜，舜伐三苗，禹伐共工……而伯天下。"《春秋繁露·尧舜不擅移汤武不擅杀》曰："今足下以汤、武为不义，然则足下之所谓义者，何世之王也？则答之以神农。"银雀山汉墓竹简《孙膑兵法·见威王》："昔者神戎(农)战斧(补)遂，黄帝战蜀(涿)禄(鹿)。"《吕氏春秋·慎势》："无敌者安，故观乎上势，其封建众者其福长，其名士彰，神农十七世有天下，与天下同之也。"

《史记·五帝本纪》："轩辕之时，神农氏世衰。诸侯相侵伐，暴虐百姓，而神农氏弗能征。于是轩辕乃习用干戈，以征不享，诸侯咸来宾从。而蚩尤最为暴，莫能伐。炎帝欲侵陵诸侯，诸侯咸归轩辕。轩辕乃修德振兵，治五气，制五种，抚万民，度四方，教熊罴貔貅貙虎，以与炎帝战于阪泉之野。三战，然后得其志。蚩尤作乱，不用帝命。于是黄帝乃征师诸侯，与蚩尤战于涿鹿之野，遂禽杀蚩尤。而诸侯咸尊轩辕为天子，代神农氏，是为黄帝。"

六

《淮南子·修务训》:"若夫神农、尧舜,禹汤可谓圣人乎,有论者必不能废,以五圣观之,则莫得无为明矣。古者民茹草饮水,采树木之实,食蠃蛖之肉,时多疾病毒伤之害。于是神农乃始教民播种五谷,相土地宜燥湿肥硗高下,尝百草之滋味,水泉之甘苦,令民知所避就,当此之时,一日而遇七十毒。……诗云:'我马唯骐,六辔如丝。载驰载驱,周爰谘谟'。(《诗·小雅》)以言人之有所务也,通于物者不可惊怪,喻于道者不可动以奇,察于辞者不可耀以名,审于形者不可逐以状。世俗之人多尊古而贱今,故为道者必托之于神农、黄帝,而后能入说。"

《商君书·画策》:"黄帝之世,不麛不卵,官无供备之民,死不得用椁。事不同,皆王者,时异也。神农之世,男耕而食,妇织而衣,刑政不用而治,甲兵不起而王。神农既没,以强胜弱,以众暴寡,故黄帝作为君臣上下之义,父子兄弟之礼,夫妇匹配之合,内行刀锯,外用甲兵,故时变也。由此观之,神农非高于黄帝也,然其名尊者,以适于时也。"

《庄子·山木》:"若夫乘道德而浮游则不然,无誉无訾,一龙一蛇,与时俱化,而无肯专为。一上一下,以和为量,浮游乎万物之祖。物物而不物于物,则胡可得而累邪?此神农黄帝之法则也。若夫万物之情,人伦之传则不然;合则离,成则毁,廉则挫,尊则议,有为则亏,贤则谋,不肖则欺。胡可得而必乎哉?悲夫!弟子志之,其唯道德之乡乎。"《庄子·让王》:"神农氏有天下也,时祀尽敬而不祈福也。其于人也,忠信尽治而无求焉。"

太史公尝言:"学者多称五帝,尚矣。……而百家言……其文不雅驯,荐绅先生难言之。"然"南至交趾,北至幽都,东至汤谷,西至三危",长老皆各往往称颂神农、黄帝、尧、舜之处,风教固殊焉,总之不离古文者近是,其所表见皆不虚。书缺有间矣,其轶乃时时见于他说。非好学深思,心知其意,固难为浅见寡闻道也。

总而言之,神农氏是远古时期农耕阶段氏族族群的代称,黄帝、炎帝是这个氏族族群中两个互为通婚的部落联盟首领。《史记·五帝本纪》:"轩辕之时,神农氏世衰。诸侯相侵伐……而神农氏弗能征。……炎帝欲侵陵诸侯……轩辕乃修德振兵……教熊罴貔貅貙虎,以与炎帝战于阪泉之野。三战,然后得其志。蚩尤作乱,不用帝命。于是黄帝乃征师诸侯,与蚩尤战于涿鹿之野,遂禽杀蚩尤。……代神农氏,是为黄帝。"这标志着神农氏时代的结束,黄帝时代的开始。

缙云堂考[①]

缙云堂，应该是缙云县建县前的一座历史建筑。由于年代久远，史料稀缺，长期以来一直难以说明白它的建造起因。为了向后代负责，笔者冒着酷暑，迎难向上，特撰此文，以报社会。

一

缙云堂中的“缙云”二字，词出《左传》、《史记》中的“缙云氏”，如《史记正义》所云为黄帝别称，后亦为仙都山名和县名。宋罗泌《路史》云：

缙云，今处州缙云郡有缙云山，是为缙云堂，缙云氏之墟也。《永初山川记》：“永宁县有缙云堂是矣。”《旧经图记》皆以为黄帝之号，黄帝之踪，失之。

堂，高大的房屋。黄帝是中华民族五千年来公认的人文始祖，故缙云堂不难理解自然就是祭祀黄帝的场所。刘宋永嘉太守谢灵运《游名山记》中云：

龙须草，唯东阳、永嘉有。永嘉有缙云堂，意者谓鼎湖攀龙须有坠落，化而为草，故有龙须之称。

梁骠骑长史刘澄之《宋永初山川古今记》云：

永康有缙云堂，黄帝炼丹处。

缙云仙都风景名胜区的核心标志是鼎湖峰，它位于好溪畔，拔地而起，直刺云天，高 170 多米，有“天下第一笋”之誉。唐代黄帝祠宇，就建在峰后缙云涧双龙峡内。这旷世绝有的帝宅仙境，也是古缙云堂所建的位置，这就是说，黄帝祠宇的前身就是缙云堂。

南朝刘宋时期，今缙云县北部属东阳郡永康县，南部属永嘉郡松阳县。谢灵运说“永嘉有缙云堂”；刘澄之却云“永宁县有缙云堂”、“永康有缙云堂”。名山圣土，万方朝圣，这看似矛盾的文献叙述，最合理的解释是缙云堂就在两郡两县的交界线上。

---

① 成文于 2013 年 8 月 15 日，曾发表于《缙云文学》2013 年第 2 期和《丽水研究》2013 年第 5 期。

二

缙云堂，南朝谢灵运说“永嘉有缙云堂”，兴建年代一定比刘宋要早，那早到什么年代？有幸的是，笔者2008年无心翻阅清陈元龙《历代赋汇》时，偶然地在东晋庾阐《扬都赋》中找到了答案。比较起来，它应是缙云堂的最早文献记录了。

《扬都赋》，今仅存残篇，见《艺文类聚》六十一，有删节，非全篇。清严可均据《世说》、《北堂书钞》、《初学记》、《文选注》、《三国志注》、《水经注》、《太平御览》诸书，搜集其佚文，载入《全晋文》三十八。但《真诰·握真辅·第一》引有两节二百余字，竟漏未辑入。此外亦见《敦煌写本·残类书·弃妻篇》，均不言出于何书。

扬都，指《禹贡》扬州地域，东晋时以金陵（南京）为中心。《扬都赋》开篇，首先表述南渡后的扬都总的地理大势：

子未闻扬都之巨伟也，左沧海，右岷山。龟鸟津其落，江汉演其源。碣金标乎象浦，注桐柏乎玄川。昔句吴端委，延州俪臧。高让殆于庶几，英风亚乎颍阳。

接着就展示立国皇权的天命所系：

土映黄旗之景，峦吐紫盖之祥。岩栖赤松之馆，岫启缙云之堂。龙府涣而夏德兴，群神萃而玉帛昌也。天包龙轸，地奄衡霍。玄圣所游，陟方所托。我皇晋之中兴，而骏命是廓。灵运启于中宗，天网振其绝络。

“岩栖赤松之馆，岫启缙云之堂。”赤松馆，在金华山，初时以黄帝之师赤松子而得名。岫，形声字，从山，从由，由亦声。“由”，意为“滑”。“山”与“由”联合起来，表示“光滑的山石”，其实意指仙都鼎湖峰。启，开始。“岫启”，当指鼎湖峰下初建的意思。

“玄圣所游，陟方所托。”玄圣，指有大德而无爵位的圣人。《庄子·天道》：“以此处上，帝王天子之德也；以此处下，玄圣素王之道也。”晋郭璞注《山海经》引《张氏土地记》曰：“东阳永康县南四里有石城山，上有小石城，云黄帝曾游此，即三天子都也。”故玄圣应指轩辕黄帝。陟方，犹巡狩，天子外出巡视。

“我皇晋之中兴，而骏命是廓”，“中兴”，《晋书·元帝纪》载：“于时有玉册见于临安，白玉麒麟神玺出于江宁，其文曰‘长寿万年’，月有重晕，皆以为中兴之象焉。”在《劝进书》中亦有“昔少康之隆，夏训以为美谈；宣王中兴，周诗以为休咏。……天祚大晋，必将有主，主晋祀者，非陛下而谁”的语句。骏命，大命，指上天或帝王的命令。廓，古同“郭”，城镇，指金陵。

中宗，东晋永昌元年（322）闰十一月，晋元帝司马睿忧愤而死，驾崩后庙号为中宗。而金陵王气之说，由来已久，如《史记·高祖本纪》云："秦始皇常曰东南有天子气，于是因东游以厌之。"

赋中表述的意思是，永嘉南渡后建立的东晋王朝是华夏正统，境内会稽郡中赤松馆是黄帝之师的住地，缙云墟一带有轩辕帝宅厅堂，天命所系：五百年前就说金陵有天子气，今正合天意。

随后，层层深入，依次呈现各地山川物产、四时美景、历史典故。

三

庾阐(297? —351?)，东晋诗人和文学家，我国古代山水诗的先驱。《晋中兴书》曰："阐字仲初，颍川人，太尉亮之族也。少孤，九岁便能属文。迁散骑侍郎，领大著作。为扬都赋，邈绝当时。五十四卒。"

在汉代，班固创作《两都赋》，接着张衡作《西京》、《东京》、《南都》三赋；晋初文学家左思，用一年时间写出了《齐都赋》，受到人们好评。泰始八年(272)，又写《三都赋》(《蜀都赋》《魏都赋》《吴都赋》)。《三都赋》问世后，张华赞叹不已："班张之流也。使读之者尽而有余，久而更新。"皇甫谧为之作序，张载、刘逵作注；卫权作略解。一时间豪富人家竞相传写，以致"洛阳纸贵"。从此成为都市赋的范文，一直相沿至今。

庾阐效法左思成功先例，作《扬都赋》时，倾尽心力，以"出妻"为代价。唐于立政《类林杂说·文章篇》云：

庾阐作《扬都赋》未成，出妻。后更娶谢氏，使于午夜以燃镫于瓮中。仲初思至，速火来，即为出镫。因此赋成，流于后世。

"我皇晋之中兴，而骏命是廓。"讲明《扬都赋》是为了配合当时晋室中兴的社会大局而作。刘义庆《世说新语·文学》载：

庾阐始作《扬都赋》，道温、庾云："温挺义之标，庾作民之望。方响则金声，比德则玉亮。"庾公闻赋成，求看，兼赠贶之。阐更改"望"为"俊"，以"亮"为"润"云。

《世说新语·文学》又载：

庾仲初作《扬都赋》成，以呈庾亮，亮以亲族之怀，大为其名价，云可三《二京》，四《三都》。于此人人竞写，都下纸为之贵。谢太傅云："不得尔，此是屋下架屋耳，事事拟学，而不免俭狭。"

温峤、庾亮，都是东晋明帝、成帝时大臣。晋元帝司马睿即位，以温峤为散骑侍郎，迁太子中庶子，为太子身边亲近之官。因主掌侍从太子左右，献纳得失，备切问近对，温峤深得时为太子的明帝司马绍信任，与侍讲东宫的庾亮结为布衣之交。司马绍即位，庾亮任中书监，温峤参与平定王敦叛乱。

东晋政权是在琅玡王氏等大族的扶持下建立的，以琅玡王氏为代表的门阀士族握有军政大权，直接威胁着封建皇权。为改变主弱臣强的不利局面，司马睿为琅琊王时就开始推行"以法御下"政策，限制大族势力，加强王权。庾亮，颍川鄢陵人。在颍川鄢陵庾氏，从汉代起就是高门世家。伯父庾衮，忠精孝友，当世名人。司马睿听说庾亮之妹庾文君尚待字闺中，主动提出与庾氏联姻，为长子司马绍聘定了这门亲事。建武二年(318)司马睿称帝(晋元帝)，立司马绍为太子(晋明帝)，庾文君为太子妃。大兴四年(321)庾文君生司马衍。大兴五年(322)闰十一月，晋元帝去世，晋明帝即位，改元永昌，称永昌元年。十一月以前晋元帝尚在时，朝野尚称大兴五年。以永昌元年代替大兴五年。太宁元年(323)六月，立庾文君为皇后。太宁三年(325)闰八月，明帝病重，温峤以丹阳尹身份与司马羕、王导、郗鉴、庾亮、陆晔、卞壶七人共同受遗诏辅佐五岁的成帝。庾太后临朝，政事决断于兄庾亮。温峤代应詹为江州刺史，持节都督平南将军，镇武昌。咸和三年(328)，苏峻、祖约叛乱，占领宫城。三月，庾文君因忧而亡，时年三十三岁，谥号明穆皇后。庾阐作《扬都赋》，为晋元帝司马睿中兴服务，且"温挺义之标，庾作民之俊。方响则金声，比德则玉润"，力挺顾命大臣庾亮、温峤。

那么庾亮、温峤两人与"岩栖赤松之馆，岫启缙云之堂"的创建，有什么直接联系呢？赤松即金华，晋时金华和缙云都是会稽郡的辖区。对于庾亮父亲庾琛，《晋书·外戚传》载：

庾琛，字子美……永嘉初为建威将军。过江，为会稽太守，征为丞相军谘祭酒，卒官。

庾琛仕西晋，本为建威将军，有实际兵权，多为刺史或郡守兼职的方镇。因中原战乱"亡官失守"，永嘉初(307)南渡过江，求官吴越，担任会稽太守(内史)时有儒士虞预精通历史文献。庾琛为官，善待提携，甚得民心。《晋书·虞预传》载：

太守庾琛命为主簿，预上记陈时政所失，曰："军寇以来，赋役繁数，兼值年荒，百姓失业，是轻徭薄敛，宽刑省役之时也。自顷长吏轻多去来，送故迎新，交错道路。受迎者唯恐船马之不多，见送者唯恨吏卒之常少。穷奢竭费谓之忠义，省烦从简呼为薄俗，转相仿效，流而不反，虽有常防，莫肯遵修。加以王途未夷，所在停滞，送者经年，永失播植。一夫不耕，十夫无食，况转百数，所妨不訾。愚谓宜勒属县，若令、尉先去官者，人船吏侍皆具条列，到当依法减省，使公私允当。又今统务多端，动加重制，每有特急，辄立督邮。计今直兼三十余人，人船吏侍皆当出官，益不堪命，宜复减损，严为之防。”琛善之，即皆施行。

后来，接庾琛任的为纪瞻。纪瞻(253—324)，字思远，丹阳秣陵人。晋元帝镇下邳，引为安乐军谘祭酒，随府迁镇东长史，封都乡侯。永嘉五年(311)二月，石勒攻建业。琅琊王司马睿大集江南之众于寿春，命纪瞻讨伐。会大雨，三月不止。石勒发兵葛陂，被纪瞻打败。永嘉六年(312)，纪瞻以功加扬威将军，除会稽内史。“寻”，很快、不久的意思，可见纪瞻担任会稽内史时间不长。

从以上所说可知，庾琛担任会稽内史，从西晋怀帝永嘉元年(307)开始，到永嘉六年(312)，前后共六年时间，为琅琊王司马睿的下属。后征为军谘祭酒(高级参谋)。“卒官”，即死于任上。生二子庾亮、庾冰；三女，一女适贲姓，三为庾文君。

“岩栖赤松之馆，岫启缙云之堂”，是世之大事，会稽内史首当其责。庾阐作《扬都赋》，力挺庾亮，实际上通过记载庾亮父亲庾琛在会稽郡政绩的方式来表达，庾亮自然给予高度评价。

四

北宋类书《太平御览·木部二》卷九五三：

郭子横《洞冥记》曰：“太初三年，东方朔从西那国还汉，得风声木十枚九尺，大如指，真可爱。缙云封禅之时，许贡其木为车辇之用。此木生因洹之水，则《禹贡》所谓‘因洹’也。其洹出甜波，树上有紫燕黄鹄集其间，实如细珠，风吹枝如玉声，因以为名。春夏馨香，秋冬声清。有武事则如金革之响，有文事则如琴瑟之响。上以枝遍赐群臣，百岁者皆以此枝颁赐。人有疾者，则枝汗出。死者枝则折。昔老聃在于周世言：‘七百岁枝未汗。偓佺生于尧时，已年三千岁植此，竟未折。’上乃以枝赐朔。朔曰：‘臣已见枝三遍枯死，死而复啬于汗折而已哉！’里语曰：‘年未半，枝不汗’。此木五千年一湿，万岁一枯。缙云之世，此树生于何阁间也。”

《太平御览》，是宋代著名的类书，由翰林学士李昉等奉诏主纂，太平兴国八年(983)成书，初名为《太平总类》。书成后，宋太宗日览三卷，一岁而读周，所以又更名为《太平御览》。对《洞冥记》的研究，鲁迅在《中国小说史略》中有专节叙述，甚精辟确切：

又有《汉武洞冥记》四卷，题后汉郭宪撰。全书六十则，皆言神仙道术及远方怪异之事；其所以名《洞冥记》者序云：“汉武明俊特异之主，东方朔因滑稽以匡谏，洞心于道教，使冥迹之奥，昭然显著。今籍旧史之所不载者，聊以闻见，撰《洞冥记》四卷，成一家之书。”则所凭借亦在东方朔。郭宪，字子横，东汉汝南宋人。光武时征拜博士，刚直敢言，有“关东觥觥郭子横”之目，徒以潠酒救火一事，遂为方士攀引，范晔作《后汉书》，遂亦不察而置之《方术列传》中。然《洞冥记》称宪作，实始于刘昫《唐书》，《隋志》但云郭氏，无名。六朝人虚造神仙家言，每好称郭氏，殆以影射郭璞，故有《郭氏玄中记》，有《郭氏洞冥记》。《玄中记》今不传，观其遗文，亦与《神异经》相类；《洞冥记》今全。

“殆以影射郭璞”就是暗示郭璞的意思。这就是说《洞冥记》一书四卷，流传到唐朝初期，其作者有两说：一为东汉郭宪，二为晋朝郭璞。到五代编撰《旧唐书》时，第一次选定东汉郭宪。到宋朝编撰《新唐书》时，也定郭宪。从那以后都沿袭不变，说是汉代小说集。

郭璞(276—324)，字景纯，河东闻喜县人(今山西闻喜)，西晋建平太守郭瑗之子。东晋著名学者，既是文学家和训诂学家，又是道学术数大师和游仙诗的祖师，他还是中国风水学鼻祖。《晋书·郭璞传》载：“永嘉初年，郭璞南渡建邺(今南京)著《江赋》，其辞甚伟，为世所称。后复作《南郊赋》，琅琊王司马睿见而嘉之，以为著作佐郎。先后与琅琊王、王导、王敦、温峤、庾亮等交往卜筮，受朝野器重。”

《山海经·海内南经》：“三天子彰山在闽西海北，一曰在海中。”郭璞注：“今在新安歙县东，今谓之三王山，浙江出其边也。《张氏土地记》曰：‘东阳永康县南四里，有石城山，上有小石城，云黄帝曾游此，即三天子都也。’”明弘治王瓒《温州府志》载：修筑永嘉城时，恰郭璞客寓温州，请他“为卜郡城”。永康、永嘉是婺处温译道上地名，故缙云一带郭璞似乎游历过。

五

缙云县一带，汉代属会稽郡，有黄帝传说。《吴越春秋》云：“禹伤父功不成，循江泝河，尽济甄淮，乃劳身焦思以行。七年闻乐不听，过门不入，冠挂不顾，履遗不蹑，功未及成，愁然沉思。乃案《黄帝中经历》，盖圣人所记，曰：‘在于九山东南天柱，号曰宛委，赤帝左阙，其岩之巅，承以文玉，覆以磐石。其书金简，青玉为字，编以白银，皆瑑其文。’禹乃东巡，登衡岳，血白马以祭，不幸所求。禹乃登山，仰天而啸，忽然而卧。因梦见赤绣衣男子，自称玄夷苍水使者，闻帝使文命于斯，故来候之。非厥岁月，将告以期，无为戏吟。故倚歌覆釜之山，东顾谓禹曰：‘欲得我山神书者，斋于黄帝岩岳之下。三月庚子，登山发石，金简之书存矣。’禹退又斋。三月庚子，登宛委山，发金简之书，案金简玉字，得通水之理。”这是夏禹登东南天柱宛委山，斋黄帝岩岳，得通水之理的著名传说。

道家崇拜黄老。元康元年(291)八王乱起，著名道士许逊弃官归隐，太安元年(302)与郑思远游永康横江桥，感晋世将乱，郑思远带弟子葛洪等，东投霍山(今安徽西部、大别山北麓)，后隐括苍山(苍岭)。太安二年(303)葛洪以将兵都尉的身份参加镇压张昌、石冰农民起义有功，授伏波将军。永兴元年(304)葛洪故人嵇含出任广州刺史，表荐葛洪为参军。葛洪途经括苍山南下。平仲节，河中人，刘渊、刘聪乱时(304)，渡江入括苍山，受师宋君(玄白)，存心境之道，具百神行洞房事。刘弘死(306)后，嵇含留领荆州。嵇含素与司马郭劢有隙，司马郭劢乘夜杀害了嵇含。葛洪只得暂留广州，不久再北上归里，可能再在括苍(苍岭)逗留。永嘉五年(311)，赐葛洪爵关中侯。葛洪北上年月和丞相司马赐爵葛洪关中侯年月，与会稽内史庾琛的会稽内史任期巧合。也许正是郭璞、葛洪等人议论风生，亦有可能将括苍山缙云一带的地理历史文化向丞相司马睿及庾琛等介绍，从而促成“岩栖赤松之馆，岫启缙云之堂”的建成。

六

《扬都赋》人人竞相抄写，缙云祭祀黄帝，在东晋高层社会中开始流传。可证文献还有:《洞冥记》有“缙云之世”、“缙云封禅”等记载。梁张正见《石赋》:“开五岭之灵图，集九老之仙都……双立天门之郡，特起缙云之堂。”《舆地志》云:“永康县南忠义村，下有石亭，长二十里，有缙云堂，即三天子都也。”陈江总《云堂赋》:“览黄图之栋宇，规紫宸于太清。何面势之胶葛，信不日之经营。仰一时之壮丽，跨万古之威灵。吐触石之奇色，混高堂之旧名。”唐李勃《齐兴世馆主孙先生》:“有吴裔子孙名遊岳，字颖达，东阳人也。幼而恭，长而和，其静如渊，其气如春。甄汰九流，潜神希微。尝步赤松涧、缙云堂，遂卜终焉之地。”宋《太平御览》:“缙云堂，孤峰直耸、岩岭秀杰，特冠群山。”晏殊《晏公类要》:“缙云山有缙云堂。”

总而言之，缙云堂的建立，在西晋永嘉元年(307)到永嘉六年(312)之间，经过著名学者郭璞、葛洪等辛勤活动和南渡到会稽郡的庾姓等长官决策得以实现，由文学家庾阐写入《扬都赋》。由于朝廷大臣的表彰，一时影响很大。同时，缙云堂的建立意味着以“缙云”一词命名的山、墟、涧、铺、馆、台、流等地方名称，由此产生。后来庾氏一族，因卷入东晋王朝内部的政治斗争，不少人被无辜杀害，《扬都赋》终成残篇。事以人传，也一定程度上制约着浙江中部黄帝文化在全国的传布。

梁缙州考[①]

一

金华，浙江省中部重镇，古称婺州，郡称东阳，却还有一个名称不为人们熟知，那就是缙州。《浙江古今地名词典》载："缙州，古州名，南朝梁末置。《陈书·留异传》：梁绍泰二年（556），除留异'缙州刺史，领东阳太守'。治所在长山县（金华），辖东阳、信安二郡。陈因之。隋开皇九年（589）废。"明万历《金华府志·建置沿革》："陈永定三年（559）即郡置缙州，寻又以信安县为信安郡，隋平陈并废会稽郡，改置吴州。开皇九年（589）又分吴州，置婺州。"

二

缙州刺史留异，东阳长山人。世为郡著姓，异善自居处，言语醞藉，为乡里雄豪。多聚恶少，陵侮贫贱，守宰皆患之。初为蟹浦戍（今宁波市镇海区西北海滨）主，历晋安（今福建南安）、安固（今浙江瑞安）二县令。梁太清元年（547）东魏河南大将侯景，恐遭高澄（高欢子）所杀，率部投降梁朝，驻守寿阳，为河南王。太清二年（548）正月，侯景食尽兵败，率残部渡淮而南。八月，侯景以诛中领军朱异等为名起兵进攻南梁。梁武帝下诏讨侯景。十月，侯景连下谯州（滁县）、历县，渡采石直掩建康。十一月，萧正德称帝，年号正平。建康食尽。

侯景战乱，社会动荡。东阳郡丞与留异家族有隙，郡丞引兵诛之，及其妻子。留异闻讯，从安固经松阳桃枝岭（桃花岭）急还乡里，纠合乡众，凭险据守。而东阳太守沈巡，却与留异交好。恰沈巡奉命援台城（今江苏南京玄武湖南），竟让郡于留异。留异使兄子超，监知郡事，自率兵随沈巡出都。

太清三年（549）三月，台城陷落。留异随梁临城公萧大连，委以军事（司马）。侯景废萧正德为侍中、大司马。五月，梁武帝萧衍死。太子萧纲即位，是为梁简文帝。六月，侯景杀萧正德。侯景遣宋子仙渡浙江攻会稽（今绍兴）。十二月，会稽萧大连弃城走，司马（参谋长）留异奔还乡里，寻以其众降于宋子仙。是时萧大

① 成文于2013年4月15日，曾发表于《丽水研究》2013年第3期。

连亦趋东阳之信安岭，欲之鄱阳，异乃为宋子仙向导，追俘萧大连。侯景署异为东阳太守，却又收其妻子为人质。侯景行台刘神茂，建议拒侯景。异外同神茂，而密契于侯景。及刘神茂败绩，为侯景所诛，而留异独获免。

梁绍泰二年(556)正月，尚书令、中外都督陈霸先遣侄陈蒨、周文育攻克吴兴，杜龛败死。王僧智等奔齐，东方各郡平定。萧轨、徐嗣徽等率兵十万攻梁，渡江到芜湖，进迫建康，陈霸先苦战大破之，杀萧轨、徐嗣徽。时东扬州刺史张彪素为王僧辩所厚，不附霸先。二月，张彪起兵围临海将军王怀振，怀振遣使求救。信武将军陈蒨与陈茜、周文育轻兵袭会稽(绍兴)。东阳太守留异馈陈茜粮食支援。张彪部将沈泰开门迎陈蒨，张彪兵败，走入若邪山中。陈茜遣吴兴章昭远追斩之。陈蒨定会稽，以功授持节、都督会稽等十郡诸军事、宣毅将军、会稽太守。留异以应接之功，除持节、通直散骑常侍、信武将军、缙州刺史，领东阳太守，封永嘉县侯，邑五百户。其年迁散骑常侍、信威将军，增邑三百户，余并如故。又以陈蒨长女丰安公主配异第三子贞臣。异虽转输粮馈，而拥擅一郡，威福在己。留异私署守宰，陈霸先患之，乃使亲信武康章昭达为长山县令，居其心腹。

三

梁太平二年(557)五月，陈霸先立萧方智为敬帝，湘州刺史王琳不服，大治船舰，将攻陈霸先。六月，陈霸先命平西将军周文育、平南将军侯安都等领水军2万会师于武昌(武汉)征讨王琳。九月，梁敬帝萧方智封陈霸先为陈公。十月，又封为陈王。陈霸先旋代梁自立，梁亡，是为陈武帝，国号陈，建元永定。

陈永定二年(558)萧庄以王琳为梁侍中丞相、录尚书事。六月，陈霸先再遣侯填、徐度率水军攻王琳，又另派谢哲前往游说。八月，王琳同意退军湘州(长沙)，陈霸先召众军还驻大雷(今安徽望江)。征留异为使持节、散骑常侍、都督南徐州诸军事、平北将军、南徐州刺史，异迁延不就。

永定三年(559)六月丙午，陈武帝病卒。宣皇后与中书舍人蔡景历等定计秘不发丧，召侄临川王蒨还朝，立为文帝，改元天嘉。留异频遣其长史王澌(王琳信使)为使入朝，澌每言朝廷虚弱，异信之。得知陈霸先死，王琳复率军东进，复拥永嘉王萧庄，出屯濡须口(今安徽巢湖)，北齐慕容俨率军临逼长江为之声援。征留虽外示臣节，恒怀两端，与王琳自鄱阳、信安岭潜通信使。

陈文帝遣左卫将军沈恪代异为郡，实以兵袭之。留异军出下淮抗御，恪与战，败绩，退还钱塘。留异乃表启逊谢。是时众军方事湘、郢，乃降诏书慰喻，且羁縻之。异亦知朝廷终讨于己，乃使兵戍下淮及建德，以备江路。八月癸巳，陈文帝以平北将军、南徐州刺史留异为安南将军、缙州刺史，信威将军，增邑三百户，余并如故。并以长女丰安公主配异第三子贞臣。

天嘉二年(561)十二月，陈文帝全力讨伐留异：首先命大将侯安都、成州刺史山阴韩子高征讨，又遣湘州刺史吴郡孙玚督舟师逆浙江进讨、临海太守吴兴钱道戢军出松阳断其后。留异伺知官军自钱塘江逆水而上，而侯安都率主力却由会稽、诸暨步道袭之。留异闻兵至大恐，弃金华，奔桃支岭（桃花支岭），于（东渡荆坑谷口）岩石间竖栅以拒。侯安都以雄信将军、吴兴太守宝安为前军，作连城攻留异。侯安都躬自接战，为流矢所中，血流至踝，安都乘辇麾军，容止不变。钱塘戴僧朔单刀步援。韩子高则别御一营，单马入阵，伤项之左，一髻半落。因其山垅之势，侯安都命将士在两水交汇处（缙云东渡兰口）拦截水流，连而为堰。陈天嘉三年(562)三月，庚寅，恶溪（好溪）水涨，引船入堰，起楼艋与异城等高，放拍碎其楼雉。留异战败，与第二子忠臣脱身奔晋安（今福建）。侯安都俘其妻子女、人马甲仗，振旅以归。

四

缙州地域，东阳、信安二郡。而乾隆《平阳县志·舆地志》“陈永平三年”条下作扬州缙州横阳。民国《平阳县志·舆地志》考证：陈无永平年号，太平元年罢东扬州，设缙州，永嘉郡暂废。而东扬州，南朝宋孝建元年(454)六月分扬州之会稽、东阳、新安、永嘉、临海五郡为东扬州（山阴）。陈永定三年(559)，又省东扬州，将东扬州地并入扬州、缙州以及新析建之闽州。天嘉三年(562)六月，以“会稽、东阳、临海、永嘉、新安、新宁、晋安、建安八郡置东扬州”。宋施宿《会稽志》：“陈永定三年(559)改永嘉郡为缙州。”因此，缙州地域相当于东扬州域境，在今浙江中南部，即今金华、衢州、丽水、温州、台州一带。

五

让人们不可思议的是，在梁陈时期，为什么要将东扬州域境改用“缙州”这个名称呢？宋胡三省注《资治通鉴》：“因缙云山而置缙州。《五代志》：‘处州括苍县有缙云山。’”“自侯景之乱，梁南郡王大连之败，留异跨据东阳。陈兴以为缙州刺史。因缙云山以名州。”而明王祎更大胆，在《大事记续编》中云：“陈遣侯安都讨缙州刺史留异于东阳。解题曰：‘缙州，处州之缙云县。’”

胡三省是著名史学家，对缙云山的历史文化渊源，自然清楚。缙云，词出《左传》，又见《史记》，汉孔安国注："缙云氏之后为诸侯，号饕餮也。"贾逵注："缙云氏，姜姓也。炎帝之苗裔，当黄帝时任缙云之官也。"许冲："曾曾小子，祖自炎神，缙云相黄，共承高辛。"

缙云山，即仙都，在今浙江省缙云县境内，谢灵运《名山记》云："缙云山旁有孤石，屹然干云，高二百丈，三面临水。周围一百六十丈；顶有湖生莲花，有岩相近名步虚。远而视之步虚居其下。……中岩上有峰，高数十丈，或如莲花、如羊角，古老云：黄帝炼丹于此。"《山居赋》："合宫非缙云之馆、巨室岂放勋之堂。迈深心于鼎湖，送高情于汾阳。"（缙云、放勋不以天居所乐，故合宫巨室，皆非掩留，鼎湖、汾阳乃是新居——引者注）《归途赋》："停余舟而掩留，搜缙云之遗迹，漾百里之清潭，见仞之孤石。"《游名山志》："凡此诸山多龙须草，以为攀龙而坠化为草；又有孤石从地突起，高三百丈以临水，连绵数千峰，或如莲花，或如羊角之状。"

谢灵运《游名山记》云："龙须草，唯东阳、永嘉有。永嘉有缙云堂，意者谓鼎湖攀龙须有坠落，化而为草，故有龙须之称。"刘宋郑缉之《东阳记》："缙云山，孤石撑云，高六百余丈，世传轩辕游此飞升，辙迹尚存。石顶有湖，生莲花，尝有花一瓣至东阳境，于是山名金华，置金华县。"梁刘竣《东阳金华山栖志》："是以帝鸿游斯铸鼎，雨师寄此乘烟，故涧勒赤松之名，山贻缙云之号。"虞荔《鼎录》："金华山，黄帝作一鼎，高一丈三尺，大如石瓮，像龙腾云，百神螭兽其中，曰'真金作鼎，百神率服。'"

其实，这种与黄帝有关的传说，早在晋代就有大量记载，如杜预《左传》注，黄帝姬姓之祖也，黄帝受命有云瑞，故以云纪事，百官师长皆以云为名号，缙云氏盖其一官也……缙云，黄帝时官名，"非帝子孙"。庾阐《扬都赋》："土映黄旗之景，峦吐紫盖之祥；岩栖赤松之馆，岫启缙云之堂。"王微《黄连赞》："黄连苦味，左右相因，断凉涤暑，阐命轻身。缙云昔御，飞跸上旻。不行而至，吾闻其人。"在崔豹《古今注》里，孙兴公（绰）问曰："世称黄帝炼丹于凿砚山，乃得仙，乘龙上天，群臣拔龙须，须坠而生草，曰龙须。有之乎？"答曰："无也，有龙须草，一曰缙云草，故世人为之妄传。"郭璞注《山海经·海内南经》里，《张氏土地记》曰："东阳永康县南四里有石城山，上有小石城，云黄帝曾游此，即三天子都也。"刘宋刘澄之《宋永初山川古今记》："永康有缙云堂，黄帝炼丹处。……晋成帝作"，"缙云台，黄帝炼丹之所"。梁陶弘景《水仙赋》："若层城瑶馆，缙云琼阁，黄帝所以觞百神也。"《真诰》云："括苍山洞，周三百里，东岳佐命也。在会稽东南，群帝之所游，山多神异。又有缙云堂，孤峰直耸、岩岭秀杰，特冠群山。山中茅玄岭，独高处埋丹砂六千斤，深二丈，磐石填上。其山左右泉皆小赤色，人饮之寿。茅山天帝坛石，正当洞天之中央，玄窗之上也。昔东海青童帝君乘风飞轮车，按行洞天曾来此。"梁元帝

《上忠臣传表》:“羲、轩改物……若使缙云得姓之子,姬昌鲁卫之臣。”张正见《石赋》:“开五岭之灵图,集九老之仙都……双立天门之郡,特起缙云之堂。”《舆地志》云:“永康县南忌义村,下有石亭,长二十里,有缙云堂,即三天子都也。”社会存在决定社会意识,缙州是因缙云山地区蕴藏黄帝传说文化而得名的。

六

缙州,梁绍泰二年(556)二月设,留异为缙州刺史。陈文帝天嘉三年(562)三月,留异战败,与第二子忠臣脱身奔晋安(今福建)。六月,以“会稽、东阳、临海、永嘉、新安、新宁、晋安、建安八郡置东扬州”。就是说到六月才正式撤缙州,并在会稽又重新恢复东扬州,来管辖这个地区。也就是说,梁绍泰二年(556)二月设缙州,陈天嘉三年(562)六月废,缙州前后存在仅有六个年头而已。

以缙云山而命名的缙州,存在时间短,许多与此相关的历史事件,因战火摧毁而泯灭了。可唐初孙逖《送杨法曹按括州》诗云:“东海天台山,南方缙云匡(一作驿)。溪澄问人隐,岩险烦登陟。潭壑随星使,轩车绕春色。傥寻琪树人,为报长相忆。”也许就是留给后人的吉光片羽。太史公有言:“孔子之时,上无明君,下不得任用。”缙州之设,在战乱时期,又以逆贼为主,故其存在如昙花一现。倘若设置在明君盛世,博大精深、典雅丰富的缙云黄帝文化,早就该如日中天了。

缙云黄帝文化的历史渊源和中国南方黄帝文化辐射中心的确立[①]

一

缙云黄帝传说文化源远流长，博大精深。魏晋南北朝以前的历史文化渊源，到目前为止已经知道的，主要有：

(1)40多年来，人们在舒洪、东渡、壶镇、新建等地先后发现新石器时代的石钺、石斧、石刀、石锛和硬陶残片，表明四五千年前这一带就有先人居住。

(2)《归藏》(商《易》)："昔者夏后启筮，享神于晋之墟，作为璿台，于水之阳。"江陵王家台秦简《归藏》336卷："䂂。曰：昔者夏后启卜帝之虚，作为……""帝之虚"的"昷"字，是倒写的"晋"。"帝之虚"就是"帝晋之虚"，与《左传》、《史记》所载的"缙云氏(黄帝别称)不才子"义同，即"缙云之墟"。

(3)《左传·文公十八年》："帝鸿氏有不才子，掩义隐贼，好行凶德，丑类恶物，顽嚚不友，是与比周，天下之民谓之浑沌。少昊氏有不才子，毁信废忠，崇饬恶言，靖潜庸回，服谗搜慝，以诬盛德，天下之民谓之穷奇。颛顼氏有不才子，不可教训，不知话言；告之则顽，舍之则嚚；傲很明德，以乱天常，天下之民谓之梼杌。此三族也，世济其凶，增其恶名，以至于尧，尧不能去。缙云氏有不才子，贪于饮食，冒于货贿；侵欲崇侈，不可盈厌；聚敛积实，不知纪极，不分孤寡，不恤穷匮，天下之以比三凶，谓之饕餮。舜臣尧，宾于四门，流四凶族浑沌、穷奇、梼杌、饕餮，投诸四裔，以御螭魅。"

(4)清秦嘉谟辑《世本》："缙云氏，姜姓也。炎帝之苗裔，当黄帝时在缙云之官。"

(5)汉司马迁《史记·五帝本纪》："昔帝鸿氏有不才子，掩义隐贼，好行凶德，天下谓之浑沌。少昊氏有不才子，毁信恶忠，崇饰恶言，天下谓之穷奇。颛顼氏有不才子，不可教训，不知话言，天下谓之梼杌。此三族世忧之，至于尧，尧未能去。缙云氏有不才子，食于饮食，冒于货贿，天下谓之饕餮，天下恶之，比之三凶。舜宾于四门，乃流四凶族，迁于四裔，以御魑魅。"

---

① 成文于2014年7月12日，曾发表于《丽水研究》2014年第5期。

(6)汉郭宪《洞冥记》:"太初三年,东方朔从西那汗国还汉,得风声木十枚九尺,大如指,真可爱。缙云封禅之时,许贡其木为车辇之用……缙云之世,此树生于河阁间也。"

(7)唐张守节《史记正义》:"汉孔安国:缙云氏之后为诸侯,号饕餮也。"

(8)汉赵晔《吴越春秋·越王无余外传》:"禹伤父功不成,循江泝河,尽济甄淮,乃劳身焦思以行。七年闻乐不听,过门不入,冠挂不顾,履遗不蹑,功未及成,愁然沉思。乃案《黄帝中经历》,盖圣人所记,曰:'在于九山东南天柱,号曰宛委,赤帝左阙,其岩之巅,承以文玉,覆以磐石。其书金简,青玉为字,编以白银,皆瑑其文。'禹乃东巡,登衡岳,血白马以祭,不幸所求。禹乃登山,仰天而啸,忽然而卧。因梦见赤绣衣男子,自称玄夷苍水使者,闻帝使文命于斯,故来候之。非厥岁月,将告以期,无为戏吟。故倚歌覆釜之山,东顾谓禹曰:'欲得我山神书者,斋于黄帝岩岳之下。三月庚子,登山发石,金简之书存矣。'禹退,又斋。三月庚子,登宛委山,发金简之书,案金简玉字,得通水之理。"

(9)南朝宋裴骃《史记集解》:汉贾逵:"缙云氏,姜姓也。炎帝之苗裔,当黄帝时任缙云之官也。"汉马融:"缙云,国名。缙云氏之后为诸侯,号饕餮。"

(10)汉服虔《左传注》:"黄帝以云纪官,盖春官为青云氏,夏官为缙云氏,秋官为白云氏,冬官为黑云氏,中官为黄云氏。"

(11)汉高诱《山海经注》:"三苗盖帝鸿氏之苗裔子浑敦,少昊氏之苗裔孙穷奇,缙云氏之裔子饕餮,三族之苗裔。"

(12)《史记集解》:汉应劭:"黄帝受命为云瑞,故以云纪事也。春官为青云、夏官为缙云、秋官为白云、冬官为黑云、中官为黄云。"

(13)汉许冲《说文解字叙》:"曾曾小子,祖自炎神,缙云相黄,共承高辛。"

(14)晋杜预《左传》注:"黄帝姬姓之祖也,黄帝受命有云瑞,故以云纪事,百官师长皆以云为名号,缙云氏盖其一官也,故别之以比三凶也,贪财为饕,贪食为餮。……缙云,黄帝时官名'非帝子孙'。"

二

咸宁六年(280)三月,晋武帝司马炎(司马懿之孙)派大军攻下建业(今南京),吴国亡,结束了自东汉初平元年(190)后出现三国分立90年的分裂状态,统一了中国。但好景不长,太熙元年(290)夏四月司马炎死,外戚杨骏为太傅、大都督,掌管朝政。晋惠帝司马衷即位,改元永熙。由于司马衷痴呆低能,皇后贾南风为了让自己的家族掌握政权,改元永平。永平元年(291)三月,贾后与楚王司马玮合谋，发动禁卫军政变，杀死杨骏，政权却落在汝南王司马亮和元老卫瓘手中。贾后政治野心未能实现。六月，贾后又使楚王司马玮杀汝南王司马亮，然后反诬楚王司马玮矫诏擅杀大臣，将司马玮处死。贾后遂执政，任用贾模、张华、裴頠等人，使天下暂时保持安定。元康九年(299)，贾后不顾张华等人的劝阻，废太子司马遹，次年(300)又杀之。统领禁军的赵王司马伦联合齐王司马冏发动政变起兵杀贾后、张华等。永宁元年(301)，司马伦废惠帝自立。司马伦篡位后，驻守许昌的司马冏起兵讨司马伦，镇邺的成都王司马颖与镇守关中的河间王司马颙举兵响应。洛阳城中的禁军将领王舆也起兵反伦，迎惠帝复位，赐死司马伦。司马冏以大司马入京辅政。太安元年(302)，司马颙又从关中起兵讨司马冏，洛阳城中的长沙王司马乂也举兵入宫杀司马冏，政权落入司马乂手中。太安二年(303)，司马颙、司马颖合兵讨伐司马乂。司马颙命都督张方率精兵7万，自函谷关向洛阳推进；司马颖调动大军20余万，也过河南奔向洛阳。二王的联军屡次为司马乂所败。次年(304)正月，洛阳城里的司马越与部分禁军合谋，擒司马乂，将其交给张方。司马乂被张方烧死。司马颖入洛阳为丞相，但仍回根据地邺城，以皇太弟身份专政，政治中心一时移到邺城。司马越对司马颖的专政不满，率领禁军挟惠帝北上进攻邺城。荡阴(河南汤阴)一战，被司马颖击败，惠帝被俘入邺，司马越逃往自己的封国东海(今山东郯城北)。与此同时，司马颙派张方率军占领洛阳，接着并州刺史司马腾(司马越弟)与幽州刺史王浚联兵攻破邺城，司马颖与惠帝投奔洛阳，转赴长安。永兴二年(305)，司马越又从山东起兵进攻关中，击败司马颙。光熙元年(306)，司马越迎惠帝回洛阳，司马颖、司马颙相继为其所杀，大权落入司马越手中，八王之乱到此终结。

永兴元年(304)冬，氐族领袖李雄占成都，自称“成都王”；史称成汉，匈奴贵族刘渊起兵于离石(今山西离石)，史称汉赵。永嘉四年(310)，刘渊死，其子刘聪杀太子刘和即位。永嘉五年(311)四月，刘聪部下石勒，歼晋军十多万人于苦羯人县宁平城(今河南鹿邑)，并俘杀太尉王衍等人。刘聪又遣大将呼延晏率兵攻洛阳，屡败晋军，前后歼灭三万余人。六月呼延晏到达洛阳，刘曜等人带兵前来会合，攻破洛阳，杀太子、宗室、官员及士兵百姓三万多人，纵容部下抢掠，俘虏晋怀帝至平阳(今山西临汾西)，并大肆发掘陵墓、焚毁宫殿，史称“永嘉之祸”或“永嘉之乱”。晋永嘉七年(313)刘聪毒死晋怀帝。怀帝侄司马业(亦作司马邺)，在长安登基，是为晋愍帝，改元建兴。四年(316)前赵刘曜攻长安，俘虏晋愍帝。五胡乱华，致使各少数民族竞相建立政权，争战不已。中原的汉族人士不愿受胡族统治，纷纷衣冠南渡。建武五年(317)十二月，晋愍帝被杀。晋琅琊王司马睿在琅琊王氏王导、王敦等与陈郡谢氏、颍川鄢陵庾氏等世家大族扶植下，在建康(今南京)即位，改元建兴，为晋元帝，史称东晋。

历时五十二年的西晋灭亡。

晋简文帝司马昱在《宝马颂》中有“缙云旦卷，南风晚扇”的句子。“缙云”，作为红色祥瑞之云去理解，其中亦有轩辕黄帝（缙云氏）的深层次含义。司马昱（320—372），字道万，晋元帝司马睿幼子，东晋第八位皇帝，历仕元、明、成、康、穆、哀、废帝七朝，先封琅琊王，后徙封会稽王，历任散骑常侍、右将军、抚军将军等职。穆帝即位后，由太后褚蒜子临朝听政，司马昱升任抚军大将军、录尚书六条事，与何充共同辅政。何充逝世后，司马昱总统朝政，后升任司徒。桓温灭成汉后，威权日重，司马昱引名士殷浩等对抗，但殷浩空有谈名，又在北伐中失败，终为桓温所废。废帝司马奕即位后，司马昱再次徙封琅琊王，又进位丞相、录尚书事。桓温废司马奕后，立司马昱为帝。司马昱在位8个月后便因忧愤而崩，享年53岁，谥号简文皇帝，庙号太宗。

三

琅琊王氏，东晋南朝顶级门阀士族，四大盛门“王谢袁萧”之首；开基于两汉，鼎盛于魏晋，西晋末年永嘉之乱时举族迁居长江以南避乱。琅琊王司马睿在琅琊王氏王导、王敦等人扶植下，在建康（今南京）即位，中兴晋室，史称东晋，当时有“王与马，共天下”之说。

明代著名医学家李时珍《本草纲目·草部》卷十三载：“刘宋王微《黄连赞》云：黄连味苦，左右相因。断凉涤暑，阐命轻身。缙云昔御，飞跸上旻。不行而至，吾闻其人。”

黄连，名贵中药之一，别名味连、鸡爪连，属毛茛科、黄连属，为多年生草本植物；野生或栽培于海拔1000—1900米的凉湿荫蔽的山谷密林中。缙云县位于浙江省中部偏南的括苍山中，境内1000米以上的山峰有40多座，主要分布在东南部大洋山、东部苍岭（老括苍山）一带山区。对于黄连的生产，在清康熙十一年（1672）、二十三年（1684），道光二十九年（1849），光绪二年（1876）的《缙云县志》上均有记载。

赞，是中国古典文学中的一种文学体裁，通常以颂扬人物为主旨，表现形式都为四言诗。《黄连赞》对一种植物作赞，又最终指到人，当属特例。其开头四句写黄连药性和功效；后四句作者出人意外地写上“缙云昔御，飞跸上旻。不行而至，吾闻其人”的赞句。御，对帝王所作所为及所用物的敬称。跸，主要指帝王出行的车驾。旻，意为天，上旻就是上天。“吾闻其人”，这人自然是《左传》、《史记》所说的缙云氏，即轩辕黄帝。“缙云昔御，飞跸上旻。不行而至，吾闻其人。”也就是说久服黄连，可以和黄帝一样飞升上天。

王微(415—453)，字景玄，琅琊临沂人，太保王弘(379—432)之弟、王孺之子，属琅琊王氏家族；生性喜爱观研山水，锐意经营、深有造诣，为著名诗人、画家；官司徒祭酒，转主簿，始兴王浚后军功曹记室参军、太子中舍人、始兴王友，后以父忧去官。服阕，王微除南平王铄右军谘议参军，不就；仍除中书侍郎，又拟南琅琊义兴太守，又吏部尚书江湛举为吏部郎，皆不就。宋孝武即位，追赠其秘书监。王微善属文，能书画，解音律，通医术，有集十卷。

四

以琅琊王氏为代表的门阀士族握有军政大权，直接威胁着封建皇权。为改变主弱臣强的不利局面，西晋末南渡初期，琅琊王司马睿就开始推行“以法御下”政策，限制大族势力，加强王权。庾亮，颍川鄢陵人。颍川鄢陵庾氏，从汉代起就是高门世家。伯父庾衮，忠精孝友，当世名人。司马睿听说庾亮之妹庾文君尚待字闺中，主动提出与庾氏联姻，为长子司马绍聘定了这门亲事。建武二年(318)司马睿称帝(晋元帝)，立司马绍为太子，庾文君为太子(晋明帝)妃。三年后(321)庾文君生司马衍。次年(322)三月，晋元帝去世，明帝司马绍即位，改元永昌。太宁元年(323)七月，立庾文君为皇后。太宁三年(325)闰七月，明帝病重，温峤以丹阳尹身份与司马羡、王导、郗鉴、庾亮、陆晔、卞壶七人共同受遗诏辅佐五岁的成帝。庾太后临朝，政事决断于兄庾亮。

比王微《黄连赞》时间更早的庾阐《扬都赋》中早有“岩栖赤松之馆，岫启缙云之堂”记载。扬都，指金陵。庾阐作《扬都赋》，为晋元帝司马睿中兴和中华皇权核心南移的政治服务，力挺顾命大臣庾亮、温峤。庾阐(297？—351?)，东晋诗人和文学家，我国古代山水诗的先驱。《晋中兴书》曰：“阐字仲初，颍川人，太尉亮之族也。少孤，九岁便能属文。迁散骑侍郎，领大著作。为《扬都赋》，邈绝当时。”温峤(288—329)，字泰真，是温羡的弟弟温襜之子，太原祁县(山西祁县)人，东晋政治家。温峤初为司隶都官从事，后举秀才。司徒辟东阁祭酒，补上党潞令。刘琨请为平北参军，随府迁大将军从事中郎上党太守，加建威将军督护前录军事，又随府迁司空右司马，进左长史。西晋末年，匈奴、羯人横行中原，温峤与刘琨死守并州一隅，与之相持。晋元帝即位，除散骑侍郎，历王导骠骑长史，迁太子中庶子。晋明帝即位，拜侍中，转中书令。王敦请为左司马，入补丹阳尹，加中垒将军持节都督安东北部诸军事。敦平，封建宁县公，进号前将军。晋成帝即位，代应詹为江州刺史，持节都督平南将军，镇武昌。苏峻平，拜骠骑将军开府仪同三司，加散骑常侍，封始安郡公。卒赠侍中大将军，使持节，谥曰忠武。

五

陈郡谢氏，起家于魏晋时期，在著名的"淝水之战"中，以谢安、谢玄为首的谢氏家族打败了号称百万的前秦军队，为东晋赢得几十年的安静和平，从而奠定了陈郡谢氏为东晋南朝的当轴士族地位。谢玄之孙康乐侯谢灵运，亲临缙云，在《名山记》中云："缙云山旁有孤石，屹然干云，高二百丈，三面临水。周围一百六十丈；顶有湖生莲花，有岩村近名步虚。远而视之步虚居其下。……中岩上有峰，高数十丈，或如莲花、如羊角，古老云：黄帝炼丹于此。"《游名山记》："龙须草，唯东阳、永嘉有。永嘉有缙云堂，意者谓鼎湖攀龙须有坠落，化而为草，故有龙须之称。"《山居赋》："合宫非缙云之馆，巨室岂放勋之堂。迈深心于鼎湖，送高情于汾阳。"(缙云、放勋不以天居所乐，故合宫巨室，皆非掩留，鼎湖、汾阳乃是新居——引者注)《归途赋》："停余舟而掩留，搜缙云之遗迹，漾百里之清潭，见仞之孤石。"《游名山志》："凡此诸山多龙须草，以为攀龙而坠化为草；又有孤石从地突起，高三百丈以临水，连绵数千峰，或如莲花，或如羊角之状。"

六

除世家大族外，当时著名文学家、训诂学家郭璞在《山海经注》中写道，《张氏土地记》曰："东阳永康县南四里有石城山，上有小石城，云黄帝曾游此，即三天子都也。"晋崔豹《古今注》有："孙兴公问曰：'世称黄帝炼丹于凿砚山，乃得仙，乘龙上天，群臣拔龙须，须坠而生草，曰龙须。有之乎？'答曰：'无也，有龙须草，一曰缙云草，故世人为之妄传。'"孙绰(314—371)，字兴公，少以文才称，东晋诗人，中都(今山西平遥)人，曾任临海章安令，写有著名的《天台山赋》；后为永嘉太守、廷尉卿，领著作。孙绰善书博学，是参加王羲之兰亭修葺的诗人和书法家。同期，郑缉之《东阳记》一书中还载："缙云山，孤石撑云，高六百余丈，世传轩辕游此飞升，辙迹尚存。石顶有湖，生莲花，尝有花一瓣至东阳境，于是山名金华，置金华县。"

后来到梁，缙云黄帝文化得到继承和发展。如梁元帝(萧绎)《上忠臣传表》中有"缙云得姓之子，姬昌(周文王)鲁卫之臣"、刘峻《东阳金华山栖志》中有

“信卓荦爽垲，神居奥宅，是以帝鸿游斯铸鼎，雨师寄此乘烟，故涧勒赤松之名，山贻缙云之号”、高允《鹿苑赋》中有“希缙云之上升，羡顶生之高蹈”、庾信《周上柱国宿国公河州都督普屯威神道碑铭》中有“佐于中军，以公为荀首，岂直谓鹑火，称之缙云而已哉”，等等。梁陈间，在浙江中南部以金华为首府曾短期内设置用缙云之义的缙州。而在少数民族统治的北朝，亦以华夏正统自居，指南朝为“岛夷”，亦用缙云之典。北魏《元爽墓志铭》云：“姬水导源，缙云结庆，盛世鸿基，仪天比极。”

七

两晋南北朝时期，庾阐、王微、简文帝、谢灵运、郭璞、崔豹、孙绰、郑缉之和梁元帝、刘峻、高允、庾信等人，都以“缙云堂”、“缙云山”、“缙云草”、“黄帝曾游此乘龙上天”、“轩辕游此飞升”、“黄帝炼丹于此”和“帝鸿（黄帝）游斯铸鼎”为主要内容的文字记载，肯定不会是个人即兴的举动，也不可能偶然的凑合，他们其实是在远古缙云黄帝口头传说的影响下，代表了“王与马，共天下”的东晋豪门大族——琅琊王家和陈郡谢家、颍川庾家及整个东晋司马王朝的社会共识，为正统的华夏皇权南迁后的东晋政治需要服务，同时也标志着中国南方缙云黄帝文化辐射中心的自然确立。

隋唐之际，国家一统，武周万岁登封元年(696)划婺州永康县南乡，括州丽水县北界置缙云县，以境内有缙云山而得名。盛世修志，当时史学大师张守节在《史记正义》中断云：“黄帝有熊国君，乃少典国君之次子，号曰有熊氏，又曰缙云氏，又曰帝鸿氏，亦曰轩辕氏……今括州缙云县，盖其所封也。”此时，缙云堂道士开始用“仙都”称这处洞天；缙云郡刺史苗奉倩将这里彩云仙乐之异，上奏朝廷，唐明皇下旨，敕改缙云山为仙都，改缙云堂为黄帝祠宇。后来从唐殿中侍御史韦翊、括州刺史李季贞、淮南节度使张鹭和北宋两浙转运使叶清臣等人所著《仙都山铭》推测，唐宋时期在此祭祀黄帝的级别，是道、州（省地）二级。

总而言之，缙云仙都，是中华民族人文始祖轩辕黄帝觞百神、炼丹封禅、驾龙飞升之地，自古以来就是中国南方缙云黄帝文化辐射中心。

再释三天子都[①]

二十年前，我写成《三天子鄣山考》一文，在安徽大学古籍研究所的《古籍研究》1997 年第 2 期上正式发表。2008 年作了一些改动和删节后，收入《缙云文化研究》一书。现在回看此文，总有一番议而不清、说而不确之憾，今再写此题为文，以飨社会。

一

《山海经》是一部富于神话传说的地理书。旧说为夏禹时作，不可信，大约出于战国秦汉之间多人之手，到西汉刘歆校书之时，才合编在一起。其中《山经》专门记述海内各方名山大川、动植物产、祯祥怪异、祭祀所宜，写定时代，一般认为是战国初期或中期；《海经》中的"海"字，是"九夷、八狄、七戎、六蛮谓之四海"之义，等于现代语"少数民族地区"[②]。《海经》专门记载海内外殊方异国传闻，夹杂大量古代神话，是秦或西汉初年的作品。

《海内东经》云："浙江出三天子都，在其东。在闽西北，入海，余暨南。"它与《山海经·海内南经》中"海内东南陬以西者。瓯居海中。闽在海中，其西北有山。一曰闽中山在海中。三天子鄣山在闽西海北。一曰在海中"类同，也与《水经注·渐江水》"渐(浙)江水出三天子都"相近。故三天子都，或称三天子鄣山，亦称天子鄣。

浙江，即钱塘江。"浙江出三天子都"，山水相依，山环水绕，水从山出，就是说早在先秦时代，人们就认为钱塘江从三天子都山中流出。因此三天子都山，是浙江省的上古名山。

钱塘江主要支流兰江、婺江、分水江、浦阳江、曹娥江、渌渚江。关于"三天子都"，陈桥驿认为："当时提出'三天子都'这个地名的作者，未必了解浙江上游的地理情况，而三天子都也未必实有其地。"[③]后来了解浙江上游的地理情况的古人，晋郭璞注《山海经》说是新安歙县东的三王山；北魏郦道元《水经注》说是寻阳

① 成文于 2015 年 4 月 16 日。

② 《尔雅·释地》。

③ 陈桥驿：《水经注校证》，中华书局 2013 年版，第 913 页。

的庐山;《大清一统志》说是今江西婺源西北黟山支脉的率山;近人或谓天子都本有三,各称三天子都,即石城山、三王山、庐山。总之,古人关于浙江发源地为三天子都的说法,其实都不科学,因为任何人,见每一处山,都是上有森林植被,挺拔峻秀,逶迤延绵,形体有峰、陇、冈、谷、坡、崖等多种形态;每一条水,都是九曲缠绵,潺潺生色,有沟、涧、坑、溪、江河、湖沼之别。"浙江出三天子都"之意,不会作浙江的源头去认识;三天子都山不应是多处,只能一处。

二

三天子都山的具体位置,《海内东经》云:"浙江出三天子都,在……余暨南。"余暨,即今杭州市萧山区,西汉景帝三年(前154)建,属会稽郡。因此,三天子都山具体方位大体在浙江省萧山南部。

《山海经·海内南经》云"三天子鄣山在闽西海北",晋郭璞引《张氏土地记》曰:"东阳永康县南四里有石城山,上有小石城,云黄帝曾游此,即三天子都也。"所以三天子都山就是石城山,在今永康市南部。

大家知道,"天子"是古时臣民对帝王的称呼。都,一国的最高行政机关所在的地方。对于"三天子",郭璞注:"在今新安歙县东,今谓之三王山,浙江出其边也。"此"三王山",即三公山,在今安徽无为县西南,上有三峰,故名,俗传山皆东靡,似有顾瞻。天宝六载,改为顾山和东顾山,与"三天子"之义无关。在古代,对皇、帝、王、霸,古籍有严格区分。《管子·兵法》云:"明一者皇,察道者帝,通德者王,谋得兵胜者霸。"《管子·禁藏》又云:"凡有天下者,以情伐者帝,以事伐者王,以政伐者霸。"而"三王",一般指夏禹、商汤、周文、武而言,亦与"三天子"之义有别。

那么"三天子"到底指什么人,且又为什么会与黄帝有关呢?《左传·文公十八年》载云:

昔帝鸿氏有不才子,掩义隐贼,好行凶慝,丑类恶物,顽嚚不友,是与比周,天下谓之浑沌。少皞氏有不才子,毁信废忠,崇饰恶言,靖潜庸回,服谗搜慝,以诬盛德,天下谓之穷奇。颛顼氏有不才子,不可教训,不知话言;告之则顽,舍之则嚚;傲很明德,以乱天常,天下谓之梼杌。此三族也,世济其凶,增其恶名,以至于尧,尧不能去。缙云氏有不才子,贪于饮食,冒于货贿;侵欲崇侈,不可盈厌;聚敛积实,不知纪极,不分孤寡,不恤穷匮,天下之以比三凶,谓之饕餮。舜臣尧,宾于四门,流四凶族浑沌、穷奇、梼杌、饕餮,投诸四裔,以御魑魅。

《史记·五帝本纪》亦云:

昔帝鸿氏有不才子，掩义隐贼，好行凶慝，天下谓之浑沌。少皞氏有不才子，毁信恶忠，崇饬恶言，天下谓之穷奇。颛顼氏有不才子，不可教训，不知话言，天下谓之梼杌。此三族世忧之。至于尧，尧未能去。缙云氏有不才子，贪于饮食，冒于货贿；天下谓之饕餮。天下恶之，比之三凶。舜宾于四门，乃流四凶族，迁于四裔，以御魑魅，于是四门辟，言毋凶人也。……三苗在江淮、荆州数为乱。于是舜归言于帝，请流共工于幽陵，以变北狄；放驩兜于崇山，以变南蛮；迁三苗于三危，以变西戎；殛鲧于羽山，以变东夷，四罪而天下咸服。

帝鸿氏、少皞氏、颛顼氏与缙云氏，总称"四凶"。前三凶专称"三族"。帝鸿氏，《山海经·大荒东经》中有"帝俊生帝鸿"；《西次三经》说帝鸿就是帝江，而汉贾逵、晋杜预、唐张守节都说帝鸿就是黄帝；少昊氏，黄帝之子玄嚣。颛顼氏，即高阳，黄帝之孙，五帝列第二。故"三族"，均为轩辕黄帝及最近几代直系儿孙，自然可称"天子"。因而，三天子都（石城山），可以理解为对五帝传说时期中黄帝及直系儿孙曾经居住过的地方的一个专用美称。

以上四人而后成族，在尧时担任四岳职务。他们在尧舜禅让决策过程中，加入"太子党"，主张尧子丹朱世袭，反对舜接尧位。"女婿党"战胜"太子党"后，虞舜利用四人掌管具体工作的一些不足和失误，开始以礼"宾于四门""以御魑魅"，即"宾礼众贤"，后来改以"四凶"的罪名，将他们强行流放到四裔地区。晋张华《博物志》云："昔唐尧以天下让于虞，三苗之民非之。帝杀有苗之民，叛浮入南海，为三苗国。"同期郭璞注《山海经·海外南经》亦云："昔尧以天下让舜，三苗之君非之，帝杀之，有苗之民叛入南海，为三苗国。"永康县石城山在婺江（金华江）支流武义江一带，与晋郭璞说三天子都乃"浙江出其边也"也相符。

永康市石城山（三天子都）南部几公里为古缙云山地域。三国时期，东阳永康县与永嘉松阳县之交一带，有石柱如笋，拔地而起，直刺云天，堪称天下第一，相传是轩辕黄帝铸鼎驭龙飞升之处。史书载，唐初武德年间（621—625），永康县地曾置丽州和缙云县。武周万岁登封元年（696），朝廷划婺州永康县南和处州丽水县北一带再置缙云县，隶属处州，一直相沿至今。因而缙云县北部是从永康县划来，而《新唐书》又说永康县"本缙云"，所以三天子都（石城山）和缙云山（仙都）的历史文化，实属异名同体类型。

总之，三天子都（石城山、仙都山）是《山海经》产生时代（春秋战国）对轩辕黄帝及直系儿孙（天子们）曾居地的一个美称。

三

《张氏土地记》的作者“张氏”，郭璞未指人名。陈桥驿经过缜密研究后说：“《尔雅·鸟鼠同穴》郭(璞)注引《张氏地理记》。《山水泽地》篇《郦(道元)注》引作张晏，知张氏即张晏。”[①]

张晏，字子传，三国魏中山人，守道不仕，锐志稽古，尤长于史学，著有《西汉书音释》四十卷。照此说法，张晏还应著有《张氏土地记》(亦称《张氏地理记》)一书。

张晏是史学大家，《史记·太史公自序》刘宋裴骃《集解》按说：“《汉书音义》曰‘十篇缺，有录无书’。张晏曰：‘迁没之后，亡《景纪》、《武纪》、《礼书》、《乐书》、《律书》、《汉兴以来将相年表》、《日者列传》、《三王世家》、《龟策列传》、《傅靳蒯列传》。元成之间，褚先生补阙，作《武帝本纪》、《三王世家》、《龟策列传》、《日者列传》，言辞鄙陋，非迁本意也。’”[②]以此千古之判，其名永传。

四

永康县，三国孙吴赤乌八年(245)分乌伤县上浦乡置。且晋张勃《吴录》曰：“永康有石城山，《海内南经》曰‘三天子都’。”到西晋末，这一带划入会稽郡。

晋永嘉元年(307)，建威将军庾琛面对诸王残杀的动乱局面，与临沂琅琊王导等百族，先后南渡过江。庾琛，字子美，任会稽太守，有二子：亮、冰；一女文君。庾亮美姿容，善谈论，风情都雅，时人以为夏侯太初、陈长文之伦，司马睿甚器之。时琅琊王司马睿用王导计始镇建业。九月南下。他在王导、王敦辅助下，优礼当地士族，压平叛乱，惨淡经营，始得在江南立足。建兴四年(316)汉刘曜陷长安，俘愍帝，西晋亡。建武元年(317)三月，司马睿即晋王位，改元建武；次年(318)即皇帝位即晋元帝，改元大兴，据有长江中下游以及淮河、珠江流域地区。史称东晋。

会稽太守庾琛，礼贤下士，从民间传说和地方耆老之请，建赤松馆、缙云堂。赤松馆，黄帝之师赤松子成仙处；缙云堂，黄帝铸鼎驭龙地。两个馆、堂的正式建立，让东晋新皇朝有了祭祀轩辕黄帝、得到上授天命的机会。庾琛以功征为丞相军谘祭酒，不久庾琛卒于任内。

---

① 陈桥驿：《水经注校证》，中华书局 2013 年版，第 147—148 页 。

② 《史记》卷一百三十，中华书局 1975 年版，第 3321 页。

东晋初，政治上由王导主持，军事上依靠王敦，时人谓之“王与马，共天下”。庾氏，鄢陵望族。晋元帝司马睿为了制衡琅琊王导家族，特拜庾亮中书郎领著作，侍讲东宫。文君美姿仪，元帝闻之，聘为太子司马绍妃。太宁元年(323)，明帝司马绍即位，立为皇后。咸和元年(326)，成帝司马衍即位，庾文君为明穆皇后。庾亮中书监领左卫将军。时山水诗先驱、文学家庾阐力挺顾命大臣庾(亮)、温(峤)家族，在《扬都赋》中以“岩栖赤松之馆，岫起缙云之堂”之句，真实地记载了这段丰富多彩的史实。后来谢灵运《名山记》云，缙云山“中岩上有峰，高数十丈，或如莲花或如羊角，古老云‘黄帝尝炼丹于此’”；“凡此诸山多龙须草，以为攀龙而坠，化为此草，又有孤石从地特，起高三百丈，以临水，绵连数千峰，或似羊角之状”。刘澄之《宋永初山川古今记》云：缙云台，黄帝炼丹之所。山巅平敞，有若坛禅，是其地也。”陈顾野王《舆地志》说三天子都是缙云堂。宋《太平御览》载：“缙云山，《郡国志》曰：‘括州括苍县缙云山，黄帝游仙之处，有孤石特起，高二百丈，峰数十，或如羊角，或似莲花，谓之三天子都。有龙须草云：群臣攀龙髯所坠者……’”《太平御览》：“缙云山，《舆地志》云：‘永康县南忠义村下，有石亭，长二十里，有缙云堂，即三天子都也。’”

轩辕黄帝，三代以来被尊为人文始祖，其传说一般流传在北方。三国曹魏史学大家张晏《土地记》载，东阳永康县石城山黄帝曾游此三天子都。在时间上大体和永康县置县相同，这很有可能是民间长期祭祀的结果，更有可能是地方官府上报审批设置永康县时的一个理由。

乌伤县，历史更久远。秦王政二十五年(前 222)，秦将王翦平定江南，在吴越两国旧地建会稽郡，亦置乌伤县。其境北接诸暨，西南邻太末，大致包括今金华市的全部或大部及缙云的东、西二乡。万历《义乌县志》载，境内分置八乡。其崇德、龙祈、永宁、智者、同义、双林、明义七名，都是儒学思想的产物，唯“缙云乡、缙云里”的名称，为远古氏族名号，这很可能是秦汉乌伤县时所存在的旧名。

综上所述，三天子都(石城山、仙都山)、是在山海经的时代(春秋战国)对轩辕黄帝及直系儿孙(天子们)的曾经居住活动过地方的一个美称。浙江省中部以缙云、永康为中心黄帝传说文化的可稽历史，可以上溯到战国秦汉时期。

三、 地域文化

南山寻踪大越魂[①]

一

对于2000多年前的古越人来说，“南山”曾经是魂牵梦萦的地方。汉《越绝书·外地记地传》云：

勾践子与夷，时霸。与夷子子翁，时霸。子翁子不扬，时霸。不扬子无疆，时霸。伐楚，威王灭无疆。无疆子之侯，窃自立为君长。之侯子尊，时君长，尊子亲，失众。楚伐之，走南山。

汉《吴越春秋·越王无余外传》亦载：

启遂即天下之位……以岁时春秋而祭禹于越，立宗庙于南山之上。

《吴越春秋·勾践入臣外传》中又云：

伍(子)胥……进曰：“……今越王放于南山之中，游于不可存之地。”

且北魏《水经注》卷四十还载：

《吴越春秋》云：“勾践语范蠡曰：‘先君无余国，在南山之阳，社稷宗庙在湖之南。’”

宗庙，指古代帝王、诸侯或大夫、士为维护宗法制而设立的祭祀祖宗的处所。越国建都会稽，会稽以山得名。顾名思义，“南山”就是越国都城会稽以南的某一山区，为越王世族的社稷宗庙所在地，即越王勾践氏族的老根故土。它的具体地望，一直迷离扑朔。1963年，叶国庆、辛土成两先生撰《西汉闽越族的居住地和社会结构初探》一文，在《厦门大学学报》第4期上刊出，说“应是指浙江南部和福建北部这一地区的某些山区”。[②]

---

① 成文于2015年5月11日。本文除注明外，主要参考蒙文通《越史丛考》、费君清主编《中国传统文化与越文化》、孟文镛《越国史稿》、高洪雷《另一本中国史》四书。

② 孟文镛：《越国史稿》，中国社会科学出版社2010年版，第313、319页。

二

越国都城会稽，以山名城，《山海经·海内东经》曰："会稽山在大楚南。"袁珂注云：

吴承志云："楚当作越，传写讹误。《越绝书·记越地传》云：'禹忧民救水，到大越，上茅山大会计，更名茅山曰会稽。'即本此经。"

故绍兴会稽山，原名茅山。如果从"浙江南部和福建北部这一地区的某些山区"的古越"南山"去考察，大家知道，会稽山以南最著名的古代名山就是括苍山。而位于浙江省中部偏南的缙云县，从现代地理学角度当属括苍山脉和仙霞岭余脉的过渡地带，是道家洞天福地三十六洞天之二十九。其中鼎湖峰临水而立，状如春笋，直刺云天，拔地170.8米，是世界上最高大的柱石。几千年来，人们俗称石笋，又有孤石、方石、玉柱、独峰、丹峰、仙都石、仙都岩、朋峰石等美名，且有天下第一笋、天下第一石、天下第一峰之誉。峰巅西北高，东南低，中间蓄水成池，四时不竭，称鼎湖，相传是黄帝铸鼎、觞百神、驭龙飞升之地。峰之东，从西晋开始建有缙云堂，唐改称黄帝祠宇，宋改玉虚宫，今又为黄帝祠宇，如今是中国南方各民族祭祀朝拜中华民族人文始祖轩辕黄帝的圣地。《吴越春秋·越王无余外传》云：

禹……乃案《黄帝中经历》，盖圣人所记，云"在于九山东南天柱，号曰宛委，赤帝左阙，其岩之巅，承以文玉，覆以盘石。其书金简，青玉为字，编以白银，皆瑑其文"，禹乃东巡，登衡岳，血白马以祭，不幸所求。禹乃登山，仰天而啸，忽然而卧。因梦见赤绣衣男子，自称玄夷苍水使者，闻帝使文命于斯，故来候之。非厥岁月，将告以期，无为戏吟。故倚歌覆釜之山，东顾谓禹曰："欲得我山神书者，斋于黄帝岩岳之下。三月庚子，登山发石，金简之书存矣。"禹退，又斋。三月庚子，登宛委山，发金简之书，案金简玉字，得通水之理。

这就是夏禹登东南天柱宛委山，斋黄帝岩岳，得通水之理的著名传说。"九山"，非实数之九，表示实际离会稽山之多、之远。"天柱"，顾名思义就是鼎湖峰；"宛委山"就是九曲练溪山；"赤帝"就是缙云氏。"玄夷苍水使者"就是三苗百越瓯人；"覆釜山"就是大学山（大镬山）；"黄帝岩岳"就是黄帝缙云。而且初阳山上有谷，冬暖夏凉，相传有一白猿住此，经过千年仙山的熏陶，通灵变化，已修炼成人，常和山后处女云英比试高下。相传越王勾践问范蠡手战之术，范蠡说："臣闻越有处女，国人称之，愿王请问手战之道也。"于是王乃请女，女将北见王。白猿知道后，不服气，化作老人，自称袁公，问女曰："闻子善为剑，得一观之乎？"处女曰:"我不敢有所隐,凭人以来试。"袁公挽林抄之竹,折成两段,小头交给处女,大头留给自己。袁公用杖刺处女,处女合着一定步伐乘虚击中他三下。袁公逃上树,化为白猿。[①] 后范蠡之师计倪,住进初旸谷隐居而成仙,故称倪翁洞。而且缙云境内还有越王山、大姥山(大茅山),这与邻近各县市历史文化积淀的深厚度和与古越文化紧密衔接度相比较,越王勾践氏族社稷宗庙所在地——南山的地望,在缙云县一带最有可能。

三

越国氏族,属古于越族的一支。其传记最早见于《竹书纪年》、《逸周书》、《春秋》和青铜器"越王大子矛"等。越的族源,应该与轩辕黄帝有千丝万缕联系的尧舜时"四凶"(帝鸿氏、少皞氏、颛顼氏及缙云氏)三族苗裔(三苗)有关。《战国策·魏策一》云:"昔者三苗之居,左有彭蠡之波,右有洞庭之水……"具体来说,丽水市,古称处州,处原作"處"。徐中舒云:"'《说文》虎文也'。此字原形作處,非虎文,乃虎皮或兽皮。古人在屋顶上端蒙以虎皮或兽皮以避风寒,卢、肤等字,即从此而来。"[②]而孙海波却认为徐说未确,当为地名。甲骨卜辞以地名去认识,井人钟、鱼鼎匕、车册父癸尊铭文,有居、止义。[③] 缙云方言,家的意思,如"处里"等。而把"处"作为地名,最早见《汉书·朱买臣传》载:

是时东越数反复,买臣因言故东越王居保泉山,一人守险千人不得上。今闻东越王更徙处南行,去泉山五百里,居大泽中。今发兵浮海直指泉山,陈舟列兵,席卷南行可破灭也。

其中"徙处南行"之"处",当指古代丽水市而言。而聚居于这一带的古氏族,自然是"瓯越"中处地之越人。

古越人多种,各有种姓,统称百越,以不同习俗论之,大体可分为吴越(包括东瓯、闽越)、南越、西瓯、骆越四族,以吴越勾践一族最著名。《史记·东越列传》中,汉司马迁《赞》越是"蛮夷"。可《史记·越世家》所述却不同,云:

越王勾践,其先禹之苗裔,而夏后帝少康之庶子也。封于会稽,以奉守禹之祀。文身断发,披草莱而邑焉。后二十余世,至于允常。云:"于,语发声也。"允

① 汉赵晔:《吴越春秋·勾践阴谋外传》第九卷。

② 徐中舒:《怎样研究中国古代文字》,《古文字研究》第十五期。

③ 于省吾:《甲骨文字诂林》,第1633页。

常之时,与吴王阖庐战而相怨伐。允常卒,子勾践立,是为越王。

最早有关越国的专著《越绝书》、《吴越春秋》也认为"越为禹后"。这"越为禹后"之说,自东汉以来(除班固外)不断有学者指出其非。王充《论衡·书虚篇》:"禹到会稽,其非实也。"《汉书·地理志下》注引臣瓒曰:"自交阯至会稽七八千里,百越杂处,不得尽言少康之后也。按《世本》,越为芈姓,与楚同祖,故《国语》曰'芈姓夔、越',然则越非禹后明矣。"清梁玉绳《史记志疑》断言"勾践非禹苗裔"。近现代林惠祥、卫聚贤、蒋炳钊、蒙文通等亦主张此说。

而"越为禹后"的产生,陈桥驿先生认为:"'越为禹后'的传说,实际上是于越强大以后,从于越内部传播出来的。这个传说的编造者,或许就是越王勾践自己。""这个传说的有意散布,可能是从迁都琅琊以后开始。"[①]即周元王五年(前471)越灭吴后,越王勾践欲跻身于华夏行列争当霸主的需要,而杜撰而成的一种政治谋略,且后来又得到司马迁认可而成。

四

越王勾践一族,最早可以上溯到夏少康(前 20 世纪—前 19 世纪)时期。西周成王二十四年,越向周王进贡。周穆王三十七年(前 940),"周伐越,大起九师,东至九江。遂伐越,至于纡(越)"。周定王六年(前 601),楚灭舒、蓼,召吴、越结盟于滑水。公元前 585 年,吴寿梦始称王。其子诸樊建都于吴(苏州)。越与楚国联盟,常常对付吴国。周景王元年(前 544)夏五月,吴伐越。俘获越战俘,处以重刑后为吴看守船只。吴王余祭巡视船队时,被越战俘杀死。周景王七年(前 538),楚灵王令越会兵于申以伐吴,辱越大夫常寿过,常寿过因作乱。周敬王十年(前 510),吴大举攻楚前,为解除后顾之忧,又曾攻越,占领槜李(今浙江嘉兴南)。十五年,吴军主力在楚都郢时,越乘机侵入吴境,双方矛盾日趋激化。吴欲争霸中原,必先征服越国,以解除其后方威胁;越欲北进中原,更必先服吴才有可能,因而引起延续二十余年的吴越战争。二十四年(前 496),吴王阖闾率军攻越,双方主力战于槜李。越以死罪刑徒阵前自刎,乘吴军注意力分散之机发动猛攻,大败吴军。阖闾负伤身死,夫差继位为王。二十六年(前 494),越以水军攻吴,战于夫椒(今太湖洞庭山)。越军战败,主力被歼。吴军乘胜追击,占领越都会稽(今浙江绍兴)。越王勾践率余部 5000 人被围于会稽山上。勾践请

① 陈桥驿:《"越为禹后"说溯源》,《浙江学刊》1985 年第 3 期。

降，吴大臣伍员建议勿许，认为“今不灭越，后必悔之”。夫差因急于北上中原争霸，未采纳伍子胥建议，以越王质吴为条件，许降撤兵。

处于亡国境地的越国疆域，《越绝书·卷八》载：“东西百里……东为右，西为左，大越故界，浙江至就李，南姑末（龙游），写干（江西东北）。”张宗祥曰：

> 此为臣吴返国始封之地。《吴越春秋》所谓吴封百里于越，东至炭渎，西至宗周，南造于山，北薄于海者是也。其后又增封，《吴越春秋》所谓增之以封，东至甬东，西至于檇李，南至于姑末，北至于平原，纵横八百里是也。

位于瓯江中游和灵江之间，跨越丽水、台州、温州的大片地域，仅以“南造于山”表示。表面看来，丽水市莲都、缙云一带，似乎不在越国范围之内。究其原因，当时地广人稀，尚属不毛之地为部族自立而不计；或为越王先祖宗庙之区，勾践自然舍其命也不会将祖宗都交出来。其实从《吴越春秋·勾践阴谋外传》中越王勾践将南林“处女”号曰越女来看，也表明在越王勾践时期的处地（包含缙云县）为越国的附庸。

五

对于越王世系，《史记·越世家》云：“越王勾践，其先禹之苗裔，而夏后帝少康之庶子也。封于会稽，以奉守禹之祀。文身断发，披草莱而邑焉。后二十余世，至于允常。”参考《越绝书·记地传》、《吴越春秋·越王无余外传》，越王允常世系可表达为：“无余—□□—无壬—无曎—夫谭—允常—勾践。”（原存缺——引者注）现今只知无壬、无曎、夫谭三世，尚缺十七八世。也就是说越王允常以前的夏商时代十七、十八世先祖等人的墓地和宗庙，相当一部分可能就在缙云县一带。

括苍，处州古山名，亦为县名。《隋书·地理志》中括苍县亦作“括仓县”。括苍，亦作“括仓”。清朱俊声《说文通训定声·泰部》曰：“越，假借为括。”“仓”，仓储库之仓，故括仓实为古越族后方基地的意思，即丽水市当属越国势力疆域。

《左传·桓公二年》曰：“清庙茅屋，大路越席。”唐孔颖达疏：“越席，结蒲为席。”《史记·礼书》：“故大路越席，皮弁布裳。”裴姻《集解》引服虔曰：“越席（龙须席），结括（缙云）草以为席也。”古人祭祖，清庙（合宫、明堂）以茅草盖屋，以示节俭；祭天辂车（天子的乘车），以蒲草为席，意思说古代人祭祀祖宗的祠堂庙宇，用茅草盖屋，以示节俭；祭祀天子的乘车，以蒲（龙须）草为席。这正与缙云一带传统的祭祀黄帝历史文化有关。

六

周敬王二十八年(前492)五月,越王令文种守国,自己率妻子、范蠡等300人入吴为奴。敬王三十年(前490),勾践在吴三年,效忠夫差,取得夫差信任,赦免回国。勾践为兴越灭吴,卧薪尝胆,发愤图强。其在谋臣文种、范蠡辅佐下,制定了"十年生聚"、"十年教训"的长期战略:在内政上实行发展生产、奖励生育及尊重人才等政策,以安定民生,充裕兵源,收揽人心,巩固团结,从而增强综合国力;在军事上,实行精兵政策,加强训练,严格纪律,以提高战斗力。在外交上,针对"吴王兵加于齐晋,而怨结于楚"的情况,采用"亲于齐,深结于晋,阴固于楚,而厚事于吴"的方针。厚事于吴,即效法周文王对商纣王"文伐"之谋略,以非战争手段瓦解、削弱敌人。施行十年,使得越"荒无遗土,百姓亲附",国力复兴。越军亦成为一支装备精良、训练有素且"人有致死之心"的精锐部队。

吴王夫差在征服越国后,即积极做北进准备。伍员再次建议"定越而后图齐",认为越是"腹心之病",而"齐鲁诸侯不过疥癣"之疾。吴王仍未采纳。敬王三十一年(前489),吴先攻陈(今河南淮阳),以解除其北进时来自侧翼的威胁。三十三年(前487),吴攻鲁,打开进军中原的大门。吴为建立北进战略基地及打通北进军事运输交通线,于三十四年(前486)在长江北岸营建了规模宏大的邗城(今江苏扬州),开凿了由今扬州经射阳湖至淮安之邗沟,沟通江、淮水域,并进而与泗、沂、济水联结。三十五年(前485),吴率鲁、邾、郯等国联军由陆上攻齐;派大夫徐承率水军由长江入海,向山东半岛迂回,攻齐侧后。吴水军海上作战失利,陆上联军遂退回。三十六年(前484),吴再次攻齐,在艾陵(今山东莱芜东北)全歼齐军精锐。三十八年(前482),夫差率吴军主力进至黄池(今河南封丘西南),与晋及中原诸侯会盟,"欲霸中国"。此时吴之霸业达到顶点。

当吴王夫差在黄池与晋定公争做盟主时,越王勾践兵分两路攻吴。一部兵力自海入淮,断吴主力回援之路,掩护主力作战;其自率主力直趋吴都,在郊区泓水歼灭迎战之吴军,并乘势攻入吴都。夫差南归,恐因国都失守士气下降及远程奔返造成部队疲惫、决战不利,派人请和。勾践亦以吴军主力未损,不愿进行无把握的决战,遂与吴订和约后撤军。四十二年(前478),吴国发生灾荒。越乘机发动进攻,与迎战吴军在笠泽(今江苏吴江)隔江相峙。越军利用夜暗,以两翼佯渡诱使吴军分兵,然后集中精锐,实施敌前潜渡、中间突破,并连续进攻,扩大战果。笠泽之战后,吴、越力量对比发生了根本变化,越已占有绝对优势。周元王元年(前475),越再度攻吴。吴军无力迎战,据都城防守。越于吴都西南郊筑城，谋长期围困。吴数次遣使请和，均遭越拒绝。三年（前473），城破，夫差自杀，吴亡。

元王五年（前471），勾践与齐、鲁等诸侯会于徐州，向周室贡物，周元王赐勾践为诸侯之伯。越终于成为春秋时期的最后一任霸主。周贞定王元年（前468），越由会稽自徙琅琊（今山东诸城）众10万。这应该就是越人“出南山”。

七

周贞定王四年（前465）十一月，越王勾践死后，越国虽然霸主地位未变，但实际上它已开始走下坡路。这一时期，在西方的楚国，东进淮河流域并且积极北上，南北狭长几千里。它对越国来说，造成现实威胁。贞定王二十年（前449）楚灭蔡。贞定王二十二年（前447），又灭纪。楚国东北境一度达到淮泗之间，于是在淮地，越与楚“战于江”。公输子自鲁南游楚焉，使为舟之器。“楚人因此若逝，亟败越人。越不能正江淮北。”因而，在同楚国的争斗中，越国一时处于下风。在北方，赵、魏、韩和齐国田氏逐渐崛起于中国舞台，不断伐宋、卫、郑以广之地。其中魏国经过李悝变法，渐趋强势。时“天下为战之国，齐晋楚越”。“以并国之故，四分天下而有之。”越王朱勾，同齐楚争夺淮泗小国。《墨子·非攻》载：“东方有莒之国者，其为国甚小，间于大国之间，不敬事于大，大国亦弗之从而爱利，是以东者越人夹削其壤地，西者齐人兼而有之。”《史记》载，周威烈王十一年（前415）越灭滕。威烈王十二年（前414）灭郯。威烈王二十一年（前405），“缯恃齐而轻越，齐和子之乱而越亡缯”。但越国已改变不了衰败之势，齐庄子请攻越，问于和子，和子曰：“先君有遗令曰：‘无攻越。越，猛虎也。’庄子曰：‘虽猛虎也，而今已死矣。’”周安王二十三年（前379），越王翳迁都“还吴地”（今苏州）。

这时，正式进入大国争雄的年代。魏、秦、齐先后称雄，而越国却内乱迭起。安王二十六年（前376）七月，于越太子诸咎杀死父王翳自立。十月，越人杀死诸咎，越滑吴人立孚错枝为君。第二年（前375）越大夫寺区定越乱，立初无余之，是为莽安。周显王五年（前364），于越寺区弟思，杀其君（王）莽安，次无颛立。这内乱，实际上表明越国已无力参与大国间的争雄。显王十三年（前356），无颛弟无强即位。时内乱刚止，元气未复，无强匆促回到大国争霸战场，决定北伐齐，西伐楚。而齐威王无意同越争斗，说服越释齐而伐楚。显王三十四年（前335），越王无强伐楚。显王三十六年（前333），楚威王熊高，兴兵伐越。越国大败，无强死，楚取故吴国多数地。一部分越诸族子争立，或为王，或为君，退回到江南海上（今临海）一带。

越国既败，已无力参与大国竞争。周慎靓王二年（前319），楚在广陵筑城以防越。周赧王三年（前312），楚怀王趁越宋王与摇城王内讧，楚与吴（越）人五战三胜，取越麋王地（今安徽芜湖）。四月，越王派公师隅至魏，献舟300艘、箭500万枝以及犀角、象齿等，以联制楚。赧王五年（前310），楚国谋灭越国，派大臣昭滑赴越进行活动。周赧王九年（前306），楚乘越内乱，设郡于江东。赧王三十九年（前276），楚顷襄王调兵西去途中占领淮北，从而完成楚南北两个方向对越的全面包围。秦庄襄王元年（前249），楚考烈王北灭鲁。越王孙开使其子守吴安县。秦庄襄王二年（前248），楚考烈王改封相国春申君（黄歇）于苏南。秦庄襄王三年（前247）越三亲战败。楚伐越，越民一部分又退回"走南山"。此时，恰距勾践北上称霸，越族10万北上琅琊"出南山"224年。

此时，越族最后一批退回南山，诸子争立，或为王，或为君。就是说，一部分越族子孙，从括苍山区，再一次南移，退回到老家。许多传人则南返至今长江中下游地区的边远山区和浙赣闽粤，然后再辗转至两广、云贵和越南、缅甸、柬埔寨、泰国北境，亦有部分轻车熟路北迁至东北、高丽和日本等地。缙云县的东渡、回石、东回岭等地名，有可能是这些越族出南山、回南山和再次氏族大迁移时留下的历史地名。

留在大越南山故土的越王亲后裔，其国虽弱亦未灭。秦王政十三年（前234），秦攻韩。韩急联络燕、赵、吴、楚四国谋攻秦，此吴其实就是越。越和楚又站在同一战线上联合去抗拒秦国。到秦王政二十五年（前222），秦大将王翦平荆（楚）江南地，降百越之君，置会稽郡，越国最终亡于秦。

综上所述，越王世系是与轩辕黄帝有着千丝万缕联系的"瓯越"中处地越人。大约在西周时期，其中一支从今缙云县一带北迁至宁绍平原，结族称王。周定王六年，吴、越结盟。周景王元年吴王余祭被越战俘杀死。周敬王五年，吴公子阖闾夺取王位。周敬王十年伐越。越王允常御之槜李（今浙江嘉兴），越败，吴越遂成世仇。周敬王二十三年，越王允常卒，勾践即位。周敬王二十四年，吴趁允常之丧伐越，吴、越战于槜李。吴败，吴王阖闾负伤，卒于陉。子夫差即吴王位。周敬王二十六年，越伐吴，兵败夫椒，吴遂入越。越王勾践以甲楯5000栖于会稽山，吴王追而围之。三月，吴、越和议成，吴王遂罢兵归国。周敬王二十八年五月，越王率妻子、范蠡等300人入吴为奴。敬王三十年，勾践在吴三年，效忠夫差，取得夫差信任，赦免回国。周元王三年十一月，越灭吴，吴王夫差自杀。元王五年，勾践与齐、鲁等诸侯会于徐州，向周室贡物，周元王赐勾践为诸侯之伯。勾践杜撰先祖为少康之庶子，开始祭祀大禹于会稽。周贞定王元年，越由会稽自徙琅琊（今山东诸城），众10万。秦庄襄王三年楚伐越，越王亲战败。越族最后一批退回南山（缙云山）。其中一部分越人再从括苍山区南移至赣、闽，然后再辗转至我国两广、台湾(高山族)、云贵和越南(越族、京族)、缅甸(掸族)、泰国(傣族)、老挝(寮人),亦有部分北迁至东北、高丽和日本等地(国)。而越王允常先祖的一些墓地和宗庙,就在缙云县一带。缙云仙都不仅是中华民族的寻根问祖圣地,也可以说是世界百越的宗祖之区。

释乌伤[①]

乌伤，古县名，王莽时改称乌孝，东汉初复旧名，唐武德四年（621）于县置稠州，并分置华川县。七年（624）州废，复并华川县改称义乌，今称义乌市。对它的初置，《史记·秦始皇本纪》载：

二十五年（前222），大兴兵……王翦遂定荆江南地；降越君，置会稽郡。

二十六年（前221）……丞相绾等言："诸侯初破，燕、齐、荆地远，不为置王，毋以填之。请立诸子，唯上幸许。"始皇下其议于群臣，群臣皆以为便。廷尉李斯议曰："周文武所封子弟同姓甚众，然后属疏远，相攻击如仇雠，诸侯更相诛伐，周天子弗能禁止。今海内赖陛下神灵一统，皆为郡县，诸子功臣以公赋税重赏赐之，甚足易制。天下无异意，则安宁之术也。置诸侯不便。"始皇曰："天下共苦战斗不休，以有侯王。赖宗庙，天下初定，又复立国，是树兵也，而求其宁息，岂不难哉！廷尉议是。"……分天下以为三十六郡，郡置守、尉、监。

而明周士英、吴从周《万历义乌县志》（1596）载："秦始皇之二十五年（前222），定江南平百越置会稽郡，始为乌伤县焉。"乌伤初置县，当以秦王政二十六年（前221）为妥。

此时古乌伤县的管辖范围，民国《义乌县志稿》："秦时乌伤一县，得今金华、义乌、永康、武义四县，及兰溪之东北、仙居之西、缙云之北、东阳之西、浦江之南诸乡之地，其治在义乌。"对乌伤这一县名的含义，傅健先生在《乌伤县考》中归纳为：

1. 县以颜乌得名：乌伤以孝子颜乌得名，已深入百姓思想的精髓之中。

2. 群乌衔鼓：南朝宋刘敬叔《异苑》"东阳颜乌以纯孝著闻，后有群乌衔鼓集颜所居之村，乌口皆伤。一境以为颜至孝，故慈乌来萃，衔鼓之兴，欲令聋者远闻，即于鼓处置县而名为乌伤。王莽改为乌孝，以彰其行迹云"。

3. 群乌葬颜乌：唐李吉甫《元和郡县志·江南道二》"孝子颜乌将葬，群乌衔土块助之，乌口皆伤，时以为纯孝所感，乃于其处立县曰'乌伤'"。

4. 群乌助葬：宋祝穆《方舆胜览》"《异苑》云：'东阳颜乌以纯孝称，父死负土成坟，群乌衔土助焉，而乌口皆伤。汉乌伤县以此名，今义乌是也'"。

5. 近年来有学者指出：乌伤的"乌"是越语中的发语词，无意义，类似于余杭

① 成文于2010年8月2日。

的“余”,至于为什么又名“伤”字,则目前尚无下文。

以上诸说,前四说都是“乌伤以孝子颜乌得名”说的延伸发挥而已,它给人们的感觉,似乎总有些不自然,为晚起儒家忠孝思想的产物。最后一说较为新颖,认为乌伤的“乌”是越语中的发语词,无意义,类似于余杭的“余”。我以为亦不妥。它不能回答为什么又名“伤”字的问题,因此成一说的条件不充分。

那么“乌伤”一名的含义,究竟是什么呢?“乌”、“鸟”二字近似,都属象形字。《说文》曰:“鸟,长尾禽总名也。象形,鸟之足似匕,从匕。”甲骨文、金文均像鸟有喙、头、羽、末、足之形。而乌,《说文·乌部》:“乌,孝鸟也,象形。孔子曰:‘肟呼也。’”段玉裁注:“‘鸟’字点睛,‘乌’则不。”点睛,就是画眼睛。孔子曰:“肟呼也。”肟,同盱。而“盱”,《说文·目部》上说:“盱,张目也。”张目,顾名思义就是张开眼睛。总而言之,“乌”、“鸟”二字都是指鸟,它们的不同之处在于未张目(点睛)和张目:未张目是乌,为雏鸟;睁开眼睛是鸟,为成熟可飞之鸟;乌是鸟的幼年阶段。大家知道,破壳的雏鸟发育尚未成熟,呀呀待乳,双目未张,就是乌。伤,《说文》:“伤,创也。从人,𥏻省声。”汉刘向《九叹·怨思》有:“悯空手之孤子兮,哀枯杨之冤雏。”冤雏,就是乌伤的同义词。故乌伤一词之义似乎是:刚破壳而出的雏鸟,双目未张,呀呀待母鸟哺乳,其声高而急叫的状态。

同时“乌”又为太阳的代称。《山海经·大荒东经》云:“汤谷上有扶木,一日方至,一日方出,皆载于乌。”郭璞云:“中有三足乌。”《淮南子·精神篇》亦云:“日中有雏乌。”雏乌,就是指朝阳。因此,乌伤的真正含义是东升旭日的意思,它和东阳之名其义相近。对这种崇拜太阳且以鸟为图腾的氏族,《左传·昭公十七年》云:

昭子问曰:“少皞氏鸟名官,何故也?”郯子曰:“吾祖也,我知之。昔者黄帝氏以云纪故为云师而云名……我高祖少皞挚之立也,凤鸟适至,故纪于鸟为鸟师而鸟名。凤鸟氏历正也,玄鸟氏司分者也,伯赵氏司至者也,青鸟氏司启者也,丹鸟氏司闭者也,祝鸠氏司徒也,鴡鸠氏司马也,鸤鸠氏司空也,爽鸠氏司寇也,鹘鸠氏司事也,五鸠鸠民者也。”

西晋杜预注:“少皞,金天氏黄帝之子,已姓之祖也。”近人研究属东夷族部落,以前学者们认为在山东省境内。《越绝书·记地传第十》载:“大越海滨之民,独以鸟田,大小有差,进退有行,莫将自使。……禹……救水到大越了上茅山……因病亡死,葬会稽。”《吴越春秋·越王无余外传第六》:“禹崩之后,众瑞并去天美禹德而芬其功,使百鸟还为民田。”今在缙云县大洋山中仍有鸟(箬)溪、鸟下等古地名。总之,乌伤地名在古越浙江中部存在,表明了东夷、古越之间的历史内在联系。

瓯、处州、括苍新释[①]

瓯江，是丽水市的母亲河。丽水在古代称处州和括州。这乡土故国上的瓯、处、括三个地名的历史文化含义，我们是要弄清楚的。

一

丽水市，地处浙江东海之滨的瓯江流域。东海之滨已发现的考古文化遗址，主要有距今10万余年的台州“灵江人”遗址、距今7000多年的台州仙居“下汤文化遗址”、距今4000多年的温州丽水“好川文化遗址”、台州玉环“三合潭文化遗址”、乐清“白石杨柳滩文化遗址”，以及台州、温州的东瓯石棚墓等。

良渚反山神人兽面纹

根据原湖南省社会科学院历史研究所所长何光岳先生研究：瓯，原称貙，远古时代氏族名称（以猛兽貙为图腾的部落），是黄帝族部落联盟成员之一。《史记·五帝本纪》载：黄帝有熊氏带领熊、罴、貔、貅、貙、虎与炎帝战阪泉之野，三战而后得志。黄帝居有熊（今河南新郑），虎部落居于荥阳虎牢，貙部落当在此附近。貙人当母系社会时，称氏族女首领为妪，后称古汉语母亲辈或年长女辈叫妪。貙人由于能制造独具一格的一种陶器，被外族人以瓯人之名称为瓯，从此成为瓯人的正名。《荀子·大略篇》云：“流丸止于瓯臾。”注：“瓯臾皆互器也。”扬雄《方言》十三云：“江东名盂为凯，亦曰瓯也。”晋杜毓《荈赋》载有“器择陶拣，出自东瓯”。瓯即盂，今浙瓯一带出土的新石器晚期的盂，就比其他地方要精致美观，并具有独特风格。

瓯人历唐虞、夏至商时，卜辞有“弗区”、“貙丑貙其貙区”和“贞，王其狩区”，知区为地名。《说文解字》云：“区，跨区，藏匿也，众品在匚中，品，众也。”说明区人之多。貙地既为商王狩猎之地，当距商都不至于过远，说明貙人地域已被商朝

① 成文于2011年4月14日，曾发表于《丽水研究》2011年第3期。

所占领，迫使貙人不得不离开故土而迁避。根据其迁徙路线，应是向东南海滨的方向转移，最后到达汶山（今武夷山）一带。所经之处，亦留下一些人，以瓯命名之。如太湖，古称具区，江苏仪征东北十里的欧阳戍；浙江湖州东南三十里有瓯余山（升山）。周成王时称欧，已向中央政府进贡蝉蛇（见《逸周书·王会解》）。周昭王时又向周王贡“辩口丽辞，巧善歌笑”的瓯女王后（见晋王嘉《拾遗记》）。越王允常崛起时，北面被强吴所阻，只得转向南面的瓯人，将其置于越国统治之下，并进行移民，从此便成了瓯越，所以被称为于越的一支。《列子·黄帝》（原为《庄子》逸文）云：

海上之人，有好沤鸟者，每旦之海上，从沤鸟游。沤鸟之至者，百数而不止。其父曰：“吾闻沤鸟皆从汝游，汝取来，吾玩之。”明日之海上，沤鸟舞而不下也。故曰：“至言去言，至为无为。齐智之所知，则浅矣。”

遂昌近年发现好川遗址，并出土了一件石钺，上有细刻图像：最下面是两横线，中间用短平行斜线填充的纹条幅。条幅线上左右并列刻制两个古代纹钱般的圆形图案，中用阔叶树叶纹饰。圆形图案上又用两棂并列条幅相隔。条幅之上最高处用细阴线和小琢点刻雕出一只昂首而立如虎似豹的猛兽。豹，与虎同类。钺是越人礼器，为权力的象征。

《越绝书》说瓯越为于越之一支，为战国中期楚灭于越之后，越王后人的一支南逃入瓯而立国称瓯越。其居地以今浙江南部瓯江流域为中心，即温州、台州、丽水三个地区以及沿海各岛屿，都为瓯人分布范围。现在浙闽一带方言繁多复杂，语言佶屈聱牙，是与古代部落众多、迁出移入居民频繁分不开的。至于瓯人的服饰，《战国策·魏策》称：“被发文身，错臂左衽，瓯越之民也。”

二

丽水市，古称处州，对它的初设，《隋书·地理志》载：

永嘉郡，隋开皇九年（589）置处州，十二年（592）改括州。统县四（括仓、永嘉、松阳、临海），户一万五百四十二。括仓，平陈置县，大业初置永嘉郡。有缙云山、括苍山。

对处州之名“处”，徐中舒云：“‘《说文》虎文也。’此字原形作處，非虎文，乃虎皮或兽皮。古人在屋顶上端蒙以虎皮或兽皮以避风寒，卢、肤等字，即从此而来。卢，上面像屋顶，蒙以兽皮，下面是火炉餐具；肤字引申为皮肤。如果不从这种意义上去探求，这两个字就讲不通。”[①]而孙海波却认为徐说未确，当为地名：“虍，乙8013，地名，按‘《说文》三虍，虎文也’。恐有未然。字但作虎首形。在卜辞为地名。徐中舒以‘虍’为虎文，亦不可据。‘卢’乃从‘虎’省声，与虎皮或兽皮无涉。”[②]

“处女”的“处”字，从甲骨卜辞以地名去认识，彝器井人钟、鱼鼎匕、车册父癸尊铭文，为居、止义；那“处女”当处地（今丽水）之女，处亦应为地名。把“处”作为地名，亦见汉班固《汉书·朱买臣传》：

是时东越数反复，买臣因言故东越王居保泉山，一人守险千人不得上。今闻东越王更徙处南行，去泉山五百里，居大泽中。今发兵浮海直指泉山，陈舟列兵，席卷南行可破灭也。

其中“徙处南行”之“处”，当指温州西北的古代处地（今丽水市）而言，也就是说丽水市在先秦时期曾经是远古虎豹部落的聚居地。

三

东汉赵晔《吴越春秋》卷九：

越王又问相国范蠡曰：“孤有报复之谋，水战则乘舟，陆行则乘舆。舆、舟之利，顿于兵弩。今子为寡人谋事，莫不谬者乎？”范蠡对曰：“臣闻古之圣君莫不习战用兵，然行阵、队伍、军鼓之事，吉凶决在其工。今闻越有处女出于南林，国人称善。愿王请之，立可见。”越王乃使使聘之，问以剑戟之术。处女将北见于王，道逢一翁，自称曰袁公，问于处女：“吾闻子善剑，愿一见之。”女曰：“妾不敢有所隐，唯公试之。”于是袁公即拔箖箊竹。竹枝上枯槁，末折堕地，女即捷末。袁公操其本而刺处女。处女应即入之，三入，因举杖击袁公一。袁公即飞上树，变为白猿。遂别去，见越王。越王问曰：“夫剑之道则如之何？”女曰：“妾生深林之中，长于无人之野，无道不习，不达诸侯。窃好击之道，诵之不休。妾非受于人也，而忽自有之。”越王曰：“其道如何？”女曰：“其道甚微而易，其意甚幽而深。道有门户，亦有阴阳必。开门闭户，阴衰阳兴。凡手战之道，内实精神，外示安仪；见之似好妇，夺之似惧虎；布形候气，与神俱往；杳之若日，偏如腾兔；追形逐影，光若彿彷；呼吸往来，不及法禁；纵横逆顺，直复不闻。斯道者，一人当百，百人当万。

① 徐中舒：《怎样研究中国古代文字》，《古文字研究》第十五期。

② 于省吾：《甲骨文字诂林》，第1633页。

王欲试之，其验即见。”越王大悦，即加女号，号曰“越女”。乃命五校之队长、高才习之以教军士。当此之时皆称越女之剑。

越国疆域，《越绝书·卷八》载：“东西百里……东为右，西为左，大越敌界，浙江至就李，南姑末，写干。”姑末，今龙游一带；写干，今江西东北一带。而位于瓯江中游和灵江之间，跨越丽水市的青田、莲都、缙云，台州市的仙居、临海、黄岩、温岭的隋处州地，也均在越国之南，但《越绝书》却没有任何片言只语提及。而从越王将处女号曰“越女”来看，却表明在越王勾践时期的处地（今丽水市）为越国的附庸。

四

明成化《处州府志》云：“旧《志》云：‘故老相传隋时因处士星见置处州。’”明末曹学佺《大明一统志·名胜志》：“以处士星见于分野得名。”处士星，即少微星。隋杜公瞻《编珠》云：“《晋阳秋》曰：‘谢敷隐居若耶山，日犯少微星，一名处士星，俄而敷死。’”唐房玄龄《晋书·谢敷传》：“谢敷，字庆绪，会稽人也。性澄靖寡欲，入太平山十余年。镇军郗愔召为主簿、台征博士皆不就。初月犯少微，少微一名处士星，占者以隐士当之。”

《史记·天官书》：“廷藩西有隋星五曰少微士大夫，权轩辕。”《索隐》：“宋均云：‘南北为隋，隋谓垂下也。’《春秋微》：‘处士位。’又《天官占》云：‘一名处士星也。’”《正义》：“廷太微，廷藩卫也。少微四星，在太微南北列，第一星，处士也。第二星，议士也。第三星，博士也。第四星，大夫也。占以明大黄润，则贤士举；不明反，是月五星犯守，处士忧宰相易也。”

《隋书·地理志》：“隋大业十二年（616）处州改括州。”主要因境内有括苍山（最高峰和主峰大洋山，在缙云县境内，海拔 1500.6 米）而得名。因此“括”亦为处地的别名。此说亦当为后人的附会。

五

《史记·越王勾践世家》云：

当楚威王之时，越北伐齐。齐威王使人说越王……越连释齐而伐楚。楚威王兴兵而伐之。失败越，杀王无强。尽取故吴地至浙江，北破齐于徐州，而越以此散，诸族子争立，或为王，或为君，滨于江南海上，朝服于楚。

其中"江南海上"，《正义》注曰："今台州临海是也。"而"逃之南山"，却未见。它实见《越绝书·外地记地传》：

勾践子与夷，时霸。与夷子子翁，时霸。子翁子不扬，时霸。不扬子无强。时霸。伐楚，威王灭无强。无强子之侯，窃自立为君长。之侯之子尊，时君长，尊子亲，失众。楚伐之，走南山。

南山，当今文史专家认为，具体位置在今会稽山和四明山一带南部山地。《吴越春秋·越王无余外传》载：

启递即天下之位……以岁时春秋而祭禹于越，立宗庙于南山之上。

同书《勾践入吴外传》亦云：

伍胥……进曰："……今越王放于南山之中。"

《水经注》亦有：

《吴越春秋》云："勾践语蠡曰：'先奈无余国在南山之阳，社稷宗庙在湖之南。'"

因此，南山是越族的发祥地和越国的根据地。而括苍山，最早的记载见宋《太平御览》卷四十七："《吴录》：'括苍山，登之俯雷雨也。'"其后葛洪在《抱朴子·金丹》中云，括苍山之名出自《仙经》。《隋书·地理志》括苍县，亦作"括仓县"。括苍，亦作"括仓"，这不一定是抄写之误。括苍之括，本从"手"。清朱骏声《说文通训定声·泰部》曰："越，假借为括。""仓"，仓储库之仓，故括仓实为古越族后方基地的意思，即丽水市当属越国势力疆域。因此，"括仓"就是越仓，即南山，当是越族的发祥地和越国的根据地。

古人祭祖，清庙（合宫、明堂）以茅草盖屋，以示节俭；祭天辂车，以蒲草为席。《左传·桓公二年》："清庙茅屋，大路越席。"唐孔颖达疏："越席，结蒲为席。"《史记·礼书》："故大路越席，皮弁布裳。"裴骃《集解》引服虔曰："越席（龙须席），结栝（缙云）草（龙须草）以为席也。"

括仓，亦写作"括苍"，苍，青色或绿色。到唐朝，人们对这个地名的认识发生变化。明成化《处州府志》云：

栝州，以山多栝木为名。木，柏叶松身。《绍兴括苍志》载："宋熙宁中进士赵璋得石刻于土中，乃唐肃宗上元二年(761)刺史任瑗妻《成纪县君李氏权厝文》有曰：'权厝于栝州栝苍县丽水之原。其栝字皆从木。'"考之隋唐史，括州及括苍县又多从手。不能无疑，并书于此。以俟博识者正之。

成化《处州府志》编纂者对州名从“木”、从“手”不同记载的态度，采用两说俱存方法去处理。隋唐史，即二十四史中的《隋书》、《旧唐书》、《新唐书》，均作“括州”。

六

综上所述，“貙、虎”，是五千年前以貙虎为图腾的两个氏族部落名称。貙人当母系社会时，称氏族女首领为妪，貙人由于能制造一种独具一格的陶器，被外族人称为瓯。瓯人历唐虞、夏至商时，卜辞有“弗区”、“貙丑貙其貙区”和“贞，王其狩区”。貙人向东南海滨的方向转移，所经之处，亦留下一些以瓯命名的地名。处州之“处”字从虎，为虎部落，故丽水市当为貙虎部落（国）的所在地。貙人在周成王时称瓯，向中央政府进贡蝉蛇。周昭王时向周王贡“辩口丽辞，巧善歌笑”的瓯女王后。越王允常时，越国北面被强吴所阻，貙人置于越国统治之下，越国从此便成了瓯越，被称为于越的一支。越王勾践任命处地女侠为越国剑术总教官。《汉书·朱买臣传》中“徙处南行”的句子，是处地丽水的最早记载。隋大业年间在丽水置括州，“括”开始时从手，入唐以后有人以为应从木，终于形成“括苍”、“栝仓”两种写法。如果在当今一定要统一用一名的话，根据从古的原则，应当用“括”，即括州、括苍。

武则天嵩山封禅与缙云封县[1]

一

封禅是古代天子祭祀天地的活动，封为祭天，禅为祭地。秦汉以后，地点一般选择在泰山。泰山，位于华北平原交接区域，在古人眼中是最接近天的地方，故有泰岱之称。嵩山，位于河南省登封市西北，为天下之中的区域，称中岳。相传周武王克商之后，也曾登此山祭祀封禅。而封禅名山，还可见《洞冥记》："太初三年（前102），东方朔从西那汗国还汉，得风声木十枚九尺，大如指，真可爱。缙云封禅之时，许贡其木为车辇之用……缙云之世，此树生于河阁间也。"缙云，山名，即仙都山。因此古代天子封禅之地除泰山、嵩山之外，还有浙江中南部的缙云仙都。

二

武则天（624—705），并州文水（今山西文水）人。荆州都督武士彟女，年十四，召入后宫，为才人（中国古代宫中女官名，正五品）。唐太宗非常宠爱，赐名"武媚"。贞观二十年（646）三月，太宗病重，下诏军国机务并委太子李治处理。此后，太子隔日听政，朝罢，入侍药膳，武则天与太子开始接触，同在太宗身边侍疾。贞观二十三年（649）五月二十六日，太宗下诏长孙无忌、褚遂良辅佐太子李治，太宗驾崩。二十八日，武则天在感业寺削发为尼，年二十五岁。六月初一，太宗第九子李治即位，是为高宗，年二十二岁。

永徽元年（650），正月初六，高宗立妃王氏为皇后。永徽二年（651）八月，武则天再次入宫。永徽三年（652）冬，武则天生长子李弘。永徽五年（654）三月，封武则天为昭仪。十二月十七日，高宗离京师谒昭陵，武则天从行，又生次子李贤。

永徽六年（655）九月，高宗召大臣长孙无忌、李勣、于志宁、褚遂良入内殿。高宗说："皇后无子，武昭仪有子，今欲立昭仪为后，何如？"长孙无忌、褚遂良反对，于志宁不敢言。李勣（俗称徐茂公）称病不参加，后来，李勣入见，上问："朕欲

① 成文于2011年8月23日，曾发表于2011年9月16日《今日缙云》。

立武昭仪为后，遂良固执以为不可。遂良既顾命大臣，事当且已乎?”对曰:“此陛下家事，何必更问外人!”上意遂决。冬，十月己酉，下诏称:“王皇后、萧淑妃谋行鸩毒，废为庶人，母及兄弟，并除名，流岭南。”乙卯，百官上表请立中宫，乃下诏立武氏为皇后。

武则天美貌倾城倾国，志比天高，熟悉唐宫内务，自知要再出人头地，要采取“喉绝襁褓”、“醢碎椒涂”也在所不惜，以期在国家大政中发挥作用。麟德元年(664)七月，高宗李治诏以三年(666)正月有事于泰山。武则天密赞《请亲祭地祇表》云:祭祀天地、祖宗，自然要祭祀父母。而“推尊先后，亲飨琼筵”，怎么可以用一般男性大臣来进行典礼?这个做法实在是违背世故人情与典章制度的，既然一般的男性大臣不应该参与祭祀女性祖先的活动，那么，祭祀李治母亲长孙皇后的典礼，就只有处于“椒闱”的现世皇后来主持，责无旁贷，义不容辞!此时此际，倒应该认真地尽孝道，进行“晨昏定省”。然而，长孙皇后早已逝世，所以说“妾早乖定省，已阙侍于晨昏”。唯一补救的办法，趁高宗封禅泰山，祭祀天地、祖宗、父母的时机，我可以“总率六宫内外命妇，以亲奉奠，冀申如在之敬，式展虔拜之仪”，以尽孝道，叙婆媳关系，以正名分。于是，女人第一次在封禅泰山的盛典中取得了与男子同等的地位。麟德二年(665)和四年(667)武则天跟随高宗封禅泰山。李治和武则天除了政治企图相同以外，主要还是利用封禅以追求个人的政治目的:在李治，是通过封禅“告成功于天”来“显号”、“觊名”;而武则天，则是通过封禅祭天，提高自身的社会影响和地位。

武则天成为皇后之后，便一再催促唐高宗封祭嵩山。高宗先后三次下诏定下封祭的时日:仪凤元年(676)二月高宗决定封禅中岳，后来因为吐蕃犯塞，被迫取消;调露元年(679)七月，高宗下诏冬至封禅嵩山，因突厥反叛而取消;永淳二年(683)七月，下诏十一月封禅于嵩岳，后又因高宗病情加重只好作罢。十二月，高宗逝世。武则天立太子李显为中宗。中宗尊天后武则天为太后，凡政事均取决于太后。

嗣圣元年(684)二月，太后废中宗为庐陵王，立豫王李旦为帝，即睿宗，凡政事仍取决于太后。三月，逼废太子贤自杀。九月，改元光宅，改东都洛阳为神都，洛阳成为全国政治、经济、文化、军事中心。立武氏七庙。时诸武用事，唐宗室人人自危，众心愤惋。英公徐敬业以复庐陵王为辞，在扬州聚兵十万，使义乌骆宾王草檄文，讨伐武则天。十月，武则天命李孝逸统兵三十万讨伐徐敬业。裴炎请太后归政皇帝，旋以谋反罪被杀。十一月，李孝逸军破江都，徐敬业败死，骆宾王亦死。夏州都督王方翼因与高宗废后同族，下狱死。垂拱二年(686)春，武则天下诏复政于皇帝，睿宗不敢受。

垂拱三年(687)九月，虢州人杨初成“伪称郎将，矫制于都市，募人欲迎庐陵王于房州”，事觉，伏诛。垂拱四年(688)二月，毁乾元殿，役数万人作明堂。七月，武则天改嵩山为神岳，封其神为天中王，并且拜太师、使持节、神岳大都督。下令禁止在山上放牧。十二月，明堂建成，高 194 尺(约 54.32 米)，方 300 尺，凡三层，号曰万象神宫，它是中国历史上规模最宏大的明堂，表现出某种不可动摇的、统帅一切的力量和权威。不久，明堂毁于火，又开始重建。天授元年(690)九月，武则天废睿宗自己称帝，改唐为周，成为中国历史上唯一的女皇帝。

天授二年(691)一月，地官尚书武思文带头，纠集 2800 人联合上表，请求封禅中岳。天册万岁元年(695)春，武则天为自己加尊号“慈氏越古金轮圣神皇帝”，建洛阳为神都，尊嵩山为“神岳”。同时宣布“将有事于嵩山，先遣使致祭以祈福，号嵩山为神岳，尊岳袝为天中王(黄帝)，夫人(嫘祖)为灵妃”。武则天不敢远离洛阳到泰山封禅。嵩山，属京畿地区，选择嵩山封禅，目的是便于控制局势。天中王，天的正中之神。汉服虔《左传注》：“黄帝以云纪官，盖春官为青云氏，夏官为缙云氏，秋官为白云氏，冬官为黑云氏，中官为黄云氏。”宋李思聪《洞渊集》云：“中岳，山洞名，上帝司真之天，即轩辕黄帝，治中岳。主德分精，黄老驻跸。上有仙人，贝多之树，玉女织锦之室。石髓琼环，玉人金像，上应柳宿之精，下镇周地之分野。”

天册万岁二年(696)腊月，车驾仪仗从神都洛阳出发。十一日封祭神岳。这次封禅是封太室、禅少室。武则天备了一篇《升中述志碑》文，睿宗书，碑极壮伟，立于嵩山之巅(此碑至宋政和间被毁，文亦不传)。封祭仪式完成以后，发布诏令，大赦天下，改元万岁登封，天下百姓免缴当年租税，民间可以连续九天聚会饮酒，以示庆祝。十四日，禅少室，在少室山万羊岗设坛祭地，立《大周封祀坛碑》(碑由武三思撰文，薛曜书丹，今存于万羊岗祭坛遗址，部分文字遭损毁)。二月辛巳，尊神岳天中王为神岳天中黄帝，灵妃为天中黄后。崔融又上《贺封禅表》。三月，新明堂建成，号曰通天宫。赦天下，改元万岁通天。此明堂至开元二十七年(739)唐玄宗下令拆掉上层，改建下层为乾元殿。

封禅典礼的成功举行，等于武则天已将自己的事业向昊天上帝做了汇报，并且得到天帝认可。为纪念这桩大事的完成，她下旨将年号改为“万岁登封”，“改嵩阳县为登封”，“改阳城县为告成”，表示大功告成。武则天在嵩山举行了盛大的封禅大典，以这种方式将她改唐为周的壮举，向昊天上帝(黄帝)做了汇报，由于整个活动期间没有出现异常事件，表明已实现天帝(黄帝)批准的政治氛围。

三

唐张守节《史记正义》中云："黄帝有熊国君，乃少典国君之次子，号曰有熊氏，又曰缙云氏，又曰帝鸿氏，亦曰帝轩氏"，"今括州缙云县，盖其所封也"。张守节，唐历史学家，但生平事迹不详。开元时官诸王侍读，守右清道率府长史。侍读，官名。唐开元十三年(725)置集贤院侍讲学士与侍读直学士。讨论文史，整理经籍，备皇帝顾问，为皇帝近臣。其《史记正义序》中有"守节涉学三十余年"的话语。此序写于唐玄宗开元二十四年(736)，如果由此上溯三十六年，恰久视元年(700)，正是武则天当政的强盛时期。它距万岁登封元年(696)仅四年。"盖其所封也"，"其"，人称代词，当实指具体人。封，帝王以土地、爵位、名号赐人。由此而推，"今括州缙云县，盖其所封也"，当指武则天，而张守节作皇帝近臣，很可能亲自闻听过的。唐李吉甫《元和郡县志》载："缙云县，上，万岁登封元年分丽水县东北界，婺州永康县南界置县，因山为名。"五代《旧唐书·地理志》："缙云，万岁登封元年，分括苍及婺州永康县置。"《旧唐书·则天皇后传》[①]载：

万岁登封元年，腊月甲申，上登封于嵩岳，大赦天下，改元，大酺九日。丁亥，禅于少室山。己丑，又制内外官三品以上通前赐爵二等，四品以下加两阶。洛州百姓给复二年，登封、告成县三年。癸巳，至自嵩岳。甲午，亲谒太庙。春三月，重造明堂成。夏四月，亲享明堂，大赦天下，改元为万岁通天，大酺七日。

《新唐书·则天中宗纪》云：

万岁通天元年腊月甲戌，如神岳。甲申，封于神岳。改元曰万岁登封。大赦，免今岁租税，赐酺十日。丁亥，禅于少室山。己丑，给复洛州二年，登封、告成县三年。癸巳，复于神都。一月甲寅……己巳，改崇尊庙为太庙。二月辛巳，尊神岳天中王为神岳天中黄帝，天灵妃为天中黄后。……三月……丁巳，复作明堂，改曰通天宫。大赦，改元，赐酺七日。

《资治通鉴·唐纪二十一》云：

万岁通天元年丙申，腊月，甲戌，太后发神都；甲申，封神岳；赦天下，改元万岁登封，天下百姓无出今年租税；大酺九日。丁亥，禅于少室；己丑，御朝觐坛受贺；癸

---

① 《旧唐书·则天皇后传》评曰："武后夺嫡之谋也，振喉绝襁褓之儿，菹醢碎椒涂之骨，其不道也甚矣，亦奸人妒妇之恒态也。然犹泛延谠议，时礼正人。初虽牝鸡司晨，终能复子明辟，飞语辩元忠之罪，善言慰仁杰之心，尊时宪而抑幸臣，听忠言而诛酷吏。有旨哉，有旨哉！"

巳，还宫；甲午，谒太庙。……春，一月……己巳……改长安崇尊庙为太庙。……二月，辛巳，尊神岳天中王为神岳天中黄帝，灵妃为天中黄后……

“万岁登封元年，腊月甲申（十一）”，即公元696年1月20日。“三月丁巳（十六）”，即公元696年4月22日，故万岁登封元年，跨上一年的腊月（农历十二月）至第二年三月，满打满算，前后仅94天，是武则天封嵩山、禅少室大典而特设的年号。对于缙云封县的具体日期，《新唐书·则天中宗纪》和《资治通鉴·唐纪二十一》载：“二月辛巳，尊神岳天中王为神岳天中黄帝，灵妃为天中黄后。”这年二月辛巳，即二月初九，换算成公历是三月十八日，相传又是黄帝出生的日子。[①]《新唐书·则天中宗纪》：“三月……丁巳，复作明堂，改曰通天宫。大赦，改元（万岁通天）。”意思是说：我这天子已上达苍天，轩辕黄帝已经批准。武则天为了显示虔诚和威严，尊中天黄帝和下诏敕封缙云县应大体在同一时间进行，所以，每年二月初九，就应是敕封缙云县的纪念日。

张守节《史记正义》云：“今括州缙云县，盖其所封也。”张守节，生平事迹不详。根据《史记正义序》一文记载，唐玄宗开元二十四年（736），官诸王侍读、守右清道率府长史。侍读，官名，唐代始置。诸王侍读，即陪侍诸王读书论学的官员。右清道率府长史，东宫（太子）御林军首领。因为清道，古代帝王或官吏外出时，使人在前引路，驱散行人，犹警戒。率，官署名，唐代实行府兵制，贞观时期中央统领府兵为十二卫和东宫六率。东宫六率即太子左右卫率、左右司御率、左右清道率，各领3—5府。率府，皆太子属官，掌东宫兵仗、仪卫及门禁、徼巡、斥候等事，因此，张守节是唐玄宗时期的诸王侍读和东宫御林军首领。《史记正义序》中有守节“涉学三十余年”的话语，此序写于唐玄宗开元二十四年（736），由此上溯，它上距万岁登封元年（696）40年，是武则天当政的强盛时期。武则天敕封缙云县具体过程和细节，他应是亲耳闻听过的，才有“今括州缙云县，盖其所封也”这种话。为了纪念，乡都称万岁乡，里为遏明里（见新近出土《宋故居士胡君（儒）墓志铭》——引者注）。

综上所述，这封缙云县的皇帝就应是女皇武则天，而张守节就是见证人。武周万岁登封元年（696）二月辛巳，尊神岳天中王为神岳天中黄帝的同时，下旨敕远在嵩山东南两千里外的丽水县东北界、婺州永康县南界复置缙云县，表达了女皇武则天对轩辕黄帝“神授皇权”的无限企盼和尊崇的复杂心理，同时也体现当时国家中央政府对缙云黄帝文化的正式认同。

---

① 许永生：《黄帝铸鼎原与中华文明起源》，灵宝市文化局《黄帝铸鼎源论文集》2006年，第19页。

壶镇考[①]

壶镇，在缙云县东北，原称胡陈，古代设镇，缙云丹址《王氏宗谱》中云："王氏……居会稽若耶溪之旁，历数世之尚公者，又自若耶迁括之丽水选滩，继而来司缙云壶镇赋税，仲子元公侍游，道经丹址。嗜其山水之胜，遂居之。"此王元，生于唐大中戊辰(848)，卒于咸通己丑(869)。宋高承《事物纪原·库务职局》云："民聚不成县而有课税者，则为镇，或以官监之。"因此，丹址王氏始祖王元之父王尚，是目前我们已知的壶镇最早的行政官员，也就是说，胡陈建镇时间当在唐朝。处州境内，民聚居区域不够县格，而又设有税收机构，除缙云壶镇外，还有松阳古市、丽水碧湖，因此，壶镇是浙西南(处州)三大古镇之一。

一

壶镇，位于壶镇盆地中心的好溪两岸，大体由溪头、后塘、溪沿店、大路街、羊堪头、胡头朱等组成，它东迎括苍云烟，西连打虎诸岭，北接大盘好水，南拥东楼浩气，云山四壁，烟火万家；生齿稠密，商贾辐集。括苍山，位于缙云县与仙居县之交一带，亦称苍岭。它逶迤延绵数百里，今名括苍山脉。清光绪《缙云县志·县东诸山》云：

> 括苍山，在玉环岭南，一名苍岭。自麓至巅高二十里，中有虎踏岩、百丈岩，峻削巉陡，涧溜纵横。顶有风门、牛角尖等隘，台郡之吭，县东锁钥。

壶镇，境内有括苍山和苍山村，在晋代为会稽郡永康县辖区。史书记载西晋惠帝元康元年(291)八王乱起，著名道士郑隐(思远)、许询等，在永康横江桥相逢。至太安元年(302)郑思远感晋世将乱，带弟子葛洪等东投霍山，后又隐括苍山(苍岭)。太安二年(303)葛洪下山回句容(属今江苏)，以将兵都尉的身份参加镇压张昌、石冰农民起义有功，授伏波将军。次年(304)故人襄城太守嵇含被荐为广州刺史，表请葛洪为参军。葛洪离家，再次途经括苍山南下。据推考，壶镇以东括苍山中的南宫山，就是晋代著名道士郑隐、葛洪隐居修炼之山，故自古有

---

① 成文于2013年1月12日，曾发表于《括苍古今》2014年第3期。

“五云壶溪奠括苍老山之麓”的传说。[①]

苍岭驿道，是古代婺州、处州通往台州的交通要道，史称“婺（金华）括（台州）孔道”。它西从永康云田岭入境，经雅化路、胡陈、南宫山、苍岭脚、槐花树、南田入仙居。胡陈，商埠林立，经济发达，为婺处台三府驿路上的重镇。因此，壶镇原来是括苍老镇。北宋李昉等《太平御览·道部五地仙》卷六百六十三载：

《真诰》云：“括苍山洞，周三百里，东岳佐命也。在会稽东南，群帝之所游，山多神异。又有缙云堂，孤峰直耸、岩岭秀杰，特冠群山。山中茅玄岭，独高处有司命，埋丹砂六千斤，深二丈，磐石填上。其山左右泉皆小赤色，人饮之寿。茅山天帝坛石，正当洞天之中央，玄窗之上也。昔东海青童帝君乘风飚账飞轮车，按行洞天曾来于此。”

“苍岭碧云中”，这是唐代大诗人李白专门描绘苍岭的诗句。后来刘昭禹有诗：“尽日行方半，诸山直下看。白云随步起，危径及天盘。瀑顶桥形小，溪边店影寒。”宋林灵素诗：“落石泉声寒绕宫，倚阑山色翠摩空。刘晨去后门长启，时见桃花满地红。”吕声之诗：“微风吹雨入阑干，薄雾笼睛带浅寒。一树红梅墙外发，谁家美丽倩人看。”楼钥诗：“黄云满坞沙田稻，白雪漫山芥菜花。路入缙云频借问，碧香酒好是谁家。崇朝辛苦上孱颜，泥径初平意暂闲。苍岭东头移野步，眼前便是处州山。”翁卷诗：“步步蹑飞云，初疑梦里身。村鸡数声远，山舍几家邻。不雨溪长急，非春树亦新。自从开此岭，便有客行人。”元赵大佑诗：“披襟入深雾，四山乱鸣泉。人疑来异界，身似向重天。犬吠云中舍，农烧涧底田。”刘基诗：“昨暮辞赤城，今朝度苍岭。山峻路屈盘，峡束迷晷景。谽谺出风门，坎窞入天井。冥行九地底，高阚群木顶。瀑泉流其中，瀲若泄滨涬。哀猿啸无外，去鸟飞更永。仆夫怨跋涉，瘦马悲项领。盗贼逭天诛，平人构灾眚。伫立眄嵚岑，心乱难为整。”

二

壶镇，本称胡陈。北宋王存《元丰九域志》云：“缙云县五乡（万安、景福、官政、仙都、美化），胡陈一镇。”此书成于元丰三年（1080），由此可知，胡陈的设镇，北宋已明。那为什么取名“胡陈”这个名呢？清乾隆三十二年（1767）、道光二十九年（1849）、光绪二十九年（1903）的三代《缙云县志》均载：

胡森，字云林，苏州人，任武节大夫，东南第一正将，从高宗南渡，迁居缙云之

① 缙云县地方志办公室：《缙云文献》，第317页。

美化乡。是时有陈姓同迁，为邑著姓，因名其地曰“胡陈”。

以上见于三代《县志》所引用的有关胡姓的文献资料，经过多年寻找，最近从缙云胡宅口清口岭民国三十三年(1944)《胡氏宗谱》中才找到：

胡森，字云林，世居吴郡，生熙宁己酉(1069)七月初三日辰时，以武科官拜武节大夫、东南第一正将。宣和间，方腊叛……追破于台州之路仙居……其地山谷大都可托……靖康之变，扈高宗南渡，迁居缙云之美化乡是之清口岭。当是时有陈胡氏回迁，为邑著姓。因其地曰胡陈。公携……胡云。卒绍兴乙丑(1145)十月初十日亥时，享年七十有七。……生三子松、权、榕。

此《胡氏宗谱》载：胡森生熙宁己酉，即宋神宗熙宁二年，公元1069年。北宋王存《元丰九域志》成书在元丰三年(1080)，八年(1085)颁布，时胡森是十几岁少年，还不能自立，其姓更不可能是“邑中著姓”。同时除非宋皇宗室亲王和佐命大臣，根本不可能官拜武节大夫、东南第一正将。谱中还云：

宣和间，方腊叛……追破于台州之路仙居……其地山谷大都可托……靖康之变，扈高宗南渡，迁居缙云之美化乡是之清口岭。当是时有陈胡氏回迁，为邑著姓。因其地曰胡陈。

“陈胡氏回迁”，从哪里回迁呢？谱中称胡森之子是胡松、胡权、胡榕和孙辈胡壁、胡培、胡垣、胡邦二代，均用金国纪年。

胡权，陈亮称其为“乡大夫”(忠信老成之士)，登绍兴戊辰(1148)科(状元山阴王佐)进士。此科大考是南宋高宗赵构所为，不是金国所为。且宋《绍兴十八年同年小录》载：“胡权，字经仲，小字梦祥，缙云县美化乡崇丘里人。”而此宗谱竟说是“皇统戊辰进士”，显然与历史记载不符。因此清口岭《胡氏宗谱》所记载的并不可靠。

胡姓，是缙云望族。其中以胡森作为始迁祖的，《缙云姓氏志》中认为是东山胡氏，五云(马渡、上宕、前湖、县邑、潜陈、永康郎村等)《胡氏宗谱》(存缺——引者注)同称：

胡森，字世承，号公恩，生显德戊午(958)二月初六日，卒天圣庚午(1030)十月初三日，享年七十三岁，配陈氏，生显德戊午(958)八月廿九日，卒天圣辛未(1011)四月二十日，合葬二都柏树园。生三子：团、□、□。

胡森生年，比胡宅口清口岭《胡氏宗谱》所载要早91年，符合“为邑著姓”的条件，要合理得多。

而陈姓比较好确定，南宋陈亮《陈元嘉墓志铭》载：“元嘉，姓陈氏，讳昌运……其先由永嘉徙缙云，为乡大姓。曾大父捷，大父梦，父师尹，迪功郎，潭州善化主簿。"《宫泽陈氏宗谱》云："陈世聪(1017—1072),洪州南昌人。寓括缙美化乡,因有胡氏先居于斯,遂居此地曰'胡陈'。后陈穆(1041—1085),治平丁未(1067)至胡陈访叔(世聪)过永康……遂家于宫泽。"

由此可知,"胡陈"之名在北宋时期由胡、陈二姓聚居于此而得名。胡、陈两姓,都是有虞氏帝舜的后裔。早在商末,裔孙妫遏父投附姬周,任陶正一职。周武王灭商时,为追封先贤遗民,封妫遏父的儿子妫满于陈地,并将长女大姬配给他,名胡公满,亦称胡陈公,是胡氏与陈氏的得姓始祖。因此"胡陈"之名,有纪念胡、陈两姓之祖胡公满的含义。

三

两宋之交,金兵南侵,巨室各避乱南迁。山东莱州东莱吕氏,迁寿州(今安徽寿县)再入浙散居台、括、婺等处。有吕克炎者迁仙居,生12子,长子至六子留居仙居,其余分迁永康、缙云、温州、临海、金华等地。其中八子吕盛(1131—1197),字世章,"往临安侍养,道经缙云壶镇,相其利用懋迁(贸易)之地,遂徙家之"。与仙居白塔吕高田、吕师囊同宗,师囊随方腊起义,被朝廷镇压。为避株连,世章兄弟纷纷逃迁。至南宋末,四世孙吕应梦(1209—1282),字德祥,登淳祐七年(1247)进士,历官宜兴知县。"因金元寇常州,弃职归隐居。誓勿臣二姓,遂卜居北山。"梦有吕来,配英山叶氏为妻,以次子吕珪出继,改姓为叶。十三世孙伏(1508—?)托居苍峰(五里牌),家业渐兴,终于重返壶镇,再而衍为第一大姓。反观胡姓,住在外围胡宅口和替陈,陈姓式微,无力支撑。而吕氏正盛,"胡陈"之名有纪念胡、陈两姓之祖胡公满的含义,人们经过长期思索,终于形成新的更具故事性和文化品位的名称——壶沉。又因为地处仙都,道书称三百里是缙云县风景名胜的总称,它古名缙云山,相传是轩辕黄帝飞升和觞百神的地方。那壶镇,同样属仙山洞府之区。清康熙十一年(1672)曹懋极《缙云县志·乡社》载:"东乡壶沉庄。"清著名学者仇兆鳌《吕东溪八秩荣寿序》云:

括苍高三万六千丈,道书称为成德隐元洞天。其东有仙都山,连蜷奇秀,崱屴崆峒,而好溪环绕之。自昔抱德高隐之士,时出其间,或仙遇英灵,或术传辟谷,或卖雷通神,或濮水愈疾,皆得山川钟毓之奇。而其上流为东溪,又有壶沉仙迹焉。后之人即以是名,其乡乃五云一大都会也。

文中"壶沉仙迹",清乾隆间丽水儒学教谕应正禄在《壶溪吕氏宗谱序》中作了具体介绍:

相传有壶隐公者，背竹杖，提玉壶，徘徊溪上。忽焉缩杖归壶，入溪而沉，莫得去迹，故壶溪别号壶沉。

壶镇，在缙云设置前，属婺州永康县辖区，习俗文化上与婺州永康接近。婺州，即金华，州以山名，它古名金华山、长山和赤松山。刘宋郑缉之《东阳记》云：

缙云山孤石撑云，高百余丈，世传轩辕游此飞升，辙迹尚存。石顶有湖，生莲花，尝有花一瓣，至东阳境，于是山名金华。

梁刘峻《东阳金华山栖志》云：

神居奥宅，是以帝鸿（黄帝）游斯铸鼎，雨师（赤松子）寄此乘烟，故涧勒赤松之名，山贻缙云之号。

宋倪守约《金华赤松山志》载：

金华山是古仙壶天真人和赤松子修炼灵元，乘云御气之地，山中有壶屏、棋盘、壶天真人祠等遗址。

上面提到的古仙壶隐公、壶天真人，均为一人，它的出处都来自《后汉书·费长房传》：

费长房，汝南人也，曾为市掾。市中有老翁卖药，悬一壶于肆头。及市罢，辄跳入壶中，市人莫之见。长房楼上观之，异焉。因往再拜奉酒脯，翁知长房之意其神也，谓之曰："子，明日可更来。"长房旦日，复诣翁，翁乃与俱入壶中。唯见玉堂严丽，旨酒甘肴衍其中，共饮毕而去，翁约不听，与人言之。后乃就楼上，候长房曰："我神仙之人，以过见责，今事毕当去，子能相随乎？楼上有少酒，与卿为别。"长房使人取之，不能胜。又令十人扛之，犹不举。翁闻，笑而下楼，以一指提之而上。视器之一升许，而二人饮之，终日不尽。长房遂欲求道，而顾家人为忧。翁乃断一青竹，度与长房身齐，使悬之舍后。……于是遂随从入深山……长房辞归，翁与一竹杖，曰："骑此任所之，则自至矣。既至，可以杖投葛陂中也。"长房乘杖，须臾归……即以杖投陂，顾视则龙也。

文中执壶卖药老翁，即壶公。宋陈葆光《三洞群仙录》载：

谢元一，号壶公，常悬一空壶于市肆货药。日入之后，辄蹇入壶中，无人见者，唯费长房于楼上见之，往拜焉，以师事之。

壶镇之名的由来，另一说是古仙壶公谢元一缩杖归壶，入溪下沉而得名。

四

壶镇初设，民国三十六年(1947)《丹址王氏宗谱·太原感应夫人庙》碑云："括之丽水浐滩玉洲有王夫人蒋氏……夫人子三……次曰元，侍殳司税缙云壶镇，徙居丹址。"王元，所处的年代在唐末。（壶镇，应作胡陈，可惜早于民国三十六年(1947)的《丹址王氏宗谱》都已遗失了——引者注）

"侍殳司税缙云壶镇。"侍，在尊长旁边陪着的意思，义为侍从。殳字，象形，像手持一种长柄勾头非金属的竹木类兵器。《周礼》："殳以积竹、八觚，长丈二尺，建于兵车。"《左传·昭公二十三年》："执殳而立于道左。"凡兵器，金属为上，竹木为次。如果作为武装集团的性质去理解，"殳"只能是非政府武装；如果作为武装头领去理解，"殳"只能是非国家任命的长官。

翻开史书。唐末广明元年(880)十二月，黄巢率领义军攻占京城长安，十三日黄巢即位，国号大齐，建立了农民政权。广明二年(881)一月，唐僖宗逃至成都，建立流亡朝廷，发号施令 各地藩镇纷纷出兵，在京城四面诸道行营都统郑畋指挥下，包围长安。唐朝上下社会大乱，江淮和江南地方武装(土团)乘势烽起。八月，寿州屠者王绪首先起兵，自称将军，攻占寿州(今安徽寿县)和光州(今河南潢川)，与此同时，又有贸(鄞县)人钟季文攻占明州；临海人杜雄攻占台州，永嘉人朱褒攻占温州，遂昌人卢约杀刺史陈备，攻占处州[①]。此辈均属地方武装，乘机割据。此外，还有各聚众千人保卫乡里的"杭州八都"；澧(今湖南澧县)、郎(今湖南常德)二州的土豪雷满；均州武当(今湖北均县北)的乡豪孙喜等。这些地方武装，或公然叛乱而据地自雄，或胁迫唐朝取得官职及合法地位，其性质都是藩镇割据的雏形。从管辖地域和距离远近去考虑，这"殳"很可能就是指攻占处州的遂昌卢约。

卢约(？—907)，原为唐军将领，会昌四年(844)参与平定潞州之乱，广明元年(880)响应黄巢起义，在遂昌聚众反抗官府。中和元年(881)十一月，卢约率部攻克处州城，自领刺史。光启四年(888)三月，僖宗死，弟昭宗李晔立，下旨认可卢约为括州刺史及安抚使副使。天祐二年(905)，卢约派弟卢佶攻取温州，拥有两州地域，声势浩大。天祐四年(907)三月，吴越王钱镠派子传瓘、传璙进攻温州，探知海防严密，绕道袭击温州。卢佶兵溃被擒，被杀于青田腊口。五月，传瓘、传璙又率军攻处州，卢约不能破敌，被迫投降，后被杀害。

---

① 吴兴郡：觅川《施氏宗谱》中卷，2015年版，第153页。

卢约起兵遂昌，攻克二州，自镇处州二十六年。在唐末军阀割据期间，卢约是处州事实上的军事行政长官，明何镗《括苍汇记·大事记》云："中和元年(881)遂昌贼卢约攻陷处州，据城以叛。"又注曰："约来，黄巢乱。攻劫青田等县，命姪佶陷处州，即守之。……约来据州为刺史，自镇一方，多所建置。"可见，处州后人并没有忘记这位失败的地方长官。王元"司缙云壶镇赋税，催科中有抚字。恩及民，民皆德之。"乱世中，王元跟随卢约在缙云壶镇收税时，体恤百姓，属社会善政。由此而推，王元很可能是处州刺史卢约派驻缙云县的地方长官之一；而壶镇的设镇，就应该是黄巢攻克长安，社会大乱的时期，即卢约武装据地自雄，并迫使朝廷批准而形成镇的时候，具体时间是唐中和二年(882)春。

综上所述，壶镇在唐末中和二年，遂昌卢约武装据地自雄时始建，北宋名胡陈。明清时期，吕姓在资本主义商品经济萌芽思潮影响下，经过长期思索，终于形成新的更具文化品位的名称——壶溪、壶沉，如今最终定名壶镇。

唐丽州缙云县与处州缙云县辨识[①]

——兼与王健同志商榷

一

唐初丽州，出处见唐李吉甫《元和郡县志·江南道二》：

永康县，本汉乌伤县（今义乌）地，吴大帝（孙权）分乌伤之南界置，隋废。武德四年（621）于县置丽州，八年（625）废州，县属婺州。

州，中国古代地方行政区划名，是县级以上的行政机构。永康县，今为永康市（县级市），城关镇称古丽。关于丽州的具体记载，《旧唐书·地理志》较详：

婺州，隋东阳郡。武德四年（621），讨平李子通，置婺州。领华川、长山两县。七年（624），废网州，义乌来属，八年（625）废丽州为永康县，衢州信安县并来属。永康县，吴分乌伤县置。武德四年（621），置丽州，又分置缙云县。八年（625），废丽州及缙云县，以永康来属。

《新唐书·地理志》记载有异：

婺州东阳郡……县七。金华，望，武德八年（625）省长山县入焉，垂拱四年（688）曰金山，神龙元年（705）复故名。义乌，系本乌伤，武德四年（621），以县置网州，因网岩为名，并析置华川县，七年（624）州废，省华川入乌伤更名来属。……永康，望，本缙云。武德四年（621），置丽州。八年（625），州废，更名来属。

丽州下设缙云县情况，清嘉庆《大清一统志》亦载：

永康县：……汉乌伤县地，三国吴赤乌八年分置，永康县属会稽郡，宝鼎初分属东阳郡。晋及宋、齐至隋因之。后废，唐武德四年复置，曰缙云，兼置丽州。八年州废，复曰永康县，还属婺州。五代及宋因之，元属婺州路，明属金华府，本朝因之。……《旧唐书·地理志》：武德四年置丽州；又分置缙云县；八年，废丽州及

① 成文于2013年7月17日，曾发表于《丽水方志》2013年第4期。

缙云县，以永康来属。

且雍正《浙江通志》亦云："缙云县旧城，《万历义乌县志》在永康县北。"查周士英，吴从周《万历义乌县志》，其实并无此记载，当误。而清康熙《金华府志》、《永康县志》，道光《永康县志》中承认：

唐武德四年(621)割永康为丽州，以县及缙云县属之。八年(625)州革，县属婺州。《古迹》："缙云县废城池，在县北。"

因此，唐武德四年在永康县地设置丽州的同时，分置的下属县名叫缙云。其地域范围大体相当于今永康市、武义县北、缙云县北部一带。

二

当今缙云县，本属处州，今为丽水市辖县，位于永康市南。它的设置中，北部是从原永康县并入的。唐《元和郡县志·江南道二》卷二十六载：

缙云县，万岁登封元年，分丽水县东北界、婺州永康县南界置。因山为名。缙云山，一名仙都，一曰缙云，黄帝炼丹于此。

《旧唐书·地理志》卷四十亦相同：

缙云，万岁登封元年，分括苍及婺州永康县置。

万岁登封，是武则天称帝年号，万岁登封元年，即公元696年。这个缙云县是划处州丽水县东北和永康县南部而置，它比丽州缙云县晚75年。而《新唐书·地理志》亦有小异：

缙云，上，圣历元年，析括苍及婺州之永康置。有缙云山。

圣历元年，亦是武周年号，即698年，比万岁登封元年晚两年。《新唐书》据实录、国史，当有证据。早在1993年，我写《缙云县建县时间辩证》一文就断为：万岁登封元年(696)是国家正式批准时间，圣历元年(698)是缙云县衙门正式办公时间，应当讲得通。

三

1991年的《丽水地区志·大事记》载：

唐武德四年(621),分括苍及永康县地建缙云县,隶属婺州。……唐武德八年(625),废缙云县。……万岁登封元年(696),分括苍及永康县地重建缙云县。

这是在经历十年浩劫后,在改革开放的深入过程中,当地志书编纂者对自己地方历史不准确的表述,且社会影响甚大。重建,意味着缙云县“二次置县”,它引起外地史学专家们的怀疑。2010 年 10 月,中国先秦史学会在浙江省缙云县召开的中国第三届黄帝文化学术研讨会上,江苏省社会科学院历史研究所王健先生发表《子虚乌有的缙云“二次置县”说》一文,对浙江省缙云县政府新闻网的“缙云概况”栏目提出质疑。文中说:

查考唐宋及元明清时所撰正史地理志及相关地理总志等文献,并没有发现有关武德四年置县之说,可“二次置县”说更无从谈起,似乎可以将缙云武德四年置县之说定为无根浮言。

王健,我在先秦史学会召开的会议上,多次与其接触。这次会议中,我告诉他武德四年置缙云县,不是无根浮言,出处在《旧唐书·地理志》。听后,他当时没有多说。后来到定稿时,作者作了相应补充和修改,并来电说仍然维持原说,以“缙云二次置县及史料辨识”为题,收入宫长为主编的《缙云黄帝文化研究》中。其主旨云:

唐高祖武德四年置缙云县一说,最早见于《旧唐书·地理志》,为后人编史所窜入永康县下条,其缙云县下仍然持武则天时置县说,可见,《旧唐书·地理志》相关内容本身就自相矛盾,且与唐人所说不合,其记载只是孤证,在没有更多证据的情况下,是不可轻信的。

上古千秋事,分辨需认真。王健先生在“文献审查”一节中,引用《隋书》、《通典》、《元和郡县志》、《旧唐书》、《太平寰宇记》、《新唐书》、《元丰九域志》、《方舆胜览》、《宋史》、《读史方舆纪要》、《明史》和《清史稿》十二部巨著中的有关处州的缙云县章节,可谓全矣。其实,唐武德四年丽州缙云县建置,发生在原永康县地域内,研究它单从处州缙云县的条目下找依据是不够的,还必须在以上古籍中的婺州或东阳郡内找依据,才可得出正确的结论。由于资料方向上的错误,论文的结论就错了。

首先,解释取名为什么都用“缙云”一词。缙云,黄帝别名,亦是古名山,即仙都山。唐初武德四年(621)时,位于丽州、丽水之交一带。武周万岁登封元年(696)后,全部划入缙云县。

其次,关于“《旧唐书·地理志》,为后人编史所窜入永康县下条”。其实,《旧唐书》中,从唐高祖到文宗均有实录,历史事件记述较为完整。著名诤臣史官吴兢(670—749),首先在实录基础上撰写国史,撰成《唐书》六十五卷。稍后,史学家韦述又补遗续缺,撰成国史一百一十二卷。到后晋时,贾纬以所搜集的遗文和故旧传说等编为《唐年补录》六十五卷。天福六年(941),高祖石敬瑭命修唐史,由当时的宰相赵莹负责监修。赵莹从两个方面着手:其一,根据史馆所缺史料,奏请下诏购求唐武宗会昌元年至唐昭宗天佑元年"撰述得传记及中书银台事、史馆日历、制诏册书等,不限年月多少,并许诣阙进纳。如年月稍多,记录详备,请特行简拔,不限资序"。其二,与张昭远一道制订了完整的修史计划,并提出若干具体措施:司天台自唐高祖武德元年至昭宗天祐元年,"为转年长历一道,以凭编述诸帝本纪";文武两班及藩侯郡牧,各叙累代官婚、名讳、行业、功勋状一本,如有家谱、家牒,亦仰送官,"以凭纂叙列传";太常礼院、太常寺、大理寺、司天台、御史台、兵部职方、秘书省等部门"备录"、"条例"各相关材料,以凭撰述礼、乐、刑法、天文、律历、五行、职官、郡国、经籍等志。两年以后,赵莹出任晋昌军节度使,离史任。编纂工作在张昭远的具体主持下,仍然依计划继续进行。开运二年(945),全书修成,历时四年。一般认为,这部《唐史》其前半部分"全用实录、国史旧本",且其中《高祖实录》有二十卷,敬播撰、房玄龄撰修、许敬宗删改。起创业,尽武德九年。贞观十二年(638)书成,可惜早已亡佚。随意说"编史所窜入",证据不足。

再次,关于"《旧唐书·地理志》相关内容本身就自相矛盾"。《旧唐书》载丽州缙云县设置在婺州永康县地,时间在唐初武德四年(621);而处州缙云县设置分括苍(丽水)及婺州永康县置(今缙云县北部)在武周万岁登封元年(696);时间相差 75 年。县治一在古丽镇,一在今五云镇,南北两地,相距 40 公里,在时空上没有矛盾。

第四,关于"其记载只是孤证"。孤证立论乃史家之大忌。清戴震《与姚孝廉姬传书》中批评以前的治学方法是"依于传闻,以拟其是;择于众说,以裁其优;出于空言,以定其论;据于孤证,以信其通"。考据学派注重实证,坚持无证不立论,孤证不定论的治学原则。梁启超说"凡立一义,必凭证据","孤证不为定说。其无反证者姑存之,得有续证则渐信之,遇有力之反证则弃之"。孤证不能作为确定的事实,但是在孤证没有已知的反证或者孤证本身没有自相矛盾的地方的时候,要存之,不信,但是也不弃。等有证明这个孤证的新的证据出土或被发现后,可渐信之;如果没有续证而发现反证,或者有续证但有更强力的反证出现的话,这时才弃孤证。史籍经历战乱,有些幸运地保留了下来,有些不幸被毁坏了,有些被遗忘,有些没能及时出土,如果发现的史料简单地以孤证不立的理由即行弃去,不是自毁长城的做法吗!

北宋庆历四年(1044),皇帝赵祯认为《唐书》"纪次无法,详略失中,文采不明，事实零落”，另命宋祁和欧阳修重新撰编。“事增于前，文增于旧”，至嘉祐五年（1060）写成，开始“布书于天下”。此《唐书》问世以后，后晋修的称《旧唐书》，北宋嘉祐五年修成的称《新唐书》。宋祁和欧阳修都是著名文学家，对文学形式的追求超过了对史实的重视，撰写没有照搬《旧唐书》的置废丽州缙云县，改用“永康、本缙云”来表述。“本缙云”，以字面上可理解为：永康本来是缙云的意思，实际上起到丽州缙云县佐证的作用。

总之，《旧唐书》中对丽州缙云县的记载，是十分珍贵的历史资料。缙云县的北部，原从永康县并入，1993年新《缙云县志》编纂者将丽州缙云县实事求是地入载，是据史而录，属负责任的表现，无可非议。

括苍山和缙云山的文化梳理[①]

括苍山、缙云山(仙都),历史上都曾是处州的文化名山。它们地理上有重合相通的成分,而文化上又有独立的深邃内涵,为了科学地开发和利用历史文化资源,需要进行认真的梳理。

一

括苍山,在浙江省中东部,西南—东北走向,绵亘于瓯江中游和灵江之间,跨丽水、缙云、青田、仙居、临海、黄岩、温岭等县市,逶迤150余公里,山势磅礴,主峰在缙云县境内称大洋山,海拔1500米。仙都,古称缙云山,在缙云县东10公里的好溪两岸,属括苍山脉的一部分。

道家名山胜境称洞天福地,主要有十大洞天、三十六小洞天和七十二福地三类。唐司马承祯《上清天地宫府图经》载:十大洞天者"处于大地名山之间,是上天遣群仙统治之所"。其中:

第十为括苍山洞:周围三百里,号曰成德隐玄之洞天,在处州乐安县,属北海公涓子治之。

第二十九为仙都山洞,周围三百里,名曰仙都祈仙天,在处州缙云县,属赵真人治之。

处州,指隋处州(治丽水)。乐安,古县名,相当于今仙居县,它在隋朝时被撤销并入临海县。到唐末,杜光庭《洞天福地岳渎名山记》中的记载有了变化:

十大洞天,第十括苍洞:成德隐真天,广三百里,平仲节所理,在台州乐安县。仙都山,仙都祈仙洞天,三百里,在处州缙云县,黄帝上升(处)。

北宋李思聪《洞渊集·太玄部》又云:

十大洞天,第十,括苍山,洞周回三百里,名成德隐真之天,徐来勒真人所治,在处州。

三十六小洞天,第二十九,仙都山,周回三百里,名玄都祈仙之天,即黄帝驾

① 成文于2013年9月1日,曾发表于《丽水研究》2014年第1期、《缙云文学》2014年第3期。

火龙上升处。在处州晋云县。

历史文献记载的不同,比较真实地反映了行政区划和道教中不同教派在历史上的消长变化。而对于括苍山、仙都山的历史渊源,北宋李昉《太平御览·地部·会稽·东越诸山》云:

《五岳图序》曰:“括苍山,东岳(泰山)之佐命。”《登真隐诀》注及《吴录》云:“括苍山登之,俯视雷雨也,高一万六千丈。” (卷四十七)

北宋乐史《太平寰宇记·台州·临海县》云:

括苍山,在州西四十里,高一万六千丈。《神仙传》:王方平居昆仑,往来罗浮、括苍山。相连石壁上有刊字,蝌蚪形,高不可识。春月,樵者闻鼓吹箫笳之声聒耳。宋元嘉中,遣名手画写状于团扇,即此山。 (卷九十八)

《钦定大清一统志》亦载:

括苍山,在临海县西南四十里,接仙居县界。《寰宇记》:括苍山高一万六千丈。神仙王方平居昆仑,往来罗浮、括苍山。宋元嘉中,尝遣名画写状于团扇。《旧志》:真隐山,本名括苍,唐天宝中改今名。又名天鼻山,周三百里,与仙居韦羌山接,四面石壁,容数千人,亦名苍岭。 (卷二百二十九)

括苍山,在缙云县东七十里。《隋书·地理志》:括苍,有括苍山。《唐书·地理志》:丽水县有括苍山即此。东跨仙居而控临海南境,大山也。(卷二百三十六)

括苍山,《崇祯处州府志》:一名苍岭。《图经》中十大洞天此为第十。《道书》名成德隐真洞天,周回三百里,东跨仙居,南控临海。《五岳图序》:括苍山,东岳之佐命。《抱朴子》按《仙经》可以合药者,大小天台山、四望山、盖竹山、括苍山,皆是正神在其中,上皆生芝草。有道者登之,神助为福,药必成。 (卷二十一)

清顾祖禹《读史方舆纪要·浙江·名山》也云:

括苍山,在台州府西南四十里,处州府缙云县东南百里,山连二郡之境。……西接缙云,东跨仙居,南控临海。

《仙经》,相传三国左慈撰;《吴录》,三国孙吴实录,三十卷,吴大鸿胪张俨之子张勃撰;《五岳图序》、《登真隐诀》,梁陶弘景撰。概而言之,括苍山,在缙云县东七十里,东跨仙居,南控临海,周回三百里,得名时间当在东汉三国时期。

二

如上所述，括苍山，位于缙云县与仙居县之交一带，又称苍岭。光绪《缙云县志·县东诸山》云：

括苍山，在玉环岭南，一名苍岭。自麓至巅高二十里，中有虎踏岩、百丈岩，峻削巉陡，涧溜纵横。顶有风门、牛角尖等隘，台郡之吭，县东锁钥。

今又有山峰为括苍山，它岿巍葱茏，云雾吞吐，《缙云县地名志》云：

括苍山，在县城东北31公里，壶镇括苍片境。海拔792米，因属括苍山脉，借代为名。

壶镇，本名胡陈，亦名壶溪，是缙云县最大的中心城镇。境内有括苍山和苍山村，在晋代为会稽郡永康县辖区。史书记载西晋惠帝元康元年（291）八王乱起，著名道士郑隐（思远）、许询等，在永康横江桥相逢。至太安元年（302）郑思远感晋世将乱，带弟子葛洪等，东投霍山，后又隐括苍山。太安二年（303）葛洪下山回句容（江苏），以将兵都尉的身份参加镇压张昌、石冰农民起义有功，授伏波将军。次年（304）故人襄城太守嵇含被荐为广州刺史，表请葛洪为参军。葛洪离家，再次途经括苍山南下。据推考，壶镇以东的括苍山（苍岭），就是晋代著名道士郑隐、葛洪隐居修炼之山，故有“五云壶溪奠括苍老山之麓”之说。[①]

苍岭驿道，是古代婺州、处州通往台州的交通要道，古称“婺（金华）括（台州）孔道”。它西从永康云田岭入境，经雅化路、胡陈、五里牌、宫前、苍岭脚、槐花树、南田入仙居。胡陈，商埠林立，经济发达，为婺处台三府驿路上的重镇。因此，壶镇原来是括苍老镇。

“苍岭碧云中”，这是唐代大诗人李白专门描绘苍岭的诗句。后来刘昭禹有诗：“尽日行方半，诸山直下看。白云随步起，危径及天盘。瀑顶桥形小，溪边店影寒。”宋林灵素诗：“落石泉声寒绕宫，倚阑山色翠摩空。刘晨去后门长启，时见桃花满地红。”吕声之诗：“微风吹雨入阑干，薄雾笼晴带浅寒。一树红梅墙外发，谁家美丽倩人看。”楼钥诗：“黄云满坞沙田稻，白雪漫山芥菜花。路入缙云频借问，碧香酒好是谁家。崇朝辛苦上孱颜，泥径初平意暂闲。苍岭东头移野步，眼前便是处州山。”翁卷诗：“步步蹑飞云，初疑梦里身。村鸡数声远，山舍几家邻。不雨溪长急，非春树

① 缙云县地方志办公室：《缙云文献》，第317页。

光绪二年(1876)《缙云县志》中的《括苍山图》

亦新。自从开此岭，便有客行人。”元赵大佑诗：“披襟入深雾，四山乱鸣泉。人疑来异界，身似向重天。犬吠云中舍，农烧涧底田。”刘基诗：“昨暮辞赤城，今朝度苍岭。山峻路屈盘，峡束迷晷景。谽谺出风门，坎窞入天井。冥行九地底，高阚群木顶。瀑泉流其中，瀄若泄滨涬。哀猿啸无外，去鸟飞更永。仆夫怨跋涉，瘦马悲项领。盗贼逭天诛，平人构灾眚。伫立眄嵚岑，心乱难为整。”

三

缙云县一带，汉代属会稽郡，有黄帝传说。汉《吴越春秋》云：

禹伤父功不成，循江泝河，尽济甄淮，乃劳身焦思以行。七年闻乐不听，过门不入，冠挂不顾，履遗不蹑，功未及成，愁然沉思。乃案《黄帝中经历》，盖圣人所记，曰：“在于九山东南天柱，号曰宛委，赤帝左阙，其岩之巅，承以文玉，覆以磐石。其书金简，青玉为字，编以白银，皆瑑其文。”禹乃东巡，登衡岳，血白马以祭，不幸所求。禹乃登山，仰天而啸，忽然而卧。因梦见赤绣衣男子，自称玄夷苍水使者，闻帝使文命于斯，故来候之。非厥岁月，将告以期，无为戏吟。故倚歌覆釜之山，东顾谓禹曰：“欲得我山神书者，斋于黄帝岩岳之下。三月庚子，登山发石，

> 金简之书存矣。"禹退,又斋。三月庚子,登宛委山,发金简之书,案金简玉字,得通水之理。

这是夏禹登东南天柱宛委山,斋黄帝岩岳,得通水之理的著名传说。

道家崇拜黄老。元康元年(291)八王乱起,著名道士郑思远游永康横江桥,感晋世将乱,遂带弟子葛洪等东投霍山,后隐括苍山(苍岭)。永兴元年(304)葛洪出任广州参军,途经括苍山南下。不久葛洪北上返回故里,可能又在括苍山逗留。葛洪数次途经括苍山的年月,与庾琛会稽内史任期巧合。也许正是郭璞、葛洪等人议论风生,将括苍山缙云一带的地理历史文化向丞相司马睿及会稽郡刺史庾琛等介绍,从而促成"岩栖赤松之馆,岫启缙云之堂"的建成。

缙云山的地域,元《仙都志》云:"仙都山,古名缙云山。"仙都风景名胜区,166平方公里,是缙云县风景名胜总称。主景区仙都在县城东10公里处,方圆45平方公里。而古缙云地域,有缙云国、缙云郡(丽水市)、缙云乡(义乌)、缙云里(义乌)和缙州(浙中南地域)等历史记载。

四

括苍山,唐初《隋书·地理志》载:

> 永嘉郡,隋开皇九年(589)置处州,十二年(592)改括州。统县四(括仓、永嘉、松阳、临海),户一万五百四十二。括仓,平陈置县,大业初置永嘉郡。有缙云山、括苍山。

《隋书》,唐武德四年(621)始修,显庆元年(656)成书。括仓原为县名,先有处州,后改括州,括苍山在括仓县境内。而稍后杜佑《通典·州郡》载:

> 缙云郡,处州,今理苍县,春秋战国时并属越,秦汉属会稽郡,亦瓯越之地。晋分置永嘉郡,宋齐因之。隋平陈改为处州。后炀帝初,复置永嘉郡。大唐改为处州,或为缙云郡,因山为名。领县五,苍(县)有苍山、恶溪、石门山、瀑布水。

县为苍县,山为苍山,没有"括"字,它和《隋书》相比,反而后退而不确切。这也许是当时地方官员和普通百姓对历史文字记载(主要是道经)不知所致。括苍山的"括"字,字出《诗·王风·君子于役》:"日之夕矣,羊牛下括。"括,音kuò,有到来、会合之意。清朱俊声《说文通训定声·泰部》甚至说:"越,假借为括。""仓",仓储库之仓。因此"括仓"可以理解为越仓,即古越族后方基地的意思。

丽水有小括山,亦称小括苍山(今万象山烟雨楼一带)。早在东晋哀帝兴宁

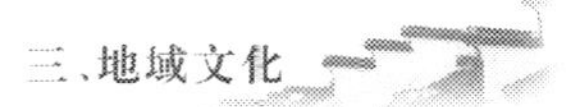

三年(365),著名道士杨羲言:

左慈在小括山,常行来数在此下,寻更受职也。慈色彩甚少,正得炉火九华之益。

梁著名道士陶弘景在《真诰·稽神枢》中注:

左慈,字元放,李仲甫弟子,即葛玄之师也。魏武父子召集诸方士,慈亦同在中。建安末渡江寻山,仍得进洞,又乞丹砂合九华丹,九华丹是太清中经法。小括即小括苍山,在永嘉桥溪之北。凡此诸人,术解甚多,而仙弟犹下者,并是不闻三品高业故也。许师长教师所以兴叹。

到唐朝中期以后,括苍之名已经定型。李吉甫《元和郡县志》(813)载:

处州,《禹贡》扬州之域。春秋为越国,秦灭楚置会稽郡,后越王无诸七代孙闽君摇,佐汉有功立为东越王,都东瓯,今温州永嘉县是也。后以瓯地为回浦县,属会稽。后汉,改回浦为章安。晋立为永嘉郡,梁陈因之。隋开皇九年(589)平陈,改永嘉为处州。十二年(592)又改为括仓。大业三年(607)复改为永嘉郡。武德四年(621)讨平李子通,复立括州,仍置总管府。七年(624)改为都督府,贞观元年(627)废。唐天宝元年(742)为缙云郡,乾元元年(758)复为括州,大历十四年(779),以与德宗庙讳同音改处州。贞元六年(790)刺史齐抗以旧州湫隘,屡有水灾,北移四里就高原。

明成化《处州府志》又载:

以山多栝木为名,木柏叶松身。《绍兴括苍志》载:宋熙宁中进士赵璋,得石刻于土中,乃唐肃宗上元二年(761)刺史任瑗妻《成纪县君李氏权厝文》有曰:权厝于括州括苍县丽水之原。其栝字皆从"木"。

宋熙宁中得古碣,栝字从木,音 guā,即桧树,从此处州历代官员改括为"栝"。此括苍县的地域,约相当于今丽水市莲都、青田、云和、景宁,温州市文成县西部,金华市武义县南部(宣平)和缙云县南部,故括苍山历史上亦包涵今丽水市的东部一带。清嘉庆九年(1804)浙江巡抚阮元,在丽水至缙云之间的桃花岭银场上撰"括苍古道"四字。

就目前而言,括苍之"括"字,全国古典书籍均作"括";而处州部分古人写作"栝",即将"括苍"写成"栝苍",这实际上是地区性特殊变例。在中国民间习惯上,凡地名以顺口减笔为上,拗口笔繁为次。括苍(kuò cāng)与栝苍(guā cāng),从笔顺上分析,前者划少顺笔,后者划多不顺;从读音上分析,前者和谐,后者拗口,在当今时代改括苍为栝苍之议,并不可取。

五

缙云堂，在缙云山中，为今仙都黄帝祠宇的前身，古代祭祀轩辕黄帝的场所。宋李昉等《太平御览·道部五地仙》卷六百六十三载：

《真诰》云："括苍山洞，周三百里，东岳佐命也。在会稽东南，群帝之所游，山多神异。又有缙云堂，孤峰直耸、岩岭秀杰，特冠群山。山中茅玄岭，独高处有司命，埋丹砂六千斤，深二丈，磐石填上。其山左右泉皆小赤色，人饮之寿。茅山天帝坛石，正当洞天之中央，玄窗之上也。昔东海青童帝君乘风飚账飞轮车，按行洞天曾来于此。"

大洋山，在缙云县大洋镇境内，原名大垟山，古名大阳山，位于括苍山脉中南段，主要由大洋山、石鼓尖、劫贼岩岗、南溪尖、越王山、石牛山等山峰组成，即缙云、青田、仙居、永嘉四县之交山岭。大阳，其地名亦甚古，《旧唐书·地理志·处州府》："松阳，后汉分章安南乡置松阳县，东南大阳及松树为名。"《大清一统志》："在(缙云)县南六十里，上有七十二洞。"明何镗《括苍汇记》："在县南一百四十里，界青田，中有七十二洞，峻绝幽邃。又为黄寮寨，为石人溪，为雾坑松树湖。"

综上所述，对于缙云山之名，《史记正义》云是黄帝别名，宋《太平御览》、《太平寰宇记》均说是古缙云氏之墟。括苍山之名，一作"括仓"，本有"会聚入仓"之意，从汉《越绝书》、《吴越春秋》二书文献推测，括苍山脉一带很有可能是越王勾践先世会稽山南部南山的宗庙和仓储基地。

括苍山绵亘于瓯江中游和灵江之间，主峰称大洋山，海拔 1500 米；石鼓尖，海拔 1477 米，为括苍山脉第二高峰，在缙云县境内。缙云与仙居之交的苍岭，是括苍老山，壶镇为括苍古镇。东北有米筛浪峰，在临海与仙居交界处，海拔 1382 米，为第三高峰。丽水市城区内的万象山，早在三国孙吴时期就有小括苍山(小括山)之名；到隋初，始设处州，后改括州，置括苍县，有括苍山；到清朝还称桃花岭为括苍古道。

缙云山(仙都山)，有缙云国、缙云郡、缙云乡、缙云里和缙州等历史记载。仙都主景区在缙云县城东 10 公里处，方圆 45 平方公里，属括苍山脉的一部分，是黄帝缙云氏族南迁聚居纪念地，为中国南方黄帝文化辐射中心和中华民族寻根问祖之地。

隋处州、括州纪事[①]

丽水市古称处州，后改括州，古丽水的管辖范围在浙江省东南部，大致相当于今丽水市、温州市和台州市的地域，与稍早的梁陈时设的缙州地域面积（丽水市、温州市和金华市）大体相当。对它的设废，《隋书·地理志》载：

永嘉郡，隋开皇九年（589）置处州，十二年（592）改括州。统县四（括仓、永嘉、松阳、临海），户一万五百四十二。括仓，平陈置县，大业初（605）置永嘉郡。有缙云山、括苍山。

故隋朝处州，开皇九年（589）置，十二年（592）改括州。大业初（605）废，置永嘉郡。大业三年（607）台州改永嘉郡（今温州），从此括州区域大体稳定在今丽水市范围。

一

处州之名"處"，徐中舒云："'《说文》虎文也'。此字原形作處，非虎文，乃虎皮或兽皮。古人在屋顶上端蒙以虎皮或兽皮以避风寒，卢、肤等字，即从此而来。"而孙海波却认为徐说未确，当为地名。在卜辞为地名。

"处女"的"处"字，从甲骨卜辞以地名去认识，井人钟、鱼鼎匕、车册父癸尊铭文中，为居、止义；那"处女"当处地（今丽水市）之女，处应亦为地名。把"处"作为地名，亦见汉班固《汉书·朱买臣传》：

是时东越数反复，买臣因言故东越王居保泉山，一人守险千人不得上。今闻东越王更徙处南行，去泉山五百里，居大泽中。今发兵浮海直指泉山，陈舟列兵，席卷南行可破灭也。

其中"徙处南行"之"处"，当指温州西北的古代处地（丽水市）而言。而徐中舒之说，表明丽水市在先秦时期曾经是远古虎豹部落的聚居地。

① 成文于2014年9月10日，曾发表于《丽水方志》2014年第4期。

二

隋文帝杨坚开皇八年(588)三月,下诏伐陈。十月,命晋王杨广、秦王杨俊、清河公杨素为行军元帅,率大军五十一万,兵分八路,从巴蜀到东海之滨数千里的战线上,向陈发起进攻。诸军皆受晋王杨广节度。高颎为晋王元帅长史,主持军中事务。十二月,杨素率舟师出三峡,顺江而下,数败陈军,直至汉口(今武汉),其他部队也都兵临长江。开皇九年(589)正月初一,贺若弼自广陵(今扬州)引兵渡江,十二日,贺若弼大败陈军,俘陈将萧摩诃,韩擒虎自朱雀门进入建康(今南京),进至台城。陈后主与张贵妃、孔贵妃逃入枯井中,被隋军俘获。开皇十年(590)八月,隋派使臣韦洸等人安抚岭南,冼夫人率众迎接隋使,岭南诸州悉为隋地。自西晋永嘉之乱以来,中国分裂长达 280 年之久,至此再造天下一统之局。

面对天下一统,隋文帝杨坚果断采取措施,进行全面改革。政治上,结束西魏宇文泰的鲜卑化政策,将鲜卑姓的汉人大臣以及府兵将领(及其所辖府兵)恢复汉姓。另外废除九品中正制,改为五省六曹制,后改称五省六部制。军事上,改变府兵制初设兵农分离情况,转变为和平时期府兵耕地种田,并在折冲将军领导下进行日常训练;战争发生时,由朝廷另派将领聚集各地府兵出征的"兵农合一"的制度。经济上以富国为首要目标,轻徭薄赋以解民困,接纳司马苏威建议,罢盐、酒专卖及入市税,全国推行均田制。在地方行政方面,尽罢诸郡,实行州县二级制。废除九品中正制,实行科举制度,规定各州每年向中央选送三人,参加秀才、明经等科的考试,合格者录用为官。同时,在县以下置乡正、里长。五百家为乡,百家为里。在汉处地(处士星见于分野),永嘉溪桥南括苍山麓置处州,下辖括苍、松阳、永嘉、临海四县。

三

苏威(534—623),字无畏,京兆武功(今陕西武功西北)大族,隋代宰相。北周时,苏威袭爵美阳县公,隋代建立,为太子少保,兼纳言、度支尚书。他建议减轻赋役,被采纳。后又兼任大理卿、京兆尹、御史大夫。苏威很有才能,历任要职,与高颎参掌朝政,齐心协力辅佐隋文帝,政刑大小,均参与筹划。文帝修订隋代典制,律令格式多为苏威所定。江南地区自从东晋以来,刑法宽大,执行不严，世家大族凌驾于寒门庶族之上。平定陈以后，隋朝地方官吏完全改变了这种情况。尚书右仆射苏威又撰写了《五教》，令江南百姓不分男女老少都得熟读，因此士民抱怨。当时江南民间又传言隋朝将要把百姓都迁徙到关内去，于是远近惊骇。

婺州（今金华）人汪文进、越州（今绍兴）人高智慧、苏州人沈玄都起兵造反，各自称天子，设置百官。又有乐安（今仙居）人蔡道人、蒋山人李棱、饶州人吴世华、温州人沈孝彻、泉州人三国庆、杭州人杨宝英、交州人李春等都自称大都督，起兵攻陷隋朝州县。在陈原来管辖的境内，几乎都发生了反叛，势力大的有数万人，小的有几千人，他们互相声援，抓获隋朝县令后，或者抽出他的肠子，或者割下他的肌肉作为食物，气愤地发泄道："看你还能让我们诵读《五教》不能！"隋文帝下诏任命杨素为行军总管，率军前去讨伐。

杨素率领水军从扬子津进入江南，攻打叛军首领朱莫问于京口，并打败了他。随后又进军攻打晋陵叛军首领顾世兴、无锡叛军首领叶略，将其平定。叛军首领沈玄兵败逃走，被杨素率军追上抓获。叛军首领高智慧据守浙江东岸以为营垒，连绵达一百余里，战船布满江面。杨素进军攻打，部将南阳人来护儿对杨素说："吴地人悍勇敏捷，善于使用战船作战，而且都怀着必死的决心，因此难以与他们争锋。您应该率军严阵以待，不要和他们交锋，请给我奇兵数千人，偷偷渡过钱塘江，袭击敌军的后方营垒，使他们退没有路，进不得战，这就是秦朝末年汉将韩信击破赵军所采取的战术。"杨素听从了他的建议。于是来护儿率领轻型战船数百艘，径直登上钱塘江东岸，攻破了高智慧的大本营，纵火焚烧敌军营垒，烟焰冲天。叛军回望后方营垒起火，十分恐惧，杨素乘机率军奋勇进攻，大败敌军，叛军溃败。高智慧逃入海中，杨素也率军跟踪追击直达海边。杨素召见行军总管府记室参军封德彝商议军事，封德彝失足落水，被人救起得免一死，他换过衣服后就去见杨素，没有说自己落水的事。杨素后来知道了此事，就问他为什么不说，封德彝回答说"那是私事，所以没有告诉您。"杨素不由得叹奇。叛军首领汪文进任命蔡道人为司空，守卫乐安。

杨素派遣行军总管史万岁率领军队两千人，从婺州（今金华）经小道翻岭渡海，攻下了无数叛军盘踞的溪洞。前后共经过七百多次战斗，转战一千多里，一百多天毫无消息，人们都认为史万岁已全军覆没。史万岁把书信封进竹筒里，然后放在水中，被挑水的人得到，转告了杨素。于是杨素向朝廷上书报告了史万岁的事迹，隋文帝看后连声称奇，赏赐给史万岁家人十万钱。

杨素又率军在温州打败了叛军首领沈孝彻，随后由陆路向天台山，直指临海县，一路上追捕漏网溃逃的叛军，前后战斗一百多次，高智慧退保闽、越地区。隋文帝因为杨素长期在前线勤苦奔波，传令征召他乘坐驿站传车回朝休养。杨素认为叛军的残余还没有肃清，恐怕留下后患，又请求出征，于是又乘坐传车来到会稽。叛军首领王国庆自以为海路艰难险阻，北方人又不习惯驾船航行，于是根本不加防备。不料杨素率军突然渡海来到，王国庆惊慌失措弃城而逃。王国庆余党四散逃入海岛，有的则据守溪洞，杨素又分派部将，从水中陆上两路追捕。杨素秘密派人劝说王国庆，让他除掉高智慧以赎罪。于是王国庆抓获高智慧送交隋军，杨素在泉州将高智慧斩首，高智慧的余党也全部投降。江南大部分被平定。隋朝任命并州总管晋王杨广为扬州总管，镇守江都。

开皇十二年(592)废永嘉(今温州)、临海(今天台)二郡，改处州为括州，移驻丽水，属吴州总管，辖四县，括苍、平陈置县，有缙云山、括仓山。永嘉，旧曰永宁。平陈，郡府县改名，有芙蓉山、松阳。临海，旧名章安，本为临海郡。平陈入括州，有赤山、天台山。缙云南部地属括州括苍县。

婺州(今金华)人汪文进、越州(今绍兴)人高智慧各自称天子，设置百官。又有乐安(今仙居)蔡道人、饶州(今上饶)吴世华、温州人沈孝彻、杭州人杨宝英等，起兵攻陷隋朝州县，最后都被杨素统率的隋朝大军一一残酷镇压，大都只存名，连小传也不曾留下。其中括州北部的括苍山苍岭(今缙云县北部)和桃花岭一带(今缙云县南部)，是婺州至乐安的过兵之地，血火后已无任何文字记载，这里悠久丰富的历史文化竟无情中断了。

四

尚书右仆射苏威撰写《五教》，目的为统一社会道德规范，在信仰上实行简单化的控制政策，因而促成了陈地大族和百姓的起义反抗。扬州总管晋王杨广吸取教训，实行对宗教宽容的态度和争取策略，但亦不很顺利。《隋书·徐则传》载：

徐则，东海郯人(今山东临沂)也。幼沈静，寡嗜欲，受业于周弘正，善三玄，精于议论，声擅都邑……杖策入缙云山。后学数百人，苦请教授，则谢而遣之。不娶妻，常服巾褐。陈太建时，应召来憩于至真观。期月，又辞入天台山，因绝谷养性，所资唯松水而已，虽隆冬冱寒，不服绵絮。初在缙云山，太极真人徐(来勒)君降之曰："汝年出八十，当为王者师，然后得道也。"晋王杨广镇扬州，知其名，手书传至括州召之曰：

夫道得众妙，法体自然，包涵二仪，混成万物，人能弘道，道不虚行。先生履德养空，宗玄齐物，深明义味，晓达法门。悦性冲玄，怡神虚白，餐松饵术，栖息烟霞。望赤城而待风云，游玉堂而驾龙凤，虽复藏名台岳，犹且腾实江淮，籍甚嘉猷，有劳寤寐。钦承素道，久积虚襟，侧席幽人，梦想岩穴。霜风已冷，海气将寒，偃息茂林，道体休悆。昔商山四皓，轻举汉庭，淮南八公，来仪藩邸。古今虽异，山谷不殊，市朝之隐，前贤已说，导凡述圣，非先生而谁！故遣使人，往彼延请，想无劳束带，贲然来思，不待蒲轮，去彼空谷。希能屈己，伫望披云。

则谓门人曰："吾今年八十一，王来召我，徐君之旨，信而有征。"于是遂诣扬州。晋王将请受道法，则辞以时日不便。其后夕中，命侍者取香火，如平常朝礼之仪。至于五更而死，支体柔弱如生，停留数旬，颜色无变。开皇十八年(598)晋王杨广下书曰：

天台真隐东海徐先生，虚确居宗，冲玄成德，齐物处外，检行安身。草褐蒲衣，餐松饵术，栖隐灵岳，五十余年。卓矣仙才，飘然胜气，千寻万顷，莫测其涯。寡人钦承道风，久餐德素，频遣使乎，远此延屈，冀得虔受上法，式建良缘。至此甫尔，未淹旬日，厌尘羽化，反真灵府。身体柔软，颜色不变，经方所谓尸解地仙者哉！诚复师礼未曰，而心许有在，虽忘怛化，犹怆于怀，丧事所资，随须供给。霓裳羽盖，既且腾云，空椁余衣，讵藉坟垄！但杖为犹存，示同俗法，宜遣使人，送还天台定葬。

是时自江都至于天台，在道多见则徒步，云得放还。至其旧居，取经书道法，分遗弟子，仍令净扫一房，曰："若有客至，宜延之于此。"然后跨石梁而去，不知所之。须臾，尸柩至，方知其灵化。时年八十二。晋王闻而益异之，赠物千段，遣画工图其状貌，令秘书监柳抃，为之撰赞曰：

可道非道，常道无名。上德不德，至德无盈。玄风扇矣，而有先生。夙炼金液，怡神玉清。石髓方软，云丹欲成。言追葛稚，将侣茅嬴。我王遥属，爰感灵诚。柱下暂启，河上沉精。留符告信，化杖飞声。永思灵迹，曷用摅情？时披素绘，如临赤城。

徐则对晋王过分殷勤的政治手腕，渐感厌恶，觉得此非明君，决定不传其道于世。于是，晋王杨广对道教信徒大失所望，只得改辕易辙，将关注重点转向佛教。仁寿二年(602)晋王杨广下令延请释灌顶开讲《法华》：

夏序炎赫，道体休宜。禅悦资神，故多佳致。近令慧日道场庄论二师讲《净名经》，全用智者义疏，判释经文。禅师既是大师高足，法门委寄，今遣延屈，必希霈然。并《法华经疏》，随使入京也。伫迟来仪，书不尽意。

仁寿四年(604)，杨广登基。大业元年(605)敕江阳名僧云：

昔为智者创寺，权因山称，今须立名，经论之内有何胜目，可各述所怀，朕自详择。

诸僧表两名，一云禅门，一云五净居，其表未奏。而僧使智璪启国清之瑞。敕云："此是我先师之灵瑞，即用'国清'。"敕取江都宫大牙殿牓填，用雌黄书以大篆。遣兼内史通事舍人卢政力送安寺门，国清之称从而为始。佛教传自天竺，广结善缘，来者不拒，又将其寺选在天台县邑北郊，华顶山山麓，幽谷之中，风景秀绝，开宗佛宗祖庭。

五

总而言之，隋初开皇九年(589)，在汉朝处地(处士星见于分野)永嘉溪桥南括苍山麓(丽水)置处州府，下辖括苍、松阳、永嘉、临海四县，大体相当于今浙江省丽水、温州和台州的地域。县以下置乡正、里长。五百家为乡，百家为里。大业初(605)废，置永嘉郡。大业三年(607)台州改永嘉郡(温州)。此后括州区域，大体稳定在今丽水市范围。

为适应全国统一后多民族社会道德规范，隋宰相苏威用儒家教义推行《五教》，在思想上实行简单粗暴的做法，造成陈地大族和百姓的起义反抗。婺州人汪文进、越州人高智慧等，各自称天子，设置百官。乐安人蔡道人、温州人沈孝彻自称大都督，起兵攻陷隋朝州县，最后都被杨素、行军总管史万岁统率的隋朝大军一一残酷镇压(战争过程的地方性史料，目前尚未发现——引者注)。在军事镇压的同时，扬州总管晋王杨广对缙云山道士徐则、天台宗智者大师采用耐心的争取策略，从而确立了天台山、缙云山在全国名山的崇高地位。

四、经济

康乾嘉道时期缙云资本主义萌芽形态的考察[①]

中国封建社会晚期出现资本主义萌芽。这点在1936年著名历史学家吕振羽先生所出的书中就有提及。论及我国早期资本主义萌芽的著作有很多,如1957年,三联书店出版了《中国资本主义萌芽问题讨论集》,1960年又出版了《中国资本主义萌芽问题讨论集续编》;1981年上海人民出版社出版了《明清资本主义萌芽研究论文集》;1982年,江苏人民出版社出版了《中国资本主义萌芽问题讨论集》(第四部);其他的,还有胡如雷《中国封建社会形态研究》(1979),白寿彝《中国通史纲要》(1980)、《中国通史》(1994),郭沫若《中国史稿》第七册(1995),以及齐涛《中国古代经济史》(1999)等。在浙江缙云,资本主义的萌芽,主要在西乡河阳一带。

一

缙云县民居,过去由于贫穷,几乎都由泥土夯筑和山岩、乱石砌成,即使在缙云县城内和壶镇、新建等重镇也不例外。这当中偶有一两幢用青砖建造,马头耸立,显得格外醒目,那一定是官宦财主之家。可是,当从西乡重镇新建溯溪而上,经过韩畈后,可见前方有一座高高的大石桥横跨溪上。透过五孔圆形桥洞,但见桥后一带,柳绿如茵,人头攒动。当徒步登上大桥顶部,溪西一庄,房屋鳞次栉比,一眼难望尽。这村的房屋大都用青砖砌筑,泥土建造的房屋却相对偏少,它就是远近闻名、富甲一邑的河阳村。

河阳,烟灶八百,人口三千,为吴越王钱镠掌书记朱清源、朱清渊的义阳朱氏发祥地,一千多年来河阳人耕读传家、崇尚廉让、重农经商、人才辈出。他们参照江南各地的风格,将自己的住屋(道坛)改造成厅堂楼层结构,屋面双披,四周为青砖砌筑。各家之间,以弄堂、封火山墙、马头墙分隔,弄堂两端设有双披小厅,呈封闭式。小青瓦、马头墙、白粉墙,加上桅杆林立,呈现出清新、豪华的外观。民居特色受时间的影响,清初低矮古朴,乾、嘉盛世高大华丽,同治、光绪简朴粗犷,民国则西化纤巧。河阳民居的房间布局主要分三间、五间、九间、十八间、二

---

① 成文于2015年3月1日。

十八间和多天井式细巧典雅小院七种；其中十八间以上的有十九幢，还有大小祠堂十五幢，共同组成独具风格的庄园式建筑群。

河阳庄园民居式建筑群气势恢宏，建造于封建社会晚期，展现明清家族制度和儒家伦理文化，是缙云县传统道坛(明堂)群落的最高形式。整体而言，它与皖南徽州民居类似；以缙云传统住屋道坛为基础，吸取江南婺、温、杭、徽、苏诸州建筑的优秀成分，外观讲究气势恢宏，内部追求舒适实用。河阳民居凿而简，雕而精，体现精明简练、和谐高雅的风格，是我国古建筑园林中的一大奇观，具有很高的人文研究和观赏价值。

二

历史上，大凡成功者，总会有许多神秘的传说围绕着他们。河阳庄园式建筑群落的形成，需要有雄厚的财富，这财富怎么得来的呢？那是 1977 年 10 月，我从江西南昌市郊一所中学调回故乡缙云工作，组织上安排我在碧河公社担任文书。公社设在马头耸立、古色典雅、如庙宇般的“荷公特祠”内。我每天都和许许多多的干部群众在一起，曾经不止一次问他们：“建造这些高规格的古建筑，需要有雄厚的财富。建造者的财富怎么得来的呢？”一些略知村史的人都会绘声绘色告诉我。村中有同窗朱益清，耳濡目染，知道更多。近二十年来他挖掘旅游文化资源，潜心研究《朱氏家谱》，认为河阳古建筑群建造者主要是清康、乾、嘉、道年间的朱瑛一家七世家族集团。

朱瑛(1728—1794)，名王魁，字翰臣，号培英，自少读书，例贡(国子监捐纳生员)出身。端本善则，勤俭成家，骄侈悉氓，授儒林郎直隶分州(从六品)。乾隆五十二年(1787)缙云知县周倓曾以“硕德裕昆”匾相赠。朱瑛的财富，相传从上三代的曾祖父朱元夏开始。

朱元夏，明崇祯十一年(1638)生，清康熙三十七年(1698)卒，明末清初人。家境贫寒，自少当长工，三十岁才开始自己养鹅。一天下小雨，朱开夏在石佛岭头，一边放鹅一边看书。时有三个宣平、武义口音的人路过，其中一人拿着一本簿子，边看边说：“照簿子上画，石佛岭头就在这里，怎么不见石佛呢？”另一人说：“找不到石佛，就无法找到银子。”朱元夏一听有人找银子，而且又是武义人，他寻思武义陶德二三次到河阳烧杀抢掠，莫非陶德二将抢来的银子藏在这里？其中一个武义人过来问他：“河阳石佛岭是不是就在这里？”他不动声色地说：“缙云只有钦村石龟岭，没有河阳石佛岭。”他将三人指向五里外的地方，然后自己开始找银子。他用力把石佛推倒在路中央，石佛底座露出一大堆白花花的银子，他惊喜万分，连忙脱下衣服，将这些银子包好拿回家。有了这些银子，朱元夏买田竖屋，骤然富了起来。

朱元夏先后娶了三个妻子，生焜（字斐如）、播（字荣如）、煌（字标如）、丹（字星如）、嘉（字亨如）、绎（字绎如）、绵（字绵如）七个儿子，后人尊称他为“七如公”。其中三子朱煌，生三子：天淀、天瑗、天麟；而朱天麟，字文周，亦生三子：朱瑛、王会、王健。

清康熙、雍正、乾隆三朝，历史上统称“康乾盛世”。朱元夏、朱煌、朱天麟父子祖孙三代尚属乡村土财主阶段，到第四代朱瑛手里，据说已有田地四五十万把，以八十把为一亩计算，合 5500 亩上下，表明朱瑛已从乡村土财主上升为土豪大财主。

三

缙云河阳村上游大、小八都坑（今新建镇新川、双川）一带，盛产毛竹。用毛竹造纸，在北宋起于括苍。周密《癸辛杂识·前集·简椠》载：“简椠，古无有也。陆务观（即陆游）谓始于王荆公（王安石），其后盛行。淳熙末始用竹纸……端平之初有云‘稾会稽之竹，囊括苍之简’正谓此也。又其后，括苍为轩样纸，小而多其层数，至十余迭者，凡所言要切，则用之。”明代缙云用毛竹造纸，在八都坑和南乡、东乡一带。道光《丽水县志》也记载：“纸，质理粗疏，仅供市肆笔墨，俗呼山里纸。”

朱瑛是很有眼光的大财主，他在兼并耕地（主要是水田）的同时，联合鱼仓、潘余等村中有作为人士，辅以姻亲和朋友关系为纽带，在上游大、小八都坑诸村兼并上好竹山。

河阳村山林原有 6000 亩，1995 年山林定权 4808 亩，其中村庄附近 2476.5 亩，占 52.52%，外地行政村的 2273.5 亩，占 47.48%。大八都中丰山（黄莲坑）594 亩、里村 85 亩、潘余 518 亩、谷川 45 亩、栗坑 23 亩、长川（坑）80 亩、里长坑 195 亩；小八都中石臼坑 37 亩、黄坑 82 亩、胡坑 28 亩、周岭 30 亩；原碧河乡中杨桥 27 亩、长岭下 7 亩、皂川 73 亩、重力 19.5 亩、岙湖 400 亩；原溪南乡庙后 57 亩；七里乡小筠周堪头 2 亩等。这也表明大、小八都两坑竹山的一半归朱氏所有。

朱瑛生五子：华、蕙、萼、点、龄。其中朱点，由庠生例授卫千总，生二子：壎、篪。

朱瑛、朱点、朱篪、朱坤崇父子、祖孙四代，利用雄厚资金，垄断研制适销对路的土纸，雇用人工就地开办纸铺，进行土纸（毛边、龙南屏、黄笺、粗纸）生产，然后又统一运到新建、永康、金华、兰溪、杭州甚至苏州等大中城市开店集约销出，同时兼营靛青原料，从事蓝布印染业，从而使河阳朱瑛、朱点、朱篪、朱坤崇一家四代和鱼川、潘余等村的财主的财富迅速膨胀起来，成为大富翁。

乾隆四十年(1775)朱瑛首建大道坛“儒林古第”(十八间)，拉开了河阳庄园民居式古建筑群建造的序幕。乾隆五十年(1785)给朱蕙建“柏轩二翁”(十八间)。到乾隆五十四年(1789)又分别给朱点(三院同春之一)、朱萼(三院同春之二)、朱龄(三院同春之三)三个儿子盖三幢十八间大宅。

四

河阳，位于缙云县西北钱塘江水系的武义江南源——新建溪冲积小平原西缘，早在武周万岁登封元年(696)由州永康县南乡并入，人们的社会经济文化往来，向来与永康、金华接近。河阳人外出，除到县城办事外，主要向东经新建、笕川、马渡、宅基、黄碧街，再沿婺处驿道进入永康；如果货运，必须北上去浙江亘镇金华，然后从兰溪再转水运沿七里垅、富春江去杭州或苏州。

兰溪，地处衢江、金华江和兰江的交汇点，是浙江省中西部重要的水陆码头。唐咸亨五年(674)建县，水陆交通便利，商业繁华，素有“三江之汇，七省通衢”之美誉，更有“小小金华府，大大兰溪县”的俗称。苏州，国家历史文化名城之一，公元前514年建，是江苏省的东南门户，物华天宝，人杰地灵，被誉为“人间天堂”。

朱篪(1792—1850)，字锡瑁，号虚竹，年轻时被父亲派到金华、兰溪、苏州等地去做生意。据说朱篪在苏州曾租有店铺，开始时主要经销从缙云运去的土纸，后来相传在一位闲职府台的点拨下，开始做靛青生意，再后来又得到七里垅江湖好汉(金勾胡)的保护，将靛青顺利运到杭州、苏州，终于发了大财成为资本家。

由于货运活动频繁，数量多，时间一长，兰溪西门城墙沿兰江的码头就以“朱家”相称。清光绪《兰溪县志·河埠》中就有“朱家码头”之名。光绪二十八年(1902)《西门码头号簿》序文说：“我兰地自康熙年间始，上下十二保之人民共议东南西三门码头之设，从无大小之分。厥后生意渐盛，市廛渐多，而码头之名目，日以渐增。除北门统于西门码头外，乃复有塔下码头、水门码头、朱家码头等，皆称为大码头。”

朱篪生六子：坤崇、坤彬、坤泽、坤泗、坤荣、坤焕。随后陆续兴建起廉让之间、六都、松风、耕凿遗风等九幢十八间大院。咸丰九年(1859)六子坤崇、坤彬、坤泽、坤泗、坤荣、坤焕设计画纸，在苏州花了三年时间，由东阳木匠精心雕凿，从而形成了河阳庄园式民居建筑群的基本框架。

河阳朱氏家族集团的发展，引起了官方的注意，不时被引导为社会做些善举:道光四年(1824)独建处州郡试院,学宪朱士彦为勒石大堂。道光十八年(1838)与壶镇吕载扬、鱼仓王谟三家合建缙云县文庙,时翰林院侍讲、工部左侍郎、浙江学政罗文俊闻报,特作《缙云县重修文庙记》彰其事。道光二十六年(1846)岁饥,出己粟以济贫乏。助田八千秧(31 村 49 处 8130 把,合 102 亩)及皮为义田,以备族中荒年之需。道光三十年(1850),建五孔公济大桥。同治二年(1863)两次捐助续修处州郡试院大堂,学宪徐寿铭有诗褒美。

五

河阳"虚竹公祠"建成不久,洪秀全领导的太平天国农民起义爆发。咸丰三年(1853)起义军攻下金陵(今南京),波及苏州。咸丰十一年(1861)春,李秀成部的侍王李世贤统率大军,于三四月间,从江西玉山进入浙江,上旬,克常山、江山、遂安,中旬由江山分兵三路长驱而入:殷天义徐朗为北路,占领寿昌;宝天义黄呈忠、进天义范汝增、轮天义练业坤为南路;李世贤自率中路,以主力逼衢州城。五月,太平天国军队攻占兰溪。

九月,太平军垅天安、玱天福李健时部,在缙云西乡宅基、河阳、前朱等处建立据点,清政府组建民团相抗,河阳从而成为太平军西乡重要指挥中心。[①]

太平军为了筹款,往往纵火烧毁民居相逼。当"柏轩二翁"道坛被烧时,为保护这个庞大的建筑群,朱坤崇挺身而出,毅然与首领玱天福李健时签约,捐银三十万。这挺身而出、仗义疏财的举止,不但保住了乡邻们遮风挡雨的住屋,同时也为当今浙江省级历史文化街区的命名和风景旅游事业的永久发展,做出了非常可贵的历史贡献。朱坤崇也许在苏州、兰溪多次经历血火刀光,劳力心悴,不久就因病而亡,年仅五十二岁。民国年间缙云西乡流传的《长毛山歌》有:"七月大反剪苓花,西乡河阳好人家;坤崇赠银三十万,许多长毛笑呵呵。"朱坤崇(1812—1863),字藜窗,由邑庠生(秀才)诰授州同(从六品),著有《藜窗诗集》。

战火使河阳朱氏家族集团失去了在苏、杭、兰溪等城市中的垄断市场,同时大小八都的纸铺亦受到打击,自然扼制了缙云西乡社会经济的发展势头。然而河阳朱氏家族集团的创业历程,使缙云西乡风气已开,待战火平定以后,在半封建半殖民地的背景下,更多的有志之士坚忍不拔,前赴后继,虽然小本经营,依然坚持走亦农亦工亦商之道,使以河阳朱氏家族集团为核心的西乡经济残而不破,损而不倒。后来有的河阳人甚至投入反清和教育救国的伟大洪流中去,在更大

① 见义阳山前《朱氏宗谱·褚步墀〈大寇纪略〉》。

更广的领域内，为中华民族做出自己的贡献。

民国二十七年(1938)《缙云县县政概况一览》上说："全县有造纸厂120家，每年出纸12万件，每件45刀，名曰南屏纸，共约值15.6万元，其纸大多数销售于东四省及山东、河北、江苏等省份。"新中国成立前夕，八都坑尚有纸槽120户，纸塘213丘，纸工1243人，资金66794元，年产值274807元。

河阳村耕地，到解放时减少到三十二万把，即4000亩，分布在132个村庄，故还有"河阳一万穷(125亩)"之说。土地改革划地主18户、富农8户、公常15户，自分1820亩，占45.5%；划出2180亩，占54.5%。

六

总而言之，"康乾盛世"中缙云西乡河阳朱氏家族集团，在兼并耕地从事粮食生产的同时，大力兼并竹山，通过婚姻裙带联系，联合鱼仓、潘余、里村等地有识之士，招收人工就地开办纸铺，进行有规模的土纸生产，又统一运到新建、永康、金华、兰溪、杭州、苏州等大中城市开店集约销出，同时兼营靛青原料，从事蓝布印染业，使自己的财富迅速膨胀起来，从而造就了缙云河阳庄园式民居建筑群的崛起。这种经济形态从自给自足的封建自然经济和手工业作坊经济发展而来，突破常规，借用兰溪、苏州等城市，兼营其他利润更高的行业，性质上起了变化。

马克思在其巨著《资本论》中将资本主义定义为一种新的生产方式，认为这种新的生产方式的基本特征是拥有货币资本的企业主使用雇佣劳动从事价值生产，并攫取尽可能多的剩余价值，并说："一切剩余价值的生产，从而一切资本的发展，按自然基础来说，实际上都是建立在农业劳动生产率的基础上的。"[①]又说："资本主义生产方式开始于工业，只是到后来才使农业从属于自己。"[②]

几十年来，学术界对中国资本主义萌芽的考察，一般是从生产力水平、产品的商品性、自由雇佣劳动的规模等几方面进行的。但因史料多简略，学者在考证、解释上有不同见解，因而对萌芽经济实体的确认互有参差。而比较严谨的看法认为，明中叶，在苏州、杭州的丝织业，广东佛山的冶铁、锻铁业中，已见稍微带有资本主义性质的手工作坊。到清中叶，继续出现资本主义萌芽。

资本主义萌芽，是一种社会经济现象。在考察资本主义萌芽时，必须把考察的对象放在一定的历史条件之中，看这个地方、这个行业有没有产生资本主义的

① 《资本论》第3卷，第885页。

② 《马克思恩格斯全集》第26卷，第三册，第443页。

土壤和气候。生产力是产生资本主义萌芽的前提。清乾、嘉、道年间，缙云西乡资本主义萌芽的经济发展形态，为我们提供了极其生动的历史性实例；缙云河阳庄园式民居建筑群中所蕴藏的文化魅力，必将焕发出更加耀眼的光芒。

五、 民风习俗

唐代桃花岭女仙潘三姑和缙云民间“呸三嗖”习俗①

桃花岭上觉天低，人上青山马隔溪。行到三姑学仙处，还如刘阮二郎迷。

这是唐代诗人顾况于大历八九年间(773—774)出任永嘉一带度支盐铁转运使府属官时，途经桃花岭所写的诗，题为“寻桃花岭潘三姑台”。

顾况(约725—814)，字逋翁，号华阳山人，又号悲翁，海盐(今属浙江)人，至德二年(757)进士，为镇海军节度使判官，大历八九年间在永嘉(今温州)任度支盐铁转运使府属官，德宗时，官镇海军节度使下任判官，后转大理寺，司直、校书郎、尚书郎、著作郎和饶州司户参军。

桃花岭，又名冯公岭，亦称木合岭，全长20公里，在缙云、丽水(今莲都)之交的山岭。古岭从缙云南门出城至东渡，再入荆坑，经山头的梅凤岭、大岩下，即沿马蹄湾、金鸡湾到荆坑，再从岭脚(属樊庄)上山，过半岭、公鹅凸头、外隘头、底隘头、桃花洞，最高处海拔690米，即桃花隘，再至界石入丽水。

宋初处州太守杨亿有“征途沿木合”的诗句，并注云：“缙云有木合岭，若蜀道之栈阁也。”《方舆纪要》：“冯公岭，(缙云)县西南三十里。一名木合岭，崎岖盘屈，长五十里，有桃花隘，为绝险处，郡北之锁钥也。……山麓去郡城不过二十里。”冯公，龙泉黄溪人，见《成化处州府志·缙云县志》：

冯公岭，在县西南二十里，相传为善士冯大杲所凿，故名。见之为《阴骘集》云：“冯公为人本分好施，人以杲称之，名讳无可考。”龙泉黄溪人。及叶适冯公岭诗又云：“冯公此山民，昔开此山居。”则冯实为缙云人也。

姑婆，祖父姐妹。潘三姑，荆坑桃花岭中有吴(红)岭姑婆殿，香火甚盛，大概是氏族聚居的村落中，为纪念先世未婚姑母一生仁慈恩德而设，蕴含人生温情氛围。建殿立神之后，又赋予呼风唤雨、保境安邦和救苦济贫功能，故都为神女仙姑形态。

在缙云民间，凡遇到突如其来的惊吓，都很自然地高声呼喊“呸三嗖”几声。母亲见到孩子跌跤，也必定会立刻将孩子扶起，拍拍孩子的前胸，提提耳朵，口里连呼“呸三嗖，魂归来!”数声。早在1987年9月，缙云县文化馆樊应龙在桃花岭

---

① 成文于2008年8月18日，曾发表于2009年《缙云报》。

金坑村从时已71岁的沈洪法口中了解到，原来"呸三嗖"是"潘三嫂"的音转。潘三嫂原来是个吃鬼驱魔、为民除害的女仙。

荆坑，在桃花岭中段，村中古有冯公庙。村内大都姓沈，《缙云姓氏志》载，村民乃南朝文学家、史学家沈约之后。唐会昌年间(841—846)，湖州都槐里沈仁寿(794—?)，官永嘉县令，任满归里，途经缙云，在壶镇东冈下(今沈宅)定居，是为缙云沈氏始祖。十九世明沉荣(1384—1424)从沈宅迁城南后寮。又七世，明末沈成道(1598—1654)从后寮迁荆坑。由于年代久远和氏族的变迁，潘三嫂的真名被一代又一代的人们在呼叫中变成"呸三嗖"。

其实，潘三姑的潘家和冯大杲的冯家，在《箬川潘氏宗谱》中都留下了踪迹：唐钱塘漾沙坊潘济(662—716)，武后时以明经举为浙江提举，往东瓯，停骖箬川(今大洋前后村一带)立书舍，隐居数载，开基箬川。次子潘珠经商，与冯氏联姻。这潘三姑、潘三嫂是冯公的配偶还是姨姑，就不知道了。

总而言之，缙云、丽水一带民间流传的"呸三嗖"习俗，虽然不经，但由于唐代著名诗人顾况《寻桃花岭潘三姑台》诗的发现，表明它作为非物质文化遗产，已历一千多年。

缙云县城建造文峰塔的文化思索[①]

塔，对于当今的人们来说是熟悉的，因为在每一座大中城市，塔作为一种建筑形式，一般都存在，就是在小城镇，塔也不稀罕。如果可以在塔上拾级而上，登高远眺，环顾山水，会引发人们新的思绪，从而留下一些追忆。新中国成立以后，缙云人多以县城内缺少高塔为憾。最近，上海同济大学城市规划设计院选定缙云老城之东、新区西南方的新老城结合部、鹁鸠山北垅后陈山，作为塔基之址。近日，我约对《周易》和现代风水学研究颇具深厚功力的退休中学教师兼同窗张云居和县农业局退休技术干部赵泽相两先生，一起对此址进行考察，共同认为：此址选择得当，适宜建塔。

一

塔，原来是佛教的建筑物，梵语本为“窣堵坡”，又有浮屠、浮图之称。塔的建筑形式多种多样，通常五至十三层，尖顶。隋唐以前，我国佛教寺院的建筑布局是前塔后殿，以塔为中心；唐宋之际，社会动荡和经济变革引发中国文化的变异和再造，特别是以程颢、程颐、朱熹为代表的士大夫，以儒学为主体，吸收改造佛教、道教宗教哲学，变成色调淡雅，相对内秀，追求内省和细腻雍容的世俗化、人情化的程朱理学。塔的地位随之逐渐发生变化：作为念经拜佛的佛殿的建筑地位逐渐上升，与塔并列，并进一步发展到以佛殿为中心，把塔建于寺旁、寺后或寺院之外，更加体现了人们对佛的尊敬。与此同时，宋程颐《易传》、张载《正蒙》、周敦颐《太极图说》、朱熹《周易本义·易图》《解说太极图》等书问世和他们倡导孝义、重丧葬的行为，有意无意地推动了古老神秘的风水文化的滋生。塔有突兀而出的竖向建筑，直插上空，势如涌出，孤高耸天，打破了平缓格局，使每一座城镇或风景胜地有了标志，从而增添了塔的观赏功能。此外，塔高耸入云，与天相接，

---

① 成文于2006年4月21日，本文参考文献有：清曹懋极《缙云县志》；清汤成烈《缙云文征》；清何乃容《缙云县志》；周振甫《周易译注》（中华书局1991年版）；吴存浩、于云瀚《中国文化史略》（河南文艺出版社2003年版）；林正秋《宋代生活风俗研究》（中国商业出版社2011年版）；俞孔坚《理想景观探源—风水的文化意义》（商务印书馆1998年版）；何晓昕《风水探源》（东南大学出版社1990年版）；高友谦《中国风水文化》（团结出版社2004年版）；杨维增《周易基础》（花城出版社1994年版）；郭彧《风水史话》（华夏出版社2006年版）。

对老百姓而言，不仅可以指示方向，还可以镇压妖邪，保境安民，从而产生遍布市、县、乡、村的专门用以镇压风水的压胜塔和文峰塔。这些塔，特别在元明清时期，已与佛教无关。清高见南说："凡都、省、府、县、乡、村，文人不利，不发科甲者，可于甲、巽、丙、丁四字方位上择其吉地，立一文笔尖峰，只要高过别山，即发科甲，或于山上立文笔，或于平地建高塔，皆为文笔峰。"从而赋予塔镇煞压邪、增补形势、促进文运的社会心理功能。

缙云仕宦之风，历来为处州之最，中第入仕者不断，而入仕亨通者却很少。明万历三十五年(1607)温处参政车大任视察缙云，察堪水南水口夏瑚山(今缙云二中南山)地势，同意出任缙云筹建文峰塔主倡。县内官民十分高兴，不到一天就捐集千金之数，打算定日期开工。不料一些有权势者见无利可图，竟以建凶祠为由上告，一时使大家没有了主意。车大任闻讯，警觉起来，立即和江西同乡丽水知县樊良枢商量。樊良枢说："缙云邻县，都是我大明子民，建塔事关千古，不可轻举。"于是，单骑微服，趁月夜到缙云实地察看，见缙云南门外夏瑚山一带"揽峦峰之灵秀，与川壑之会归；一指顾而川岳环，向风气或为立转"，地点极佳，不会生凶象。天明后，回到丽水。车大任闻报大喜，即正式申文上报审批，接着通知缙云县，克日动工兴建。不久，车大任、樊良枢先后升调。由于工程繁杂，费金甚巨，中途亦停工数年。后任周继缨也关心此工程，捐金入助，终于使凌霄塔和附属佛殿院落全部建成。天启元年(1621)金坛王懋镕接任缙云知县，又置田地，确立以租养院。建塔以后，缙云李灿然于万历四十七年(1619)中进士；天启五年(1625)郑子寿中进士；崇祯七年(1634)田正春中进士；崇祯十五年(1642)周士多特赐进士。故《缙云县志》云，民间"科目之衰自建塔始"之说不足信。到南明永历元年(1647)，即清初顺治四年，战火纷乱。四月，冰雹大如椽，屋瓦尽坏，菜果禾麦俱尽。次日又大风雨，龙卷风将凌霄塔顶毁坏。王朝交替，天灾袭击，使反对者又有议论的话题，直到乾隆五十三年(1788)，社会上还流有"拆塔建桥"之议，故在清代，缙云修塔之议不占上风。此塔，听金玉钟先生讲，王施仁还见到过，可见此塔残体一直延续到晚清。

二

风水学说的兴起，反映了人类根据气象、地貌、水文、植被等自然条件的特点及其地域组合来寻求理想的生活环境与居住区域的愿望，这其中既包括有朴素的合理的内涵，亦混杂有非科学的神秘的外衣。对待风水问题，正确的态度是从文化的历史发展观点出发，尽量取其精华，弃其糟粕，为现代生活服务。

缙云县邑老城，北有翠微三龙镇雄，东有客岩迎晖，西有九盘、客星送爽，南有鹁鸠列屏。而好溪水萦纡山之间，若鞶带，波光林影，辉复隐映，可渭"巽方高耸，文曜启祥"。但面俯清溪，容量不足，旧志云，"架山盘之木，城可俯入；决好溪之水，井尽成眢"，故城关规模有不如壶镇之嫌。20 世纪 90 年代起，当时的决策者突破旧框，解放思想，目光向东，用现代机械设备，移山填壑，辟成新区。如今，北倚万松，伸缩延绵；南俯远山，九龙俯拱；东有赤岩送暖；西有黄基夕晖；且南临名山畈，明堂舒阔，青溪环绕，屈曲生情，成为玄武（北）垂头，朱雀（南）翔舞，青龙（东）蜿蜒，白虎（西）驯俯之势。名山畈是白垩纪火山口岩层，由 1 亿多年的水流冲积形成的山间小盆地，水美泉香，是古人心目中的壶中（仙境）洞天。好溪水自东向西，方位吉利。水口在仙都山入口，可曰"天（仙）门开"；出水口在湾潭，溪流屈曲，可谓"地户闭"。而后陈山恰位于名山畈大屈曲小出水口（小地户）和老城小入口（小天门）的枢纽，似乎有盈余调节控制的功能。

塔址必须满足：对新区（以行政中心为代表）和老城（以老县署为代表）从传统风水学的角度来看，有利无害；对教育机构（以缙云中学为基点）培养后代人才，有利无害，要成为人们心目中的"文峰"；对整个县城来说，新区可望，老城可眺，一旦登塔，有披山带河之感，从而引发人们游览之欲。

后陈山，位于老城之东。宋《后天八卦》属"震"位，通须。本义为雷。《周易·震》："震，亨。震来虎虎，笑言哑哑，震惊百里，不丧匕鬯。"（震惊百里的霹雳打下来，有哆嗦的、有哈哈笑着说话的、有手拿勺子不洒出一点酒的。）震方，在古代具有萌发启蛰万物、事业成功之兆头。

后陈山，位于新区西南，从《后天八卦》看属坤位。坤，本义为地。《周易·坤》："坤，元亨，利牝马之贞。君子有攸往，先迷，后得主，利。西南得朋，东北丧朋，安贞吉。"（大通顺。占问雌马有利。君子有所往，起先迷路，后来得到房主人的接待。有利去西南方，得赚钱。如果去东北，会失财。占问安居、吉。）坤方，在古代具柔顺的性质，有着育藏万物的兆头。

后陈山同时位于我县最高学府缙云中学东南方，从《后天八卦》看又为巽位。巽，本义为风。《周易·巽》："小享，利有攸往，利见大人。"（小通顺。有所往有利，见大人有利。）巽方，在古代有顺伏的兆头，可以起着长养万物的作用。

压胜制邪，一般都是对民间信仰习俗而言。五云镇溪北为南坡，属阳。五云镇水南属北坡，属阴。溪北城区面积大，历来为县级行政机关所在地，为主。又好溪为水，亦属阳，整体有阳盛阴衰之吉。而后陈山为鹁鸠山向北直伸之虎，似乎可以认为以阴抵阳之势。于此处建塔，象征有制邪压阴的作用。此外，330国道南北于此穿越，恰把老城新区左右分开，东西两地，虽有数桥架连，然从整体观之，总有欠缺之憾。如于新老城后陈山上立塔以镇，如金钉铨牢，亦有压邪之势。

总而言之，缙云重新立塔，是建设现代山水旅游小城市的一项重要工程，又是四十多万缙云人民久盼之望，符合民心。在位于老城新区枢纽之处立塔，具有制邪压阴、文昌隆运、聚气补缺、点化江山的社会心理功能，我们支持这造塔地址的选定。

后陈山上新建的塔式缙云阁

缙云宅基戊子焰火节的文化现象[①]

民间习俗，就是风俗，它是一个地区和一个民族长期形成的社会风尚和民众习惯的合称，是人类社会普遍存在而又非常独特的一种文化现象。缙云宅基戊子焰火节就是一个典型的例子。

宅基，位于缙云县北部的新建溪冲积小平原下游水网地带，地处沼泽龙湖上游古河的两岸。全村面积4.3平方公里，耕地1477亩，山林3615亩，今有790多户、2700余人。它西倚历山(蔡山)，东临龟溪，南接应刘、前朱，北邻龙湖、外孙；土沃泉香，水足粮丰，素有“双峰拱秀，淮水萦洄”之胜。俗话说“路平平，水清清，干柴白米亭堂声”，“宅基马渡(应)刘，大旱三年不知愁”，宅基历来是缙云县粮食主产区的重要行政村。

宅基人大多姓施，唐末括州(丽水)刺史施坚实后裔，已历40代，是缙云著名望族之一。[②] 约在北宋建隆初年，施坚实四世孙施赋，从青塘到桂溪西畈双峰下古泽龙湖南部一带，平整土地，围湖造田，并取艮(东北)坤(西南)向的“施止之

① 在张云居、赵泽相两先生指导下成文于2007年10月26日，曾发表于《丽水研究》2010年第4期。

② 宋欧阳修《新唐书》、《新五代史》，明宋濂《东阳郡施氏宗谱序》和历代《处州府志》、《缙云县志》、《施氏宗谱》等书记载：施坚实(832—?)，唐末湖州府德清人。中和元年(881)十二月，临海杜雄起兵据台州，永嘉朱褒据温州，遂昌卢约据处州。中和四年(884)施坚实作为刘汉宏将以舟兵驻望海(定海)。光启二年(886)正月，董昌将钱镠奉命讨伐刘汉宏。十月，从诸暨趋平水，凿开水路五百里，请江都将咸，及夜率奇兵破朱褒等于曹娥寨，进屯丰山(今余姚市西南丰南、丰北两乡之间)。施坚实等执刘汉宏，在越州(今绍兴)东南与右直将张师及等附顺钱镠，龙纪元年(889)，以军功官处州刺史。光化二年(899)，施坚实率约铨、约言、约文、约礼等家将驻扎缙云县北黄龙山下青塘一带，集义兵结寨，保障一邑，以图克复。天祐四年(907)唐亡。三月，吴越王钱镠命元瓘等三子合施坚实父子，攻克温州。五月卢约降，处州入吴越。战后，施坚实因年迈致仕归隐，为缙云施氏始祖。长子约铨，以战功历任押衙团练讨击使兼迎卫镇遏都知兵马使、银青光禄大夫、捡校太子宾客监察御史、上柱国等职，封东阳郡公，卒谥为靖。次子约言，以功授团练讨击使兼迎卫镇遏都知兵马副使，追赠银青光禄大夫、缙云郡公，谥曰胜。两兄弟所居地域，改泰康里为靖胜里。

所"基，即"坐空向满"方位[①]，作为立宅发族的主体基势，取卜居村名为"宅基"。从那时开始，施氏历代裔孙就不断地联合马渡、前朱、应刘等相邻各兄弟村落，勘察河沟，修堤筑坝，抗击洪水，减轻了"新建筏，笕头船，马渡、宅基泛作潭，永康靠半县"的涝灾的损失，从而扩大了新建镇中下游小平原上旱涝保收的耕地面积。由于一直坚守自力更生、善睦四邻、耕读传家的族规，全村资产之厚，人物之盛，向来甲于乡邑。七世孙施勣官大理事评事，十世孙施突官福建提举司提举，十二世孙施九万恩授迪功郎官湖广汉川县丞，十六世孙施杰(1277—1392)，字俊卿，官侯官县尉等。

十九世孙明代施璋(1413—1486)，字细昂，号怀朴，素性淳厚，好济人之急。时遇堪舆者(风水师)，堪舆者见河西地狭人稠，劝他把握机遇，适时从河西迁到河东，"创划基址，建造高大之门间"。宅基，位于新建古泽龙湖之南，水源充足。水为阴，且艮坤向，艮为空，坤求满，坤亦属阴，故需要阳火来调剂。古语说："水火既济，阴阳配合；所求必从，成功必济。"[②]施璋觉得很有道理，于是开始在河东平整湖滨矶浦，开田创基，自河西(巷)徙居河东(巷)定居，取别名泽矶。其弟施珪、施珹与从叔慈二诸族，仍居河西，并选定成化戊子年(1468)正月二十七戊子日，双方开工建造东西两祠。也许是神火有应，十三年后，他的小儿媳妇樊氏(江西右布政樊敬孙女)第三个孙子降生，于是就取"山"为名。

施山，字镇卿，号龙湖，自幼庄重简然，正德十二年(1517)登进士。他以父母尚在浅土，需择地结庐，几次推迟入京廷试。事毕，又率众建大宗祠，以祀先祖。

---

① 艮，《周易》："艮其背不获其身，行其庭不见其人，无咎。"唐孔颖达《周易正义》："艮，止也，静止之义，此是象山之卦。其以艮为名，施之于人，则是止物之情，防其动欲，故谓之止。'艮其背'者，此明施止之所也。施止得所，则其道易成；施止不得其所，则其功难成。"宋朱熹《周易本义》："艮，止也。一阳止于二阴之上，阳自下升，极上而止也，其象为山，取坤地而隆其上之状，亦止于背，而不有其身，行其庭而见其人，乃无咎也。"故称"坐空"，即有靠山隐定，施止得所之吉。故宅基村北才有贾山背之名。坤，《周易》："元亨，利牝马之贞。"《彖》曰："至哉坤元，万物滋生，乃顺承天。坤厚载物，德合无疆，含弘光大，品物咸亨。牝马地类，行地无疆。"《象》曰："地势坤，君子以厚德载物。"三国王弼注："地形不顺，其势顺。"唐孔颖达《周易正义》："坤象地，地顺承于天，故为顺也。"《坤·文言》："坤至柔而动也刚。"宅基西南，山田层梯而高，水流淙淙而入，有坤载厚物，合弘光大之兆，称"向满"。

② 六十甲子中，以戊子岁第一个戊子日为元运。因为子属鼠，十二生辰之首；戊子，纳音五行称："戊子己丑霹雳火。"《三命通会》云："霹雳火，戊子己丑水中之火，又曰神龙之火，遇水方贵，为云气之君火也。"《五行要论》也云："戊子含精神辉光全实之气，作四时保生之福，器宇含弘，富贵终吉。"又云："戊子，支干旺于北方，乃水之位。纳音属火，乃水中之火，非神龙不能有之。"

到正德十六年(1521)参加廷试。[①] 嘉靖元年(1522)授宣城县令,四年(1525)拜广西道监察御史,巡按贵州、福建、直隶,激扬三省,轰动全县。为了庆贺,河东河西族内兄弟,大兴土木,重新扩建宗祠。河东宗祠坐东向西,称光禄大宗祠,俗称大东祠,尊父亲(慈一公)施传(1382—?)为河东之祖;河西宗祠坐西向东,称河西特祠,简称西祠,尊叔父(慈二公)施志(1396—?)为河西之祖;从而调动了族内兄弟发家立族的积极性,全村和谐共富的势头终于到来。等到嘉靖戊子岁(1528),宗祠落成之日,全村火炮、张灯相庆。

到万历十六年(1588)时,随着岁月的流逝,人们懈怠,宗谱遭火焚烧。万历十九年(1591)由二十二世孙、81岁的施遂(1511—1591)凭记忆写成草稿《实录》,方得勉强补续。

清顺治四年(1647),清将博洛率兵平定浙东,缙云入清。永康麻车店周以扬率百姓抗清,烽火骤起,村无宁日。戊子五年(1648),夏家畈章子望、章国维率部烧掠宅基,上黄碧;到康熙五年(1666)宗祠方得修复。

康熙十三年(1674),三藩反清,耿精忠部将曾养性军入缙云。十二月战败。十四年(1675),曾养性退出缙云。清马哈达、李荣、陈世凯等部从永康入缙云。战火中,宅基有惊无险。康熙戊子四十七年(1708)二月十一戊子日,族人都以为只有施放焰火娱神才可以避凶纳吉,发族兴村,于是约定从此以后,每到戊子年首戊子日,为宅基元运焰火节。

放焰火,是与张灯、迎龙灯相媲美的又一项重要项目,增加并烘托了年节新禧的热闹气氛。乾隆十五年(1750),正处康乾盛世,宅基增扩重建大东祠;次年(1751)重建西祠。到三十三戊子年(1768),此时全村已甲第绵亘,佳气郁葱,为第二届焰火节。嘉庆五年(1800),洪水冲坏西祠,至十五年(1810)修复。道光八年(1828),举办了第三届焰火节。

咸丰八年(1858),天京事变后,太平军石达开部自成一军,三月自江西入浙,石达开部将石进吉攻下处州。四月七日,石进吉在丽水银场歼灭清兵三千,连克缙云、永康、武义三县。太平军进驻宅基,六月八日撤离。咸丰十一年(1861)五月十九日,太平军李秀成部从丽水入缙云,驻西乡一带,从此宅基进入战乱时期。同治元年(1862)西乡太平军撤至东乡,战争中心东移,随后发生瘟疫,粒米如珠,人口减至一半。

---

① 郑禧、樊献科《奉政大夫广西按察司佥事龙湖公行状》:"丁丑春会试中式,人庆之。辄欷歔泣下曰:'吾亲尚在浅土,吾何以禄为也。'将谒告南归,乡士夫皆以公年及强壮,不宜自迟。时予同馆舍,独赞其成。抵家相仲兄勋于择地,旦得吉址于双塘之别墅。乃毕襄事,手植松楸结庐墓左,旦夕徘徊于其间不忍去。自乡举至是家居凡十年。敛足不入公门,维以化家善俗为事,率众建大宗祠。"(《东阳郡泽矶施氏宗谱》(1949)卷一)

光绪十二年(1886),西祠修毕,两年后又为戊子(1888)年,人们从灾难的废墟中庆幸新生,放焰火娱神纳福,为第四届。四年以后,三十六世孙汝福降临。施汝福(1892—1963),字北衡,北平陆军大学毕业,1943年升第二十六集团军中将副司令。为表达喜庆的心情,全族筹款筹材合力建造的河东、河西共祖元朝十七世敬一公施显总祠和大阊门相继落成。1945年,施北衡由西北补给区司令调任汉口第二补给区司令、上海港口司令。民国戊子年(1948)正月二十四戊子日,四个戏班于大阊门依次搭台,高腔乱弹,共品会场。附近二三十里几千观众都来观望,有亲有戚的投亲戚,无亲无戚的找大常,流水宴席,人人欢饱。入夜之后,众达万人。束束焰火,如千朵花万种球,腾空而放,让人叹为观止,尽兴方歇。直到如今,还有许多老年人清清楚楚地记得当年难忘的情景,是为第五届。

从施姓氏族一千多年来的兴衰发展史中可以看到,宅基戊子焰火节是一代一代宅基人民在传统封建思想的熏陶下,通过焰火娱神的方式,祝福风调雨顺、天下太平、和谐睦族、子孙旺盛和簪笏蝉联的良好愿望中形成的一种文化遗产。

新中国成立以后,宅基人民在中国共产党领导下,自力更生,艰苦奋斗,先后兴建龙潭岙、乌山头两个水库;在桂溪连建机埠三个,修起了黄磉、黄坛、红蛮、八卦四条堰港,筑起从庥磷至龙湖约3000米的防洪堤,并和兄弟村共同修成长达10多公里的白马水库北水渠工程,使全村所有耕地真正实现旱涝保收。水稻亩产从500多斤增加到2000多斤。1990年建成宅基大桥,实现了几百年来梦寐以求的夙愿。改革开放以后,宅基人民通过勤劳致富,2006年人均纯收入已达3200多元。山清水秀,风景如画的宅基一带,已经欢腾起来,赶上世界新潮流的风貌:古村四周,高楼林立;村中巷道,整洁四达;村东村西村南的330国道、金丽温高速公路上,众多车辆不时穿梭而过。过去财主官宦等少数人家过的生活,如今人人日日享受;过去财主官宦人家没有机会领略的许多富贵乐趣,如今家家天天可以消受。如今的日子,超过了以往任何时代。

在新的戊子元运到来之际,富有、活力、和谐、大气的宅基人民,在党的十七大精神指引下,怀着丰收丰产的喜悦,继承了上辈流传下来的独特的历史文化遗产,正在积极筹备举办"宅基第六届戊子焰火节"。他们热烈欢迎左邻右舍、佳客朋友、台湾和港澳同胞、海内外朋友和各级领导莅临指导,共同欣赏具有最新高科技和传统地方特色的焰火表演,祝福祖国在建设全面小康社会的伟大征程中,乘风破浪,逢凶化吉,扬帆万里!

缙云十月酒[①]

夏至熟黄瓜，秋来酿美酒。缙云城乡民间在农历十月酿酒，以备年节之需。这时秋谷已收晒入仓，气候适宜，农事较闲，家家用红曲或黑曲和糯米作为材料酿制美酒。酿制时先将糯米放进饭甑蒸熟摊凉；然后取深山泉水煮开待凉，放进大缸，加米曲，一般十斤米一斤曲，一斤米加一斤半至二斤水，满月后即可饮用。这时酒呈黄红色，如将酒封闭在酒坛里，存入地下土中，陈年味更浓。这十月黄酒，饮用时加温热，配姜丝、红糖、鸡蛋，有通筋、活血、养神的功效，故缙云产妇坐月子，均喝此酒养身。

黄酒之名，一可能是因酒的颜色得名；亦可能由五千年前黄帝酿酒大臣仓佶所取。它集甜、酸、苦、辛、鲜、涩六味于一体，与啤酒、葡萄酒并称世界三大古酒。大约在三千多年前的商周时代，中国人独创酒曲复式发酵法，开始大量酿制黄酒。黄酒产地较广，品种很多，最受中国酿酒界公认和国际市场欢迎的首推绍兴酒。它含有大量蛋白质、核黄素、氨基酸以及碳水化合物等对人体有益的物质，一不伤肝，二不伤胃，还可以加速体内血液循环，有舒筋活血和增进食欲的功能。在日常生活中，还可将其作为烹调菜肴的味料或解腥剂，以及医药上的辅料和药引子。

缙云地处浙江省中部偏南的山区，自古以来就有“帝里仙乡”之称。春秋战国时属越国，秦汉时属会稽郡，唐宋时属浙江东道和两浙东路，为绍兴地域。宋《太平御览》、《太平寰宇纪》和《大明一统志》均云：“处州，古缙云之墟。”《史记正义》云：“黄帝有熊国君，乃少典国君之次子，号曰有熊氏，又曰缙云氏，又曰帝鸿氏，亦曰帝轩氏”，“今括州缙云县，盖其所封也”，故“缙云”就是黄帝之名字。对于缙云民间酿酒，宋江少虞《事实类苑》引杨亿《谈苑》载“缙云酝匠”云：

> 缙云榷置一匠，善酝。经手者罔不醇美，尝令写其方，俾建安酒家造之，味不佳。因召匠诘传方之谬。匠曰：“方尽。”于是矣，然其酘浆，随天气温炎寒凉，量多少之数，均冷暖之节，搅匀洽，尝味体测此，不可口授，但能心晓耳，家二子亦不能传其要，此亦庄子斵轮之意也。

南宋乾道五年（1169），文学家楼钥在《北行日录》中记云：“未已，有徐氏小亭，横跨练溪小憩，而行三十里，饭黄碧村，醪醇酽不殊家酿。”醪醇，也作醇醪，味厚的美酒。酽，形容酒味之浓。黄碧村，今属五云镇新碧农管处。

宋吕声之《缙云道中》诗云：

---

① 成文于2010年12月18日，曾发表于2010年8月5日《缙云报》。

缙云通道入皇都，花沩金城水满湖。借问今来丞相府，后园有人醉歌呼。

元湖州韦居安《梅硐诗话》曰：“乡人张沄声父，号五涧，少从沈晦岩先生学，以《周礼》拔乡解，壬子绍熙三年(1192)发解。诗律高古……”又《题黄碧酒肆》诗云：

东风吹雨水平沙，下却篮舆访酒家。行役不知春早暮，墙头红杏欲飞花。

宋“永嘉四灵”之一徐玑，就写有《黄碧》一诗，云：

黄碧平沙岸，坡塘柳色深。水清知酒美，山瘠识民贫。
鸡犬田家静，桑麻岁事新。相逢行路人，半是永嘉人。

缙云十月酒，应该发扬光大啊！

缙云古城胜利街(1984年)

缙云古城复兴街

浣花溪川石三桥记[①]

缙云山水，名闻天下，其最号秀者数仙都、数黄龙。那黄龙，圣地也。山之西南，有庄曰川石，聚居千人，传为陈氏颍川后裔。村落依山傍水，苍松护堤：东有良山送暖，西汲大梁龙脉，南纳浣花船舡，北镇上岗狻猊。土沃泉美，惠风和畅。村中三河七井，小桥流水人家，素有桃源之誉，水之名曰“浣花”。溪之上，古有川石大桥，东通黄龙铺，西有水口桥，北可接大筠、梅溪。二十年来，改革开放，政通人和，百业兴旺，新楼栉比，盛极一方。近日，表弟景钊来告，村民乐助筹资二十万元，筑三桥于黄泥潭上，可与国道网联，吾万感兴慰。此乃外祖村大事也，不容稍待，即欣然命笔，遵嘱作记。

戊寅(1998)小春中浣，吉日。

① 成文于1998年3月。

重建历山龙潭舜庙记[①]

缙云县东北和永康市西南接壤一带，群峦叠嶂，云遮雾里，相传是有虞氏牧农耕、渔雷泽、陶河滨的圣地。山南为缙云，有茭岭、西青头、马堰、凝碧、玉溪、刘山、宏坦、新建、笕川、前朱、后山沿、宅基、龙湖和瀑川等村；山北为永康，有供瑞下、白雁口、里隆溪、仁村、上范、山门头、永祥、小岩朱、水坑下、石下、塘头、六陈、荆州和后吴等庄，且有釜历山、大爿地、獒山、磨石、角山、双峰、紫凤等山名。主峰处两邑市之交，为群峰之母。巅绝处，三峰鼎峙，曰架鼓峰，有"金龟拜镬"之胜。中谷低陷，古木参天间绿草如茵，足有百亩光景。草甸深处有天池一口，足有十来亩水面，深不可测，即雷泽，俗称龙潭。天旱时水不见枯，雨足时溢流滋北，为荆川之源。处州缙云、婺州永康两地古志书记载，还有推车坑、舜田、舜井诸胜。雷泽之北，本有古坛舜庙一处，为设醮祈雨祭虞舜之地，惜毁于动乱年代。为了恢复历史文化圣迹，开发旅游风景资源，今新建镇茭岭村章剑峰、章水会、章陈洪、刘维琴、章友飞、章炳生、章礼庄、李永成、陈仙明等到南北各地募缘，在原址上恢复舜庙一座，让游者问圣、老者登高，愿者祈福、裔孙问祖，大美举也。今奉同窗刘维琴之嘱，爰为之记。愿历山风景旅游业由此而兴旺发达，愿缙云、永康两地民众世世和谐、代代昌盛、富贵吉祥。

---

① 成文于2008年11月10日。

陈桥兵变与缙云女支卢氏[①]

从缙云县东乡工业重镇——壶镇出发，往东北有山，临溪而立，相传因"天台控其北，宕而集雁，秋入春出，往来于兹"，故称雁门山。山之西，如今桃树万亩，中有一村，因"西接潜溪，东邻金竹，源泉在右，而基居左，左凝其石以成形；右旋其左以成库，故名'左库'"。每到春三月，桃花竞相绽放，花海美不胜收，自然俗成为雁门左库桃花节。此时，士女成群，相约而游，众达数千上万，让人领略元代陈旅的"缙云溪上缙云山，春水流出桃花湾"诗句的壮观美景；更可以体会唐崔护"去年今日此门中，人面桃花相映红。人面不知何处在，桃花依旧笑春风"的诗情画意。

左库村中主要有卢、宋两姓，他们世代友好，和睦相处。其中卢姓，属九支卢中的女支卢。要问这桃花源里女支卢的事，还得拨云拂尘从千年以前说起。

一

唐朝末年，天下大乱，自从朱温弑君之后，天下分崩离析，陷入了藩镇割据的局面。短短五十三年中，权力的更替在走马灯般地进行着，这个时代，是武人角逐的时代。朱温代唐之后，表面上的中央亦不复存在，各方势力没有了任何顾忌，为所欲为，在几十年的战乱、阴谋、流血、厮杀中，历来至高无上、神圣不容侵犯的皇权，变成了只要有兵权、有实力，人人可以抢夺的东西。

九支卢氏中的女支卢的遭遇，直接与刘知远、郭威、柴荣和赵匡胤四位皇帝有关。

刘知远(895—948)，沙陀部人，世居太原。后晋开运三年(946)，耶律德光率契丹军大举进兵，攻入开封，石重贵投降，后晋灭亡。刘知远看准时机，于开运四年(947)在太原称帝，建立后汉，在位不满一年，乾信元年(948)去世，时年54岁。其子刘承佑继位，是为隐帝。

郭威(904—954)，邢州尧山(今河北隆尧)汉族人，或谓"周太祖"，小名"郭雀儿"，五代后周王朝的建立者，曾为后汉的邺都留守。后汉隐帝嫌"厌为大臣所

① 成文于2014年4月27日，曾发表于《丽水方志》2014年第3期、《括苍古今》2015年第4期。本文引证资料和观点除注明外，主要采用惠冬、张其凡《失败者的历史陈桥兵变新探》一文。

制”，派人前往邺都去谋杀郭威，激起了郭威叛变。950年冬，郭威发兵南向，攻入开封，推翻了后汉王朝，951年2月13日，即位建元，国号周，史称后周。他生性节俭、虚心纳谏、改革弊政，使北方地区的经济、政治形势渐渐趋向好转。在五代初期那段战乱频仍的年代，由普通士卒逐步成长为将领，最后又当上了皇帝，是一位历史上公认的清廉勤政的好皇帝。对他的皇后柴氏，《旧五代史》载：

太祖圣穆皇后柴氏，邢州龙岗人，世家豪右。太祖微时，在洛阳闻后贤淑，遂聘之。

这皇后的侄子就是柴荣。《东都事略·张永德传》云：

周太祖柴后，本唐庄宗之嫔御也。庄宗没，明宗遣归其家，行至河上，父母迎之，会大风雨，止于逆旅数日。有一丈夫走过其门，衣弊不能自庇。后见之，惊曰："此何人耶？"逆旅主人曰："此马步军使郭雀儿者也。"后异其人，欲嫁之，请于父母。父母恚曰："汝帝左右人，归当嫁节度使，奈何欲嫁此人？"后曰："此贵人也，不可失也。囊中装分半与父母，我取其半。"父母知不可夺，遂成婚于逆旅中。所谓郭雀儿，即周太祖也。

太祖壮年，喜饮博，好任侠，不拘细行，后规其太过，每有内助之力焉。世宗皇帝即后之侄也，幼而谨愿，后甚怜之，故太祖养之为己子。太祖尝寝，后见五色小蛇入颧鼻间，心异之，知其必贵，敬奉愈厚，未及贵而厌代。太祖即位，乃下制曰："义之深无先于作配，礼之重莫大于追崇。朕当宁载思，抚存怀旧。河洲令德，犹传荇菜之诗；妫汭大名，不及珩璜之贵。俾盛副笄之礼，以伸求剑之情。故夫人柴氏，代籍贻芳，湘灵集庆。体柔仪而陈阙翟，芬若椒兰；持贞操以选中珰，誉光图史。懿范尚留于闺阃，昌言有助于箴规。深唯望气之艰，弥叹藏舟之速，将开宝祚，俄谢璧台。宜正号于轩宫，俾潜耀于坤象，可追命为皇后。仍令所司定谥，备礼册命。"既而有司上谥曰圣穆。显德初，太祖神主入庙，以后祔于其室。

因而，柴荣为后汉枢密使郭威义子。自幼追随郭威左右，15岁加入军队，24岁拜将。赵匡胤，后唐明宗天成二年(927)生于洛阳一军人家庭，21岁时为了寻找建功立业的机会离家远游。950年，23岁的赵匡胤结识了29岁的柴荣，遂北投邺都郭威的部队，在一系列的战斗中，三人建立起兄弟般的情谊，民间俗称后桃园结义。951年，郭威称帝，因全家悉数被杀，只得立继子柴荣为太子。

954年，郭威病死，柴荣即位，时年33岁，改年号显德，史称周世宗。即位当年，北方的割据势力——北汉马上联合契丹前来进犯，柴荣力排众议，自任主帅亲征，大捷。战后，他对战争中所暴露出来的军队中的种种问题毫不姑息，命令赵匡胤对军队进行大刀阔斧的改编，使军队战斗力大大加强。同时，赵匡胤在军队中的威望也急速上升。

955—959 年,后周进行了大规模的对外作战,先后征讨了西蜀、南唐、北汉和契丹。几乎每次征战周世宗无不亲力亲为,战斗在第一线。而赵匡胤则在一次次的战斗中不断地建立起自己的功勋和势力,成为后周的著名将领。959 年,柴荣第 5 次亲征,麾师直指北方的强敌契丹。赵匡胤领兵随行。开战后,仅仅 42 天便占领了燕南各州。然而,在攻取幽州时,柴荣猝然重病,周军被迫还师。

959 年 6 月 29 日,即显德六年,日落时分,柴荣病逝于后周大梁万岁殿,年仅 38 岁,临死立 7 岁的长子柴宗训为太子,委国事于范质、王傅两丞相,委军权于义弟赵匡胤。

960 年,显德七年元旦,赵匡胤的亲信在陈桥驿站发生了哗变,把黄袍加到了赵匡胤的身上。赵匡胤率军队回朝,迫使幼帝柴宗训让位,遂称帝,改元建隆。其时,赵匡胤也是 33 岁。其后,赵贬周废帝于房州。

二

陈桥兵变,是赵宋代周改朝换代的重大事件。后周禁卫军效仿 950 年军士拥立郭威登基称帝的澶州兵变,在陈桥驿(今河南封丘东南陈桥镇)造反,并拥戴赵匡胤为皇帝,此次兵变最后导致了后周帝国的灭亡和宋帝国的建立,某种程度上亦标志着五代十国时代开始迈入新时代。而兵变的具体经历,清诗人查慎行在《汴梁杂诗》中云:

梁宋遗墟指汴京,纷纷禅代事何轻。也知光义难为弟,不及朱三尚有兄。
将帅权倾皆易姓,英雄时至适成名。千秋疑案陈桥驿,一着黄袍遂罢兵。

当今,宋史学界的一代宗师邓广铭也指出:

将查慎行之诗后两句顺序颠倒过来更可见得陈桥兵变的真相:正是因为后来的罢兵,才使得此前的黄袍加身案日益扑朔迷离而真相不明不白的。事实上宋太祖却能于黄袍加身后,使赵氏一家的统治延续了数百年之久,于是多少善于圆谎的史学家们对此事均多方加以粉饰,希图蒙蔽后代的读史。

若我们能够保持一份警惕,从另外的角度,尤其是从"失败者"的角度来观察,考析史料中流露出的蛛丝马迹,也许可以从中发现一派全新的图景。陈桥兵变中的"失败者",即兵变之前赵匡胤的政敌。王夫之就曾慨道:

赵氏起家什伍,两世为裨将,与乱世相浮沉,姓字且不闻于人间,况能以惠泽下流系丘民之企慕乎!其事柴氏也,西征河东,北拒契丹,未尝有一矢之勋;滁关之捷，无当安危，酬以节镇而已逾其分。以德之无积也如彼，而功之仅成也如此，微论汉、唐底定之鸿烈，即以曹操之扫黄巾、诛董卓、出献帝于阽危、夷二袁之僭逆，刘裕之俘姚泓、馘慕容超、诛桓玄、走死卢循以定江介者，百不逮一。

首先，五代时期武将掌握朝廷政权的情形仍然继续存在于后周政局中，而当时朝中最高的军政决策者是韩通。韩通，并州（今山西）太原人，在后周的立国和发展中居功厥伟，被周祖"委以心腹"，官至检校太尉、同中书门下平章事，兼侍卫亲军副都指挥使，是后周军事体系中的最高统帅，权力至大，威信颇高。当时"周郑王幼弱，通与赵匡胤同掌宿卫，军政多决于通"，可见韩通的地位要远在赵匡胤之上。然而，韩、赵二人的关系却极为不睦。韩通之子韩橐驼就觉察到赵匡胤的野心，并奉劝韩通早为之预备，甚至在兵变前要杀掉赵匡胤，可见二者之间早已是形同水火。这样一个位高权重的对手的存在，对赵匡胤无疑是最大的威胁。

其次，从赵匡胤兵变之后回军的路上遭到的抵抗来看，颇为曲折。赵匡胤兵变回师，首驱陈桥门，吃了第一次闭门羹："陈桥驿在陈桥、封丘二门之间。艺祖拥戴之初，陈桥守门者拒不纳，遂如封邱。"到皇城的宣祐门外时，更为惊险。《梦粱录》卷十四《忠节祠》载："初，宋太祖受禅，驾自宣祐门入，守关者施弓箭相向，弗纳，移步趋他门而入。"《随隐漫录》的记载可以与之形成互证："太祖自陈桥拥兵入，长入祗候班陆、乔二宰长率众拒于南门，乃自北门入，陆、乔义不臣，自缢死。"为国捐躯。

再次，在朝廷同僚中，赵匡胤树敌颇多。如郑起："显德末为殿中侍御史，见上握禁兵，有人望，乃贻书范质，极言其事。质不听。尝遇上于路，横绝前导而过。"又如杨徽之者，周世宗时即屡次上言提醒提防赵匡胤，后者即位后甚至将欲杀之，赖太宗说情才得以保活。另外，宰相范质听闻兵变消息之后，"爪入（王）溥手，几出血"，由此愤恨之态中也可以明显看出对兵变极为抵触，即使在赵氏兵变成功之后，在罗彦环按剑胁逼之下，还"颇诮让太祖，且不肯拜"。由此可见，兵变之前的赵匡胤虽然在朝政的掌控上有了相当大的优势，但是远远没有达到游刃有余的程度，他的野心也激起了朝廷内外众多人士的反感。所以，开封城内拥戴后周、抵触赵氏的政治力量绝对不容小觑。

赵匡胤由陈桥驿挥师回朝，欲到达朝廷逼宫禅位，必须穿越开封城的三重城墙：外城、内城和皇城。陈桥驿在开封城北，入城之路以陈桥门最为便捷，故赵匡胤回师后直驱陈桥门。陈桥门是开封外城的北四门之一，赵氏在此遭遇到的第一次阻抗已如上述，不得已西行至封邱门，"抱关者望风启钥"，才得以入城。

接下来，赵匡胤领兵进入内城，走的是仁和门，史籍中有颇多记载："乃整军自仁和门入，秋毫无所犯"，"乃肃部伍自仁和门入，诸校翼从。"这是进城最为顺利的一次。之所以如此顺利，原因无非有二：一是仁和门守卒像封邱门那样"望风启铊”,二是在仁和门处早已有人接应。从封邱、仁和两门守卒日后的境遇来看,第一种可能性可以排除:封邱门守卒在兵变成功后随即被以不忠不义之名斩杀,而仁和们守卒则未见任何惩罚。如果两者都是望风请降的话,赵匡胤没有必要加以区别对待。如果是有人接应,接应者又是谁呢?兵变前夜,赵普等主谋者就已派军使郭延赟告知城内的留守心腹、殿前都指挥使石守信和殿前都虞侯王审琦,要他们预为准备。从《太宗实录》可知,石守信马上部署兵士控制了皇城左掖门,而王审琦则极有可能前去仁和门接应。关于王审琦在兵变中的作为,不见存于史著,却在兵变之后骤升为殿前都指挥使,如若在兵变之时没有突出的作为,很难想象会有此快速晋升。另外,在兵变之前,赵匡胤的母亲“杜太后眷属以下尽在定力院”,而定力院就位于仁和门侧,赵匡胤不会不在附近安置亲信保护自己的家人。当时的开封城内,能够得到赵匡胤信任且有实力实行保护的,舍“布衣之交”王审琦无他。所以,赵匡胤率兵由仁和门入内城,是一场早有预谋的行动。

穿越仁和门后,大军直驱皇城,从早已有人接应的左掖门进入:“时(石)守信宿卫内廷,闻变,登左掖门严兵设备,闭关以守及(楚)昭辅至,守信启关纳之。”

赵氏反对者中最为后人聚讼纷纭的,当属韩通。与赵匡胤“姓字且不闻于人间”不同,韩通在后周开国前后就跟随太祖郭威南征北战,功名赫赫,至陈桥兵变前已充任侍卫亲军马步军副都指挥使,由于都指挥使李重进长期驻外,实际上韩通已是朝廷中最高的军事统帅。韩通在兵变过程中听闻兵变消息之后,立即率领少数亲信奔出内廷,准备组织抵抗,在通过左掖门的时候,路遇正在“严兵守备”的赵匡胤“义社兄弟”石守信等人伏弩阻击,展开激战,冲出重围后,马上派兵前去定力院搜捕赵匡胤家人,之后迎面碰上刚入城的兵变前锋王彦昇,于是就发生了被追赶到家中、一门多死的惨剧。

韩通的遭际,可以视之为宋初一干“失败者”的缩影。由于历史形势的需要和舆论环境的塑造,这些“失败者”的言行逐渐模糊不清,甚至淡出历史的视界。在陈桥兵变中,韩通等一干抗击者的事迹长期隐而不彰,甚至在新旧《五代史》中都不给他们留下只鳞片羽。也许恰恰是这些被遮蔽起来的部分,可以弥补历史中所缺失的那一环,还我们以历史的全景。

三

陈桥兵变期间,赵匡胤对后周幼帝柴宗训的取置,最早见于王巩《随手杂录》:

太祖皇帝初入宫，见宫嫔抱一小儿，问之，曰世宗子也。时范质与赵普、潘美等侍侧，太祖顾问普等，普等曰："去之。"潘美与一帅在后，不语。太祖召问之，美不敢答，太祖曰："即人之位，杀人之子，朕不忍为也。"美曰："臣与陛下北面事世宗，劝陛下杀之，即負世宗。劝陛下不杀，则陛下必致疑。"太祖曰："与尔为侄，世宗子不可为尔子也。"美遂持归，其后太祖亦不问，美亦不复言。后终刺史，名惟吉，潘夙之祖也。美本无兄弟，其后惟吉历任供三代，止云以美为父，而不言祖。余得之于其家人。

"见宫嫔抱一小儿"，到南宋初，在王铚《默记》中，更加确切：

艺祖初自陈桥推戴入城，周恭帝即衣白襴，乘轿子出居天清寺。天清，世宗节名，而寺其功德院也。艺祖与诸将同入内，六宫迎拜。有丱角者，宫人抱之亦拜。询之，乃世宗二子，纪王、蕲王也。顾诸将曰："此复何待？"左右即提去，唯潘美在后以手掐殿柱，低头不语。艺祖云："汝以为不可耶？"美对曰："臣岂敢以为不可，但于理未安。"艺祖即命追还，以其一人赐美。美即收之以为子，而艺祖后亦不复问。其后名惟正者是也。每供三代，唯以美为父，而不及其他。故独此房不与美子孙连名。名夙者，乃其后也。夙为文官，子孙亦然。夙有才，为名帅，其英明有自云。

"艺祖"，开国帝王的通称，这里指宋太祖赵匡胤。文中"一小儿"变成了"二小儿"。

王巩，字定国，王素之子，王旦之孙。由于是相府之家出身，王巩所记真实性很高。记中"潘美与一帅"，这一帅是谁没有讲，《卢氏宗谱》里称作卢琰。清光绪十八年（1892）西昌（今江西新建）李汝为《永康县志·宦墓》卷二中载："后周，越国公卢炎墓。在孝义乡四十五都东塘山。"在卷八《隐逸》又云：

卢炎，字文炳，为儒堂卢丁久支，始迁祖，汴人，仕后周，以工部尚书封越国公。陈桥之变，义不臣宋，抱世宗幼子窜居永康，遂为永康人。前《志》未载，今照东阳许宏纲、卢杜二先生传补。

可《卢氏宗谱》自称是唐代诗人卢仝的五世孙。卢琰于唐光化三年（900）出生，祖籍汴州玉川，属玉川卢姓派系。金华婺城区长山乡卢家村一农家，保存着一张较为完好的圣旨，长 0.65 米，宽 0.415 米，为帛制品，为建隆元年（960）宋太祖赵匡胤颁发。虽然时光已逾千年，但金粉书写的字迹仍然清晰可辨。内容是建隆元年八月，赵匡胤敕封卢琰为观文殿大学士、金紫光禄大夫。对于卢琰的身世，宋天禧四年（1020）湖南道把总卢本心《宋越国公传》云：

越国公讳琰，字文炳，行一五，唐玉川子元孙。祖鹓，仕五代梁。卿父清，越州令。越国公佐后周，历官工部尚书、荣禄大夫，封开国上将军。便宜行事卓有功绩，纪勒旌常。

世宗(柴荣)树碑太庙赞曰："璠玙其温，冰雪其清；学之已精；执笔横经，陟降殿廷；赤诚辅弼，四海海尊宁。"又赞其相曰："卿貌而古，卿德而丰，抚一事上，以仁以忠。"噫，斯人也，美乎伊周之风！

显德庚申(960)春正月，世宗崩，恭接位。宋受周禅，群臣出禅文，让以大宝，封恭帝为郑王。二皇子纪王熙谨、蕲王熙诲在宫，宋祖(赵匡胤)顾谓诸将曰："此复何待！"左右即提出。公启曰："尧舜授受不废朱均。今受禅，安德不存其后?"潘美以手捏殿柱，垂头不语。宋祖曰："汝亦以为不可也?"美曰："臣岂敢以为不可，但于理未安耳。"乃命追还。国公与美各抱其一。公所抱者即蕲王熙诲也，遂纳印缓归。宋祖素重公名行，特诏封为越国公，许令致政。乃辟地开浙之临安。寻，又自临安而远遁于永康之灵山(今磐安县新渥镇深宅乡)。优游泉石，以景物自娱。……娶上将军赵讳光公之女，封越国一品夫人。生八子：珪、璞、衡、功、理、敏、卫，一子(女)配蕲王熙诲。比建隆三年(962)，徙郑王置房州，惧有少康斟灌之祸，更名卢璇，与八子列而为九。始，吴越与宋不通，开宝甲戌(974)，吴越遣使入贡，宋封其王为东南招抚制置使，乃擢公长子珪为湖南按抚使。至太平兴国间，仍尽官其诸子。乾兴癸酉，璇亦入仕，拜殿前防御使，封武烈侯。后九支蕃衍，假木为号，曰："榛、栗、柽、松、竹、梅、桐、杞，世承洛邑玉川子之所称，曰玉川卢氏。"初，灵山辟，偶崖谷，欲多朴野，公以身荡物，建塾延廷，课诸子孙及乡之弟，风俗丕变，遂成文物之乡。公生于唐光化庚申年(900)……卒于宋雍熙乙酉年(985)……寿八十有六。朝廷诏谕祭葬于灵山东塘山。

后还有宋治平四年(1067)安南路新喻州儒学教谕吕士则、绍兴三年(1133)武显大夫卢泽《古序》和淳熙甲午(1174)防御使卢玩明永康《古序》所记与上述内容大体相同。绍兴三年(1133)资政大学士张俊《宋礼部尚书可公神道碑》亦云：

俊尝考公受氏本柴也。公之父讳炯，以宋受周禅为避，时有工部尚书越国公卢琰者，乃炯隐姓从卢，易姓璇，以女锦配之。太平兴国间旋拜殿前防御使，封武烈侯，世谓卢氏受姓之始祖也。

这些都是氏族传说的真实记录。

四

对于后周纪王柴熙谨，宋太祖对潘美曰："与尔为侄，世宗子不可为尔子也。"

潘美持归后，太祖亦不问，美亦不复言。美本无兄弟，其后惟吉历任供三代，上云以美为父，而不言祖。改名潘惟道，《宋史》有载，名作惟正，讳玖，任职光禄大夫、西京作坊使，由大名府迁居山东省青州府临朐县竹搭桥，配王氏生子五：贞周、元周、明周、能周、尊周。贞周袭祖职为光禄大夫，与明周、能周同事于宋，于神宗熙宁初年(1068)，兄弟三人被谪入楚。今已改柴姓。

后周蕲王柴熙诲，改名卢璇，只见于《卢氏宗谱》。卢琰九子后世以木建号。在灵山时，始分上卢(长卢)、中卢、下卢(下园)三宅。而后裔析居除磐安本地外，又有永康、东阳、金华、武义、浦江、仙居、天台、缙云等地。明嘉靖四十四年(1565)南京刑部尚书卢勋《白竹宗谱序》云：

家藏曾祖守义公输粟，赐敕赴阙谢恩，京山章小尹赠别轴文内云："其先周世宗之后，本姓柴氏，避宋改今姓，世居汴，十五世讳汉者，以金吾大将军从高祖南渡，官至枢密承旨，始居婺之永康，后有讳泰者，又徙处之缙云，故子孙今为缙云人。"

《缙云姓氏志》亦载：

白竹卢氏：俗称"女支卢"，始祖卢璿，太平兴国年间(976—983)官殿前防御使，封武烈侯。其八世孙卢泰(1123—1217)，字世安，号静庵，以骑射纵游缙云山谷，见美化乡地处台、括、婺三府四县之间，山川秀丽，林木翁郁，尤爱虎岩山水清奇，从永康孝义乡(今属盘安县)迁此。一日，忽走失一豕(猪)，往寻，见豕于东窖坑产仔十余，因而奇之，并定居于此。又见山有竹，莹如白玉，名其地为白竹。元明以来，白竹卢氏纷纷外迁，卢泰八世孙卢森(1276—1358)，字仲茂，因兵火烧毁旧居，创别业于长潭(今名潆潭，属盘安县冷水乡)。卢杲(1309—1378)与三子(道复、道衡、道彻)聚集乡人筑立五堡以抗元兵。及事平，旧居均毁于火，兄弟三人遂各自一方。……次子道衡，字仲亨，号五峰，居阳坡，即今阳村。……五世孙卢琮(1419—?)、卢莹兄弟俩于明中叶迁今雁岭乡左库村。

因此，九支卢氏，就是聚居于浙江中部金华、永康、东阳、缙云、磐安等地一带，后周工部尚书卢琰的九个儿子宗系。其中老三为女支卢，是后周蕲王柴熙诲的后裔。总而言之，女支卢氏的蹊跷经历和有趣传奇，可算是："缙云溪上九重山，春水流出桃花湾。雁门左库深深锁，女卢千年上叩天。"

探秘缙云丹址王氏[①]

缙云县新建镇丹址村，在县西北小八都坑中，相传因葛洪在此炼丹而得名。这里四周青峰入云，清流屈曲见底；民居鳞次栉比，风俗古朴淳厚，全村今有500余户人家，以王姓居多。村内明代王氏宗祠中，立有一块雕刻精致、通红贴金的"安国公侯"古匾。而在栋柱上还异乎寻常地留有罕见的长联：

缅当姬纂肇对，由汉而晋而宋而元明，炳炳麟麟，竹帛流芳光祖德，
溯自大唐锡郡，从越之赤之括之坦诸，绵绵奕奕，簪缨累叶焕人文。

人们不禁会问："安国公侯"是什么官呢？

一

查民国三十六年(1947)《丹址王氏宗谱》，谱中未见"安国公侯"的直接记载。可元大德元年(1297)处州府儒学教谕童应椿《太原感应夫人庙》(集贤直学士朝列大夫行浙江等处儒学提举吴兴赵孟頫书，集贤大夫处州路总管兼劝管内农事孟淳题额)碑文云：

括之丽水浐滩玉洲有王夫人蒋氏，其夫五代时跻膴仕，自越之若耶溪徙居之。……夫人子三：长曰肇，驸马汴京，阅世浸盛；次曰元，侍殳司税缙云壶镇，徙居丹址；少子璋，庐于墓侧。

"浐滩"，地名，在丽水市西北，今为上、下显滩自然村，莲都区联城街道瑶畈村境内。民国十五年(1926)《丽水县志》载："大溪……畎溪水源出县西北六十里宣平县，中有浐滩，明都指挥沈麟御贼战死处。""桥渡：浐滩渡，在县西北三十里，渡夫一名，工食银同前。""膴仕"，义为官宦。王夫人其夫名尚，生三个儿子：长曰肇，驸马汴京，阅(历)世浸(大)盛；次曰元，侍殳司税缙云壶镇，徙居丹址；少子璋，卢于墓侧。在《行第》中更有具体记载：

第一世：王尚，讳格焕……自会稽若耶迁……迁丽水浐滩，又自浐滩迁居缙云丹址。娶蒋氏生三子：长曰肇，唐季驸马，居汴京；次曰仕元，居丹址；三仕璋，

① 成文于2014年8月12日。

居浐滩。是尚公，实王氏始祖也，其生平无考。按：尚公迁居浐滩，历历可考。今按：浐滩有《感应夫人庙》，则公之配蒋氏也。夫人生有灵异，殁而神庇一乡，乡人遂立庙以祀之，《庙记》现存可考。既而公来自浐滩，司缙云壶镇赋税，催科中有抚字。恩及民，民皆德之。公殁后，犹灵显庇一乡，故乡人为之立祠享祀。世相沿袭，今之尚公庙是也。然三子虽分三处，而子孙繁衍孰非尚公之所流注耶。

第二世：王元，字仁甫，娶宣平李氏，生一子开承……随父宦游……父殁归浐滩，道经丹址，见山川钟秀可居，遂携家小筑丹址，王氏始祖也。

凡《宗谱》中的始迁祖，往往多传说成分，可靠度较低。《丹址王氏宗谱》中第三世为："王开承，字永接，大中戊辰（848）三月初八日生。咸通己丑（869）三月初一日卒，年二十二岁。"大中、咸通，唐代年号，显然为唐朝人。"长曰肇，驸马汴京，阀世浸盛"，驸马，皇帝的女婿，属皇亲国戚，因此，"安国公侯"最有可能就是王尚长子驸马王肇。

二

王肇，史书中确有其人，甚显，官至节度使。《新五代史·王建传》卷六十三载：

乾宁三年（896）五月，昭宗遣宦者袁易简诏建罢兵。建收兵还成都，黔南节度使王肇以其地降于建。

清《钦定续通志》卷五九六亦载：

三年，昭宗遣宦者袁易简诏建罢兵，乃还成都。黔南节度使王肇以其地降建。（《资治通鉴》作武泰军节度使王建肇——引者注）

故黔南节度使王肇，原名王建肇。《新唐书·昭宗哀帝》中云：

（乾宁）三年（896）……五月……庚寅，成汭陷黔州，武泰军节度使王建肇奔于成都。

《新唐书·赵德諲传》云：

赵德諲，蔡州人。从秦宗权为右将，以讨黄巢功授申州刺史。光启初（885），与秦诰、鹿晏弘合兵攻襄州，节度使刘巨容奔成都。宗权假德諲山南东道节度留后，进攻荆南，悉收宝赀，留裨将王建肇守之，遗人才数百室。明年（886），归州刺史郭禹来讨，建肇纳之，奔黔州。

《新唐书·成汭传》云：

> 成汭，青州人。……禹又破其将王建肇，建肇奔黔州。昭宗拜禹荆南节度留后，始改名汭，复故姓。宗权余党常厚攻夔州。是时，西川节度使王建遣将屯忠州，与夔州刺史毛湘相唇齿，厚屯白帝。……时王建肇据黔州自守，帝以建肇为武泰军节度使。汭遣将赵武率存攻之，建肇走，汭乃以武为留后，存为万州刺史。存不得志，汭遣客伺之，方蹴球，汭曰："存必叛，自试其力矣。"遣将袭之。存夜率左右超堞走，与王建肇皆降于王建。

节度使，唐代设立的地方军政长官，因受职之时，朝廷赐以旌节，故称。安史之乱起，朝廷为了平叛，在内地也相继设置节镇。唐末爆发黄巢农民起义战争后，朝廷进一步失去对地方的控制，节度使林立，他们拥兵自雄，互相兼并。其中武力最强、在唐亡后建号称帝者，先后有五代；其余割据一方，立国改元（也有未改元者）自传子孙者为十国。节度使亦多桀骜跋扈，部下更多悍将骄卒，逐帅杀使之军变事件不断发生。

三

说起驸马，首先让人想到公主。王建肇官节度使在唐末乾宁年间，当时唐昭宗李晔 21 岁登基，公主尚幼，达不到婚配年龄。王建肇的妻子只能在以前的懿宗、僖宗皇帝的公主中找。《新唐书·诸帝公主列传》记载，唐懿宗李漼有八位女儿：卫国文懿公主（母郭淑妃，先封为同昌公主，下嫁韦保衡，薨于咸通十年）、安化公主、普康公主、昌元公主（薨于咸通年间）、昌宁公主（母韩国夫人王氏）、金华公主、仁寿公主。其实至少应有 11 女。《新唐书·公主传》载：僖宗李儇之女，唐兴公主和永平公主。

唐僖宗敕封公主，《新唐书·公主传》漏载。清代陆心源《唐文拾遗》卷三四崔致远《贺封公主表》云：

> 臣某言：臣得进奏院状报，奉去年十月十四日敕旨，皇帝第十一妹封遂宁公主，长女封唐兴公主，次女封永平公主，待收复京阙，备礼册命者。……伏以遂甯公主德资元吉，考祥于归妹之占；唐兴公主、永平公主誉洽肃雍，禀庆于降嫔之典。伴嫦娥于独月，分婺女于双星，秀发青春，光浮碧落。……

故僖宗所封的三位公主是：第十一妹（懿宗十一女）遂宁公主，长女唐兴公主，次女永平公主。与王建肇联姻的公主，在唐懿宗的女儿中可能性最大。

《贺封公主表》作者崔致远，新罗末期人，乾符三年（876）冬，任溧水县尉。广明元年(880)黄巢乱,僖宗逃出长安,崔致远任职期满,欲西回长安,遇黄巢起义军从采石渡江,一路势如破竹,长安沦陷。崔致远西行无望,经友人顾芸推荐和书信自荐,入幕扬州淮南节度使高骈门下。广明二年(881)正月,僖宗至成都。崔致远为高骈拟了大量诏、启、状之类的公文。中和四年(884),崔致远之弟崔栖远,由新罗涉海来唐,奉家信迎崔致远回国。中和五年(885)正月,僖宗还京师。故崔致远撰写《贺封公主表》,即僖宗敕封公主的时间在成都,就是说中和二年(882)正月以后,到崔致远回国的中和四年(884)之前。

驸马,为古代帝王女婿,这种联姻一般属政治婚姻。唐安史之乱后,在中央对地方控驭能力大为削弱的情况下,政府采取与藩镇联姻的方式来加强与地方的联系,希望公主能成为维系中央与藩镇之间关系的纽带。王肇当上驸马都尉和节度使的时间,当在唐昭宗光化三年(900)降唐以后不久,即被任为武泰军节度使期间。

总之,王建肇,祖籍会稽,处州浐滩人,王尚长子。光启元年(885)为唐秦宗权军中山南东道留后赵德諲的部将。三月,秦宗权称帝,赵德諲与秦浩、鹿晏弘合兵攻襄州(今湖北襄阳),逐节度使刘巨容,秦宗权授为山南东道节度使。光启三年(887)十二月,赵德諲攻打荆南(荆州),杀节度使张瑰,留部将王建肇据守。光启四年(888)四月,唐归州刺史郭禹攻打荆南,驱逐王建肇。王建肇逃往黔州。赵德諲既失荆南,又度秦宗权必败,于是举众降唐,托于朱全忠。朱全忠即表请以赵德諲为蔡州四面行营副都统,加忠义军节度使。五月六日,王建肇随赵德諲正式降唐,任武泰镇节度使,不久被招为唐兴公主驸马都尉,亦封安国公侯。

乾宁三年(896),三月,已改回本名的成汭与副将许存,沿长江西进攻打王建肇的领地。王建肇抵抗不住,弃黔州,撤退到丰都。成汭任大将,赵武为武泰留后。赵武频繁攻打丰都的王建肇。王建肇抵御不住,于是只好与许存一起,最终投降西川节度使王建。

王建忌许存勇略,欲杀之。掌书记高烛曰:"公方总揽英雄,以图霸业,彼穷来归我,奈何杀之。"建使戍蜀州,阴使知蜀州王宗绾察之。宗绾密言:"存忠勇谦厚,有良将才。"建乃舍之更其姓名,曰王宗播。在此情况下,王建肇亦避蜀主王建讳,而去"建"字,只称王肇。此后再无记载。

四

如上所述,王尚长子驸马王肇,原名王建肇。以此而推,次子胡陈司税王元,本名王建元;小子王璋,居浐滩,亦名王建璋。

丹址《王氏宗谱》二世祖王建元"侍殳司税缙云壶镇"。"侍殳"，这个词很有深意，需要认真推敲。侍，在尊长旁边陪着的意思，义为侍从。而"殳"字，象形，像手持一种长柄勾头非金属的竹木类兵器。《周礼》："殳以积竹、八觚，长丈二尺，建于兵车。"《左传·昭公二十三年》："执殳而立于道左。"凡兵器，金属为上，竹木为次。如果作为武装集团的性质去理解，"殳"只能是非政府武装；如果作为武装头领去理解，"殳"只能是非国家任命的长官。"侍殳"，王建肇所侍从的应该是一个什么样的人呢？

大家知道，唐广明元年(880)十二月，黄巢率领义军攻占京城长安，十三日黄巢即位，国号大齐，建立了农民政权。中和元年(881)，一月，唐僖宗逃至成都，建立流亡朝廷，发号施令，各地藩镇纷纷出兵，在京城四面诸道行营都统郑畋指挥下，包围长安。唐朝上下社会大乱，江淮和江南地方武装(土团)烽起。八月，寿州屠者王绪首先起兵，自称将军，攻占寿州(今安徽寿县)和光州(今河南潢川)，与此同时，又有贸(鄞县)人钟季文攻占明州；临海人杜雄攻占台州，永嘉人朱褒攻占温州，遂昌人卢约攻占处州。此辈均属地方武装，乘机割据。这些地方武装，或公然叛乱而据地自雄，或胁迫唐朝取得官职及合法地位，其性质都是藩镇割据的雏形。从管辖地域和距离远近去考虑，这"殳"很可能就是攻占处州的遂昌卢约。

卢约(？—907)，夫人崔氏①，原为唐军将领②。会昌四年(844)卢约参与平定潞州之乱，广明元年(880)响应黄巢起义，在遂昌聚众反抗官府。中和元年(881)十一月，卢约率部攻克处州城，自领刺史。光启四年(888)三月，僖宗死，弟昭宗李晔立，下旨认可卢约为括州刺史及安抚使副使。③ 天祐二年(905)，卢约派弟卢佶攻取温州，拥有两州地域，声势浩大。后梁开平元年(907)五月，吴传瓘、传璙又率军攻处州，卢约不能破敌，被迫投降，后被杀害。

卢约起兵遂昌，攻克二州，自镇处州二十六年。在唐末军阀割据期间，卢约是处州事实上的军事行政长官，明何镗《括苍汇记·大事记》云："中和元年(881)遂昌贼卢约攻陷处州，据城以叛。"又注曰：

> 约来，黄巢乱。攻劫青田等县，命姪佶陷处州，即守之。……约来据州为刺史，自镇一方，多所建置。

可见，处州后人并没有忘记这位失败的地方长官。元童应椿《太原感应夫人庙》碑文云：王建元"司缙云壶镇赋税，催科中有抚字。恩及民，民皆德之"。世乱

---

① 见开成017号《唐前左金吾卫录事参军崔公慎经夫人陇西李氏墓志铭并序》注。

② 宋宋敏求：《唐大韶令》卷125；唐武帝：《平潞州德音》。

③ 清《浙江通志》卷112。

中，王建元跟随卢约在缙云壶镇收税时，体恤百姓，属社会善政。由此而推，王建元很可能是处州刺史卢约派驻缙云县的地方长官之一。

五

无独有偶，民国十一年(1922)东渡《龙津王氏宗谱》载：绍兴二十七年(1157)詹义《龙津王氏谱序》云：

余观王氏世裔，如自唐乾元公由温乐清黄塘经缙云，见山川之秀，迁龙津鼓楼之西居焉。其子曰志，曰忠，其孙一言、进言、纳言，并敦行谊，传习儒业。曾孙积善，捐资劳兵，自族义官。道善，兼善贡远太学。玄孙日铎，敦尚清修，日钰，庠生者，著文传世。六传沧公，宋赠部郎。七传时升，户部员外。八传宣公，授光禄卿。九传达公，封忠烈侯。十一传敦礼公，绍若进士。厥后子孙蕃衍，经书相继，仕宦蝉联。由宋而今进士伯用，公乃乾元公十二世孙也。

明景泰三年(1452)王以泰、王孟森《王氏宗谱源流序》亦云：

氏族之先胄……又传数世有讳尚德公，避乱居墨沼者……传数世有乾元公字资始，号碧溪，由墨沼仕温之乐清，经缙云见山川之胜卜居鼓楼之西焉。生二子，长曰志，次曰忠，至孙讳积善，中和间冠乱，捐资劳兵，旨旌义官。

表明此族修谱，最早在南宋初期，时间已跨越377年。至今仅11修，已传40余世。《龙津王氏宗谱·行叙录》亦载：第一世：始祖乾元，字资溪，号碧溪，由墨沼仕温州乐清。唐建中元年(780)经缙云龙津山川之胜，卜居鼓楼之西(五云龙津坊)焉。其中四世积善，字庆，唐中和年间(881—884)，冠(卢约)乱，捐资劳兵，旨旌义官。九世王达，字寻道，敕封忠烈侯；十一世王敦礼(忠烈侯王达之孙)，字尚恭，绍兴辛未(1151)进士；十二世王佐，字伯用，绍兴丁丑(1157)进士(忠烈侯王达玄孙)；二十一世王文振(1335—1391)，字景燧，顺天顺义知县等。

《丹址王氏宗谱》比《龙津王氏宗谱》纂修要晚。明正德元年(1506)陶赞《始修王氏宗谱序》载："王氏谱，其家二十二世孙吉安通判逸庵公所辑录也"，"吾家自会稽若耶迁仙居后墩，复迁丽水选滩。至尚公子孙者，又自选滩迁居缙云丹址。但家谱迭经兵燹，存者无几，幸而得宗支图于家藏中稍有可稽。"时间已跨越627年。至今20修，已传亦40余世。这逸庵，即王尹(1448—1516)，字世任，又名商佐，缙云丹址人，自幼聪慧，习举业，与周南同窗。成化十六年(1480)王尹中举，后赴京试，至弘治九年(1496)亦不第，始屈志入官，任吉安府通判，持操清慎，莅政勤敏，上下嘉庆。正德三年（1508），王尹以奉母为由，上状东归，坊名文光。

我访莲都上浐滩村，清光绪乙亥（1875）、甲辰（1904），民国丙戌（1946）太原《王氏宗谱》云：

一世：仁宝，字亲之，晋高祖（石敬瑭）时，为李（李克用义子李嗣源）守真（镇）河中。支使守真反（在魏州兵变时唆使李嗣源叛变）。父松，上书曰："陈（晋）高祖怜之，但使解职而已。"二世：尚，字尚德，徙居括之丽水懿德乡，因其名王州。配章氏夫人殁而为神，庙食封感应夫人，正月十五日生，生三子：斌；玹，赘居缙云；璋。三世：璋，娶刘氏，生四子：孝、悌、忠、信，居郡城。四世：悌，徙居浐滩，生二子：重、杲。

与《丹址王氏宗谱》所载，近似而又有别。

我国古代氏族，经过战乱、疾病、自然灾害和政治经济文化条件的影响，始迁祖卜居各地的真实情况，除极少数外，绝大多数长期在民间流传，往往会出现许多变异。丹址《王氏宗谱》二世祖王建元，与《龙津王氏宗谱》始迁祖王乾元，对他们的文字记载虽然有些不同，但他们名字音同（方言），世代相同，同一县邑，这异乎寻常的历史现象，很有可能就是对同一个人的不同分化而已，两者可能就是同一支宗族。

综上所述，缙云丹址王氏始迁祖王尚，早在唐朝就徙居丽水浐滩，其子长曰肇，唐懿宗驸马，官至武泰、黔州军节度使，封安国公侯，阅世浸盛；次曰元，在唐中和元年（881）冬，父子一起随处州刺史卢约在缙云县胡陈地面，在百姓拥护下，设藩立镇，开始收税。后道经丹址，见山川钟秀可居，遂携家小筑丹址，再而聚族而居。而龙津王氏，也称四世王积善，在中和年间寇乱，捐资劳兵，旨旌义官；此外箬川（前村）王氏都可能是同宗。

六、 地方戏剧

缙云传统戏剧源流的初探[①]

缙云县位于浙江中部偏南的括苍山区，武周万岁登封元年(696)分婺州永康县南部和括州括苍县北部置县，以境内有缙云山得名，延续至今。

缙云山，晋谢灵运《名山记》载："古老云'黄帝炼丹于此'。"黄帝，姓公孙，名轩辕，号有熊，是五千年来中华民族公认的人文始祖。20 世纪六七十年代，在舒洪岭口、东渡方坑口、壶镇迎祥、新建洋山等地先后发现新石器时代的石刀、石斧、石锛和印纹硬陶残片，表明在距今四五千年前的缙云山一带，就有先人居住。"缙云"一名，源于《左传·文公十八年》"缙云氏……谓之饕餮"，汉司马迁《史记》亦同。唐张守节《正义》云，"黄帝有熊国君，乃少典国君之次子，号曰有熊氏，又曰缙云氏，又曰帝鸿氏，亦曰帝轩氏"，"今括州缙云县盖其所封也"。宋《太平御览》、《太平寰宇记》均载："处州缙云郡，古缙云之墟。"这些远古传说时期的文献记载，用社会存在决定社会意识的唯物主义世界观去认识，它应当是原始社会晚期，炎黄部落中的黄帝缙云氏一支南迁聚居于此的文化遗存。浙江的良渚文化，原称江南龙山文化，属黄帝时代。1986 年对余杭反山出土的良渚神器，李学勤先生指出，上者是神，神骑在龙上，当是黄帝驭龙图。这种图纹经过简化为饕餮纹，后来成了商周青铜器的主图案。

浙中南一带，早在公元前 10 世纪就为百越多民族聚居地，周成王时称之为瓯，那时瓯人就向中央政府进贡蝉蛇和"辩口丽辞，巧善歌笑"的王后。公元前 138 年，汉武帝削平东瓯、闽越地方氏族割据，一度虚其地，经济文化因断层而严重倒退。东汉魏晋南北朝时期，汉皇权宗室南迁，一大批文化名人和道家方士陆续迁入，就有驿路从古城缙云墟穿越，虽说恶溪百折川谷难，却见酒香五里桃花店。他们利用秀美奇伟的山水风光，开凿括苍山、缙云山等一大群洞天福地。其中，括苍山是道教十大洞天之第十，名玄德隐真洞天；缙云山是三十六洞天之第二十九，名仙都祈仙洞天。

戏剧是由演员扮演角色，当众表演情节、显示情景意境的一种民众艺术，多由古代的宗教傩祭、傩舞演变而来，后逐渐发展为由文学、表演、音乐、美术等多种艺术形式有机组合的综合艺术。《尚书·舜典》说："予击石拊石，百兽(神)率舞。"其类型有四，一为庆祝打猎胜利的猎舞，二为年终酬神的蜡舞，三为天旱求雨的雩舞，四为祭祀高祖黄帝，奏黄钟、歌大吕的禘礼"云门大卷"舞。

① 成文于 2009 年 3 月 15 日，曾发表于《丽水研究》2009 年第 2 期、2009 年 5 月 6 日《今日缙云》。

汉《吴越春秋》记载，春秋末年越国的国君勾践向楚国的射箭能手陈音询问弓弹的道理，陈音在回答时引用了黄帝时的《弹歌》："断竹，续竹，飞土，逐肉。"当时还流传有《越人歌》："今夕何夕兮搴舟中流，今日何日兮得与王子同舟。蒙羞被好兮不訾诟耻，心几顽而不绝兮得知王子。山有木兮木有枝，心悦君兮君不知。"

缙云山，即仙都山，道教三十六小洞天之第二十九，称元都祈仙天。祈就是祭祀，"祈仙"应该就是祭祀黄帝。缙云县地处婺台处三府之交，山高谷深，有"八山一水一分田"之说，境内海拔 1000 米以上的高峰有 346 座，其中大阳（洋）山海拔 1500 米，是括苍山脉的第一高峰和真正的主峰。缙云县溪涧众多，风光旖旎雄伟：有好溪向东南到丽水入大溪，为瓯江支流，流向温州；有南源溪向北到永康入武义江，属钱塘江水系，流向婺州；有永安溪向东入仙居，属灵江水系，流向台州。晋代大书法家王羲之，南朝文学家鲍照，唐代大诗人李白、白居易、小篆书法家李阳冰，宋代著名科学家沈括、理学大家朱熹、文学家范成大，元代南戏作家高诚则、著名元曲作家张可久，明代军事家刘基、地理旅游家徐霞客、戏剧家汤显祖，清代诗人朱彝尊、音乐戏剧家刘廷玑、文宗巨匠阮元、文学家袁枚等都有诗文留传，故缙云之地历来有地接三府、道通三江的"缙云通道"之称。

社会经济的逐渐发达，孕育着地方文化的创新。早在隋朝，温州就以"善歌舞"闻名于世。唐天宝七年（748），缙云郡（处州）太守苗奉倩将缙云山彩云仙乐之异，上奏于朝，玄宗大悦，赐改缙云山为仙都，改缙云堂为黄帝祠宇，从此，缙云山川增色，仙都四海闻名。

两宋时代，中国的社会经济重心由北方移到南方，被称为"国家根本，仰给东南"。南渡时期，赵宋皇族、三槐王氏、九支卢氏、永嘉郑氏、绍兴黄氏、会稽杜氏、温岭丁氏中等一大批文化艺人，历尽千辛万苦，经过缙云，涌入婺州、处州、温州一带，在市肆上有了木连、醒感和社火灯戏表演，到南宋绍熙年间（1190—1194）形成风靡一代的南戏杂剧。

元统一南北以后，杭州作为当时全国最大的城市，虽军事政治地位下降，但经济文化活动趋向民间，亦相当繁荣。温州的杂剧艺人和南戏班社为了生存和发展，开始扩散：向北进入台州、越州；向西主要逆瓯江而上，从处州桃花岭途经缙云、永康，进入有"小邹鲁"之称的婺州，再北迁进入临安、苏州，向南入闽、入赣。其中向西的艺人，令南戏在文化地位更高的杭州等江南大城市中盛行起来。元末明初，南戏艺人通过竞争和交流，兼收并蓄，各以当地方言传唱，促成昆山、海盐、余姚、杭州、弋阳等多种民间声腔的形成和繁荣。

明嘉靖到清初，江西弋阳腔发展演变成一个弋阳腔系统，昆山腔也得到革新而兴盛起来。清中期，昆山腔和京腔逐步走向衰落，而在民间流传的昆山腔与弋阳腔各自采用秧歌、小调和道教、佛教的音乐入戏，从而促使这些历史悠久的地方戏逐步在全国各地蓬勃发展起来。其中弋阳腔，即高腔，流入处州，称松阳高腔；流入婺州，称义乌腔；流入北京，成为京腔。当时，安徽常闹水灾，安徽徽州、池州、太平、安庆和石牌一带南戏杂剧变种而来的徽戏，为了求生，有的进京，成为京班；有的随徽商南下，进入兰溪、建德、金华一带。徽戏通俗易懂，能学好记，雅俗共赏，一经传入就深受欢迎。它渐渐和乱弹、滩黄等剧种一样，以绝对优势压倒高腔、昆腔与之合班。成化《处州府志·缙云县志》云："缙云风俗与丽水大同，然自宋晦庵朱先生过化之地，士尚廉介，家习业儒，弦诵之声接于四境，雅为文献之区。"缙云地处要冲，社戏盛行，艺人甚多，相互模仿、渗透、传承，从而使各个剧种出现你中有我、我中有你的状态。状元岭上的宋人詹骙状元传说，就是温州南戏的生角形象。相传明永乐年间，一都小溪村演出《十二采茶》、《贩茶》、《盘茶》、《讨茶租》、《四姐妹采茶》等采茶灯戏。壶镇《汪氏宗谱》中有其村汪国华往李家看戏的文字记载。清初《缙云县志》亦载"元夕张灯街市，彩扮故事为台阁赛歌"，"立春迎土牛，结彩为亭，装扮杂剧"。乾隆《缙云县志》亦曰丧礼有"搭架台献杂剧，忘哀取乐，以悦人耳目"等。同时，道教的法事、道场中唱经念咒、行香祭神、烧化冥钱过程中，用乐曲伴奏，流传在乡村。

许多老人回忆，乾隆、嘉庆年间，胡村、东余、胪膛等地就有徽班存在，一直演至太平军战火烧到缙云的咸丰、同治年间(1858—1862)，才被迫停演。民国初年(1911)，徽班有金华路和缙云路之分，缙云路即永康路。职业徽班主要有大联升、缙东舞台、宏广舞台、高升舞台、庆乐舞台、吕凤台班、汉炎班等。乡村有锣鼓会，县城有仿韵社、农乐社和东门、北门、水南三个锣鼓班，新建有聚庆会、拾庆会，靖岳有友义会、永义会等，此外还有为数众多的季节性班社、小唱班、采茶戏和省感戏等业余表演团体。1921 年，缙云县有班社 14 个。1923 年壶镇吕学联起班，能演 72 本徽戏和 100 多出折子戏。各班阵容整齐，名伶云集，名旦汤吉昌，小生刘学成、俞宝康，花旦孔明钦(永康)、蒋新水，正生李朝梭、杨德善，老外王整春，大花胡松溪、胡岩林，二花李亨攀，小花胡金水、黄德银，鼓板王梅桂声，正吹李绵春、胡逊林、麻献杨，三件陈德福等都成了戏迷们在村头巷尾中谈论的话题。在缙云、永康的徽班中，数"大联升"的历史最长，影响最大。大联升，后改名大品玉，俗称子仙班，20 世纪二三十年代开始，一直在缙云、丽水、松阳、永康、金华一带城乡演出。

1949 年 9 月，金华中学成立婺剧研究社。1950 年 8 月，上海召开华东戏曲改革工作会议，浙江金华、衢州代表仿效"华东实验越剧团"的名称，提议将金华专区内流行的徽戏、乱弹、昆腔、高腔、滩黄、时调等的各种地方戏统一称为婺剧，以便于在全国占有一席之地。1951 年秋，梅子仙(仙都梅宅人)和王景春两人以原"大品玉"为班底，吸收缙东舞台永康胡金水、李亨攀和原处州班杨德善、刘学成等名伶组成云和剧团，1953 年改名拥和剧团，1956 年缙云拥和剧团改名为缙云婺剧团。与此同时，在党和人民政府引导下，较大的行政村都在锣鼓班的基础上组建农村剧团。六十年来在宣传党的中心工作的同时，演出了数百种杂剧、徽戏，成百上千的泥腿子登上了戏剧艺术的表演舞台。

缙云戏剧文化和黄帝文化一样，博大精深，源远流长。作为宋元南戏的孕育和流通之道，村镇社戏流行，改革开放以后，在社会主义市场经济的推动下更加火红：当今尚有 30 多个具有相当艺术表演水平的民间专业剧团，常年在浙、闽、赣一带城乡为农民演出，盛名远播。这一切都表明帝乡缙云人能歌善舞、开朗向上，缙云不仅是“仙乡帝里”的旅游大县，还是处州杂剧之乡的戏剧大县。

从参军戏到鹘伶声嗽[①]

戏剧，遍布城乡，喜闻乐见，历史十分悠久。而研究者甚少，今凑二则，以付社会。

一

参军戏，是盛行于唐代的一种古老戏剧形式，类似今天的小品。段安节《乐府杂录》云：

开元中，黄幡绰、张野狐弄参军，始自汉馆陶令石耽。耽有赃犯，和帝惜其才免罪。每宴乐令衣白衫，命优伶戏弄辱之，经年乃放。

《太平御览》卷五六九“倡优”门引《赵书》谓：

石勒参军周延，为馆陶令。断官绢数百匹，下狱。以八泌（议）宥之。后每大会，使俳优（者）着介帻，黄绢单衣。优问：“汝为何官？在我辈中？”曰：“我本为馆陶令。”斗数，单衣曰：“正坐取是，故入汝辈中。”以为笑。

这两则史料，王国维先生以“后汉之世尚无参军之官”为由，认为“《赵书》之说殆是”。而有些学者则不置可否。台湾学者曾永义在比较分析两则材料之后认为：石耽和周延都是馆陶令，贪赃枉法，受到优伶的奉命戏弄，而且明显的是后者仿效前者，因此说参军戏“论实质的演出形式始于东汉和帝，而若论名称的奠定则在后汉石勒”。

参军戏以滑稽调笑为主，一般有两个角色：被戏弄者名参军，戏弄者叫苍鹘；演法是一个戴着幞头、穿着绿衣服，叫作“参军”，另外一个梳着“苍鹘”。参军后来叫作副净，苍鹘后来叫作副末，鹘能击禽鸟，末可以打副净，这种表演法就如同说对口相声时一个为逗哏、一个为捧哏，捧哏的常拿扇子打逗哏的。演出通常为三个环节。首环是“问答”，参军展示出一系列呆傻可笑的言行（术语称“打猛浑入”），并因此受到苍鹘的责问。第二环节为“打骂错者”，参军答不好，遭到苍鹘的棒打或呵斥。第三环节为“激发奇思”，遭到打骂的参军，忽然做出一个有悖正常逻辑的辩解或行为，以此结束全剧（术语称“打猛浑出”）。

---

① 成文于2012年4月21日，曾发表于《丽水方志》2012年第2期。

唐代诗人李商隐有"忽复学参军,按声唤苍鹘"的戏曲诗句。赵璘《因话录》云:"肃宗宴于宫中,女优有弄假官戏,其绿衣秉简者谓之参军椿。"故晚唐时,发展为多人演出,并有女角出场。因此,它一般被称为参军戏,或称加官戏,亦称跳加官,可能是当今流行的相声、二人转的前身。到宋时角色也有所增加,逐渐发展为杂剧。南宋戏曲称南戏,陆游《春社》有诗云:

太平处处是优场,社日儿童喜欲狂。且看参军唤苍鹘,京都新禁舞斋郎。

优场,演戏的场地。斋郎,古代舞队名。明祝允明(支山)在《猥谈》中说:"南戏出于宣和之后,南渡之际,谓之温州杂剧。予见旧牒,其时有赵闳夫榜禁,颇述名目,如《赵贞女蔡二郎》等,亦不甚多。"

文学家徐渭在《南词叙录》中又云:"南戏……或云宣和间已滥觞,其盛行则自南渡,号曰'永嘉杂剧',又曰'鹘伶声嗽'。""鹘伶声嗽"中"伶"为乐官、乐师,也泛指表演歌舞、戏剧的人。因此,鹘伶,就是指能够演唱鹘鸟一般声音曲调的艺人演员。嗽,用嘴吮吸。《释名·释饮食》:"嗽,促也。用口急促也。"声 sòu,吮吸发出的声音,即演员语音唱念的腔调。

苍鹘,舞台上穿深青色、深绿色的戏弄者的角色,如当今相声中的捧角。苍,深青色、深绿色。鹘,《说文》曰:"鹘,鹘鸼也。从鸟骨声。"《尔雅·释鸟》:"鶌鸠,鹘鸼。"《注》:"似山雀而小,短尾,青黑色,多声,江东呼为鹘鸼。"《玉篇》:"斑鸠也。"

二

明代戏曲家、文学家汤显祖,在万历二十三年(1595)任遂昌知县时,曾作《乙未平昌三拜朔矣,示馆中游好。平昌属括苍,常见呼老鸹鸽云》诗:

岁岁书云色正黄,春山无恙对琴堂。飞凫又作朝天去,太史应占老鸹鸽。

平昌,古山名和县名,宋《方舆纪要》卷九四:"平昌山,在(遂昌)县东十五里,与孟山前后相叠,形如昌字,孙吴以此名县。"三国吴赤乌二年(239)分太末县南界置平昌县。吴宝鼎元年(266)属东阳郡;天纪四年(280)改遂昌县。隋开皇九年(589)分松阳县东乡置括苍县,又置处州,遂昌县省入松阳。隋开皇十二年(592),废永嘉、临海二郡,改处州为括州,驻丽水,辖括苍、永嘉、松阳、临海四县(大体为今丽水、温州、台州三市地域,即浙西南地区)。唐景云二年(711)复遂昌县。所以平昌属括苍。

鸹鸽,《本草纲目·禽部·鸧鸡》:"鸧鸹、麋鸹、鸹鹿、麦鸹。(李)时珍按:罗愿云，鸧麋，其色苍，如麋也。鸹鹿，其声也。关西呼为鸹鹿，山东呼为鸧鸹（讹为错落），南人呼为鸧鸡，江人呼为麦鸡。”而苍鹘，一作鸧鸹，亦作鹘鸧，也作鹘鸼。鸹，《说文》：“鸹，麋鸹也。”鸟名，又名鸧鸹、鸹鹿、鸧鸡、麦鸡。《尔雅·释鸟》：“鸧，麋鸹。”晋郭璞注：“今呼鸧鸹。”鸹鸧，亦作鸹鸧、鹘鸧，与括苍音同，故汤显祖说“常见呼老鸹鸧”。

明代著名才子桑悦爱观南戏，不论工拙乐之，终日不厌。有《观戏说》云：“吾取其升而不荣，黜而不辱，笑非真乐，哭非真哀而已。昔文惠君之养生，得之于解牛；张旭之草书，得之于舞剑；宋元君之画史，得之于般砖；司马迁之史记，得之于游览。是皆见之于彼而悟之于此者也。予于观戏得处世之道，顺逆之境交于前，不为置休戚焉。谓非有得于戏哉。呜呼，今古能观戏者鲜矣。”清黄景仁《十四夜宴程澄江学使者座》诗：“又是当场一辈人，参军苍鹘纷成队。”

总而言之，宋代南戏，宣和年间（1119—1125）已经滥觞，号曰“永嘉杂剧”，又曰“鹘伶声嗽”。鹘伶，就是指能够演唱斑鸠鸟一般声音曲调的艺人。鸹鸧，与丽水市古名括苍同音。明戏曲家汤显祖所说“老鸹鸧”，就是专指处州戏曲老艺人。从著名戏曲家汤显祖叫处州戏曲老艺人为“老鸹鸧”，说明处州是古代南戏的发源地之一，丽水市也是中国的戏曲之乡。

七、 人物轶事

晋鄮县吏——缙云鲍盖[①]

我国城乡遍布有许许多多的庙宇，由于其所奉尊神为土木所制，又与舞台上戏剧人物类似，向来为平民百姓所奉，而不为官宦有识者所重，统统列入迷信的范畴。其实，所奉神尊，并非都是虚无缥缈的神仙，有一些是本地有杰出贡献的历史人物。

缙云县五云街道东门村，在古时候本为缙云县邑的东郭（内城叫城，外城叫郭）。东门村隔溪对面临溪处（今步云桥南头稍东）有灵应行祠，亦称利济王庙，俗称东门本保殿。明刘宣《处州府志·缙云县志》(1482)，清潘绍诒《光绪处州府志》(1877)、曹懋极《康熙缙云县志》(1672)、霍维腾《康熙缙云县志》(1684)、令狐亦岱《乾隆缙云县志》(1767)、汤成烈《道光缙云县志》(1849)、何乃容《光绪缙云县志》(1876)均载：

灵应行祠，在县南一百步。神，邑人，东郭鲍盖也。梁大通末，显灵讨贼，庙食四明。宋建炎二年知县苏德秀建。岁久崩坏，成化壬寅邑人李尚厚、丁公璇、郑世裕辈重建。

四明，浙江旧宁波府的别称，以境内有四明山得名。鲍盖作为神，古代为其所立的庙宇在宁波一带相当普遍。南宋宝庆《四明志》载："灵应庙，即鲍郎祠也，旧云'永泰王庙'，在州南二里半，祀晋惠济广灵王鲍盖。"民国二十二年(1933)《鄞县通志》载："五乡西南即下王鹿山，晋鲍郎射鹿处也，其古墓今犹在焉。"此志统计，整个鄞县城乡有鲍盖庙68座，约占全县庙宇的五分之一。其中尤以鹿山鲍盖墓周边的东钱湖、邱隘、东吴及宁波城厢等列庙祠数十座，前后绵亘百余里。自唐宋迄今，俎豆几历千载不衰，春秋祈祭盛于浙东。

缙云鲍盖为什么会受鄞东百姓如此敬重呢？今鲍贤昌、鲍雄《鲍盖与宁波灵应庙》一文介绍：鲍盖(267—316)，晋惠帝永兴三年(306)任鄮县县吏，居高钱青山村（东钱湖镇梅湖村）。鲍盖为官清正，两袖清风，除暴安良，保境安民，深受老百姓爱戴。晋愍帝建兴四年(316)天闹灾荒，百姓流离失所，食树皮度日。正当危难之时，适逢鲍盖押粮船队在海上遇风浪，驶入鹿江（高钱）暂避，见沿途饿殍遍野，群众跪地求救，不禁悲感交织，泪水纵横，毅然将所押粮食赈济灾民，由于难向官府交差，自己投江自尽。死后百姓将其从鹿江中捞起来，葬于高钱下王鹿山。附近百姓感其恩德，鄞东、

① 成文于2012年7月21日，曾发表于2012年9月7日《今日缙云》。

鄞西一带纷纷立庙祀之，其中在其居住地附近建庙，以“青山”为名。传说山上盛产染料“青”草，为鲍郎神所化。农妇织布染色亦得其益。

清徐兆昺《四明谈助》(1825)载：“鲍盖薨(死)三十年后为神……南朝梁大通间(527—529)，有奴贼名益，倡诱群盗，号‘奴抄兵’，寇郡邑，官兵战而不胜。明州刺史萧祇得盖之助，将‘奴抄’歼灭于余姚，舟胶于江，众陷于淖，溃溃如醉，官军悉缚之。祇奏其异，武帝遗增大祠宇。”唐圣历二年(699)，鄞县令柳惠古迁祠于县，建明州鲍君永泰王庙。宋崇宁二年(1103)，尚书丰稷奏：明州鲍君永泰王庙额，犯哲宗皇帝陵名，乞改名“灵应”。宋以后，鲍盖屡次被封“忠嘉神圣惠济广灵王”(见元袁桷《四明延佑志》)。明正统年间(1436—1449)，明州郡守郑珞新建。

《青山庙鲍府尊神简介》称：“鲍郎名盖，浙江绍兴人，晋武帝泰始三年(267)生。”绍兴，即会稽。泰始三年，即公元267年，为西晋之初。缙云东门村地，当时属会稽郡扬州永康县和松阳县之交地域。故可称鲍盖为会稽人。“神，邑人，东郭鲍盖也”，亦没错。

宋建炎二年(1128)，著名史学家缙云鲍彪荣登进士。缙云知县苏德秀，应东郭百姓请，在东门村对面金紫山麓临溪处兴建“灵应行祠”。岁久崩坏，明成化十八年(1482)，县邑士绅李尚厚、丁公璇、郑世裕等重建，其庙屋至今尚存。由此观之，凡能超越岁月的风雨，又被乡亲用最普通的方式纪念的人，才是真正的大英雄。

缙云古城东斤石桥

唐括苍县令——贺兰务温[1]

括苍县，古县名，隋开皇九年(589)分松阳县东乡置。唐李吉甫《元和郡县图志·处州》："取括苍山为名。"县治在今丽水市东南3公里括苍山麓之古城，过去为处州、括州、永嘉郡和缙云郡的治所。唐武德四年(621)分置丽水县，八年(625)复并入括苍。到唐大历十四年(779)，为避德宗李适(kuò)名讳，改名丽水县。因此，括苍县存在190年，是今丽水市莲都区的直接前身。而古括苍县的主要行政长官——县令，由于文献散佚，《道光丽水县志》仅载李冲、李璲二人。

今偶翻文献[2]，知《唐代墓志汇编》书中搜集有唐括苍县令贺兰务温《墓志铭》。此铭中云：贺兰务温，一作贺兰温，字茂弘，唐河南洛阳人。据"卒年六十五，开元九年落葬"一句推算，贺兰务温当生于唐高宗显庆二年(657)，死于唐玄宗开元九年(721)。贺兰务温，勤政清廉，温厚儒雅，官朝散大夫。

唐永淳二年(683)十二月丁巳，高宗李治在东都病死，太子李显立，是为中宗，改元弘道。尊天后武则天为皇太后，政事仍取决于皇太后。次年(684)春正月，改元嗣圣。二月戊午，武则天集百官于乾元殿，废唐中宗李显为庐陵王。己未，立雍州牧李旦为皇帝，即睿宗。而政事不得有所预，居别殿。壬子，立李旦长子李成器为太子，改元文明。其实武则天自已亲政，登上皇位。这一年，恰贺兰务温娶河间王孝恭孙女李氏为妻，成为准驸马。

武则天为了打击李氏皇族势力，巩固帝位，也将贺兰务温远贬降职，仅授泉州(福建)莆田主簿。不久转大牢(四川应灵)、介休(山西)、绛州(山西)、曲沃(山西)县令，而后又再贬汴州(河南开封)司仓(主管仓库)。十七八年后，已是武周大足元年间(701)，贺兰务温因流落，只得游心老庄，取乐闲放而已。时好友姚苇奉旨入宫办事，途经务温寓所，心抱不平，特为他说情，结果贺兰务温竟更加远放，敕改江浙括苍县令(相当于今丽水市莲都、云和、景宁和武义县南部原宣平县四地)。到神龙元年(705)，唐中宗复位。他尽洗幽滞受屈，回京都长安任职，入拜少府监丞，仍加朝散，后累迁主客员外、祠部郎中。此时，礼部尚书薛稷正春风得意，权倾当代。不为之挠，及秉机务又得罪于他，再一次降职下迁，拜仪州(甘肃华亭)刺史，接着上调扬州(今江苏扬州)司马，最后官相州(今河北临漳西南)刺史。因此，贺兰务温是武周大足、长安年间(701—705)的括苍令，比李冲、李璲要早。

---

① 成文于2001年11月2日。

② 曹汛:《唐代墓志汇编残志辩证》(中),《文史》1999年第二辑(总47辑),第105页。

唐代道教理论的集大成者——杜光庭[①]

缙云县，在浙江省中部偏南的山区之中，大约从东汉开始称括苍山。山中溪流九曲，清澈见底；两岸奇峰，高耸入云，附近一带山地村舍名称都用“缙云”一名，自古相传是中华民族的人文始祖轩辕黄帝铸鼎、觞百神和炼丹飞升之地。大约从东汉开始就有符箓派的方士赵炳、郑隐、葛洪，南北朝时南天师道创建者陆修静、孙游岳、陶弘景，隋唐徐则、吴善经、刘处静、闾丘方远和杜光庭等著名道士在此修炼传教，从而缙云仙都不仅是南方黄帝文化的辐射中心，而且也是我国古代道教的活动中心。

杜光庭，处州缙云县人，唐代著名的思想家、文学家、书法家和“道门领袖”。一千多年来在以儒家为本位的正统观念影响下，流传到当今有关杜光庭生平事迹的资料却十分有限，单单他的籍贯问题，在古代就有多种不同的说法。20世纪90年代以后，随着思想的解放，以及大量史籍和学术专著的出版，人们对杜光庭的研究开始逐步深化，原来许多似是而非的疑难问题有了更进一步阐明的条件。至于杜光庭的籍贯，经过分析，其实只有三种：长安（京兆、杜陵）人；缙云（括苍、处州）人；缙云人，一曰长安人。而京兆杜陵长安是京兆杜氏的郡望，括苍、处州是缙云的州名。因此，杜光庭的籍贯是：郡望京兆，处州缙云县人。

一、杜光庭的生平

杜光庭，字宾圣，号东瀛（东海）子，生于唐宣宗大中四年（850）。杜氏，本自帝尧刘累之后，出京兆、濮阳、襄阳三望。汉有御史大夫杜周，以南阳豪族徙茂陵，始居京兆。《蜀梼杌》云：“杜光庭杜陵人，寓居处州。”杜陵地处京兆，为杜光庭郡望。鲁迅《古籍序跋集》云：“杜光庭，字宾圣，处州缙云人。”此外，郑振铎《插图本中国文学史》、朱东润《中国历代文学作品选》等都同此说。

唐代缙云杜氏，至今尚无直接发现。现在，间接证据已经找到：

1. 大洋镇后村《箬川潘氏宗谱》载：二世，泉州太守潘梦的次子潘佐（881—969），字经国，住箬川（今大洋镇前后村一带），娶妻杜氏（879—961），生二子：元、昌。三世，潘佐弟潘鼎长子潘魁（939—1017），字子星，住箬川，娶妻杜氏（942—

① 成文于2007年7月3日，曾发表于2008年缙云县杜光庭学术研讨会《杜光庭学术研究论文集》。

1022)，生二子：褕、显。后迁居杜桥，而为杜桥派。

2.《五云谢氏宗谱》载：谢贯(902—970)、谢缟(944—1006)父子均娶杜氏为妻。它表明，唐末五代时期缙云县城东部的杜桥村有杜姓氏族聚居。《缙云县地名志》载："杜桥，在县城东北一公里谷口。海拔152米，于公路两侧依浅丘分布。始由杜姓人建村，村口有一古石桥，故名。"此村后，有一条发源于莲塘、山水塘的小山溪，经粟米山、黄基山后，穿村而过，从石桥注入好溪洄石潭。属"双溪"地形。这与杜光庭晚年回忆故乡《题鸿都观》诗境基本相合：

亡吴霸越已功全，深隐云林始学仙。鸾鹤自飘三蜀驾，波涛犹忆五湖船。
双溪夜月明寒玉，众岭秋空敛翠烟。也有扁舟归去兴，故乡东望思悠然。

故杜桥村，很大可能是杜光庭的出生地。

杜氏望族，根据宋欧阳修《新唐书·宰相世系表》和赵超《新唐书宰相世系表集校》以及明万历杜应龙《缙云杜氏宗谱》三书综合校核，杜光庭可能是唐末太尉杜让能(841—893)儿子杜光乂、杜晓的堂兄。

《缙云杜氏宗谱》载，南宋绍兴年间，山阴杜渐，字文学，官缙云儒学教谕。杜渐任满本想返回原籍，蒙众友攀留，乃卜居县城龙津坊，是宋代缙云杜氏始迁祖。杜渐是北宋庆历丞相杜衍的六世孙，而杜衍又是唐杜晓的七世孙，杜渐是杜光庭的十三世孙。

宋张唐英《蜀梼杌》载，杜光庭"寓居处州，方干(著名诗人)称之为宗庙中宝玉大圭(国家栋樑)"。时为唐大中十年(856)，杜光庭年仅七岁。

杜光庭试万言科不中，时唐咸通十一年(870)，此年科举被丞相路岩上奏唐懿宗废止，事载五代王定保《唐摭言·荐举不捷》和宋计有功《唐诗纪事》，时杜光庭二十一岁。

杜光庭登科不中，在京城遇到太清宫名道潘尊师，奋然决定弃儒入道。他返乡时，途经王屋山、西天目山等地访道后，年底回到缙云老家。仙都是道家三十六小洞天之一，时天台山著名道士刘处静退居仙都山隐其岩已数年，其徒闾丘方远亦已学成下山，入天台山修炼。杜光庭有《题空明洞》诗一首：

窅然灵岫五云深，落翮标名振古今。芝术迎风香馥馥，松柽蔽日影森森。
从师只拟寻司马，访道终期谒奉林。欲问空明奇胜处，地藏方石恰似金。

空明，通明透彻。唐高阳道士许碏《醉吟》："晓入瑶台霞气清，天风飞下步虚声。生心未尽俗缘在，十里下山空月明。"五云，缙云别称。方石，谢灵运《山居赋·注》："方石，直上万丈，下有长溪，亦是缙云之流云。"故方石就是指缙云仙都鼎湖峰，因此《题空明洞》是杜光庭游仙都所写的诗。这表明杜光庭曾去仙都拜访过年迈的刘处静，而杜光庭后来拜刘处静师弟应夷节为师，有可能出于刘处静的介绍。

刘处静(803—873),名介,字道游,祖籍彭城,遂昌人,从天台吴守素、陈寡言为师,为司马承祯四传弟子。闾丘方远在仙都拜刘处静为师,与杜光庭同辈,由于闾丘方远年长且入道较早,当属师兄。

唐咸通十二年(871)春,二十二岁的杜光庭入天台山拜著名道士应夷节为师。应夷节(810—894),字适中,东阳人,赐号紫应道元先生,从师冯惟良,为司马承祯的四传弟子。

杜光庭与其他入道青年相比,有深厚的儒学功底,又有一代宗师指点,勤奋学道,不但迅速地掌握了道教的一般程式和教理,而且开始钻研儒道释三教相融学说,成为应夷节的上首弟子。杜光庭修道的道元院内,藏有应夷节师弟叶藏质新编不久的《玉霄道藏》等大量道书。他得以博览众经,"常谓道法科教,自汉天师暨陆修静撰集以来,岁月绵邈,几将废坠,遂考辨真伪,条列始末",于是积极地研习道法,整理道经,为他日后编集《道藏》并成为道教思想的集大成者打下了基础。

唐僖宗乾符二年(875),浙西狼山王郢起兵苏常,乘船往来,攻掠两浙、福建。八月,黄巢起义军占越州,江东动乱从此开始。二十六岁的杜光庭下天台山西行,到衢州开化,再西行到崇仁沸湖山、龙虎山,至武夷山,随后北上洪州,再沿长江入蜀。乾符三年(876)漫游蜀中及周边地区,求经访道。乾符六年(879)出蜀到湖北均川等地寻访道经。

广明元年(880)十二月辛巳,黄巢攻占潼关。甲申,唐僖宗在宦官田令孜保护下,秘密逃出长安。第二年(881)春正月,僖宗驾至成都。七月,改广明二年为中和元年。三十二岁的杜光庭从湖北再次入蜀,杜光庭《太上黄箓斋仪》卷五二之《小序》云:"余属兹艰会,漂寓成都,扈跸还京,淹留未几,再为搜捃,备涉艰难。"《旧五代史》:"潘尊师奏曰:臣观两街之众,道听途说,一时之俊即有之。至于掌教之士,恐未合应圣旨。臣于科场中识九经杜光庭,其人性简而气清,量宽而识远,且困于风尘,思欲脱疑名利久矣,以臣愚思之,非光庭不可。"皆曰"学海千寻,辞林万叶,扶宗立教,海内一人而已"。又凤翔陇西节度使郑畋荐其文于朝。僖宗诏而问之,一见大悦,遂令披戴,乃赐以紫服象简,充麟德殿文章应制,号曰广成先生,并奉敕在青城山修醮。

中和五年(885)正月,平定黄巢起义。唐僖宗车驾发成都,二月至凤翔,三月返回长安,杜光庭获备护卫,到达京城,为上都太清宫内供奉。

此时,河中节度使王重荣专有安邑、解县盐池。田令孜要收回两池,调王重荣为泰宁节度使,王重荣拒绝调任。田令孜联合朱玫(邠宁节度使)、李昌符(凤翔节度使)和王重荣对抗。太原李克用率兵救王重荣,击败朱玫、李昌符,进逼京城。

光启二年(886)正月,田令孜带着唐僖宗逃往凤翔,还准备前往宝鸡和汉中。朱玫、李昌符见田令孜败逃,改附李克用。大部分朝官憎恨田令孜,不愿去宝鸡,要夺唐僖宗回长安。三月,邠宁、凤翔兵攻宝鸡。田令孜带着唐僖宗,杜让能(杜光庭从叔)、孔纬等一些朝官一起逃到汉中。朱玫、李昌符和朝官立煴为皇帝。田令孜失势穷困,只好让位给宦官杨复恭,自任为四川监军使,到成都去投靠陈敬瑄。朱玫擅权,李昌符、王重荣又回到唐僖宗这边来。李克用反对朱玫和李煴,朱玫失势穷困,被部将王行瑜杀死。朝官二百余人拥李煴逃往河中。王重荣杀李煴,又杀朝官将近一半。唐僖宗下诏杀所有投李煴的朝官,杜让能力争,许多朝官得免死。

在此事件中,杜光庭亦随侍护卫。僖宗下诏由杜光庭主持蜀地道教事务,南归成都。途经剑州普安、阆州等地举行醮祭,祈神保护唐王朝。光启三年(887)回到成都,与陈敬瑄交往,为其主持斋醮祭祀。文德元年(888)三月前,杜为陈敬瑄醮祭。四月,唐僖宗驾崩。杜光庭在蜀地弘道。

龙纪元年(889),唐昭宗李晔即位。此时,藩镇割据进一步加剧,中原地区更加混乱。大顺二年(891)七月,借朝廷无暇西顾之机,王建在四川发动了全面的进攻,击败陈敬瑄,控制蜀中。在激烈的战斗中,王建开始利用道教理论和神异之术来为自己服务,而杜光庭的“道门领袖”身份和治国经邦的远见卓识受到了王建的赏识。景福二年(893),在青城令莫庭乂支持下,参与兴修青城山丈人观、老君观等。

乾宁二年(895)九月,道教圣地青城山建成,杜光庭作《修青城山诸观功德记》,居青城山白云溪。乾宁三年(896)杜光庭居青城山白云溪,与节度参谋司徒李师泰等游。天复元年(901)八月,杜光庭《洞天福地岳渎名山记》撰成;九月《道德真经广圣义》三十卷撰成,时年五十二岁。

天复三年(903),唐王朝封王建为蜀王。王建看重杜光庭,颇与议政事。天祐三年(906)到平都山请经。天祐四年(907),唐朝亡,朱晃称帝,改国为梁,史称后梁。九月,王建在成都称帝,建立蜀国,史称前蜀。

武成三年(910),王建特命杜光庭为太子王元膺之师。永平三年(913)六月,王建封杜光庭为金紫光禄大夫、左谏议大夫,封蔡国公,进号广成先生,杜时年六十四岁。太子元膺嬉戏无度,为卫士所杀。王建立幼子王衍为太子。通正元年(916)十二月,王建封杜光庭为户部侍郎。

光天元年(918)年,王建死,太子王衍继位。杜光庭患眼疾,上表祝贺,得到王衍敬重。乾德二年(920)杜光庭进户部侍郎上柱国。乾德三年(921)八月,王衍受道箓于苑中,封杜光庭为传真天师、崇真馆大学士。乾德五年(923),王衍起上清宫,塑王子晋像,尊以为圣祖至道玉宸皇帝;又塑王建、王衍父子像,侍立于左右。杜光庭见王衍花天酒地、荒淫无度，未几解官归隐青城山，在白云溪修身养性，著书立说，时年七十岁。咸康元年(925)九月，后唐兵临成都，王衍降，前蜀亡。长兴四年(933)十一月，杜光庭在青城山去世，终年八十四岁，葬清都观后。

二、学术成就

杜光庭在天台山修道时，在师父应夷节的精心指导下，利用天台山丰富的道藏，系统地学习了各方面的典籍。这既让杜光庭对道教的经诰有比较全面的了解，同时也让他认识到唐朝整个道教典籍自安史之乱以后的错乱、残损、散失等严重问题，因此，杜光庭在天台山修道时，就确立了自己的基本目标——整理道教典籍。正是这"考辨真伪、条列始末"的追求，激发了他漫游各地，搜求经诰的豪情。晚年他隐居青城山，除了从事青城宫观的兴修及举行通常的斋醮祭祀活动外，还在道教典籍整理上取得极大成就，也因此奠定了他在中国道教史上的重要地位。

杜光庭极有天赋，且博学善属文，一生著述据说有30部250多卷，在中国道教典籍中占有十分重要的地位。同时，他搜集道教经典3000多卷，为保存我国道教文化做出了巨大贡献。但因为年代久远，述作博杂，加上后人伪托，如今杜光庭存留的作品零散散帙，真伪并存。最近，华东师范大学罗争鸣博士研究得出，经诰注疏类有10部81卷；斋醮科仪类约30部200多卷；诗文道论类16部229卷；仙传和仙道笔记类14部64卷；史地图谱类14部26卷；医药养生类1部1卷，共计约80多部600多卷，可谓著作等身。

在杜光庭的众多著作中，《道德真经广圣义》一书是他学术的代表作。他在精通道教理论和实践的基础上，搜集历史上儒、道、释三派1000多年60多位名家的研究成果，对老子《道德经》进行了前无古人的详尽注释，精心写成这部道教哲学名著。

《道德经》，原名《老子》，道教里称《道德真经》，作者为老子，春秋楚国苦县(河南鹿邑)人，约生于公元前580年，约死于公元前500年。《道德经》全书5000字，用韵文诗写成，是一部论述人类自身与大自然相互关系超越时空的哲学名著。作者提出以"道"为核心的思想体系，用"道"来说明宇宙万物的生成与演变，认为"道"是有物混成、先天地生的一种自然之物；且有独立而不改、周行而不殆的永恒运动性质，在中国认识史上最早推翻了主宰之神——"天"，体现了唯物主义思想，并且提出"有无相生，难易相成"、福祸相倚等著名的辩证观点，认识到一切事物都具有正反两方面的对立和统一，并强调"人法地、地法天、天法道、道法自然”。他主张清静无为，少私寡欲，以静制动，和谐共处；无为，不是无所作为，而是指不违反客观规律的行为，从治国兴国到理家理身，都无所不包罗在“无为”之中。但由于从东汉末开始，道教将它改名《道德真经》以后，让它蒙上了一层厚厚的神秘外衣，从而使人们感觉到极为玄妙莫测。

杜光庭在《道德真经广圣义》中认为：“理者，现实虚无，以明善恶；导者，导执令忘，引凡入圣。通者，通生万法，变通无壅。”关于道与德的关系，他认为“道者德之通，德者道之功”。道是根本，德是结果。并从本迹、理教、境智、人法、生成、有无、因果等方面详细地论述了它们之间的辩证关系。后人对此评价甚高，认为杜光庭是历史上对道与德的关系进行研究的第一人。当代著名学者卿希泰在《中国道教史》中指出：“杜光庭《道德真经广圣义》，是诸家注解《道德经》的历史性总结和发展，把对《道德经》的研究推上了一个新阶段，成为道教理论建设上一部承前启后的巨作，在道教思想发展史上有着重要地位。”

三、文学名著——《虬髯客传》

杜光庭不仅在中国道教史上占有相当重要的地位，而且在中国文学史上亦有很大影响，他众体兼备，诗歌、散文、小说等无所不善，而且文笔流畅，语言典雅，结构严谨，深受后人喜爱。后蜀何光远《鉴诫录》称杜光庭是“学海千寻，词林万叶，凡所著述，与乐天齐肩”。杜光庭在具体的编撰过程中，一方面广泛地搜集整理了前人文献中的各种神奇故事和民间流传的各种灵迹异闻，另一方面运用高超的文学技巧进行改造创新，塑造了众多形象生动、性格鲜明的人物，留下了大量情节曲折、引人入胜的神奇故事。他先后编撰《墉城集仙录》、《仙传拾遗》、《王氏神仙传》、《神仙感遇传》、《录异记》、《道教灵验记》等 6 部共 94 卷小说。现尚存 40 卷约 20 多万字。著名的传奇小说《虬髯客传》就是他的代表作。

《虬髯客传》载于明《正统道藏》第十册《神仙感遇传》卷四中，原名《虬须客》，故事梗概为：隋朝末年，天下大乱，群雄竞起，颇具才华的寒士李靖求见留守司空杨素，以敬献治国之策，杨素却因为李靖出身寒微而冷眼相对，傲慢相见。可此时，杨素身边的一名手持红拂的侍女见李靖相貌堂堂，谈吐不凡，顿生倾慕之心。半夜，红拂女女扮男装来到李靖居住的客店密访。两人交谈，意气相投，遂结为夫妇，并决定一起离开长安去太原开创事业。在去太原灵石旅店的路上，他们遇到一位骑驴大汉，大汉满脸长着赤红色络腮胡子。经过攀谈，李靖和红拂女发现他是个有志于夺取天下的义士，共同的政治理想使三人结为好友，并相约在太原相见。当他们分路到达太原后，虬须客通过刘文静，两次见到了秦王李世民。虬须客见李世民神气清朗，貌与常异，顾盼生辉，乃叹为“真天子也！”大为折服。从此，虬须客不仅不与李世民争天下，而且还将自己的全部家产慨然赠给李靖，并传之以用兵之道，让李靖跟随李世民去打天下，他自己却带着家人远走海外，开辟新天地去了。最后，李靖依照虬须客的嘱托，追随李世民打下了江山。唐王朝建立以后，李靖得以加官晋爵，而虬须客也在海外扶余国，杀其主，自立为王。

杜光庭在唐末天下大乱、大小藩镇拥兵自重之时撰写这个故事，一方面是为了歌颂唐太宗李世民是真命天子，唐朝是天人所授，“非英雄所冀”，以宣扬唐王朝的正统性；另一方面，则表达了人们对当时藩镇割据、诸侯争雄、连年兵战的动荡社会的不满，以及因找不到出路而将希望寄托在那些锄强扶弱、伸张正义的豪侠身上的愿望。杜光庭希望有李靖、虬须客这样一些按道教“内以修身，外以治国”的理念塑造出来的英雄豪侠横空出世，辅助“真命天子”来挽救摇摇欲坠的唐王朝。作品中，红拂是一个豪爽美丽的少女，有胆有略，果断机智；李靖倜傥风流，沉着冷静；虬髯客豪爽慷慨，形象都很生动丰满，被称为“风尘三侠”。

关于《虬髯客传》的作者，在历史上有不同的说法，主要有三说：(1)宋洪迈《容斋随笔》、《宋史·艺文志》，乃至鲁迅、汪辟疆等主张是杜光庭；(2)《顾氏文房小说》、《说郛》到王运熙、程毅中推测为张说；(3)李剑国、李宗为从宋《绀珠集·传奇·红拂》零章残句中判断为裴铏。对于杜光庭说而言，有《道藏》中杜光庭《神仙感遇传·虬须客》在，并且《容斋随笔》、《宋史·艺文志》也均载《虬髯客传》为杜光庭所作。唐苏鹗《苏氏演义》卷下载：

近代学者著《张虬须传》颇行于世。乃云隋末丧乱，李靖与张虬须同诣太原，寻天子气。及谒见太宗，知是真主。

苏鹗，字德祥，唐京兆武功人，僖宗光启(885—887)进士。杜光庭咸通十一年(870)二十一岁举进士不第，从入举时间比较，杜光庭比苏鹗早15－17年。古代一世三十年，十五年半世，因此，杜光庭在年龄上大于苏鹗，应该没有什么问题。苏鹗称“近代学者著《张虬须传》”，杜光庭够格。光启年间，杜光庭已入侍僖宗，紫服象简，官麟德殿文章应制，赐号广成先生，名望甚高，称“近代学者”，亦不为过。至于唐初大臣张说，王运熙、程毅中只是说：“张说有可能作了这篇小说，但更可能是中唐时代的一位作者所写，托名于张说的。”因此张说一说不足信，可以排除。而裴铏之说，靠的是零章残句，有明人抄添之嫌，亦不很可靠。三者比较，客观来说，以杜光庭说最为有力。

杜光庭所生活的晚唐五代时期，藩镇割据，社会动荡不安，人民处在水深火热中，在社会下层出现了一些扶弱济困、见义勇为的人物。同时各地军阀明争暗斗，互相火并，也常常豢养侠士、刺客作为自己的工具，于是游侠之风盛行一时。

这就是游侠小说产生的历史背景。

虬，无角龙。髯，胡须。虬髯，即虬须，卷翘的胡子。杜甫《八哀诗·赠太子太师汝阳郡王琎》："汝阳让帝子，眉宇真天人。虬须似太宗，色映塞外春。"

杜甫《送重表侄王砅评事使南海》云：

我之曾老姑，尔之高祖母。尔祖未显时，归为尚书妇。
隋朝大业末，房杜俱交友。长者来在门，荒年自糊口。
家贫无供给，客位但箕帚。俄顷羞颇珍，寂寥人散后。
入怪鬓发空，吁嗟为之久。自陈剪髻鬟，鬻市充杯酒。
上云天下乱，宜与英俊厚。向窃窥数公，经纶亦俱有。
次问最少年，虬髯十八九。子等成大名，皆因此人手。
下云风云合，龙虎一吟吼。愿展丈夫雄，得辞儿女丑。
秦王时在座，真气惊户牖。及乎贞观初，尚书践台斗。
夫人常肩舆，上殿称万寿。六宫师柔顺，法则化妃后。
至尊均嫂叔，盛事垂不朽。

杜甫曾祖姑是唐初礼部尚书王珪的夫人，隋末大业间家很穷，和房玄龄、杜如晦是亲密的朋友。有一次，房、杜两人同李世民一道来访王珪。李世民当时只有十八岁。王珪夫人隔着窗户看到了李世民，认为是非凡的人，她私下把头发剪下来卖成钱，置酒款待了这几位客人。后来李世民做了皇帝，王珪也位至尚书，李世民和王夫人以"嫂叔"相称，夫人的德行化及于宫闱。此事《新唐书·王珪传》亦稍异，指王珪之母卢氏：

小之始隐居时，与房玄龄、杜如晦善。母李尝曰："而必贵，然未知所与游者何如人。而试与偕来。"会玄龄等过其家，李窥大惊，敕具酒席欢尽日。喜曰："二客，公辅才，汝是不疑。"

这是个著名的文学公案，一千多年来评说甚多，最早如宋洪迈《容斋随笔·王珪、李靖》中云：

然细考其事，大不与史合，蔡絛《诗话》引《唐书·列女传》云："珪母卢氏，识房杜必贵。"质之此诗，则珪母杜氏也。《桐江诗话》云："不特不姓卢，乃珪之妻，非母也。"予按《唐列女传》元无此事，皆不足辨。但唐高祖在位日，太子建成与秦王不睦，以权相倾。珪为太子中允，说建成曰："秦王功盖天下，中外归心，殿下但以长年，位居东宫，无大功以镇服海内，今刘黑闼散亡之余，宜自击之，以取功名。"建成乃请行，其后杨文干之事起，高祖责以兄弟不睦，归罪珪等而流之。太宗即位，乃召还任用。久之，宴近臣于丹霄殿，长孙无忌曰："王珪、魏征，昔为世仇，不谓今日得同此宴。"上曰："珪、征尽心用事，我故用之。"然则珪与太宗非素交明矣。《(新)唐书》载李氏事,亦采之小说,恐未以然,而杜公称其祖姑事,不应不实。且太宗时宰相,别无王姓者,真不可晓也。又有杜光庭《虬髯客传》……大抵皆妄云。

故太宗虬髯公案的真正源头,应是玄武门事件后,为了巩固自己的统治地位而形成的政治斗争的产物。

杜光庭出生地在缙云县杜桥村,此地在唐初未设县前属婺州永康县域。对《虬髯客传》中的主人公李靖,《旧唐书·李靖传》载:李靖平定江南后,"以功授上柱国,封永康县公,赐物二千五百段"。作为故乡的佚事,杜光庭自然清楚。氏族的历代流传和故乡的佚事都给作者以创作的素材,《道藏·虬髯客传》的作者无疑是杜光庭。

宋李昉《太平广记》(明汪绍楹点校本)卷一百九十三中载《豪侠·虬髯客传》一篇,文字上与现今通行版本最接近,文末有"出《虬须传》",但没有注明作者。李昉(925—996),字明远,北宋文学家,深州饶阳人,五代乾祐进士,后周时任集贤殿直学士、翰林学士,宋初加中书舍人,宋太宗时任参知政事、平章事。太平兴国二年(977)李昉奉命主编《太平广记》,次年(978)完成全书五百卷。此年上距杜光庭去世仅 45 年,在时间上属最早,其改编和定稿作者很大可能就是北宋李昉等《太平广记》的编辑者。

四、移来故土作巴山

咸通十一年(870)秋,二一一岁的杜光庭入京城长安,应试万言科不中,经潘尊师指点,奋然弃儒入道,约第二年(871)春,离开故乡缙云,上天台山拜应夷节为师。乾符初(875)战乱期间杜光庭下天台,登上漫游大江南北寻访道经灵踪的道路,后在巴山蜀水间生活五十多年,被尊为道门领袖和西蜀国师,身价特重,似乎早已超凡脱俗。杜光庭对故乡是淡薄的,他一生创作了大量道教经典和诗文,对缙云只在《洞天福地岳渎名山记》中提到,说仙都是黄帝上升之地。

杜光庭《广成集》有青词《自到仙都山醮词》和《蜀王仙都山醮词》两篇。此仙都山,又名平都山,即今鬼城丰都。唐属忠州,为道家七十二福地之一,相传汉方士王方平、阴长生都在这里得道,简称阴王。俗道惑世,谓为阴府所在,人死所归。山中古有平都观,唐宰相段文昌有《修平都观记》一篇。将平都山改称仙都山当在杜光庭入蜀以后。

重庆有缙云山,古属渝州巴县,成书于元和八年(813)的《元和郡县志》中不见有名,到宋雍熙三年(986)《太平寰宇记》始有缙云山名,此山之名,亦可能是杜光庭所取。处州缙云，作为杜光庭的出生地和青少年时期生活过的地方，给他带来过童年的欢乐、少年的幸福和青年的悲愤，所有这一切都构成了他晚年的怀念，将缙云仙都故乡山水名称移植到巴蜀来，当是怀乡的一种方式。

五、“杜撰”释疑

由于杜光庭写有庞杂的神传记和道教笔记，再加上他的姓氏，后人竟然把“杜撰”一词的起源扣在了杜光庭的头上，这种说法延续了很久，流传也很广。最早见《四库全书》卷一四四“录异记”条下云：“《冶城客论》曰：‘广成先生……故人有无稽之言，谓之杜撰。’”《冶城客论》，乃书名，作者为陆采(1495？—1540)，长洲人。“杜撰”，即没有根据的臆造。此说影响很大，民国时商务印书馆的《辞源》就照此说。

当今的《辞源》载，“杜撰”这个词，始出宋《续传灯录》和《朱子语类》等书，与杜光庭无涉。且早在清代，洪亮吉《江北诗话》卷五就已否定明人所说，说“杜撰”一词源自杜光庭实是一桩文字冤案。

六、“理身经国”思想

儒、道、释是中华民族传统文化的三大支柱，源远流长，内容丰富。道教作为中国唯一土生土长的宗教，是在古代社会宗教信仰的基础上发展起来的，包含着中国人的哲理思辨、人生理想、伦理观念、道德意识、政治制度、经济行为、艺术形式和科学萌芽。它的信仰渊源是原始宗教意识和鬼神崇拜；它的思想渊源是春秋战国时代的道家(老子、庄子)哲学思想；它的组织形成过程与战国秦汉时代的方士、两汉时期的黄老道和佛教传入中国有一定关系。东汉三张(张道陵、张衡、张鲁，主要是张鲁)创五斗米道(太平道)，扬弃祖宗神黄帝，正式奉老子(太上老君)为教祖，因此，中国道教是以老子为教主，尊先天自然神祇，立后天得道群仙的多神教。鲁迅先生说，“中国根柢全在道教”，“以此读史，许多问题迎刃而解”。

出生在我们缙云这块土地上的先贤杜光庭，早年求学时广泛涉猎，刻苦学习，准备科举，希望由此扬名科场，建立功业。二十一岁科举失败后，杜光庭眼见李唐王朝在安史之乱和黄巢起义的猛烈震荡下江河日下；面对军阀割据，生灵涂炭，他潜心学道，决心“扶宗立教”，希望通过弘扬老子之道来拯救人心，实现社会太平。他在精通道教理论与实践的基础上，对老子《道德经》作了极为详尽的注释，着重提出“内则修身之本”，“外即理国之方”的“理身经国”济时救世思想，体现出他关心社会、以天下为己任的高尚情怀，和儒家“达则兼济天下，穷则独善其身”的情怀同类。他说：“修身理国，先己后人，故近修诸身，远形于物，立根固本，不倾不危，身德真纯，物感自化矣……身既有道，家以雍和，所谓父爱、母慈、子孝、兄友、弟恭、夫信、妇贞，上下和睦。如此则子孙流福，善及后昆矣。”这是一种从我做起，由修心而至修身理国的积极入世过程，是将“道”从个体推及家、乡、国乃至天下的过程，对当今社会仍有一定的借鉴意义。

七、历史地位

作为一代道教理论家和宗师，杜光庭用他勤劳的双手，或抄于仙传，或访于民间，撰写整理成大量的道教典籍和许多以民间神仙迷信故事为内容的小说，将唐代及其以前十分丰富的道教经典、科范戒律、底层社会民风民俗和历史信息比较全面地记录了下来，从而极大地丰富了中华民族的传统文化。

南京大学哲学系孙亦平教授指出：“杜光庭上承唐代道教注重心性论、重玄学之遗风，建构了博大精深的道教哲学理论体系，下开以清静之心修道成仙之先河，推进了宋元道教内丹心性学的理论与实践的发展。杜光庭既是唐、五代道教理论的集大成者，又是宋、元道教的重要开拓者，在中国道教发展史上，他占有重要地位。”

杜光庭《虬髯客传》一篇，人物形象栩栩如生、生气勃勃，情节跌宕起伏、引人入胜，一经问世，就产生了很大的社会反响，以至于争相传阅。在旧小说里，其影响后世戏剧、绘画等文学艺术的广度和深度，也许少有匹敌。明代戏曲作家张凤翼的《红拂记》、凌濛初的《红拂三传》、冯梦龙的《女丈夫》、晚清画家任伯年创作的数幅《风尘三侠图》、近代四大名旦之一程砚秋主唱的京剧《红拂传》、徐悲鸿杰作《风尘三侠》等，也都是从《虬髯客传》里吸取了素材。20世纪40年代，鲁迅先生将其收入《唐宋传奇集》一书，到90年代列入我国高等院校文科教材，为当今大专院校师生所熟知。当代武侠小说大师金庸称杜光庭是中国武侠小说的鼻祖，在当今影视荧屏上，亦有数部以《红拂》为名的节目在播放；近两年，浙江京剧团将改编的《红拂》一剧推向社会，轰动国内，市场经济效益十分可观。

杜光庭是一位杰出的道教学者、优秀的文学家，也是一位颇有成就的书法家。宋内府的《宣和书谱》说：“光庭初意喜读经史，工辞章翰墨之学。……喜自录所为诗文，而字皆楷书，人争得之，故其书因诗文而有传。要是得烟霞（神仙）气味，虽不可拟伦羲、献，而迈往绝人，亦非世俗所能到也。”杜光庭的书法作品流传下来的极少，据相关文献记载，有《正书送先辈诗》、《杜光庭诗帖》、《仙都观石函取经记》，可惜均已失传。在书法艺术上，他认为隶书起于周代，不是《汉书》所说的秦代，根据是《左传・襄公三十年》中的"亥有二首六身"之句和一则盗墓资料；在历史地理方面，他写有《天坛王屋山圣迹记》、《武夷山记》、《青城山记》、《续成都记》、《洞天福地岳渎名山记》等；在医学方面有《玉函经》，讲述医家诊脉要诀，被今人视为稀世罕见的医学古籍。

伟人毛泽东早在1938年就说过："从孔夫子到孙中山，我们应当给以总结，承继这一份珍贵的遗产。"[①]1990年，在著名历史学家匡亚明主持下，由相关史学家从我国各个时期、各个领域和各个学科中的4000多位历史名人中遴选出200多位最具代表性的杰出人物，撰写传记，结集为《中国思想家评传丛书》，陆续向国内外发行。这200多位历史名人中，就有杜光庭。南京大学哲学系宗教学教授、宗教学教研室主任孙亦平女士撰写的《杜光庭评传》一书，已在2005年出版。在浙江省内，为建设文化大省，省社会科学联合会启动编纂"浙江文化名人传记系列丛书"工程，在浙江古代的50位名人中，杜光庭也占一席。浙江理工大学副教授蔡堂根《道门领袖——杜光庭传》一书，也已在2006年出版。此外罗争鸣《杜光庭道教小说研究》、金兑勇《杜光庭道德真经广圣义的道教哲学研究》也已问世，国内外对杜光庭的研究热正在兴起。

生活在括苍缙云山区的杜光庭，经过不懈的艰苦努力，成为唐末道门领袖和帝王天师，他的思想和作品，一千多年后仍然影响着当今社会的思想界，而且还将继续影响下去，如今学术界相关学者还在纪念他、研究他，作为缙云人，能有这样一位杰出的先贤，我们能不感到自豪吗？

---

① 毛泽东：《中国共产党在民族战争中的地位》，《毛泽东选集》(第二卷)，人民出版社1991年版：第534页。

宋大儒周敦颐原配妻子——缙云县君陆氏[①]

一

周敦颐(1017—1073),原名敦实,字茂叔,号濂溪,宋营道楼田堡(今湖南道县)人,著名哲学家、宋元理学开山鼻祖。

宋度正《周敦颐年谱》记载:周敦颐的父亲周辅成,乃宋大中祥符八年(1015)进士,官贺州桂岭县令;母亲郑氏乃左侍禁成都郑灿女。天圣九年(1031),十五岁的周敦颐丧父,无奈之中,母郑氏带儿投靠兄长、龙图阁学士、两浙转运使郑向。景祐元年(1034)四月丙午,郑向知杭州。三年(1036),郑向叙例应荫子,乃奏补甥周敦实为试将作监主簿。康定元年(1040)周敦实仕分宁(今江西修水县)主簿,不久摄袁州卢溪镇市征局(今萍乡市卢溪区),庆历四年(1044)调南安军(今大余县)司理参军。

时通判军事程珦,视周敦实气貌非常,人与语知其为学,因与为友,让两个儿子程颢、程颐往受业。庆历六年(1046)周敦实移郴州郴县(今湖南郴县)令;皇祐二年改郴州桂阳(今广西桂阳)令,至和元年(1054)改大理寺丞知洪州南昌(今江西南昌)县令,嘉祐元年(1056)迁太子中舍签书署合州(今四川重庆合川)判官,六年(1061)以国子监博士官虔州(今江西赣州)通判,通出江州(今江西九江),爱庐山之胜,造濂溪书院。八年(1063)三月,宋仁宗死,英宗即位,周为避讳改敦实为敦颐,五月作著名的《爱莲说》。治平元年(1064)周敦颐移永州(今湖南零陵)通判,熙宁元年(1068)擢广南东路(今广东广州)转运判官,三年(1070)转虞部郎中提点广南东路刑狱,四年(1071)八月乞知南康军(今江西星子),六年(1073)致仕,六月七日卒,年五十七。周敦颐著有《太极图说》及《性理精义》行世。

二

周敦颐的哲学代表名著《太极图说》,不长,全文为:

---

① 成文于2011年1月10日,曾发表于2011年9月5日《缙云报》。

无极而太极。太极动而生阳，动极而静，静而生阴，静极复动。一动一静，互为其根。分阴分阳，两仪立焉。阳变阴合，而生水火木金土。五气顺布，四时行焉。五行一阴阳也，阴阳一太极也，太极本无极也。五行之生也，各一其性。无极之真，二五之精妙合而凝。乾道成男，坤道成女。二气交感，化生万物。万物生生，而变化无穷焉。唯人也得其秀而最灵。形既生矣，神发知矣。五性感动，而善恶分，万事出矣。圣人定之以中正仁义而主静，立人极焉。故圣人与天地合其德，日月合其明，四时合其序，鬼神合其吉凶。君子修之，吉；小人悖之，凶。故曰："立天之道，曰阴与阳。立地之道，曰柔与刚。立人之道，曰仁与义。"又曰："原始反终，故知死生之说。"大哉易也，斯之至矣。

又作《爱莲说》，亦不长：

水陆草木之花，可爱者甚蕃。晋陶渊明独爱菊。自李唐来，世人甚爱牡丹。予独爱莲之出淤泥而不染，濯清涟而不妖，中通外直，不蔓不枝，香远益清，亭亭净植，可远观而不可亵玩焉。

予谓菊，花之隐逸者也；牡丹，花之富贵者也；莲，花之君子者也。噫！菊之爱，陶后鲜有闻。莲之爱，同予者何人？牡丹之爱，宜乎众矣！

三

宋潘兴嗣《周敦颐墓志铭》载："（周敦颐）娶陆氏，职方郎中参之女，再娶蒲氏，太常丞师道之女。子二人：曰寿、曰焘，皆补太庙斋郎。"蒲宗孟《周敦颐墓碣铭》亦云："（周敦颐）初娶陆氏，缙云县君；再娶吾妹，德清县君。二子寿、焘，皆太庙斋郎。"度正《周敦颐年谱》也载："北宋景祐三年（1036），娶陆氏，职方郎中参之女。"

五品母妻封县君，母则加太字。魏陈群谓："礼典妇，因夫爵。无妇人，封土命爵之制。秦违古法，汉氏因之，非先王之令典也。"

四

宋度正《周敦颐年谱》载：周敦颐，天圣九年（1031）十五岁丧父。无奈之中，母亲郑氏带儿投靠在杭州当两浙转运使的哥哥郑向。景祐元年（1034）四月丙午，郑向知杭州。三年（1036），郑向无子，而叙例应荫子，乃奏补甥周敦实为试将作监主簿，并娶职方郎中陆参之女为妻。故可知周敦实当官将作监主簿和娶职方郎中陆参之女为妻，全靠在杭州为官的舅父郑向。故《大清一统志》赞郑向有“教其甥周子成大儒”之功。

周敦颐与陆氏新婚不久，四月庚午，舅父郑向即死于任所，葬润州丹徒县（今江苏镇江丹徒）。周敦颐一家遂扶榇厝，从杭州至丹徒守舅父墓侧。第二年（1037）七月十六日，周敦颐母郑氏亦卒。周敦颐与陆氏夫妇守孝丹徒，读书鹤林寺。时与范仲淹、胡宿等名士游。嘉祐二年（1057）长子寿生。周敦颐与陆氏从结婚到生子，经过了漫长的21年，族人都说与陆氏服侍舅母耽误生养有关，故陆氏与周敦颐一样，十分贤惠孝顺，为世之楷模，可惜到第二年（1058），即儿子二岁时陆氏就病亡了，正当中年。

五

对于周敦颐的岳父陆参的生平，张方平《乐全集·文忠蔡公（齐）神道碑铭》云：

是起授泰宁军节度推官，时近臣多荐文藻之士充馆阁员。公独荐陆参有古学。将召试公为请曰：“诗赋非参所工，欲观其学所著《蒙书》在焉。”参特召充馆阁检讨，公笃义雅正，不挠权幸类此。

江休复《嘉佑杂志》亦载：

陆参，宰邑判《讼田状》云：“汝不闻虞、芮之事乎！”耆司不受，再执。诣县云：“不晓会得。”再判云：“十室之邑，必有忠信。”……（蔡齐）公独荐陆参有古学，将召试。公为请，曰：“诗赋非参所工，欲观其学，所著《蒙书》（儿童启蒙读本）在焉。”参特召充馆阁检讨。公笃义雅正，不挠权幸类此。

司马光《涑水记闻》也云：

（王）原叔曰：陆参，少好学，淳谨。独与母居，邻家失火，母急呼，参不应，蹴之堕床下。良久束带，火将至曰：“大人向者呼，参未束带，故不敢应。”及长举进士及第，尝为县令。有劫盗系甚急，参愍（怜悯）之，呼谓曰：“汝迫于饥寒为是耳！非性不善也。”命缓其缚。一夕逸之，吏急以告参。参命捕之，叹曰：“我仁恻缓汝，汝乃忍负参。”如此，脱复捕得，胡颜见参。又有讼田者，判其状尾，而授之曰：“汝不见虞、芮之事乎？”讼者赍以示所司，皆不能解，复以见参。参又判其后曰：“嗟乎，一县之人曾无深于诗者。”人皆传以为笑。蔡文忠公（齐）以为有淳古之风，荐之朝廷，官员外郎，迁史馆检讨。著《蒙书》十卷。

另有陆氏家人，曾官小溪县(今四川遂宁)丞，宋度正《周敦颐年谱》载，嘉祐二年(1057)“先生妻党陆丞，自小溪(县)解官东归，过合阳”。

六

对于陆氏所生之子周寿，潘兴嗣、蒲宗孟两人都说补太庙斋郎，这是非品官，属荫补官。朱熹云：“元翁词翰之妙，前辈多称之。”清厉鹗《宋诗纪事》从《常棠澉水志》中录有周寿《题金粟寺庵》诗一首：

清池带苍巘，结构俯林麓。扶疎竹外山，相向隔罗縠。
老禅谢人境，岁晚收白足。谁聆跫然音，息隐尚争逐。
道场坐千劫，不媿桑下宿。定中观潮汐，绝事心已熟。

并云：“周寿，字李老，一字符翁，濂溪先生长子。元丰五年(1082)进士，初任吉州司户，次秀州知录，终司封郎中。”

此外还有“元符二年(1099)八月二十四日，高邮道中观。濂溪周寿元翁”小楷一行和《周元翁帖》传世。南宋淳熙十二年(1185)四月十六日，朱熹云：“元翁词翰之妙，前辈多称之。”

仙都仙水洞口右侧，有卢鲁翁、黄见素摩崖题刻一幅。如果仔细辨认，隐隐约约地还可以发现摩崖中有“寿”字，它有可能就是陆氏所生的周寿到缙云外婆家游仙都时所题刻的实录。这么珍贵的实物资料，可惜被后人为一己之私给铲削掉了。

七

综上所述，陆参，少好学，淳谨，长举进士及第，尝为县令，笃义雅正，不挠权幸，时与冯元、孙质、夏侯圭为友。陆参判《讼田状》一事上报入京，时参知政事蔡齐以为有淳古之风，荐之朝廷，官员外郎，迁史馆检讨，职方郎中。著《蒙书》十卷。

南宋李焘《续资治通鉴长编》云：“(陆)参，未详邑里。”由于其女为大儒周敦颐原配妻子，敕封“缙云县君”，才使陆参的邑里(籍贯)露出冰山一角。因此，陆参当为缙云县人，周敦颐是缙云人的女婿。

如果要问造成南宋人谓“未详邑里”的直接原因是什么，那应是两宋宣和、建炎之交的战火毁坏。

宋大臣叶清臣、叶梦得祖孙归缙云的踪迹[①]

缙云仙都，古称缙云山，是我国古代文化名山，也是炎黄子孙寻根问祖之圣地。宋大臣叶清臣、叶梦得祖孙在这里留下了耐人寻味的文化遗产。

一

叶清臣(1000—1049)，字道卿，北宋名臣，长洲(今江苏苏州)人，天圣二年(1024)榜眼。叶历任光禄寺丞、集贤校理，迁太常丞，进直史馆。论范仲淹、余靖以言事被黜事，为仁宗采纳，仲淹等得近徙。同修起居注，权三司使。知永兴军时，修复三白渠，溉田六千顷，实绩显著，后人称颂。叶清臣的著作今存《述煮茶小品》等，《宋史》、《东都事略》有传。宝元二年(1039)八月，两浙转运副使叶清臣代表朝廷祭祀黄帝，刻铭仙都山。关于叶清臣的祖居地，叶梦得主修的《叶氏宗谱》载：叶清臣祖叶逵，官刑部侍郎，从松阳古市五木岗迁湖州，生二子：长子叶元辅；次子叶元参，生叶清臣。因此，处州是叶清臣的祖籍地。处州属古缙云郡，而缙云历来相传为黄帝的别名和驭龙飞升之圣地，古代处州名人皆以"缙云"代称处州为豪。

转运使，是主管运输事务的中央或地方官职。在宋代转运使除掌握一路或数路财赋外，还兼领考察地方官吏、维持治安、清点刑狱、举贤荐能等职责。对于叶清臣出任两浙转运副使，宋李焘《续资治通鉴长编》卷一二二载：

> (宝元元年五月戊申)太常丞、直史馆、判盐铁勾院、同修起居注叶清臣父参知苏州致仕。清臣请外以便养。壬子，授两浙转运副使。

对于祭祀黄帝的记录，元陈性定《仙都志·刻石》载："转运使叶清臣撰'独峰

---

① 成文于2013年9月8日，曾发表于《丽水方志》2014年第1期。

山铭'，摩崖于峰下。"而文本载《仙都志·仙都山铭》中。[①] 1994年夏，缙云县文物管理委员会陈福亮先生在鼎湖峰下，告诉了我摩崖的具体位置。后来经过除苔藓、清杂草的艰难清理，摩崖终于露出真容，幅宽165厘米，高190厘米，字径10厘米，全文为：

处州独峰山铭：黄帝车辙马迹，周遍万国。丹成云起，因瑞名山；则独峰之登，固宜有是。会将漕二浙，行部括苍，道由仙都，亲访灵迹，概然感秦汉之不自度也。驻马溪上，勒铭山阴：于黄显恩，道崇帝先。隆三迈五，功丰德全。脱屣厌世，乘云上仙。缅彼飞龙，格于皇天。虐秦侈汉，鏖兵事边。流痡刻下，溺作穷年。昭是古训，跋于岩巅。宜尔灵仙，孤风岿然。宝元己卯(1039)转运副使叶清臣。

行部，汉制，刺史常于八月巡视部属，考察刑政，称为行部。故叶清臣，会将漕二浙，行部括苍，时间在八月。"感秦汉之不自度"，意思是说，以秦汉疆域为国体的宋朝已难以控制。"虐秦侈汉，鏖兵事边"，指历史经验与教训。流，通"留"，"流痡刻下，溺作穷处"，作为古训，作者是想昭告人们和后人，要冷静对待国家兴亡大事。《处州独峰山铭》全篇体现了作者忧国忧民的思想。

叶清臣在缙云的踪迹，还见于明李棠《永宁寺记》，在十八都西寥村永宁寺中宋代曾建有叶枢密祠。

二

宋文学家苏过《斜川集》中，有《送叶小蕴归缙云》一诗：

昔直承明庐，谁似先生早。前无洛阳人，后笑冯唐老。
机云谩声价，班马空词藻。岂知渊源来，尚觉河汉小。
斯文叹未坠，妙意付幽讬。言乘刺史藩，曾视金銮草。
飘然香案仙，宜著蓬莱岛。未诚经济心，甘为穷鬼笑。
手援沟壑危，自上蠲赋表。不知古襦袴，能活几枯槁。

---

① 叶清臣在处州的活动记载，还见丽水南明山高阳洞摩崖："宝元己卯初庚后五日，道卿、元规同来。"道卿，叶清臣字；元规，孙沔字。孙沔，时知处州事(知府)。"初庚后五日"，即宋仁宗宝元二年(1039)元月第一个庚子日(初九)后五日(十五)，就是元宵节。它比仙都山祭祀黄帝在时间上稍早。庚子，干支之一，顺序为第37个。阴阳五行说，天干之庚属阳之金，地支之子属阳之水，金生水。"初庚后五日"，《易·乾》："九五，飞龙在天，利见大人。"九五为尊，其义与高阳(颛顼)洞名相合。叶清臣官太常丞、直史馆、判盐铁勾院、同修起居注。

端如德星临，民瘼一驱扫。方安龚遂政，还赋阳城考。
越吟念庄舄，赠策嗟秦绕。江湖计不疎，经史心未了。
但收王车归，三径未足道。平生林泉志，久矣轩冕藐。
远同谢安石，乐比东山好。苍山独未买，政坐功名扰。
汉廷求诸儒，慨想前辈少。不用叹周南，亟宜宣室召。

苏过(1072—1123)，字叔党，号斜川居士，眉州眉山(今四川眉山)人，苏轼之子，时称小坡。苏过原官骡河郾城县令，时因党禁关系而罢免。叶小蕴即文学家叶梦得，苏州吴县人，叶的诗风简淡，多感怀国事之作，有雄杰之气，其所著诗文多以石林为名，如《石林燕语》、《石林词》、《石林诗话》等。

归，返回、回来的意思。“归缙云”，这似乎说叶梦得原来是缙云人。王质《雪山集·石林赞》称叶梦得为“缙云叶氏”。洪迈《夷坚志·黄山人》认为叶梦得之父叶助为缙云人。而祝穆《方舆胜览》将叶梦得列为“处州人”。明《嘉靖浙江通志》卷四、《山堂肆考》卷123、《石林燕语》、历代《处州府志》、《松阳县志》等，直称叶梦得为“松阳人”，且历代《缙云县志》没有叶梦得传，故叶梦得为“松阳人”无疑。

造成“归缙云”之说的自然与叶梦得有关。而宋李攸《宋朝事实·宰执拜罢》、朱熹《宋名人言行录》和《宋史·叶梦得传》均称叶为苏州吴县人。其中《宋史》是国家正史，最有权威，因此叶梦得是苏州吴县人亦无疑。那么，为什么会有“归缙云”之说呢？叶梦得主修的《叶氏宗谱》载：叶梦得高祖叶逵，官刑部侍郎，从松阳古市五木岗迁湖州。叶逵生二子：长子叶元辅，生叶纲，再迁苏州；叶纲生叶羲叟；叶羲叟生叶助，即叶梦得的父亲。次子叶元参，生名臣叶清臣，为叶梦得的曾叔祖，故处州(古缙云郡)是叶梦得的祖籍地。《送叶小蕴归缙云》一诗的创作，一般认为在宣和二年(1120)，时叶梦得得罪权臣杨戬、李彦遭罢免，离开时自称回老家，对于这次被罢免，《宋史·叶梦得传》所载甚详：

政和五年(1115)，起知蔡州，复龙图阁直学士。移帅颍昌府，发常平粟振民，常平使者刘寄恶之。宦官杨戬用事，寄括部内，得常平钱五十万缗，请籴粳米输后苑以媚戬。戬委其属持御笔来，责以米样如苏州。梦得上疏极论颍昌地力与东南异，愿随品色，不报。时旁郡纠民输镪就籴京师，怨声载道，独颍昌赖梦得得免。李彦括公田，以黠吏告讦，籍郏城、舞阳隐田数千顷，民诣府诉者八百户。梦得上其事，捕吏按治之，郡人大悦。戬、彦交怒，寻提举南京鸿庆宫，自是或废或起。

对于叶梦得知颖昌，宋朱熹《名臣言行录》载：

对于叶梦得，重和初(1118)知颍昌。宣和二年(1120)提举鸿庆(宫)。

“或废或起”，最后以提举鸿庆宫而留居南京，因此，叶梦得这次其实没有回松阳(缙云)。

三

南宋建炎三年(1129)(金天会七年)春，正月，宋高宗赵构在扬州。戊戌，御史中丞张征以边事未宁，请询于众不御敌之策。户部尚书叶梦得言："兵，机事也，不度时则为难，今视去冬又为难矣。去冬金但游骑出入陕西、河北，未知总众者何人；今主兵乃尼玛哈(即宗翰)，且亲至濮及开德矣。向者开德、大名、东平三大镇，鼎足而立，今唯东平岿然独存，以当宋、魏之冲，而沧州孤绝在后。又，南京最重，而敌骑已至楚丘。且靖康之失，在固守京城而不知避也，事有缓急，必当从权。伏望陛下通下情，远斥候，如必欲过江，则亟降诏以谕中外，则人心安矣。臣又愿饬诸要郡，东则郓、徐、南京，西则庐、寿、和州，南则唐、襄、荆渚，各立军数，使之召募，仍命大将与帅参治，复选近臣为总帅以节制之。又，乘舆或至两浙，则镇江、金陵尤当先治。陛下毋以宇文虚中奉使未回，意和议为可恃也。靖康正缘恃和议而堕敌计，今安可待万里之报哉！"时群臣奉诏论边事者，黄潜善等请皆送御史台抄节申尚书省。三月初叶梦得罢。

十月，金军大举南下，一支趋江西，一支趋两浙。十三日，高宗赵构渡钱塘江至越州，再乘船，十二月五日至四明。十四日往明、越、温、台。建炎四年(1130)正月三日，至章安，二十一日，泊温州港口。二月初五，驻江心寺，十七日，驻温州。十九日，舟发温州北上，二十一日至海门，二十九日至宣海。四月初二至明州，十一日至越。[①]

在高宗逃奔期间，无官一身的叶梦得亦回缙云(处州松阳)避难，寓居丽水南明山及松阳故里，直至建炎四年(1130)。[②] 在此期间，叶梦得"己酉(1129)冬，避地将之处州道缙云，暂舍于县南之灵峰院"。灵峰院，即灵峰寺，在缙云县邑南七里(今东渡镇雅宅金湖西南)鹁鸠山南灵峰山麓，宋建隆元年(960)建。灵峰，因中有白云洞而得名。《石林避暑录话》中有《仙都观》游记一篇：

仙都观，在缙云县东四十里，旧传黄帝炼丹其上，今为道观，唐李阳冰为令时

① 宋高宗赵构入浙资料采自宋李正民《己酉航海记》。见顾宏义，李文：《宋代笔记丛编》，上海书店出版社 2014 年版，第 669—675 页。

② 金兆法：《缙云姓氏志·叶氏》，方志出版社 1999 年版，第 73—85 页；叶平：《宋尚书左丞叶梦得籍贯考》。叶平，汤光新：《叶梦得诗词》，第 166—167 页。

书"黄帝祠宇"四大字尚存。山水奇秀，见之图画，殆不可名状。束装欲往游，闻溃兵入境遽止。其东十里有崇道院，谓之小仙都，一日可往返。兵既退，乃乘间冒微雪过之。时腊已穷矣，迂折行山峡中，两旁壁立，溪水贯其下，多滩濑。遵溪而行，峻厉悍激，与雪相乱，山木挽天。每闻谷中号声，风瓤自上下，雪横至击面，仆夫却立，几不得前。既至山愈险，雪愈猛，溪流益急。旁溪有数石拔起，数百丈不相倚附。其最大者二，略如人行，俯而相先后，俗名新妇阿家石。望之如玉笋，拥鼻仰视，神观耸然。欲与之俱升，寒甚，不可久留乃还。至家已入夜，四山晃荡尽白，不能辨道，索酒饮，无有燃松，明半车，仅得温。今日热甚，聊为一谈，望梅尚可止渴，闻此当洒然也。

此实为游小仙都山记。崇道院，即为崇道寺，在东渡镇盖竹村西，唐大顺二年(891)下洄(下陈，盖竹村西，今废)陈湛建。"时腊已穷"，腊为农历十二月，年底。此外明成化《处州府志·缙云县》中还载有《题灵峰寺》二首：

绝壑深千丈，飞泉隐乱山。龙鸾翔户外，□□□□间。[①]
残岁无多日，余生老百艰。七哀虽有作，不复恨荆蛮。

故里百年旧，幽人三宿情。依然同远社，不比涕燕城。
径狭云朝涌，窗寒雪夜明。每怜他日意，愁绝自难平。

住寺期间，与僧人甚恰，叶梦得特作《送灵峰禅师三首》相赠：

之一

行尽江南千里山，萧然古寺得幽闲。不知战鼓红尘暗，卧对飞泉枕几间。

之二

一别林丘向十年，相寻不贲旧行缠。石林待客无多物，岩下清泉月正圆。

之三

一片云山破衲衣，夜聆清磬出林扉。何妨但对庭前月，不踏诸方踏虎机。

---

① 此成化《处州府志》中四字，不清。

缙云县令——张　璪[1]

张璪(1043—1093)，初名琥，字邃明，滁州全椒(今安徽全椒)人，自小父母双亡，由兄长祠部员外郎秘阁校理、两浙转运使张环抚养成人，嘉祐四年(1059)与苏轼、缙云詹适一起登进士，五年(1060)又与苏轼初授凤翔法曹。张璪离任时，苏轼作《稼说》一文相送，全文为：

曷尝观于富人之稼乎？其田美而多，其食足而有余。其田美而多，则可以更休，而地力得全；其食足而有余，则种之常不后时，而敛之常及其熟。故富人之稼常美，少秕而多实，久藏而不腐。今吾十口之家，而共百亩之田。寸寸而取之，日夜以望之，锄、铚、耰、艾，相寻于其上者如鱼鳞，而地力竭矣。种之常不及时，而敛之常不待其熟。此岂能复有美稼哉？古之人，其才非有以大过今之人也。平居所以自养而不敢轻用，以待其成者，闵闵焉，如婴儿之望之长也。弱者养之，以至于刚；虚者养之，以至于充。三十而后仕，五十而后爵。信于久屈之中，而用于至足之后；流于既溢之余，而发于持满之末。此古之人所以大过人，而今之君子所以不及也。吾少也有志于学，不幸而早得与吾子同年，吾子之得，亦不可谓不早也。吾今虽欲自以为不足，而众已妄推之矣。呜呼！吾子其去此，而务学也哉！博观而约取，厚积而薄发，吾告子止于此矣。子归过京师而问焉，有曰辙、子由者，吾弟也，其亦以是语之。

宋英宗治平年间(1064—1067)，张璪官处州缙云县令，任内欲建县学而乏材，植方且患之。适黄碧东山胡昭有数年所积，以木辄召而咨焉，欲售之以金。胡昭对曰："与其为私第以自庇，其身孰愈为乡校，教以利于人乎！"于是尽输其木，而卒不受金。张公乃叹之曰："汝其后必昌。"[2]

熙宁二年(1069)二月，朝廷决定推行变法。参知政事王安石与秘阁校理原两浙转运使张环友善，将用之，而环已老。张环乃引张璪，同编修中书条例，授集贤校理、知谏院、直舍人院三职。

时杨绘、刘挚论助役，王安石让张璪上奏提出不同的改革办法。张璪推辞，结果由曾布去完成了，于是王安石对张璪很不满意。宋神宗任张璪为知制诰，王安石荐用曾布，与张璪同修《起居注》。张璪从七品县令升至京官才一年多，因奏

---

① 成文于2009年3月21日，曾发表于2009年3月27日《今日缙云》。

② 宋赵资道《宋胡(昭)光祖公墓志铭》。

事不实，被解除三职，然而不久又恢复了。

时建议武学，张璪言："古之太学，舞干习射，受成献功，莫不在焉。文武之才，皆自此出，未闻偏习其一者也。请无问文武之士，一养于太学。"熙宁六年(1073)，朝廷收复河、陇，欲因势戡定夔、蜀、荆、广诸夷，璪言："先王务治中国而已。今生财未尽有道，用财未尽有礼，不宜遽及徂征之事。"皆不听。以集贤殿修撰知蔡州(今河南汝南)，复知谏院兼侍御史知杂事。两浙提点刑狱卢秉行盐法于东南，操持峻急，一人抵禁，数家为黥徙，且破产以偿告捕，二年中犯者万人。璪条列其状。又言："行役法以来，最下户亦每岁纳钱，乞度宽羡数均损之，以惠贫弱。"后皆施行。

熙宁七年(1074)四月，王安石在保守派围攻下罢相，出知江宁府，变法派遭到一次严重的挫折。宋神宗以韩绛代王安石，以改革派吕惠卿为参知政事。张璪弹劾保守派韩维、孙永查究免行钱事不当。韩维落职，孙永罢官。保守派郑侠上书攻击吕惠卿。神宗大怒，免郑侠官，编管汀州。吕惠卿进而追究郑侠攻击免行钱事，张璪与知制诰邓润甫受命办案，查出郑侠幕后的支持者冯京与王安国(王安石弟)等人。熙宁八年(1075)正月，御史中丞邓绾与邓润甫上疏，定郑侠等罪。郑侠编管英州，冯京罢参知政事。王安国免官，放归田里。免行钱案定结，韩绛请求神宗召王安石复相。二月间，神宗派使臣持诏书去江宁府，召王安石回京，恢复了相位，变法派终于获胜。而朝廷中改革、保守两派的争斗仍然十分激烈。闰四月，秀州团练使宗室赵世居被告发谋反，宋朝兴起大狱，牵连多人。与王安石相识的术士李士宁曾在十七八年前赠诗结赵世居母亲。查究此案的知谏院范百禄定要置李士宁死罪，以株连王安石。协同查案的御史徐禧上疏，说士宁赠诗，不能定罪；揭露范百禄意在诬陷王安石。五月间，宋神宗命曾孝宽、张璪查究徐、范曲直。原来李士宁所赠诗只是抄录了宋仁宗赐给大臣的两句挽词。李士宁免死以杖罪送湖南永州编管，范百禄罪贬宿州监税，而张璪也因此判司农寺，出知河阳。王安石不循资历进用新人，与吕惠卿时有不合。王安石三经新义经吕惠卿兄弟修改，不合己意，王吕之间，日益破裂，张璪等变革派更处于十分微妙的政治斗争旋涡之中。元丰初年(1078)，入权度支副使，遂知制诰、知谏院。判国子监，荐蔡卞可为直讲。建增博士弟子员，月书、季考、岁校，以行艺次升，略仿《周官》乡比之法，立斋舍八十二。学官之盛，近代莫比，其议多自璪发之。

元丰二年(1079)改革派言官李定、何正臣、舒亶等摭拾守旧派苏轼诗文表章中语，弹劾苏轼攻击新法，讪谤朝廷。七月二十八日，御史台派人到湖州逮捕苏轼。八月十八日，将苏轼关进御史台监狱。李定、何正臣、舒亶和张璪等认为是打击对方的一个机会，奉诏议定苏轼之罪时，王安石的弟弟王安礼奉劝神宗宽恕东坡，张璪竟然火冒三丈，当面责骂王安礼。此时恰太皇太后曹氏(仁宋皇后)有病服药，降旨死罪囚流以下特赦，并对宋神宗说："今闻轼以作诗系狱，得非仇人中伤之乎?"神宗表示同情，贬苏轼为黄州团练副使，其谋未成。

元丰三年(1080)五月，张璪言："伏见天地合祭，议者不一。臣窃谓阳生于十一月，阴生于五月。先王顺阴阳之义，以冬至日祀天于地上之圆丘，夏至日祭地于泽中之方丘，以至牲币、器服、诗歌、乐舞、形色、度数，莫不仿其象类，故天地神祇可得而礼。由此观之，夏至日祭地于方丘，而天子亲莅之，此万世不可易之理也。议者以为当今万乘仪卫加倍于古，方盛夏之时，不可以躬行，乃欲改用它月；不唯无所据依，又失所以事地顺阴之义。必不得已，宜即郊祀之岁，于夏至之日，盛礼容，具乐舞，遣冢宰摄事；虽未能皆当于礼，庶几先王之遗意犹存焉。"帝曰："在今所宜，无以易此。"诏礼院速详定以闻。礼官如璪议，修定仪注上之。又为翰林学士，详定官制，以寄禄二十四阶易前日省、寺虚名，而职事名始正。

元丰四年(1081)，拜参知政事，改中书侍郎。哲宗立(1086)，保守派得势，谏官、御史合攻之，谓"璪奸邪便佞，善窥主意，随势所在而依附之，往往以危机陷人。深交舒亶，数起大狱，天下共知其为大奸。小人而在高位，德之贼也"。疏入，皆不报。最后，刘挚言："璪初奉安石，旋附惠卿，随王珪，党章惇，谄蔡确，数人之性不同，而能探情变节，左右从顺，各得其欢心。今过恶既章，不可不速去。"如是逾岁(1087)，张璪乃以资政殿学士知郑州，徙河南。

元祐三年(1088)张璪知定州，五年(1090)知大名府进大学士，七年(1092)知扬州，恰左司员外郎宇文昌龄送契丹使出境，朝廷临时决定委张璪为皇城使，作为武官随行，改苏轼出任。张璪怕承担责任，不顾年高，饮冷食生，三病三愈，哲宗没有责怪。七月，苏轼升兵部尚书调京，资政殿大学士张璪再知扬州。八年(1093)六月辛酉(十五)张璪卒，赠右银青光禄大夫，谥曰简翼。

张璪生活在北宋中期，机敏有才，是王安石的重要助手之一，为国家做出过卓越的贡献，而入《宋史》列传。由于变法、守旧两派党争激烈，双方意气用事，不择手段，互相攻讦，张璪亦犯过许多错误。徽宗登位后，重用当时打着变法旗号的蔡京为相，社会十分腐败，导致北宋王朝的灭亡。由于程颢、程颐兄弟反对变法，南宋朱熹秉承程学是元、明、清历代的统治思想，往往将支持王安石变法的主要官员列为奸佞小人。明清时期缙云县《名宦祠》中，张璪无位，历代《缙云县志·职官》里，仅用谥称"简翼"记名。《二十五史》中唯一入列的县令，在缙云县内却不为人们所知。

宋元祐名卿——缙云进士朱绂①

一

在名闻遐迩的缙云河阳村中，有一座始建于元代的入口大门，相传为朝中峰山五龙抢珠的入脉处，从宋代开始，村中朱姓先后出过八位进士（朱绂、朱绶、朱晞、朱垓、朱藻、朱孝态、朱有泰、朱填），故取名叫"八士门"。《光绪缙云县志》载："朱绂，字子章，绍圣甲戌进士。授奉义郎，知侯官县兼劝农事，升嘉议大夫，赐金鱼袋。朱绶，字子明，绍圣甲戌进士，拜中书舍人、奉议大夫。"而具体政绩，却一直未见有记载。老来偷闲，偶翻《宋史·食货志》，再索《续资治通鉴》、李焘《续资治通鉴长编》、丁传靖《宋人轶事汇编》、吴廷燮《北宋经抚年表》及历代《缙云县志》等书，发现这八进士之首——朱绂，在北宋后期是一个颇有影响的官员。

二

北宋中期，国内的政治、经济和民族矛盾危机四伏，日益严重，士大夫们感到必须采取改革措施，改变局面。治平四年（1067）正月，宋神宗赵顼即位，立志革新。熙宁元年（1068）四月，召王安石入京担任参知政事，开始变法立制，逐步颁布均输、市易、免行、青苗、募役、方田均税、农田水利、将兵、保甲等法律。王安石变法，在发展生产、富国强兵方面收到了显著效果，但遭到了以司马光、文彦博为代表的元老重臣强烈的反对和攻击。元丰八年（1085），宋神宗忧愤而死，十岁的哲宗赵煦继位。哲宗的祖母高太后起用司马光做宰相，全部废除新法。元祐元年（1086），王安石、司马光先后去世。文彦博继任左相，守旧派开始因人事的倾轧和政见、学术主张的分歧而分化为蜀（苏轼、吕陶）、洛（程颐、朱光庭）、朔（刘挚、梁焘、王岩叟、刘安世）三个小集团，为争夺政治地位互相攻击，政局仍摇摆不定。

元祐八年（1093）九月，高太后病死。十月，十九岁的哲宗开始亲政。哲宗早就对高太后不满，并有志继续宋神宗的新法，守旧派感到形势不利，范祖禹、苏辙等上疏要哲宗"深拒奸说"（指变法派）。苏轼请求出朝，知定州。十二月，礼部侍

① 成文于2010年3月25日，曾发表于2010年5月14日《今日缙云》。

郎杨畏上疏，请哲宗继述神宗法制，并称赞王安石的成就，请召回章、吕惠卿、安焘、邓润甫、李清臣等执政。元祐九年(1094)二月，哲宗启用李清臣为中书侍郎，邓润甫为尚书右丞。三月，考试进士策问，李清臣出题云："今复词赋之而士不知劝，罢常平之官而农不加富，可差可募之说纷而役法病，或东或北之论异而河患滋，赐土以柔远也而羌之患未弭，弛利以便民也而贾商之路不通。夫可则因，否则革，唯当之为贵，圣人亦何有必焉。"指责罢废新法。哲宗丁酉，赐礼部奏名进士、诸科 975 人及第、出身(其中进士 512 名)。时考官取进士答策者，多主元(守旧)居上。待到杨畏复考，推倒重来，改由主张恢复变法者置前列，定潜江人毕渐为状元。缙云朱绂、朱绶兄弟、杨光祖(官店)、赵资道(三里)等四人同中进士。喜讯传到缙云，全县上下欢声雷动。县令张存特书"联桂"两字，制成朱匾，送到河阳。

三

四月，哲宗下诏改元祐九年为绍圣元年，表示决心恢复新法。朱绂授官右司谏(属中书省，掌规谏讽谕，凡朝政阙失，大臣至百官任用不当，三省至各级官署事有违失，均可谏正。正七品)。时凡县，岁具色役轻重、乡分宽狭、凡役雇直有无余欠，各以其实枚别而上之州。州上监司，监司聚议，连书上户部。仍别具一路移用及宽剩县分钱数，致之户部。先是，收到官田，尝令：田已籍于官及见佃人逃亡，悉拘入之，留充雇募衙前。至是，遂参行田募之法。下诏："耆长、壮丁役期已足，不许连续为之。"盖知其利于赇请，不愿更罢故也。民有执父母丧而应在役者，三等以下户除之，三等以上户令量纳役钱，在户钱十分止责输三分，服除日仍旧。三省言役法尚未就绪，帝曰："第行元丰旧法，而减去宽剩钱，百姓何有不便?"范纯仁曰："四方异宜，须因民立法，乃可久也。"遂令户部议之。右司谏朱绂直言："输钱免役，有过数多敷者；用钱雇役，有立直太重者；役色之内，又有优便而愿自役募，不必给雇者。请详为裁省。"中书言："自行差法十年，民间苦于差扰，前后议者纷纭，更变不一，未有底止。"于是诏"复免役法，凡条约悉用元丰八年见制。乡差役人，有应募者可以更代，即罢遣之。许借坊场、河渡及封桩钱以为雇直，须有役钱日补足其数。所输免役钱，自今年七月始。耆户长、壮丁召雇，不得以保正、保长、保丁充代，其他役色应雇者放此。所敷宽剩钱，不得过一分，昔常过数、今应减下者，先自下五等人户始。路置提举官一员，视提刑置司之州为治。如方俗利害不同，事有未尽未便而应更改增损旧法者，画一条疏，与转运、提刑司连奏"。后朱绂任侯官(今福州)知县。

四

绍圣四年(1097)二月癸未，贬吕大防、刘挚、苏辙、韩维等31人官职。宋王明清《挥麈闲谈》载:“元名卿朱绂，君子人也。绍圣初(1094)，不幸坐党锢。崇宁间(1102—1106)，亦有朱绂，平江人。初登第，欲希晋用，上疏自陈:‘不幸与奸人同姓名，恐天下后世以为疑，遂改名谔。’奸臣蔡京果大喜，不次擢用。”

建中靖国元年(1101)十二月，缙云朱绂代刘安世除真定府(今河北正定)安抚使。崇宁元年(1102)，知寿州(今安徽寿县)。时张商英为吏部、刑部侍郎，翰林学士。蔡京拜相，商英雅与之善，适当制，过为褒美。寻拜尚书右丞，转左丞。复与京议政不合，数诋京“身为辅相，志在逢君”。二年(1103)八月戊申，殿中侍御史朱绂随御史中丞石豫、佘深上奏云:

尚书左丞张商英，于元祐丁卯尝为河东守臣李昭叙作《嘉禾篇》谓:“成王冲幼，周公居摄，诛伐讹慝，卒以天下听于周公，时则唐叔得嘉禾。推古验今，迹虽不同，理或胥近。”方是时，文彦博、司马光等来自洛郊，方掌机务，比之周公，可乎?逮元符之末，起邹浩于新州，商英草词曰:“思得瑞士，司直在庭。”又曰:“浩径行直情，无所顾避。”所谓浩之直情径行，果先帝之所取乎?先帝不取而商英取之，可乎?

“臣僚斥商英反覆，诏张商英秉国机政，议论反复，台宪交章，岂容在列!罢知亳州，置之元籍中。”在这十分微妙的权力较量中，朱绂亦入元祐党籍。奸相蔡京原来以改革者的姿态受到重用，后来又利用改革、守旧两派官员的矛盾各个击破，实现大权独揽，朱绂亦受害其中。

综上所述，北宋缙云朱绂在哲宗皇帝推行恢复王安石变法国策时，受到赏识而进士及第。后来又用儒家原理和实际推行中的便利状况说服双方，使免役法得到恢复，而成为名卿。到宋徽宗的腐败执政时期，被奸相蔡京打入元祐党籍，致仕。不久，北宋王朝就倾覆了。

河阳朱姓，属义阳朱氏，是缙云望族。为了纪念朱绂、朱绶(中书舍人)兄弟登科，开仕宦蝉联、光宗耀祖的先声，元至元十四年(1277)族内决定立坊于村口。缙云县尹林彬祖(字彦文)有《联桂坊记》传世。

鲍彪的身世和注释《战国策》[①]

——纪念宋代史学家鲍彪诞辰920周年

宋代历史学家鲍彪，笃学守道，清介端悫，以注释《战国策》又著有《书解》、《杜诗注》而永垂史册。

一

关于鲍彪的籍贯，绍兴十七年(1147)，他在《战国策注序》中自称“缙云鲍彪”，明白无误地说自己是缙云人。“缙云”之名，出处见《左传·文公十八年》，汉司马迁《史记·五帝本纪》云“黄帝者，姓公孙，名曰轩辕”；《正义》云“黄帝有熊国君，乃少典国君之次子，号曰有熊氏，又曰缙云氏”，故“缙云”就是指轩辕黄帝。“缙云”一词，作为地名用的，在南宋以前主要有：

(一)山名，缙云县仙都，古称缙云山，最早见晋谢灵运《名山记》、梁顾野王《舆地志》、《隋书·地理志》、《徐则传》和《北史·徐则传》及宋《太平御览》等。

(二)县名，即缙云县，武周万岁登封元年(696)分丽水县东北界、婺州永康县南界封县，因境内有缙云山而得名，为处州属县。最早见于《元和郡县志》、《旧唐书·地理志》、《太平寰宇记》、《元丰九域志》、《新唐书·地理志》等。

(三)郡名，即处州(今浙江丽水)，因下属缙云县内有缙云山而得名。《元和郡县志·江南道》、《旧唐书·地理志》均云：“处州……天宝元年为缙云郡，乾元元年复为括州。”这告诉人们，丽水市古时候一度称缙云郡，从唐玄宗天宝元年(742)起，到唐肃宗乾元元年(758)止，前后十六年。

后来到大历十四年(779)五月，唐代宗李豫死，太子李适继位称唐德宗。因括州的“括”字，与唐德宗李适的“适”字音同有触犯，于是为了避讳，又恢复古名处州。后到北宋雍熙、端拱(983—988)年间，全国统一后的类书《太平御览》和地理总志《太平寰宇记》中均以“处州缙云郡，古缙云之墟”的联称形式表达，它表明唐乾元元年(758)恢复括(处)州之名以后的220多年中，缙云郡之名一直与括(处)州名以连用的形式继续使用。因此，“缙云鲍彪”中的“缙云”，可以作为处州

① 本文得永康程峤志、麻松亘、陈渭清等友人提供的资料写成，成文于2012年11月23日，曾发表于《丽水研究》2013年第2期。

去解读，也可以作处州缙云县去理解；同时也因为缙云山（仙都）在缙云县境内，很可能就是“缙云县鲍彪”的简称。而且，在现存的历代《缙云县志》中，鲍彪均入“列传”，如清曹懋极《康熙缙云县志·名硕》(1672)载：

鲍彪，字文虎，建炎戊申进士，累迁司封员外郎，年未及而请老。虞允文、洪迈、陈俊卿、白时相乞留之不可，赋诗云“此身甘作林泉老”，优诏褒奖。所著有《国策序》。

清霍维腾《康熙缙云县志·文学》(1684)载：

鲍彪，字文虎，由进士司封员外郎注《战国策》序次正误，时出己见。刘辰翁盛称之。又有《书解》、《杜诗注》。

清令狐亦岱《乾隆缙云县志·文苑》(1767)、汤成烈《道光缙云县志·文苑》(1849)、何乃容《光绪缙云县志·文苑》(1876)均云：

鲍彪，字文虎，建炎二年进士，授文林郎，累迁司封员外郎。已而请老。同曹虞允文、陈俊卿、胡沂、洪迈、白时相留之不可，优诏褒奖进一阶赐五品服致仕。自少至老好学不倦。注《战国策》十卷，又有《书解》、《杜诗注》。

清光绪三年(1877)潘绍诒《处州府志·人物·文苑》也认同：

鲍彪，字文虎，缙云人。

道光汤成烈《缙云文征》还收录鲍彪《乞休》诗和《战国策注自序》文各一篇，表明历代缙云人一直都认为鲍彪是缙云县人。

二

对于鲍姓氏族在缙云县的踪迹，明刑部侍郎广西巡抚李棠《游独山记》中有：

由管溪经石牛潭至鲍村，村故多鲍姓，记髫年从长老嬉村农家时，聚落颇丰，民皆丰裕。今唯老屋数楹，隐隐从薄中，为之怅然。……村东过小河，可五里许至应庄。

独山，在缙云东乡。壶镇卢陇《金丝堰记》(存缺——引者注)中亦有：

堰基自桑园至赤溪口，俱系价买田亩收□□。自赤溪至沿山至麻车塘，俱是卢氏之山，而正德九年起，连续不息，至十一年通水，共计八千三百余工。堰长：卢大厚、志国、志耕、志□、志平、志德、志达、志禄、马绍周、鲍小平、铿。

《缙云姓氏志》载：缙云美化乡（壶镇）鲍氏有鲍桥头、金竹鲍村、长潭、管溪鲍村等多支。兰溪《凤山鲍氏宗谱》（1941）卷之四载：“十世鲍廷裴（1071—1102），字处孝，仙居横溪人。知永州，事元祐三年（1088）转提举，顺升广东提刑，养亲归家。括苍五云盗起。焚县摽掠村落，官吏震惧，乃散家资，募兵五千，剿平美化七十二寨，乡闾咸平，黎民复业，众留。赘路府丞相孙女，因迁五云长潭而居。”与永康《鲍氏宗谱》（整雅志）大体相同。鲍彪五代世系：宗盛、廷裴、渊、彪、公成和公致。照此谱系所说，鲍彪与缙云鲍山头同支，他的曾祖父鲍宗盛，迁仙居横街。鲍彪为十二世，从弟鲍碧自仙居迁缙云鲍山头。南宋绍熙年间（1190—1194）再从缙云壶镇迁居永康井下（整雅）。《金竹朱氏宗谱》记：“在鲍村，今横塘，掘地两尺许，皆砖地石板，皆富贵之遗。”据当今壶镇陈渭清先生实地调查，到明朝中期，此处还有村落，大约到清初才湮没。

三

处州在古代有十县：丽水、青田、缙云、宣平、遂昌、松阳、龙泉、庆元、云和、景宁。明万历何镗《括苍汇纪》云：“宋司封鲍彪墓，在三都苦竹源。”究其原因，清光绪青田教谕邹柏森《括苍金石志补遗》（1883）说出了其中缘由：在丽水市龙泉县中，有铸于绍兴二十五年（1155）的集福寺钟一顶。其铭文为：

皇帝万岁，重臣千秋。龙泉县集福教院重铸大法钟，知命老人鲍彪，随喜作铭。

这《集福寺钟铭》表明鲍彪在绍兴二十五年到过龙泉。龙泉县南郭鲍氏曾经是当地望族:自鲍护在唐中和年间(881—885)定居龙泉以后,从北宋天圣八年(1030)至政和八年(1118)有18名进士,南宋建炎二年(1128)至咸淳元年(1265)有27名进士,堪称英才辈出之家。也许是受古钟铭和龙泉望族的影响,明刘宣《成化处州府志·龙泉县志》载:

鲍彪,字文虎,忠庄公君福之裔。彪平生志于史学,以为《国策》者,其文辩博,焕而明、婉而深者,太史公所考本也。自汉称为《国策》,其书失次,刘向已病之,高诱注疏略无所稽据。至曾巩为之序,虽美又非此书之指。彪乃考《史记》诸书为之注,定其章条正其术。脱地理本之《汉志》,字训本之《说文》,时有论说,以翊宣教化,可以正一史之谬,备《七略》之缺。论是非,辩得失,考兴亡,有补于世。名《鲍氏战国策》,凡十卷。乡人王信守会稽日,刊于郡斋,又有《书解》、《杜诗注》,并行于世。绍兴二十六年(1156),以太常博士累迁司封员外郎。弩未及而请老。同曹虞允文、陈俊卿、胡沂、洪迈,共白时相乞留不可,赋诗云"此身甘作林泉老"优诏褒奖,官其一子,缙绅高之。

清雍正十三年(1735)《浙江通志》云:

鲍彪,旧《浙江通志》:字文虎,龙泉人。精史学,以《战国策》书失次,为之注定。时有论说以正其谬。又有《书解杜诗注》,为司封员外郎请老。

旧《浙江通志》于明嘉靖四十年(1561)刊行,浙江总督胡宗宪修,武进薛应旂纂辑。清万斯同《儒林宗派·诸儒博考》亦载:"鲍彪,文虎,龙泉。"故邹柏森注曰:

彪,叔康尧,治平四年(1067)进士;兄辉,元祐六年(1091)进士。是彪,实龙泉人。《缙云县志》作缙人,误。乙亥绍兴二十五年作铭时,正由博士改宣教郎也。

清苏遇龙《乾隆龙泉县志·文学》(1762)云:

鲍彪,字文虎,登建炎二年进士,授文林郎秀州判官,转教昆陵。崇建堂宇,索学田之隐没者,以厚廪饩。任满调严、郴、潮,皆教官。绍兴二十五年(1155),以太常博士改宣教郎,累迁司封员外郎。已而请老。同曹虞允文、陈俊卿、胡沂、洪迈,共白时相留之不可,优诏褒奖,进一阶赐五品服致仕。号知命居士,又号潜翁。自少至老好学不倦。尝谓《国策》,其言辩博,焕而明、婉而微、约而深。太史公之所考本也。自汉称为《战国策》,其书失次,刘向病之,高诱注疏无所稽,据至曾巩为序,虽美又非此书之旨.乃考《史记》诸书为之注,定其章条,正其衍脱,地理本之《汉志》,字训本之《说文》,翊宣教化,可以正一史之谬,备七略之缺。论是非,考兴亡,有补于世。名鲍氏国策,凡十卷。王信刊于会稽郡斋,又有《书解》

《杜诗注》。

对于史料的不同记载，在人们的认识尚未一致和无法甄别的情况下，最无奈、最省力也是最聪明的办法就是两说俱存。1996 年新编《缙云县志》对鲍彪的介绍也随着云：

鲍彪(生卒缺)，一作龙泉人。南宋建炎二年(1128)历任秀州判官、昆陵教谕和严州、郴州、湖州、潮州教授。绍兴二十五年(1155)，以太常博士改宣教郎，又调任司封员外郎。不久，上书求退。同辈虞允文、洪迈等相为挽留，去意已决。赐五品服归。一生好学不倦，著有《杜诗注》、《战国策注》。

也许见得太多了，明嘉靖年间凌迪知撰《万姓统谱》时，两说皆不取：

鲍彪，绍兴中为尚书司封员外郎，引年告老。彪，笃学守道，安于静退，清介端懿，致仕褒美赐绯鱼袋。

如果鲍彪确实像明、清《浙江通志》、《龙泉县志》所云是龙泉人的话，那鲍康尧、鲍辉及其余 47 名进士均自认龙泉人，为什么独鲍彪一个人要自署“缙云”呢？这只表明他与龙泉鲍氏确实有别。随着史料的逐步挖掘、社会认识程度的不断提高和研究的深入，2006 年《处州府志》(标点本)有了新的表述：

鲍彪，缙云人。今本《国策》亦题缙云鲍彪注。旧志作龙泉人。于明万历间复有《鲍彪传》，作缙云人。所书与此略同，系一人两传，今为订正。

四

对于鲍彪的生年，宋李心传《建炎以来系年要录》和《宋史全文》同载：

绍兴三十年……左宣教郎尚书司封员外郎鲍彪引年告老。吏部郎官杨朴等言：“彪，笃学守道，安于静退。甲科及第，处选调二十年，了无遗佚，阨穷之叹。其博物洽闻可以备议论，清介端悫可以表搢绅；春秋虽多不见老人衰惫之态，而勇退戒得，陈义甚高，望表而出之。以励士大夫之节制曰：壮而仕老而归，君子出处之大致也。”故朕(宋高宗)于知止之士，爱之重之。……庞眉郎潜垂上清，近今才七十耳，幡然上归老之章。

同样的记载，元《氏族大全·赐绯》亦有：

鲍彪，宋绍兴中为尚书司封员外郎，引年告老，虞允明、胡沂、陈俊卿等言：彪，笃学守道，安于静退，博物洽闻，可以备议论，清介端懿，可以表缙绅勇退，戒得陈义甚高，望表而出之，以厉士夫之节。诏褒美赐绯鱼袋致仕。

鲍彪引年告老，清道光汤成烈《缙云文征》中收录鲍彪《乞休》诗一首：

一纶长伴月娟娟，满岸芦花入短舷。薜荔未堪华衮用，此身甘作老林泉。

绍兴三十年，即公元1160年。“乞休”，就是自请辞去官职。“庞眉”，眉毛黑白杂色，形容老貌；“潜垂上清”，已经临近登仙的时期。“近今才七十耳”，表明绍兴三十年（1160）鲍彪已到七十岁。从绍兴三十年上推七十年，鲍彪当生于北宋哲宗元祐辛未六年，即公元1091年。

五

鲍彪生活的年代是北宋末期和南宋的前期。政和五年（1115）女真人领袖完颜阿骨打建立金朝。宣和七年（1125）宋徽宗见辽国力减退，便派使者向金提出联金灭辽事宜。然而宋攻燕京，却大败而回。金攻陷临潢府，辽亡。宋付上巨额赎款给金，以换取燕京等地。金借口北宋收容金叛将，分兵南下，趋汴京。钦宗即位，与金人和议，金人解兵北归。靖康元年（1126）十月一日，金人再次南下。危急之下，钦宗命徽宗第九子、其弟康王赵构出京，康王次东平府，被守臣宗泽劝阻留下。金兵再次包围开封时，钦宗为河北兵马大元帅。闰十一月汴京（开封）城破。靖康二年（1127）正月徽宗入执金营，二月钦宗又入执金营。三月初七，金正式册立张邦昌为帝。四月一日，金国从汴京撤军，掳走徽宗、钦宗、皇后、嫔妃、皇子、公主等皇室成员和机要大臣等三千余人北上，北宋灭亡。五月，赵构从河北南下到应天府南京（今河南商丘）即位为南宋高宗，改元建炎。建炎二年（1128）一月，金兵分三路进攻南宋。五月，高宗命开诗赋、经义二科，于行在扬州考试进士。九月，进士李易、鲍彪等四百五十一人赐及第出身，鲍彪时约三十七岁。赵构一路南行，过淮河渡长江。建炎三年（1129）秋，金兀术挥军南下，高宗南逃至绍兴，再无路可逃，只得入海逃避，在温州沿海漂泊了四个月之久。建炎四年（1130）九月，金国又立刘豫为帝，国号齐。由于南方气候潮湿、河道纵横，加上南宋军民的英勇抗战，金主帅完颜兀术决定撤兵北上。在北撤到镇江时，被宋将韩世忠断掉后路，结果被逼入黄天荡。宋军以八千人之兵力围困金兵十万，双方相持四十八日，最后金军用火攻，火烧宋军船只才打开缺口，狼狈北返。金军又在建康被岳飞打败，从此再不敢渡江。南宋与金国以淮水至大散关一线为界。

南宋抗金名将中，最著名的就是岳飞，他通过北伐夺取了金朝扶植的伪齐政权控制的土地。高宗害怕军人战胜回朝会专横难制，亦担心钦宗回朝继承其死后的帝位，且和岳飞的北伐意向相左，于是高宗任用秦桧为相。秦桧在靖康年间被金人掠去。十月，秦桧南返，他奉行的政策与高宗之意甚合，仅三月就成为副宰相，八月后又成为右丞相。绍兴元年(1131)升越州为绍兴府，作为“行在”，又升为“行都”。绍兴八年(1138)定临安为行在。五月，高宗任秦桧为右丞相，向金推行求和政策。秦桧首先削去抗金将领韩世忠的兵权。宋金初次协议，南宋取回包含开封的河南、陕西之地。后来秦桧迫害与自己意见不同的官员，联姻外戚，结交内臣。绍兴十年(1140)五月，金人再度撕毁和议，分三路大举南侵，重占开封。宋军英勇抗战，金军在川陕、两淮的进攻皆失败。七月，金将兀术转攻郾城，又被岳飞打败，转攻颍昌，又败。岳飞趁机进兵朱仙镇，后来收复了黄河以南一带，与开封只有四十五里，北方义军也纷纷响应岳飞。此时，高宗连下十二道金牌催促岳飞班师，北伐之功毁于一旦。绍兴十一年(1141)十一月，宋与金书面达成“绍兴和议”，两国以淮水—大散关为界。宋割让从前被岳飞收复的唐州、邓州以及商州、秦州的大半，每年向金进贡银二十五万两，绢二十五万匹。宋高宗希望把生母和生父的遗体接回，答应金杀岳飞。十二月末除夕夜，赵构和秦桧以“莫须有”的罪名杀害岳飞于临安(今浙江杭州)。“绍兴和议”立刻实现。

六

“风声雨声读书声声声入耳，家事国事天下事事事关心”，这是中国古代文人士大夫的气节。外敌侵国，抗击声起，《战国策》被人们重视起来。《战国策》是我国古代记载战国时期政治斗争的一部最完整的著作，实际上是当时纵横家游说之辞的汇编，而当时七国的风云变幻，合纵连横，战争绵延，政权更迭，都与谋士献策、智士论辩有关，因而具有重要的史料价值，在古典文学史上亦占有重要地位。汉司马迁据《左传》、《国语》，采《世本》、《战国策》，述《楚汉春秋》。然《战国策》的真正成书在西汉末年，刘向见其错乱相糅，“因国别者，略以时次之，分别不以序者以相补，除重复，得三十三篇”，此书从此得以定篇。东汉末，京兆尹延笃、濮阳令高诱先后为之作注。

纵横家，诸子百家之一，是以从事政治外交活动为主的一派。他们的出现主要是因为当时割据纷争，王权不能稳固统一，需要在国力富足的基础上利用联合、排斥、危逼、利诱或辅之以兵之法不战而胜，或以较少的损失获得最大的收益。他们的智谋、思想、手段、策略基本上是当时处理国与国之间问题的最好办法，但由于他们所崇尚的是权谋策略及言谈辩论之技巧，与儒家所推崇之仁义道德大相径庭，因此，魏晋南北朝至隋唐八百年间，除极少数之外，一直把《战国策》

当成“诈伪权谲”、“坏人心术”的书，没有给予应有的重视。《战国策》在五代已残缺不全，传到北宋，延注早亡佚，高注也已散佚过半。嘉祐五年(1060)，文学家曾巩由欧阳修举荐到京师当馆阁校勘、集贤校理，“访之士大夫家，始尽得其书，正其误谬，而疑其不可考者，然后《战国策》三十三篇复原。稍后孙朴踵事增华，遂为定本”，从此《战国策》的整理研究进入新阶段。经曾巩重新整理的《战国策》，在浙江有“浙建原小字刊行本”和绍兴四年(1134)十月括苍知州耿延禧的丽水刊本。接着又出现了两个几乎同时独立完成的不同的版本：姚宏校注本《战国策》和鲍彪注《战国策》。

姚宏，字令声，剡川(今浙江奉化)人，因忤秦桧，冤死大理狱，为删定官，至今传有绍兴十六年(1146)《〈战国策〉题》一篇。其《战国策注》不止一处被稍后的吕祖谦《大事记》所引用。后来其弟姚宽(字令威)对其兄的注进行增详。而保存下来的传世之本主要是把宋代若干个不同版本上字句之异同记于注中，于字义或典故很少解释，因而在社会上并未得到广泛流传。对《战国策》一书的全面系统的整理和注释，其实从缙云鲍彪开始。

鲍彪为官在南宋战乱之初，以研经者姿态含辛茹苦地通过注释纵横家名著《战国策》，贯穿“合先王正道”的正统思想，警醒国家要有危难意识。刘向《战国策序》云：

周室自文、武始兴，崇道德，隆礼义，设辟雍、泮宫、庠序之教，陈礼乐、弦歌移风之化。叙人伦，正夫妇，天下莫不晓然论孝悌之义，惇笃之行。故仁义之道，满乎天下，卒致之刑错四十余年。远方慕义，莫不宾服，《雅》、《颂》歌咏，以思其德。下及康、昭之后，虽有衰德，其纲纪尚明。……战国之时，君德浅薄，为之谋策者，不得不因势而为资，据时而为，故其辩，扶急持倾，为一切之权，虽不可以临国教化，兵革救急之势也。皆高才秀士，度时君之所能行，出奇策异智，专危为安，运亡为存；亦可喜，皆可观。

先王指尧、舜、禹、汤、文三、武王。先王正道，即儒家所倡导的仁政之道。孟子认为，先王是以仁政治天下的楷模，贯彻仁义礼智的原则，就是“先王之道”。鲍彪《序战国策》中云：

考《史记》诸书为之注，定其章条，正其衍说，而存其旧，慎之也。地理本之《汉志》，无则缺；字训本之《说文》，无则称犹。杂出诸书，亦别名之。人姓名多不传见，欲显其所说，故系之一国。

鲍彪诠释《战国策》，主要突出“论是非，辨得失，而考兴亡”，“翊宣教化”。并根据文义，参考以前刘本、曾本记载，改易了《战国策》原有的篇章次序。在极其动荡的战乱中，鲍彪努力搜集古籍，广征博引，一字一句考证，引用42种古籍资料，并对衍文脱文，加以补正，四易其稿，可谓严谨。鲍彪学术从版本学存古阙疑角度，鲍彪变易旧本的做法，虽然为后人所责难，但若从《战国策》研究贯通的角度，鲍彪补漏填阙的补正做法又是可取的。清乾隆时主持编辑《四库全书》的著名学者纪晓岚在《四库全书总目》中评论鲍彪《战国策注》一书时说："彪核其事迹年月而移之，尚与妄改古书有间。"并引用宋赵与时《宾退录》评说："《战国策》旧传高诱注，残阙疏略，殊不足观。姚令威、宽补注，亦未周详。独缙云鲍氏注为优。虽间有小疵，殊不害大体。"最后总结说，"鲍注疏通诠解，实亦殚一生之力"，属"创始之功"。

七

鲍彪注释《战国策》，将原来居于卷首的《东周策》列入卷二，将原来卷二的《西周策》列于卷首，理由是："《西周》正统也，不得后于《东周》，定为卷首。"

正统，指王朝的合法继承。欧阳修《正统论下》："夫居天下之正，合天下于一，斯正统矣。"对正统的追求称为拨乱反正、尊王攘夷。鲍彪建炎二年(1128)中进士，初授文林郎任秀州判官，再转教昆陵。任内崇建堂宇，索学田之隐没者，以厚廪饩。任满调严州、郴州、湖州、潮州任教授。"处选调二十年。"选调候补官员等待迁调。战乱之中，二十年后的绍兴十七年(1147)《战国策》注释才在此"选调"期间"阨穷"之中艰难完成。绍兴十九年(1149)鲍彪五十八岁，已近花甲，被调入京官，从此人生经历开始转折，任内对《战国策》重校，并著有《书解》、《杜诗注》。

绍兴二十五年(1155)，鲍彪六十四岁，他在龙泉县《集福寺钟铭》中自诩"知命老人"。绍兴二十七年(1157)冬十月丙午，因临安府举行大祭祀，左宣教郎尚书司封员外郎鲍彪等因选用祭品以他物代用，不合法度，御史台劾其"擅行移易"，各罚铜10斤。①

今杭州六和塔内有绍兴二十九年(1159)《佛说四十二章经》石刻，嵌于第一层内墙，由清42位职官手书。清《钦定续通志》卷一六八载：绍兴二十九年(1159)，杭州六和塔刻《四十二章经》，鲍彪和汤思退、叶谦亨、张孝祥、钱端礼、陈俊卿、虞允文、洪迈等42人分章书。唯贺允中、钱端礼、杨朴、周操四人行书，余皆正书(楷书)。

到绍兴三十年(1160)，鲍彪已步入古稀阶段了，他以左宣教郎尚书司封员外

---

① 见宋李心传：《建炎以来系年要录》卷一百七十八。

郎引年告老时，朝中大臣杨朴、虞允文、叶谦亨、胡沂、洪迈、陈俊卿、陈棠等异乎寻常地慰留，并联名向皇帝上疏：

彪，笃学守道，安于静退。甲科及第，处选调二十年，了无遗佚，阨穷之叹。其博物洽闻可以备议论，清介端悫可以表搢绅；春秋虽多不见老人衰惫之态，而勇退戒得，陈义甚高，望表而出之。以励士大夫之节制曰："壮而仕老而归，君子出处之大致也。"

宋高宗特为下旨：

朕于知止之士，爱之重之。思所以致其厚者，尔以经明行修早擢上第，调阙不试几二十年，庞眉郎潜垂上清，近今才七十耳，幡然上归老之章。尔之志决矣，朕何忍闵劳以官职之事乎！褒进文阶，华以命服，且诏有司，上其子若孙一人。大夫其修身守道以昌高年，优游里闾以须三老五更之召。可特授左奉议郎守，尚书司封员外郎赐绯鱼袋致仕。

晚年可慰，这表明鲍彪是在十分贫困的战乱逆境之中含辛茹苦地注释《战国策》，到六十岁以后才被朝野发现，并当作世之大儒而告老的。现存鲍注宋刻本《鲍氏战国策校注》十卷，乃绍熙二年（1191）会稽郡斋刻，距今已有 820 多年。

八

元泰定二年（1325），宋元理学金华北山学派弟子吴师道见大家王应麟"尝斥鲍失数端"，而刘辰翁"盛有所称许"的不同评说，重新对《战国策》鲍注进行全面深入校核，取姚本子进行对比，引书在鲍彪所引 43 种的基础上，还引用姚注、洪迈、刘辰翁、刘伯庄、朱熹等人相关材料，再增加 31 种，补充纠正撰成《战国策校注》，把《战国策》学术研究提高到了新的高度。

吴师道（1283—1344），字正传，婺州兰溪县人，聪敏善记，19 岁诵宋儒真德秀遗书，乃致力理学研究，竭力排斥其他学说。吴师道少与许谦同师金履祥，与柳贯、吴莱、许谦往来密切，又与黄溍、柳贯、吴莱等往来唱和。延祐间（1314—1320），吴为国子博士，至治元年（1321）登进士，授高邮县丞，主持兴筑漕渠以通运，后调宁国录事，适逢大旱，劝富户输捐助，购米平价出售，又用官储及赃罚钱银赈济灾民。泰定二年（1325）吴师道作《战国策校注》，至元初年（1335）任建德县尹，强制豪民退出学田。因他为官清正，被荐任国子助教，后再迁奉议大夫，以礼部郎中致仕，终于家。吴师道生平以道学自任，晚年剖析精严。

吴师道的校注，校鲍本之注，正鲍本之误，认为姚本"具有典则"，鲍本"缪妄”、“浅陋”，虽然总体上“存其是而正其非”，却对鲍本大加贬斥，几乎从各个方面对鲍注加以否定。吴师道在《战国策校注序》中说：

宋尚书郎括苍鲍彪诋其疏略缪妄，乃序次章条，补正脱误，时出己见论说，其用意甚勤。愚尝并取而读之，高氏之疏略信矣，若缪妄，则鲍氏自谓也。……事莫大于存古，学莫善于阙疑。夫子作春秋，仍夏五残文；汉儒校经，未尝去本字，但云“某当作某，某读如某”，示谨重也。古书字多假借，音亦相通。鲍直去本文，径加改字，岂传疑存旧之意哉？比事次时，当有明征，其不可定知者，阙焉可也，岂必强为傅会乎？

鲍彪自谓“翊宣教化”，而吴师道也认为“则尤可议”。用儒学的标准去评判，却有差异：

(1)如《西周策》“楚兵在山南”章中有人为周君献谋设计陷害伍得，鲍注：“彪谓：此谋虽不出于正，而免国于难可也。”吴注：“正曰：鲍以此为尊周，谬矣。”

(2)《东周策》“秦假道于周以伐韩”章中，鲍注：“彪谓：战国之士，设心措辞，无不出于诈，若此者君子之所恕也。”吴注：“正曰：鲍意尊周，故谓行诈免难所可恕。与前注为伍得章失同。”吴师道认为鲍意在尊周，所以凡所用欺诈阴谋只要于周有利，则可被君子所恕。

(3)《秦策一》“陈轸去楚之秦”章中，记陈轸在秦与张仪暗斗说秦王，鲍注：“彪谓：轸之辩类捷给，而其所称誉，皆当于人心，不诡于正论。周衰，辩士未有若轸之绝伦离群者也。”吴注：“正曰：秦为无道，鲁仲连不肯帝，孔子顺义不入，彼诚豪杰之士已。轸往来其间其居秦也，又与张仪争宠，鄙哉！虽其为楚谋也多，而终不能以善楚也。‘之楚’之对，辩给不诡于正，尤为彼善于此耳。”

(4)《秦策三》“蔡泽见逐于赵”章中，章尾有鲍注：“彪谓：周衰，辩士皆矜材角智，趣于利而已。唯泽为近道德明哲保身之策，故其得位不数月引去，优游于秦，以封君令终，美矣！‘非苟知之，亦允蹈之’，泽之谓乎！”吴注：“正曰：泽知范雎内惭，故西入秦，志在夺相。杨雄所谓‘扼其咽，抗其气，拊其背，而夺其位’，乃矜材角智趣利之尤者；相秦数月，惧诛归印，亦智巧之尤。无功而退，既无当于道德之旨明哲保身之义，彼何足以知之哉！”鲍注对陈轸、蔡泽甚为称许，吴注却不以为然。

(5)《齐策五》“苏秦说齐闵王”章中，章尾有鲍注：“彪谓：此《策》辗转皆中事机，而不诡于圣，虽钟竽倡乐，非所以启人主者，亦《孟子》色货之比。闵王骄不能听，以及鼓里之祸，百世之戒也！”吴注：“此《策》谈兵主于后起，藉权不为人主怨。其云‘案兵而后起，寄怨而诛不直，微用兵而寄于义’，最其术之深者。是岂仁义之师，正大之论乎？虽其后极言战之害，何救于失哉！钟鼓倡乐之云，视《孟子》

与民同乐之意不类。鲍之不察甚矣。”

(6)《中山策》“中山与燕赵为王”章中，记张登之谋，章尾有鲍注：“彪谓：张登亿则屡中，言之必可行者也。虽其用智有捭阖风气，而文无害，亦狡狯可喜，非君子之所排也。”吴注：“捭阖狡狯，岂非君子之所排者？因其文之可喜，而谓其术之无害，悖矣！”双方对纵横家和外交家们的评说，鲍注体现了明理而通达，吴注却是意气与执拗。

对儒家在“教化”认识上的差异，宋末郑思肖说：“与正统者，配天地，立人极，所以教天下以至正之道。”而到元朝吴师道就截然不同。元朝是由蒙古贵族建立的封建政权，蒙古贵族招降纳叛，大量使用旧宋官员和子女，把全国划分为四等人：一是蒙古人；二是色目人；三是汉人；四是南人，指长江以南的汉人和西南各少数民族。元帝国疆域空前辽阔，“北逾阴山，西极流沙，东尽辽左，南越岭表”，境内民族众多，信仰各异。早在成吉思汗时期，就确定兼容并蓄各种宗教政策，对境内的佛教、道教、基督教、伊斯兰教等都一体优待。蒙元统治阶层基本不通汉语，至于高级官吏，唯利是图，又多色目人，自然对“字里行间”之事不甚关心，不少人“目不识丁，书押文卷，但攒三指，染墨印纸上”，如同现在派出所按指纹，以三指印按文卷代替签名，稍好一点的，以印章代签名，据《南村辍耕录》记载：“今蒙古色目人之为官者，多不能执笔画押，例以象牙或木，刻而印之。宰辅及近侍官至一品者，得旨则用玉图书押字。”治下的汉族“辅佐者”，他们本身具有被殖民心理，沉抑下僚，郁郁不得志，如果还和鲍彪一样去讲正统，已很不合时宜。从吴师道的补正中的这些评议上，透露出对鲍注所持有失公允的狭隘偏激意气，也体现出理学到元代学术变异的真实状态。

总之，鲍彪在金人南侵、宋室流离立国的战乱年代和“阨穷之叹”的逆境中，以天下为己任，“论是非、辨得失、考兴亡”，搜集经典，殚一生之力，校考补注名著，为中国文化的传承发展做出了重大的贡献。

吕祖谦裔孙聚居缙云西岸和迁徙闽、苏、广、台踪迹考[①]

西岸，古称西皋，位于缙云县西北25里，地处武义江上游新建溪西岸，河阳古民居北部，面积1.4平方公里，共300户、1000余人，今属新建镇新合村。西岸有耕地428亩，山地1088亩，除种植水稻外，还出产蚕桑、柑橘、杨梅、蜜桃、枇杷等；村民主要由吕、张、舒、赵、徐、李等姓组成，据宗谱记载，张、舒、赵、李、徐等姓，清代先后从凝碧、东山杨、新建等地迁入，其中吕姓入迁最早，人口最多。

一

西岸《河东吕氏宗谱》载，元至正二十五年(1365)吕祖谦六世孙吕太生“据家藏谱牒，因叙世次”初修；由于族中直系有吕蒙正、吕夷简、吕公弼、吕公着、吕希哲、吕本中、吕弸中、吕大器、吕祖谦等宋朝高官文士，在浙江省是一个十分显赫的家族。此谱《统宗图·外纪系图》以伯夷为第一世，唐吕梦奇(六十九世)为河东北宅一世祖；宋吕祖谦嫡长孙、永嘉县尉吕似之(八十世)为缙云一世祖。后在明成化、嘉靖，清雍正、乾隆、嘉庆、道光、咸丰、同治、光绪，民国和1994年共修撰15次，今尚存咸丰、同治、光绪、民国和1994年的六个版本，是缙云县保存最完善的宗族谱牒之一。

吕祖谦(1137—1181)，字伯恭，原籍寿州(今安徽凤台)，生于婺州(今金华)，南宋著名思想家、教育家、历史学家。他与朱熹、张拭齐名，时世称“东南三贤”。因其伯祖吕本中人称“东莱先生”，故吕祖谦被称为“小东莱”。绍兴三十一年(1161)，恩袭右迪功郎，授严州桐庐县尉，主管学事。三十二年(1162)，他的妻子韩复去世，所生男夭折。孝宗隆兴元年(1163)四月，吕祖谦先考中博学宏词科，接着又中进士，孝宗特授其左从政郎，改差南外敦宗院宗学教授。乾道二年(1166)十一月，他的母亲去世，归葬婺州。由于为母亲守丧，他只得以教授学子为业。乾道五年(1169)，他再娶韩氏之妹，并到严州任所。乾道六年(1170)，升任太学博士，并兼国史院编修官、实录院检讨官。次年(1171)五月，第二任妻子韩元吉次女韩螺又去世，所生

---

① 本文为与陈谓清合著，成文于2011年7月14日，曾发表于2011年7月22日、7月29日《今日缙云》。

女夭折。乾道八年(1172),吕父因病告归,并在这年二月去世,在墓地明招山守丧的三年中,吕祖谦仍以教授学子和著述为事。淳熙三年(1176),守丧期满,因李焘的推荐,吕祖谦升任秘书省秘书郎,并兼国史院编修官与实录院检讨官,这时,他已疾病缠身。淳熙四年(1177),吕继娶国子祭酒芮烨之女为妻。淳熙六年(1179)七月二十八日,妻芮氏又去世,这一年他42岁。越二年,淳熙八年(1181)七月二十九日吕祖谦病故,享年44岁,葬于武义明招山。吕祖谦仅遗一子延年,系芮氏所生,年仅三岁;一女年最长,名华年,后归于潘景良。①

吕延年(1179—1236),字驭仲(又字伯愚)②,受业叔父祖俭。嘉定七年(1214)以父荫补将仕郎,官临彰县主簿,宝庆元年(1225)任建德知县、绍兴府推官,后居庐州合肥县大槐乡,娶寿州王通判妥女,铨中迪功郎临安府判官,改太府丞知嘉兴府,改信州,两易温州,迁大理丞。生二子,长叫似之,次叫守之。③

吕似之(1203—1278)④,字以诚,以祖恩补宣教郎,改温州永嘉尉,宋末徙居处州缙云县登俊坊。生三子(克顺、克显、克类)、一女,为缙云始迁祖。

吕克顺(1234—1304),字慎甫,太学上舍生,生一子高,早世。吕克显(1236—1298),字荣甫,太学上舍生,生二子,俱早世。吕克类(1238—1311),字仁甫,又字公宪,官永宁路教授,仕至河南转运副使,宣奉大夫。生三子:升、□(存缺——引者注)、元善(缙云县尉)。从缙云登俊坊徙居新建(今新建镇)。

吕升(1277—1349),字伯良,号松壑先生,官处州路经历,后迁金华路总管知事。元初由新建徙居西岸,与文学家浦江柳贯、义乌黄溍、苏伯衡善,尝建松壑亭于玉泉山之上,与黄溍游咏于此。生二子(太生、太明)、二女。西岸吕氏,而后又逐渐分居新建、丹址、雅村、杜村、张公桥、丽水沙溪等地,现今已繁衍27世,有裔孙900余人。

吕氏,乃缙云望族。缙云县志办公室《缙云姓氏志》载,属于河东吕氏的有三支:一为壶镇吕氏,宰相吕夷简之后;二为方川吕氏,吕受问之后;三为谷川吕氏,吕蒙正之后,均与金华吕氏同源,又与西岸吕氏有别。《永康姓氏志》载,有青山吕氏,郡河东,始祖吕祖闰,似乎与吕祖谦为同辈从兄弟。《河东吕氏宗谱·坟域录》载:吕祖谦曾祖吕好问、祖吕绷中、父吕大器,至吕祖谦、吕延年一家五代十三穴,皆葬于金华府武义县明招山(今武义县白溪乡下陈村东北)。且"宋东莱先生吕伯恭(祖谦)之墓"十字,是宋代大教育家朱熹所书。明招山,《浙江古今地名大辞典》说:在

---

① 吕祖谦:《东莱集·卷首·王崇祠〈吕东莱先生本传〉》。

② 何镗:《括苍汇纪》。

③ 《剡东吕氏宗谱·朱熹·吕氏源流图谱序》:吕延年"生二子:侣之,守之"。吕必惠:《中华吕姓》,中州古籍出版社2003年版,第75页。侣之,疑误,应为似之。因为吕侣之,音重叠,不合中国习惯。

④ 吕必惠:《中华吕姓》,中州古籍出版社2003年版,第75页。

清代曾先后修建宋吕东莱和太师吕好问的讲堂，碑刻尚存。讲堂，就是明招寺，今为浙江省文物重点保护单位。西岸吕祖谦后裔自宋末迁居处州缙云县后，仍作嫡传宗子，参加由婺州知府、武义知县主持的祭扫，600多年来从未间断。

二

祭祀，中国古礼之一。西周时，“礼不下庶人，刑不上大夫”①，意思是说不为庶人专门制订礼仪，大夫不按一般刑法议罪，另有官刑。按照每人祖先在宗庙内各占一庙的庙数建制，天子祀七庙设一坛一墠；诸侯五庙（或三庙）设一坛一墠；大夫三庙；士二庙，而庶民不许立庙。宋朝开始，朝廷规定极少数高官可以建立家庙，但控制极严，一般百姓只能在家屋厅堂内立影堂（画像）祭祀父母。元明时期，宗族和政府任官制度不发生直接关系，不过问私家族谱的兴修，即允许立始迁祖庙。西岸东北一里有涌屏山，四周还有古溪、凝碧、东岸、下洋等村落。山中古有广慈寺一处，相传建于唐会昌二年（842）。宋康定元年（1040）由凝碧后街张仁德重修。嘉祐六年（1061）九月二十八日，僧人从爽募施主造井一所，六僧为活。元延祐二年（1315），刚从新建迁到西岸的金华路总管知事吕伯良与东岸杨君实，凝碧张兑、张焕、朱良能、朱良玉等为首，一起合力重修，受到邑大夫（县尹）的称赞。次年（1316）冬，工竣，各将祖宗神主（供奉逝者的木牌，亦称木主，俗称斋饭牌和位牌）安顿大殿东西两侧：张、杨在东廊，朱、吕在西廊，从此以后，每到清明、冬至，由四姓子孙前往礼佛祭祖。

嘉靖二十二年（1543），在朝廷大礼仪之争的影响下②，重修广慈寺后为了安顿父母神主，在村内筑屋三椽，初建祠庙于经（庵）塘。南明隆武二年（1646），广慈寺大殿后建造小厅后，共同将各自神主从大殿迁出，移入小厅：张杨二姓在东小厅，朱吕二姓在西小厅。清乾隆五年（1740），广慈寺大殿后扩建为四姓祠堂：东边第一间为张氏始祖祠，西边第一间为朱氏始祖祠；东边第二间为杨氏始祖祠，西边第二间为吕氏始祖祠，亦称吕东莱祠。乾隆三十六年（1771），西岸吕姓祠庙在下书院之傍南向重造，并将始祖神主从广慈寺后四姓祠（吕东莱祠）内取出安顿正厅。道光八年（1828）从堪舆家言，倚南面北重建，改称《吕氏宗祠》，前

① 《礼记·曲礼·上》。

② 大礼议之争：明世宗嘉靖十五岁时，以藩王身份继皇帝位，登基后不顾礼制，为了追封自己的生父兴献王为皇帝不惜与群臣反目。嘉靖的父亲兴献王最终被追封为睿宗。嘉靖父母藩王可以成帝，朝廷允百姓开宗立祠。

有堂后有室，占地1480平方米。同治十三年(1874)起又规定：每生一男与娶一媳，派出燥谷十斤助入祠堂，永作戏常之资。光绪三十二年(1906)至宣统元年(1909)重修中厅。民国八年(1919)部分更新，民国二十年(1931)修建戏台，内置"东莱世胄"、"理学世家"、"御史中丞"、"大理寺丞"、"宣教郎"、"彤史千秋"、"明德惟馨"八匾，是浙江省吕祖谦后裔的唯一宗祠。

三

从吕祖谦六世孙吕伯良在元代从新建迁入西岸聚居后的七百多年间，吕氏后人为了生计，逐渐分居于新建、丹址、雅村、杜村、张公桥、丽水沙溪等地。2010年，台胞吕松寿先生从福建省诏安县发现打印本(1995)《秀篆吕氏族谱》一册，自称始迁祖吕万春系吕祖谦后裔，和西岸吕氏一脉同宗。可惜这部谱行第中只书甲子，不录纪年，蕃衍辽阔，居地分散，字里行间似乎存在着房派上揉合之嫌。可此谱自载吕祖谦后裔的有万春、大正和十二郎三人，又云吕祖谦之后"约五世失考"。

用《福建诏安篆秀谱》和缙云西岸《河东吕氏宗谱》互核，却真有踪迹可觅。《河东吕氏宗谱》载：吕祖谦五世吕克顺(1234—1304)，字慎甫，太学上舍生，生一子高，早世。吕克显(1236—1298)，字荣甫，太学上舍生，生二子，俱早世。还有太生、太明、太福、太宏、太履、太亨、太成、太宝八人，其中后裔失载的是太福、太成二人，和《福建诏安篆秀谱》中记载巧合。且大正的"大"，古通"太"，与西岸谱中吕祖谦五世孙本字辈相同。同时，吕太成的"成"字和大正的"正"字音近，故吕太成很有可能就是吕大正，也就是说吕太成字大正。同时，古代以富贵寿考为福。《尚书·洪范》："五福：一曰寿，二曰富，三曰康宁，四曰攸好德，五曰考终命。"福字，在中国历代人们心目中，永远可比为百花齐放、万紫千红的春天，因此，吕太福很有可能就是吕万春，也就是说吕太福字万春。

吕祖谦六世裔孙吕太生(行本一)，字立方，又字立道，号松间道人，元至大辛亥(1311)生，由明经授武义、江山教谕；吕太宏(行本二)，字宏道，生卒缺；吕太明(行本三)，字从道，又字立文，号云涯，丽水儒学教谕；吕太履(行本四)，字任道，元致和己巳(1329)生；吕太亨(行本六)，字可道；吕太宝(行本七)，字用。很奇怪谱中独缺"行本五"，它很有可能就是吕太福(万春)，吕太成(大正)可能为行本八。宗谱排行论辈分讲长幼，这就是说吕太福(万春)、吕太成(大正)二人，出生当在吕太履(行本四)，元泰定帝致和己巳年(1329)以后。

如果往后再推二十二年，即至正十一年(1351)，吕太成(万春)、吕太成(大正)兄弟可能已成丁(十六岁)。这年五月，刘福通等起兵率红巾军克颍州(今安徽阜阳),全国性反元大起义由此爆发。十三年(1353)十月,缙云县城大火,庐舍皆尽。十四年(1354)七月,缙云夏不雨。缙云反元义军又起,焚永康、仙居。处州四面形势皆严。至正十五年(1355),九月,缙云箬川(前村)杜仲光、应均输聚众反元。缙云县尉杜伯宗率弓兵镇压。前村王德明和杜伯宗被陷而死。松溪(周村)郑惜,仕元美化乡巡检,值盗起青田,奋身往讨,遂遇害。战火毁赵氏谱牒、文集、遗像。十六年(1356)二月,元将石抹宜孙奉命在处州镇压农民起义军。十七年(1357)三月,杜仲光起义军下胡陈,克永康,进军东阳。朝廷命迈里古思和处州石抹宜孙南北夹击。石抹宜孙命义兵部长吴成率部讨伐,吴成不进,却大掠民财以归,石抹宜孙测知其意斩之,处州戒严。缙云县尹林彬祖集全县壮丁百余人,驻扎黄龙山寨。四月,迈里古思驻军永康方岩,命余姚州判官黄中出击,大败义军。迈里古思进驻胡陈,并乘胜追击至三溪,杜仲光战败牺牲,余部四散。五月,大旱。十八年(1358)(宋龙凤四年),缙云县城大火。十九年(1359)(宋龙凤五年)四月,吴王朱元璋占金华后,命大将胡大海、耿再成取处州,进军缙云。林彬祖退出黄龙山。耿再成率十八骑驻扎。石扶宜孙、林彬祖组织反击,耿再成凭险据守。缙云义军风涌支援耿再成。元军退,叶琛退守桃花岭,林彬祖守葛渡,陈仲真守樊岭,胡森守龙泉。胡大海、耿再成得缙云曹进得、陈佃、郑葆等万余人,晨皆操练,声势大振。十一月,胡大海攻处州,破元镇抚陈仲真于樊岭(庄)、林彬祖隐黄龙,耿再成连拔桃花、葛岭两寨,并乘胜攻克处州。二十二年(1362)(宋龙凤八年)二月,朱元璋西讨陈友谅,令衢、婺、处三府兵西上。金华苗军元帅蒋英闻讯叛吴,杀守将胡大海。处州苗军元帅李祐之、贺仁德亦叛,杀耿再成、孙炎,投张士诚,全浙震动。朱元璋命李文忠,遣元帅王祐屯缙云。三月,又命邵荣进军缙云,徐图进取。胡涂从龙泉引军从邵荣讨叛。四月,耿再成子耿天璧,召集父亲旧部扎缙云,向苗军进攻,战于丽水刘山(驿)。逾月,苗军败,李佑之自杀。贺仁德走缙云,被吴军捕获诛杀,收复处州。

元末(1351—1362)的战乱,对百姓来说既是大劫难,同时也是大机遇。吕太福(万春)、吕太成(大正)兄弟,为了生计离开缙云南下福建谋生,最终辗转至汀州府宁化石壁乡落脚,生五子,秉东、秉信两子在籍。余三子秉仁、秉彝、秉翟兄弟同到诏安县而卜筑秀篆,终成闽台远近闻名的一大派。

西岸《河东吕氏宗谱》载:"至正乙巳"年初次修谱,就是元至正二十五年,当公元1365年。查此年,缙云县早已为朱元璋控制地区,应当是吴龙凤十一年。《内纪世系》第四世本字行八人:太生、太明、太福、太宏、太履、太亨、太成、太宝八人,其中后裔失载的是太福、太成二人。而《内纪行传》只立太生、太宏、太明、太履、太亨、太成、太宝七人,可见吕太福(万春)、太成(大正)兄弟,已经离开缙云西岸而外迁,也许因生死去向未卜,只得仅录其名。《福建诏安篆秀谱》也说"良公,大正公长子,明初与弟良篮公由汀州府上杭县迁徙永定县金丰里”，表示“明初”(1368)他们已住福建，而他们迁居时间自然略早，当在元末战乱动荡(1351—1362)时期。

吕祖谦长孙吕似之之弟吕守之，可能有后裔。括苍(丽水)《宝溪吕氏宗谱》载，六世孙吕明伦，字圣学，号教山，元成宗元贞元年(1295)由举人授松阳县尉，由缙云迁丽水宝溪。生四子：忠一德教，居保定岗上市，后裔迁龙泉、福建等地；忠二德信，居保定；忠三德音，分派采溪及白河，又有迁居碧湖、青田；忠四德言，居宝溪下市，任缙云县美化书院山长。① 又据江苏沛县《东莱堂吕氏宗谱》载，始祖吕祖谦六世孙吕灵与吕云兄弟俩，于明洪武己酉年(1369)迁居沛县前后楼，后子孙分散各地，其中有移入砀山县城东单家庄等地落户。吕灵与吕云，亦有可能是吕守之的儿孙。②

西岸《河东吕氏宗谱·内纪世系》第四世“行本五”，有图而不入传。《河东吕氏宗谱·凡例》说，“继异姓为嗣者不图，以绝世也”、“从释老者不图，以斥异教也”、“凡族人素行不臧(善)大为，先德之玷(污)者不传，示戒也”、“于图犹分注之，天亲无绝也，妇人内行有亏，女不书其所，妻不书其氏，丑之也”、“殇而无后者不图，书其名于父传之下，以其无益于继世也”、“内女非所适而迨者，不书。男子非所娶而娶者，不书，正氏族也”、“有不知其氏与地而略之者，阙也。仍书曰氏家，适缺而其所不书者自见矣”。这宁阙存漏的历史现象，不应是修撰者的笔误，当是封建社会宗法制度的产物。

四

清康熙五十五年(1716)，福建省漳州府诏安县二都秀篆河尾堡(今福建省诏安县秀篆镇河美村)建成阁下溪祖祠——“吕氏宗祠”一座，尊吕祖谦后裔吕万春为始祖，名“着存堂”。九月十五日，迎神主入祠登龛。乾隆九年(1744)重修，民国五年(1916)大修。1983年秋，毁于洪水。1995年由宗亲理事牵头，台湾宗亲捐资和全体裔孙支持下重新修复，是秀篆吕姓的大宗祠。《阁下溪着存堂谱序》中说：吾祖源于渭水，始于河南，挺秀山东，衍派江南。后因战乱，移民南迁。……由金华蔓延入汀。吾始祖万春吕大公，当时世居福建省汀州府宁化石壁乡，生下五子，秉东、秉信两子在籍。余三子秉仁、秉彝、秉翟兄弟同来诏邑而卜筑秀篆。厥后秉彝、秉翟二子移复广东饶邑车头东界(秉彝居车头居豪村、秉

① 吕必惠：《中华吕姓》，中州古籍出版社2003年版，第228页。

② 吕必惠：《中华吕姓》，中州古籍出版社2003年版，第249页。

翟居东界仙春村)。秉仁大一公实是吾祖悠分之始也,后传子共分八房,彼时蕃衍甚众,就于河尾筑干乐城,多房集居同处。《秀篆吕氏族谱》亦载:清乾隆八年(1743)在潮州府郡西畔街(今潮州市西马路第一中医院址)建造敦睦堂祖祠一座,周围包屋总九十九个门,属相府品级的府第建筑群。三进门立飞龙图案垫脚牌匾,"圣旨"二字横放,"宗圣公庙"四字为楷书。大门行笼一面直书朱红"吕府",一面直书朱红"理学世家"。十一月十一日(建成),丑时进香火,可谓壮观。

《福建诏安篆秀谱》又说,乾隆九年(1744)吕天璧、吕钟绣《创建潮州府敦睦堂大宗祠谱序》中云:"自我始祖东莱公南迁以后,其苗裔由慰入漳,由漳入潮,历宋元明清五百余岁,其间聚散不一,远近不等。"《阁下溪着存堂谱序》中说:"吾祖源于渭水,始于河南,挺秀山东,衍派江南。后因战乱,移民南迁。……由金华蔓延入汀。"此说虽有不善之嫌,亦存踪迹古传之实,可作佐证。

五

吕必惠《中华吕姓》载,目前为止发现吕祖谦后裔的吕姓氏族有四支:浙江缙云西岸、浙江莲都碧湖保定、福建诏安篆秀和江苏沛县、砀山县东单家庄。其中缙云西岸《河东吕氏宗谱》,元至正二十五年(1365)吕祖谦六世长孙吕太生"据家藏谱牒,因叙世次"初修,今已 16 次。谱本古朴典雅,世系完整,保存完好,族人每年均到武义明招山祖宗墓地,以五经博士身份参加祭扫,又尚存《吕氏宗祠》一座,表明是宋代著名思想家吕祖谦后裔大宗的聚居地。而其他三地宗谱均缺吕祖谦下五世,即都认始迁祖为吕祖谦六世孙,从严格的历史学角度看,都似乎有整合依附之嫌。而《福建诏安篆秀谱》的吕万春支,在缙云西岸《河东吕氏宗谱》中找到源头和踪迹,亦属大宗系列。而莲都(丽水)《宝溪吕氏宗谱》和江苏沛县《东莱堂吕氏宗谱》,亦有可能是缙云西岸《河东吕氏宗谱》中列而未详的吕祖谦次孙吕守之的后裔,属小宗旁支系列。

综上所述,吕祖谦三世孙吕似之,在宋末从婺州金华迁处州缙云县城登俊坊;四世孙吕克类从登俊坊徙居西乡新建;五世孙吕升再由新建徙居西岸而聚居。六世遇元末战乱,吕太福(万春)、吕太成(大正)从缙云县西岸南迁福建汀州府宁化石壁乡谋生,而后聚居诏安县而卜筑秀篆。聚居西岸的裔孙在漫长的岁月里,又逐渐分居于新建、丹址、雅村、杜村、张公桥和莲都沙溪等地,已传二十七世,现缙云县有裔孙 1000 余人。秀篆的裔孙聚居福建省诏安县,地处福建省最南端,为漳州市辖县,大约从清朝中期开始多支多人渡海峡迁入台湾,也大约已传二十七世。

当今,吕祖谦裔孙们,将在中华大地上继续谱写新的辉煌篇章。

宋缙云县主簿——吕祖俭[①]

吕祖俭(1146—1198),字子约,金华人,从兄吕祖谦学,心领神会,勤奋不懈,日就月将,所学甚宏,并协助讲学丽泽书堂。淳熙初(1174),以父荫补迪功郎,官缙云县主簿。[②] 淳熙八年(1181),奉派监明州仓,适遇祖谦卒,服兄丧一年而不赴任。当时规定,半年以上不上任者为违法,但祖俭坚持服完一整年丧服,朝廷居然特例同意,并因此而颁令今后以一年为限。吕祖俭任明州仓监,常在月湖聚徒讲学,把吕祖谦的史学观点以及在讲学中取得的经验,不遗余力地扩大传播。吕祖俭又在史忠定竹洲书院讲学,他与沈焕、沈炳合称为"竹洲三先生"。克绍吕氏"中原文献之学",并与当世名儒朱熹、陆九渊、陈傅良往复论辩,使得金华吕学能够与朱、陆相始终,成为影响南宋后期思想的重要学术流派之一。全祖望评说:"明招学者自成公(吕祖谦)下世,忠公(吕祖俭)继之。由是递传不替,其兴岳麓之泽,并称克世……明招诸生,历元至明未绝,四百年文献之所寄也……为有明开一代学者之盛。"后历任衢州法曹、籍田令、司农簿。绍熙四年(1193)六月,通判台州,办浙东赈务。十一月,除太府寺丞。庆元元年(1195),宋宁宗赵扩即位,宰相赵汝愚与韩侂胄争权,被罢免贬谪福州,后谪永州。韩侂胄执朝廷大权,指理学为"伪学",理学家被贬逐的有 59 人。吕祖俭上书,反对斥逐忠良老成之臣,说:"恐自是天下有当言之事,必称相视以为戒。钳口结舌之风,一成而不易反,是岂国家之利耶?"宁宗认为吕目无君主,"朋比罔上"极谏,被贬谪广东韶州,后改送江西吉州。后遇大赦,量移,即酌量改移近处江西高安,居大愚山真如寺,故自号大愚叟。吕祖俭在流放期间仍坚持读书穷理,还穿着草鞋徒步到山野中采药,以卖药苦度生活。庆元四年(1198)卒,谥"忠公",归葬武义明招山祖茔,为明招山吕氏墓群十三墓之一。嘉熙二年(1238),追赠朝奉郎、直秘阁,谥忠。遗著有《大愚集》,并编辑《吕祖谦年谱》、《东莱吕太史文集》39 卷及《圹记》,散见于《永乐大典》。

① 成文于 2011 年 7 月 16 日。曾发表于 2011 年 7 月 29 日《今日缙云》。

② 吕必惠:《中华吕姓》,中州古籍出版社 2003 年版,第 265 页。

元理学家朱公迁、郑复初与缙云河阳[1]

义阳朱氏，乃缙云望族，历史上曾出过许许多多的进士，单河阳一支就在宋元之际出过八位进士。这种显赫历史的出现，除了因为有耕读传家的家风之外，还与诸子柳贯、郑元善、朱公迁等人的辗转传授有直接关系。

郑元善（？—1333），字复初，江西玉山人，性颖悟不群，弱冠慕伊洛之学，慨然以古人自期待，一时学者多宗师之，登延佑五年（1318）戊午霍希贤榜进士，授德兴县丞，为取强直自遂，不苟诡随，郡守曰："儒教之见于此如是夫。"泰定初（1324）郑元善转处州录事，颇有政绩。时刘基进入处州路州学读书，闻濂洛心法，即得其旨归。郑复初大器之，乃谓公父曰："吾将以天道无报于善人，此子必高公之门矣。"为众所忌，遭诬构去官，寻以疾卒。临川危素病，执法者不得其平，为著《悲海东辞》，后宋濂亦继作《悲海东辞》。在缙云作有《送范（霖）山长》诗："晓色冯公岭，春风庆朔堂。亲庭白云外，书院碧山傍。雀啄飞花柳，鸠鸣结椹桑。诗书有世泽，簪笏继朝行。"

朱公迁，字克升，饶州鄱阳（今江西鄱阳）人。其父朱梧冈，闻同郡吴中行（准轩），闻朱熹门人黄干之学，广信饶、鲁，往准轩受业，学道德文章，卓然名世。公迁得之家庭，于经传子史百氏之书，礼乐、律历、制度、名物之数，无不通贯。以正心诚意为学，真知实践为功，剖析经传，极其精微，而又善于训迪，其言温煦，谆谆不倦，故所至无贤不肖，皆乐从随。肆力圣贤之学，以正心诚意为入德之门，执朱子理学之牛耳，铮铮一时。至正元年（1341）以遗逸征至京师，授翰林直学士。每劝帝必曰："亲贤远奸，抑豪强，省冗费，修德恤民，庶天意可回，民志可定，不然，恐国家之忧，近在旦夕。"帝嘉纳之，当国者恶其切直不能容。公迁亦知世之不可有为，力辞，不许，章七上乃出，为金华郡学正改处州（今丽水市）学正。朱公迁任教之余，勤于著述，著有《四书通旨》、《四书约说》、《余力稿》、《诗经疏义》。至正七年（1347）书告成，学者悦慕相传录。翰林侍讲学士黄溍见公迁特加敬爱，称其道德文章，卓然名世。后避兵转徙徽、栝、歙、信之间，已而以病归里，自题其室名为"高明之所"，学者遂称其明所先生。公有笃行，里人乘乱喜伐人者，闻其来，为之止杀，先生曰："是可化也。"力疾访之，其人感悟，然病遂以是笃，五日而卒。

《义阳朱氏家谱》载：八进士之一的朱填，乃元长洲儒学教谕朱埠（竹友）朱垣之三子，字定甫，号静斋，幼师金华柳贯（字道传），授缙云训导。后往金陵从郑复

---

① 成文于2014年4月7日。

初(字元善)学《易》。五年而归,复游青田叶见山之门,登至正二年(1342)拜住榜进士,惜早卒。

《碧川朱氏宗谱》载有朱公迁在缙云县河阳村遇到"志慕紫阳(朱熹)而愿学之者"的朱仲光,作《环翠轩记》[①]云:

朱君仲光,志慕紫阳而愿学之者也。宅心幽遐,不动于物以约素澹,无所营家。在缙云山中,盘礴偃蹇,竹树之色,文绩肃穆,相与拱对,俨乎得道君子。列在四詹,左右前后,应接不暇,遂用环翠以名其轩。轩潇洒整齐,经书图史,光辉淹映,皆环翠所助者。君则日哦"瓮牖翠屏"之句,曰"此世家故事也。况环之以翠,非止一翠屏可对也乎"!予与君为同姓,居番阳村落,东望二三里,为三洪故宅,有山曰洪岩,拔出平地千百仞,早暮相对。一朝去之,三年括郡。故乡如隔数世,闻君诵此诗,汗下缩恧,不敢自谓宗家矣。而令子惟嘉,相从读紫阳之书。其熟又数其轩中挹晚翠,因为作记,且以志其惭愧云。

朱仲光(1303—1367),即朱垣,本字国光,号菊巢,长洲儒学教谕朱埠(竹友)仲子。一生治田园池沼,以阜其生为养亲。平居狷介,与人交无阿比,唯好亲贤士大夫以淑其子弟。奔人危急,常若不逮;族里有资乏者,周给不倦;遇饥寒者,解衣衣之,橐粮与之。筑室山中,植菊数本,著有《菊巢诗抄》[②]。

朱维嘉(1339—1398),朱垣长子,字世亨,早受《诗》于鄱阳朱公迁,受《易》于族兄应说,学有原委,为时名儒。以辟举授龙县丞,有政绩,迁国子助教。著有《素履文集》十卷。

朱公迁在缙云还有《缙云山中夜坐》诗传世:

闭门清坐意超然,却有愁情断复连。木叶怕寒霜满地,梅花照影月行天。
山林岁晚身犹客,砧杵声高人未眠。起傍茀檐听过雁,哀鸣只在白云边。

明初看重理学,发现有朱熹真传弟子,便破格重用。《明史·李仕鲁传》载:李仕鲁,字宗孔,濮人。少颖敏笃学,足不窥户外者三年。闻鄱阳朱公迁得宋朱熹之传,往从之游,尽受其学。明太祖朱元璋知仕鲁名,洪武中,诏求能为朱氏学者,有司举仕鲁。入见,太祖喜曰:"吾求子久,何相见晚也!"除黄州同知。且军师刘基,名儒郑复初门生。同样,缙云河阳朱维嘉和陶海拜朱熹再传弟子朱公迁为师,亦得到朝野看重,时称名儒。

---

① 朱公迁:《环翠轩记》;《碧川朱氏宗谱》(2011)。

② 刘崧:《元处士菊巢朱公墓志铭》;《缙云文献》(2003)。

刘基与石抹宜孙[①]

古代文人往往以诗赋酬唱的文字游戏形式，展现各自的语言文字才华，开展思想感情的交流。刘基《诚意伯集》中与石抹宜孙的唱和之作，竟达60多首，约占刘基诗篇总数的8%；而石抹宜孙给刘基的和诗却奇怪地没有流传下来，这是十分反常的历史现象，很耐人寻味。

一

元朝是由蒙古贵族建立的封建政权，它“北逾阴山，西极流沙，东尽辽左，南越岭表”。执政者把人群划分为四等：一是蒙古人；二是色目人，其中包括西夏、回回等西北各少数民族；三是汉人，包括契丹、女真和原来金朝统治下的汉人；四是南人，指长江以南的汉人和西南各少数民族。

元朝至元二年(1265)规定，中央或地方官吏，以蒙古人充各路达鲁花赤(主官)，汉人充总管，回回人充同知，永为定制。至大二年(1309)朝廷又重申：诸王分地内的各州县，凡改换蒙古姓名的汉人、契丹人、女真人就能当达鲁花赤的做法，今后一律禁止。达鲁花赤必须由蒙古人担任，若蒙古人中无此种人才，可从色目人中选用。路、府、州、县执掌实际权力的达鲁花赤，唯蒙古人、色目人才能担任。延祐三年(1316)再次规定：凡汉人当了达鲁花赤一职者，一经发现，追回任命书，此人永不叙用。诸王分地内的各州县，除首官达鲁花赤外，均由汉人担任，处理日常具体业务，达到以汉治汉。

至元九年(1272)五月，颁布了禁止汉人聚众与蒙古人斗殴的禁令。后又规定，蒙古人与汉人争，殴汉人，汉人勿还报，许诉于有司。蒙古人扎死汉人，只需杖刑五十七下，付给死者家属烧埋银子即可；汉人殴死蒙古人，则要处以死刑，并断付正犯人家产，余人并征烧埋银。蒙古官吏犯罪由蒙古官审理；四怯薛(禁卫军)及诸王、驸马、蒙古人、色目等人犯奸盗、诈伪，由大宗正府审理；汉人、南人犯盗窃罪(已得财者)均要刺字，或刺臂，或刺项，唯蒙古人不在刺字之列。

至元二十二年(1285)五月，汉地及江南所拘弓箭兵器分为三等，下等的销

---

① 成文于2011年8月27日，曾发表于吕立汉、李飞林主编《刘基文化论丛》(延边大学出版社2013年版，第243—252页)。文中引文未注明出处的均引自《诚意伯集》。

毁，中等的赐近居蒙古人，上等的贮于库，归当地行省、行院、行台执掌。如无上述机构设置的地方，则归达鲁花赤、畏吾儿、回回居职的执掌。元末，为防止各族人民的反抗，又禁止汉人持有兵器；汉人、南人民户所有的铁尺、铁骨朵、带刀子的铁拄杖，概皆没收；民间各庙宇中供神用的鞭、筒、枪、刀、弓箭、锣鼓、斧、钺等物，也均在被禁用之列；就连农家生产上用的铁禾叉也严以禁用。至元五年(1339)又规定：私藏全副铠甲者处死；不成副的铠甲，私藏者杖五十七；私藏枪或刀弩者够十件之数的处死；私藏弓箭十副者处死。

元朝对佛教、道教、基督教、伊斯兰教等都一体优待。蒙元统治上层基本不通汉语，至于高级官吏，唯利是图，又多色目人，自然对"字里行间"之事不甚关心，不少人"目不识丁，书押文卷，但攒三指，染墨印纸上"，即三指印按文卷代替签名，稍好一点的，以印章代签名，陶宗仪《南村辍耕录》记载："今蒙古色目人之为官者，多不能执笔画押，例以象牙或木，刻而印之。宰辅及近侍官至一品者，得旨则用玉图书押字。"治下的汉族"辅佐者"，他们本身沉抑下僚，郁郁不得志，自然不肯向蒙古人告发同胞在诗文中的牢骚和发泄。

宋周密《癸丑杂识续集·缙云叶医》中云："凡今北之人虐南人盖有数。""数"，指气数，即命运。"凡今北之人虐南人盖有数"。这是宋末元初期间，由于战败宋亡，普通官员和南方百姓对时势的一种无奈消极的心理表述方式。

宋统一中国后，继续大举向欧亚扩张，他们招降纳叛，大量使用旧宋官员。忽必烈削夺世侯权力，至元三十一年(1294)，朝中汉官员仅存一人。同时对内罢废科举，直到延祐二年(1315)才开始恢复取士。考试科目中，蒙古、色目人仅考两场，汉人、南人则需考三场；四种人的录取名额虽然数目相同，但从人口比例上差距相当悬殊。

元致和元年(1328)七月，泰定帝在上都病死，开始内乱。八月，立武宗子周王，先迎其弟怀王于江陵。九月，怀王至大都即位，改元天历，是为文宗。天历二年(1329)正月，周王即位，是为明宗。四月立弟怀王(文宗)为太子。八月，明宗被杀，文宗重新即位。至顺三年(1332)八月，文宗在上都病死。十月，立明宗第二子(七岁)，是为宁宗，在位四十三日病死。至顺四年(1333)六月，太后与大臣立妥欢贴睦尔在上都即位，是为顺帝，改元为元统，年仅 13 岁。时取同同、李齐为左右榜状元，刘基亦在其中。

刘基(1311—1375)，字伯温，青田县南田乡(今属文成县)人，聪慧过人，12 岁考中秀才，十四岁入郡庠(即府学)读书。泰定四年(1327)，刘基从名儒处州教授郑复初学，至顺三年(1332)中举，元统元年(1333)中进士。

时朝政完全由伯颜专擅自恣。十一月，伯颜罢科举，同时将供奉儒学贡士庄园的田租改为禁卫军费用；不准汉人、南人等学习蒙古文字；禁止汉人、南人等持有兵器，也不准拥有马匹，更为甚者，竟妄图唆使顺帝杀光汉人中张、王、刘、李、赵五大姓。至元二年(1336)，刘基被授为江西高安县丞。作为天子门生，他感激元顺帝赐给他施展才华的机会，想用自己的全部才华和忠诚，去干一番大事业。刘基没有因为位卑职微而敷衍塞责，反而勤于职守，执法严明。他经过明察暗访，对豪强恶霸，予以严惩，并对县衙内贪赃枉法的官吏也进行了整治，高安县的社会风气很快就有了好转。刘基刚正不阿、一身正气赢得了百姓的赞誉。至元六年(1340)二月，由于伯颜自恃功高权重，一时声威煊赫，其擅杀诸王大臣，大肆侵吞天下贡赋，引起顺帝不满，将他降职出京。顺帝任命脱脱为中书右丞相，进行社会改革，为调和民族矛盾和笼络汉族士大夫阶层，恢复科举。至正三年(1343)，朝廷征召刘基出任江浙儒副提举，兼任行省考试官，后来因他检举监察御史，得不到朝中大臣的支持，还给他许多责难，他只好再次上书辞职。

至正十一年(1351)五月，刘福通、杜遵道等起兵率红巾军攻克颍州(今安徽阜阳)，全国性反元大起义由此爆发。在绍兴羁管的刘基开始感觉元朝廷"鬼蜮昭华衮，忠良赐属镂"，已病入膏肓。时浙江台州方国珍反海上，攻浙江沿海州郡，俘江浙左丞相孛罗帖木儿，迫使其为他加官招抚。刘基虑时局有变，从杭州返乡归青田。江浙行省檄石抹宜孙守温州，行省又辟刘基为浙东元帅府都事。刘基自青田到杭州。

至正十二年(1352)三月，方国珍率众下海。八月，方国珍攻台州。福建义军入处州龙泉县境，石抹宜孙奉命征讨，以功升浙东宣慰副使，分府于台州。刘基至台州与石抹宜孙开始合作。刘基又与元帅纳邻哈剌谋筑庆元(今浙江宁波)等城，方国珍义军不敢犯。

至正十三年(1353)三月，刘基自台州赴杭，由浙江元帅府都事改任浙江行省都事。十月，刘基建议诏捕方国珍。方国珍使人浮海至燕京，贿省台县。十六日，元顺帝下诏准招安，授方国珍为徽州路治中。朝廷以伤朝廷好生之仁，且擅作威福，罢帖里木左丞，羁管刘基于绍兴。刘基"发忿恸哭，呕血数升，欲自杀。家人叶性等力阻之，门人穆尔萨曰：'今是非混淆，岂公自经于沟渎之时耶！且太夫人在堂将何依乎？'遂抱持公得不死，因有痰气疾"。而方国珍疑虑恐惧，不受诏命，拥船千艘，阻绝粮道。

至正十四年(1354)正月，刘基在绍兴，羁管尚未撤销，亦无人过问，放浪山水，以诗文自娱。七月，方国珍陆续攻台州、温州、庆元三郡。九月，元命丞相脱脱总制诸王、诸省军镇压张士诚。十一月，元军围高邮。十二月，顺帝听哈麻谗，下诏解除脱脱兵权，诸军闻诏散去，高邮围解。

至正十五年(1355)九月，缙云箬川(前村)杜仲光、应均输聚众反元。缙云县尉杜伯宗率弓兵镇压。前村王德明和杜伯宗被陷而死。十月，吴成七(吴德祥)

部将张维德、吴伯贤在青田县庭将处州同知叶琛劫持到瑞安黄坦(今文成县)。十二月,元丞相脱脱贬到云南,被毒死。

至正十六年(1356),元相哈麻谋废顺帝,事泄,正月被黜杖死。中原红巾军与元军主力激战。二月,浙东宣慰副使石抹宜孙奉命在处州镇压农民起义军,同时启用刘基为江浙行省都事,到处州助剿。时浙江行省的大吏多是刘基对立面,唯有石抹宜孙对刘基礼而器重。三月九日,刘基从杭州赴处州任,与石抹宜孙共谋"括寇"。时丽水陈镒作《次林彦文县尹,韵送刘伯温都事抚安青田》①,名儒朱右作《次刘伯温都事感兴》相庆。② 四月初,刘基颁布《谕瓯括父老文告》,负责招抚吴成七(吴德祥)。不几天,处州同知叶琛放回。石抹宜孙《处州作》云:

一夫奋臂挟乌号,竟卖耕牛买佩刀。岂谓农夫忘稼穑,遂令阡陌长蓬蒿。黔黎空持溪山险,白骨惊看岁月高。安得龚黄宣化治,不妨颇牧自深韬。

"竟卖耕牛买佩刀"、"农夫忘稼穑","阡陌长蓬蒿",这是对当时社会的真实描述,体现作者对百姓遭遇的同情心理。面对"农夫忘稼穑"、"阡陌长蓬蒿"和"白骨惊看岁月高"这种反常的社会局面,作者以"龚(遂)黄(霸)"、"(廉)颇(李)牧"等循吏、名将自比,决心在处州实行"宣化"仁治,改变"黔黎"(百姓)"竟卖耕牛买佩刀"的处境,这是石抹宜孙与刘基二人酬唱的思想基础。

二

《元史·石抹宜孙传》载:"石抹宜孙,字申之。其先辽之迪烈纥人。……宜孙性警敏,嗜学问,于书务博览,而长于诗歌。尝借嫡弟厚孙荫袭父职,为沿海上副万户,守处州……至正十一年(1351),方国珍起海上,江浙行省檄宜孙守温州,宜孙即起任其事。其年闽寇犯处州,复檄宜孙以兵平之。以功升浙东宣慰副使,分府于台州。顷之,处之属县山寇并起,宜孙复奉省檄往讨之。至则筑处州城,为御敌计。"刘基《处州分元帅府同知副都元帅石末公德政碑颂》亦云:

公姓石末氏……旧为契丹人。其先(石抹也先)御史大夫以黑牢助太祖皇帝(铁木真)开国灭金,为大勋臣,有传在史官。四世祖昭毅大将军,事世祖皇帝,受

① 周密:《癸丑杂识续集·缙云叶医》卷上。

② 陈镒《次林彦文县尹,韵送刘伯温都事抚安青田》:"三月江南草色新,随车零雨浥轻尘。绣衣奉命安民俗,玉斧扬威出使臣。玄鹤划鸣云洞晓,青芝偏布石田春。太平气象今重见,老我甘为击壤人。"见《午溪集》卷七。

命南伐，克襄樊有功，定爵三品为沿海万户，佩虎符镇处、婺，由是居江南。好读书，工文章。

对于刘基与石抹宜孙的唱和宗旨，在《唱和集序》中有云：

古人有言曰："君子居庙堂则忧其民，处江湖则忧其君。"夫人之有心，不能如土瓦木石之块然也。禹思天下有溺者，由己溺之；稷思天下有饥者，由己饥之；伊尹思天下有一夫之不获，则心愧耻若挞于市。是皆以天下为己任，而卒遂其志。故见诸行事而不形于言。若其发而为歌诗，流而为咏叹，则必其所有沉埋抑挫，郁不得展。故假是以摅其怀，岂得已哉！

是故文王有拘幽之操，孔子有将归之引，圣人不能免也。故曰在心为志，发言为诗，先王采而陈之，以观民风达下情，其所系者不少矣。故祭公谋父，赋《祈招》从感穆王，穆王早寤焉，周室赖以不坏，诗之力也。是故家父不诵，寺人之章，仲尼咸取焉，纵不能救当时之失，而亦可以垂戒警于后世，夫岂徒哉！故漆室一女子也，倚楹而啸，忧动鲁国，而况于委质为臣者哉！

"君子居庙堂则忧其民，处江湖则忧其君"，出自范仲淹名作《岳阳楼记》，是以古代名贤禹、稷、伊尹为榜样，表明以天下为己任的抱负。"祭公谋父，赋《祈招》从感穆王"，祭，畿内之国，周公之后，为王卿士；谋父，字也。《传》曰："凡蒋、邢、茅、胙、祭，周公之胤也。"《国语·周语上》："穆王将征犬戎，祭公谋父谏曰：'不可。先王耀德不观兵。夫兵戢而时动，动则威，观则玩，玩则无震。是故周文公之颂曰：载戢干戈，载橐弓矢。我求懿德，肆于时夏，允王保之。先王之于民也茂正其德而厚其性，阜其财求而利其器用，明利害之乡，以文修之，使务利而避害，怀德而畏威，故能保世以滋大……'王不听，遂征之，得四白狼、四白鹿以归。自是荒服者不至。"《史记·周本纪》亦同。《祈招》，《诗经》篇名，已逸。《左传·昭公十二年》："昔穆王欲肆其心，周行天下，将皆必有车辙马迹焉。祭公谋父作《祈招》之诗，以止王心……其诗曰：'祈招之愔愔，式招德音。思我王度，式如玉，式如金。形民之力，而无醉饱之心。'"谏，《说文》："谏，证也。"《周礼·司谏》注："谏，犹正也。以道正人行。"《周礼·保氏》注"以礼义正之"，故谏就是规劝君主或尊长，使其改正错误的意思。由此可知，刘基通过与石抹宜孙的诗赋酬和形式，希望达到劝谏元朝廷改变政策的目的。

三

刘基用诗赋劝谏，首先从赞颂石抹宜孙在处州的具体政绩开始：至正十七年

(1357)三月，杜仲光起义军下胡陈，克永康，进军东阳。元廷命迈里古思和处州石抹宜孙南北夹击。石抹宜孙命义兵部长吴成率部讨伐。吴成不进，却大掠民财以归。石抹宜孙测知其意斩之，处州戒严。石抹宜孙在刘基参与下，对西北采取守势。缙云县尹林彬祖集全县丁壮百余人，驻扎黄龙山寨。

四月，迈里古思驻军永康方岩，命余姚州判官黄中出击，大败义军。迈里古思进驻胡陈，并乘胜追击至三溪，杜仲光战败牺牲，余部四散。同月，刘基《谕瓯括父老文告》云：

天子乃受钺左丞相曰："其从便宜，死之生之，无倚无颇。"丞相(石抹宜孙)矜念小民，谓不教而诛，有辜帝仁。询于庶言，知使者父老乡里姻亲，与父老故无恶，为能奉扬朝廷仁恩，以启迪父老，心不逖伤，是用发传，俾使者来谕父老，冀父老各体上意，约束其子弟，变极作福，以活乃胤属，俾引勿割，惠至渥也。

五月，大旱。《喜雨诗序》中又说：

同知副都元帅石抹公再镇括之明年(1357)，威行惠敷，奸暴日铄。其夏五月，禾黍既艺，天乃不雨，民大忧惧。公遂致斋沐，祷于丽山之祠，得雨未沛。越翌日，命道士设醮于玄妙观，是日大雨。明日又雨，又明日，乃大雨至夜分。民大喜，皆拜公贶。予时奉省檄在括，目覩其事。因喜而为诗以歌。大夫君子咸属和焉。季君山甫裒而集之，又俾予序其故。唯公之功，在括甚大，而于此见公之心焉。《书》曰："唯德动天。"又曰："至诚感神，矧兹在苗。"戡乱致治，兆在是矣，能无喜乎！

刘基《五月二十九日，喜雨奉贺石抹元帅》诗："使君设醮天皇格，道士陈章玉女开。遂遣赤松来作雨，更教玄武下乘雷。凉飔细拂花间入，润色新从草际回。岂但农夫堪一饱，野人亦有酒盈杯。"《用前喜雨韵，寄呈石抹元帅。时戍卒有不轨谋，蓄而未发公治之以意，卒遂返正。故发之以言且并志祈雨有应也》："将军渡水流澌合，太守弯弧巨石开。但觉诚心通日月，不知生意在风雷。思莼未许归张翰，结草终当获杜回。可怪疏狂谪仙子，兼旬浪饮六千杯。"六月，刘基作《浙东处州分府元帅石抹公德政记碑》云：

至正十六年季春月九日，予自杭归至处，处父老率其子弟，遮道言分元帅府同知副都元帅舒穆噜(石抹)公德政，曰："往微公，吾聚已为墟；今微公，吾属已为菹。生我者天，而活我者公。君其知乎？"予曰："然，如父老言。"夏五月，豪酋既来纳款，父老又率其子弟造于庭，言曰："舒穆噜公邦家之干城，庶民之父母也。父母鞠子，罔不殚厥诚，厥子虽冥，亦鲜不念腹育恩亶由中。唯公有大造于我州，肆我民诞轸恤于心，曰曷以报公？愿绘公像于祠，且勒石纪公功，用示于州人，子子孙孙俾勿忘。请为之文。"予谢勿能。父老进曰:"君以丞相命布宣天子德威,既协于远人,旌庸禄勲,当不惮为。舒穆噜公惠安我民,不伐不矜,君实知之。鉴于庶言,式克有征,达丞相心,以劝后人,时唯至公。"予敢弗辞,乃叙其实,而继以文。……处州旧有城,后废不修,遗址芜没,无捍蔽,故百姓尤恟惧。会缙云人又叛从贼,焚婺之永康及台之仙居,于是处州四面戒严。乃议浚湟筑城,而官仓库尽空。昼夜经画,劝勉商贾大家,和集其小民,俾効力输赀,咸从无违。审势相方,商工度材,公悉亲之。官吏左右,无容私焉,由是虽劳而无怨者。义兵部长吴成帅众讨缙云贼,中途不进,乃大掠民财以归,谋乱城中。公测知其意,即召与计事,缚斩之,并捕其党,则皆授兵给号。将作矣,民大惊,以为神。十有二月,公所募义士合击松阳贼,大破之,杀其酋,余众乞降,松阳、遂昌悉平。

十月,刘基又有《浙东肃政廉访司处州分司题名记》,他对上司、对朋友的赞颂如此用力,实在超乎寻常。《次韵和石抹公感兴见寄》:"使君学术似文翁,弈世流芳缉武功。赤芾青衿来燕喜,黄童白叟望车攻。笔端波浪翻三峡,旗尾龙蛇动八风。惭愧谫才多谬误,忧时独有此心同";《次韵和石抹元帅见赠二首》:"殊方负固犹蜗角,此地偷安赖虎臣。"《诏书到日喜雨呈石抹公》:"将军铁马高秋出,使者搂船渤海来。甘雨恰随天诏下,阵云应与地图开。枯黄背日纷纷落,细绿迎春冉冉回。怅望山中多病客,坐看乌鹊绕庭梅。"

四

刘基用诗赋劝谏的主体部分,主要反映当时朝廷将倾、社会动乱、百姓苦难的现实状况。至正十六年(1356)夏,婺州、处州皆大旱,《闻鸠鸣有感呈石抹公》诗云:"郊原过雨东作始,枝上鹁鸠鸣可怜。此地巢居犹葺垒,他乡去子望归田。匡时势异民思汉,忧国心随雁到燕。逝水自流人自老,倚楹长忆至元年。"在《即事有感呈石抹公》云:"葵藿倾心向大明,参商琐琐只寻兵。蛾眉欲擅三千宠,鱼翼难通九万程。贝锦笙簧鸱鸟瑞,明珠璩玉泰山轻。两阶干羽闻来格,分北犹劳圣主情。"《旱天多雨意五首呈石抹公》云:"碧落高无极,人间叫不闻。"《再用前韵》:"高牙大纛拥藩垣,肠断吞声受陵轶。江淮汹涌湖浙沸,骸骨成山连鬼锁。"《秋夕有感柬石抹公》":"烟尘满眼难回首,惆怅高堂坐细毡。"《和石抹公冬暖》:"乱世干戈日夜寻,可堪灾珍又相侵。"《和石抹公》:"冬暖世乱干戈日,夜寻可堪灾沴又。相侵烟霞出地皆,成祲雷电飞时肯。"《次韵和石抹公闻海上使命之作,因念西州怆然有感二首》:"邑里萧条无吠狗,田畴芜秽少耕牛";"迟暮飘零偏感旧,几回垂泪睇神州";"曾见羌夷皆内地,忍闻淮济是边陲。"《驿传杭台消息,石抹公有诗见寄，次韵奉和并寓悲感二首》："丧乱如川未有涯，悲风满地是虫沙。衰迟两臂从生柳，疾病双眸但陨花。"《次韵和石抹公无题之作》："轩辕未必迷襄野，夸父终当死邓林。笑捻东篱菊花蕋，天寒岁晚尔知心。"《次韵和石抹公开读有感》："庙谟可使归权幸，祖训由来重变更。欲叫天关无羽翼，拊心长叹不胜情。"《次韵和石抹公感怀之作》："杞人岌岌忧将殒，楚国茫茫醉不醒。"《和石抹公见示肓字韵》："郡县诛求应到骨，乾坤战伐徧成疮。"

表达刘基怀才不遇、悲愤彷徨的有《驿传杭台消息，石抹公有诗见寄，次韵奉和并寓悲感二首》："被谗去国终思楚，厚貌深情漫剧秦。未识庞萌真老贼，妄期侯景作忠臣。"《遣闷柬石抹公》："绿杨落尽白杨枯，坐石徒令岁月徂。尚想藩臣知患盗，岂期驿使似投巫。当时秔稻通辽海，今日风涛隔具区。豺獭可堪专节钺，衣冠何以拔泥涂。"《遣闷呈石抹公》："公庭春树秋重绿，但见鸤鸠日日鸣。不雨正当三伏热，看云无奈百忧生。草间群盗俱縻爵，天下何人尚力耕。汉法几时还再复，白头犹得咏升平。"《次韵和石末公七月十五夜月蚀诗》："广寒桂树动火烬，借问嫦娥有何术。"《次韵和石抹公元夜之作》："愁来更听渔阳操，独倚阑干坐到明。"《次韵舒穆噜公题桃源卷》："执手问名惊见面，论新话旧各伤心。"《次韵和十六夜月》："坐久城头闻夜柝，牢愁清兴苦相兼。"《再和倒用前韵》："惆怅多忧江海客，登楼独自看台星。"《和舒穆噜公冬暖》："掩身未服先贤训，向日空怀寸草心。"《次韵和石抹公漫兴见寄二首》："王侯古有兴屠狗，郎吏今无善牧羊。""长沙迁客能流涕，一日须垂一万行。"感叹人世沧桑，咏叹韶华不再、功名未就的哀伤的有《次韵和石抹公见寄五绝》："汉殿千门锦绣开，不堪一夜柏梁灾。鲁般骨朽萧何死，肠断无人为取材。"《次韵和石抹公二绝》："四海城池总完璧，只今谁是蔺相如。"

五

至正十七年(1357)十二月，石抹宜孙合击松阳，杀其酋，余众乞降，松阳、遂昌悉平。元经略使李国凤巡抚江南诸道，至处州。① 李国凤采首臣功绩于朝廷，提议石抹宜孙为同佥行枢密院事，升刘基为处州枢密院行省郎中。朝廷执政者

① 李国凤，字景仪，忠州人。元至元三年(1337)进士，官治书侍御史。至正十八年(1358)九月，诏布延布哈与治书侍御史李国凤同经略江南，行至括，经略使李国凤上刘基功，奏入不省。二十三年(1363)十二月，为太子侍御史李国凤亦上书争之，由是帝大怒，国凤、祖仁等亦皆左迁。二十六年(1366)八月戊寅，以李国凤为中书左丞。二十七年(1367)七月，官詹事院同知。

排斥汉人，借口刘基只担任过儒学副提举，按资历只能迁总管府判，且规定不得参与军事。刘基实际上降了级，且又失去兵权。

《明史·刘基传》："经略使李国凤上其功，执政以方氏故抑之，授总管府判，不与兵事。基遂弃官还青田。"执政，宋称参知政事，门下侍郎、中书侍郎、尚书左右丞、枢密使、枢密副使、知枢密院事、同知枢密院事为执政官，金、元制略同。其时石抹宜孙任同佥行枢密院事，已属执政官之一，又是刘基直接上司，对刘基的职位提升，完全可以提出主导意见。也许是刘基对政事、谋划进谏过于直率，使石抹宜孙作为一方主官常有喧宾夺主之憾；也许是刘基的诗文酬答过于频繁，使石抹宜孙难以尽对而产生厌烦；也许是石抹宜孙本没有如此高的气度雅量，使他对刘基产生厌倦情绪，所以，对刘基"执政以方氏故抑之"的官员中，似乎直接上司石抹宜孙也在内。至正十八年(1358)，恰年前立春。农历年前，朝廷诏书到达处州，众哗然，诸将莫不解体。刘基仕途三起三落，到处碰壁，对元朝已完全心灰意冷，对直接上司和挚友石抹宜孙亦大失所望，悲愤之下，他忍痛将已编成的《唱和集》书稿销毁，并置元世祖(忽必烈)诏书于案上，北向而拜曰："臣不敢负国，今无所宣力矣。"恰借年节之机，弃官归隐青田，如释重负，感慨万千，作诗《早春遣怀》：

> 正月余寒未放春，漫空飞雪舞随人。新年对客情何限，浊酒于予意独亲。
> 涧底流泉浑似玉，门前细草总成茵。鹤归自爱山能静，豹隐方知雾有神。

陈镒亦有《奉和刘伯温贡外漫兴诗韵》，赞其行："苍岭愁云树压低，青田明月鹤高栖"，"处世无为富贵酣，急流勇退是奇男。悠然自在樊笼外，闲对江山雪满簪。"

六

《元史·石抹宜孙传》载：

> 十八年十二月，大明兵取兰溪，且逼婺，而宜孙母实在婺城。宜孙泣曰："义莫重于君亲，食禄而不事其事，是无君也；母在难而不赴，是无亲也。无君无亲，尚可立天地间哉！"即遣胡深等将民兵数万往赴援，而亲率精锐为之殿。兵至婺，与大明兵甫接，即败绩而还。时经略使李国凤至浙东，承制拜宜孙江浙行省参知政事，阶中奉大夫。明年，大明兵入处州，宜孙将数十骑走福建境上，欲图报复，而所至人心已散，事不可复为。叹曰："处州，吾所守者也。今吾势已穷，无所于往，不如还处州境，死亦为处州鬼耳！"既还，至处之庆元县，为乱兵所害。事闻，

朝廷赠推诚宣力效节功臣、集贤大学士、荣禄大夫、上柱国，追封越国公，谥忠愍。

这很可能是刘基对石抹宜孙的唱和之作竟一字不留地保留下来的真正原因：石抹宜孙虽没有龚遂、黄霸、廉颇、李牧般名臣的千古垂范，却在元蒙官员中还是一个清正忠义人物之故。

综上所述，刘基以天下兴亡为己任，劝谏元朝廷改变政策为目的，其中与石抹宜孙诗赋唱和，真实地展现当时朝廷将倾、社会动乱、百姓苦难的现实状况，同时表达了他怀才不遇、悲愤彷徨，感叹人世沧桑，咏叹韶华不再、功名未就而哀伤的复杂心情。而石抹宜孙的和诗没有留下来的原因，是他对石抹宜孙大失所望、忍痛销毁的结果。石抹宜孙虽没有龚遂、黄霸、廉颇、李牧般名臣的千古风范，却还够得上是一个清正忠义可敬人物，是刘基保留和他的唱和之作的真正原因。

明初名儒朱维嘉的生平和著作[①]

一

缙云古代文人中，以儒名世，得到朝廷重用，而生平经历却知之甚少的官员，当推河阳朱维嘉。据明成化《处州府志》载：

朱维嘉，字世亨，举明经，调卢龙丞，有政绩，升知卢龙。转国子学正，升监丞迁助教。早从鄱阳朱公迁学，有原委，为时名儒。著有《素履集》十卷。

对于朱维嘉的生平，清光绪《缙云县志》亦载：

朱维嘉，字世亨，早受《诗》于鄱阳朱公迁，受《易》于族兄应说，学有原委，为时名儒，以辟举授卢龙县丞，有政绩，迁国子助教，著有《素履文集》十卷。

查《义阳朱氏家谱》，可知朱维嘉于元至元五年(1339)生，明洪武三十一年(1398)卒，享年六十岁。

二

朱维嘉"早从鄱阳朱公迁学"。朱公迁，字克升，饶州鄱阳人(今江西鄱阳)人。缙云县《碧川朱氏宗谱》载有朱公迁在缙云县河阳村遇到"志慕紫阳(朱熹)而愿学之者"的朱仲光，作《环翠轩记》一篇，其中云：

朱君仲光，志慕紫阳而愿学之者也。宅心幽遐，不动于物以约素澹，无所营家。在缙云山中，盘礴偃蹇，竹树之色，文绩肃穆，相与拱对，俨乎得道君子。列在四詹，左右前后，应接不暇，遂用环翠以名其轩。轩潇洒整齐，经书图史，光辉淹映，皆环翠所助者。君则日哦"瓮牖翠屏"之句，曰"此世家故事也。况环之以翠，非止一翠屏可对也乎"！予与君为同姓，居番阳村落，东望二三里，为三洪故宅，有山曰洪岩，拔出平地千百仞，早暮相对。一朝去之，三年括郡。故乡如隔数世，闻君诵此诗，汗下缩恧，不敢自谓宗家矣。而令子维嘉，相从读紫阳之书。其

① 成文于2014年7月23日。

熟又数其轩中挹晚翠，因为作记，且以志其惭愧云。

国子助教，即国子监助教。国子监，或称国子学，是中国古代教育管理机关和最高学府。同时，国子监与太学也可互称，经常用太学来指代国子监。国子监，于元至正二十五年(1365)创设，改应天(今南京市)府学为国子学，置祭酒、博士、助教等教习皇子和胄子。明太祖定都南京，重建国学于鸡鸣山下。洪武十五年(1382)改国子学为国子监。

三

《明史·李仕鲁传》载：

李仕鲁，字宗孔，濮人。少颖敏笃学，足不窥户外者三年。闻鄱阳朱公迁得宋朱熹之传，往从之游，尽受其学。明太祖朱元璋知仕鲁名，洪武中，诏求能为朱氏学者，有司举仕鲁。入见，太祖喜曰："吾求子久，何相见晚也！"除黄州同知。

可见，明朝开国之初，看重理学，发现有朱熹真传弟子，推为名儒，便破格重用。朱维嘉写的文章，除《义阳朱氏家谱》外，所见甚少。他应该有许多诗，但亦流传很少。在缙云《西岩施氏宗谱》中有《小蓬莱》诗一首，且有阙缺：

蓬莱在何处，不隔三万里。回回练溪清，风波半□耳。
草树郁以佳，药石秀而峙。人骖凤鸾高，歌弄云水歌。
彻宫飘然溯，清誓□□□。按节江之西，裳佩结芳芷。
秋风起双凫，去去天咫尺。矫首三神山，五色祥云里。

缙云《曹氏宗谱》中有洪武己巳(1389)登仕郎国子学正朱维嘉《耕父公(曹进德)墓铭》一篇。查百度"黄淮"条得知：洪武二十九年(1396)温州黄淮在应天府中举。春三月望后，国子助教朱维嘉为黄淮题《黄节妇诗》。

朱维嘉所著《素履集》十卷，列入历代县志《书目》中。其实，《素履集》真名为《素履文集》，有幸尚存，现藏于"台湾国立图书馆"。

四

清乾隆、嘉庆年间宫廷编纂的《石渠宝笈》初编(上等寒一)中，载有宋苏轼

《偃松图》一卷且有缙云朱维嘉诗题云：

> 玉堂学士人中仙，笔墨所至皆清妍。戏作百尺长松树，画作苍龙涧底眠。
> 左盘右纽节角露，涎消鳞礫之鬣全。神物须为人爱□，可独能供折腰具。
> 高堂素壁生烟雾，只恐他年擘崖去。

《偃松图》卷是宋代大文学家苏轼存世的三大名画之一，十分珍贵。苏轼《偃松图》卷，乃短卷纸本，历代收藏印记累累，为清宫旧物，展卷间，清朗纯净之气，扑人眉宇，偃松奇崛古峭，左向横斜盘伸于石间，石旁修篁数丛，笔法劲利，挥洒自如，有挟大海风涛之势，移时展阅，如奏笙簧。2011 年 3 月 26 日《美术报》载黄柏林《苏轼〈偃松图〉卷辨析》、4 月 1 日《浙江日报》载任仲发《〈偃松图〉现身我省》二文分别对《偃松图》卷作了介绍。

苏轼《偃松图》的风格、笔法、构图悉同于苏轼尽传于世的三件作品，即现藏于日本的《枯木怪石》图卷；邓拓先生旧藏的《潇湘竹石图》与上博所藏的《竹石卷》（文同合卷）。画下角款识行楷眉山苏轼四字，下钤赵郡苏氏朱文大印一方，按坡公书，少学徐季海，姿眉可喜。中晚岁出入颜平原、李北海，健劲浑融，审视款识，纵横斜势、撇画点勾，个人特征明显，当属苏轼中晚年手笔也！惜历代递藏者爱不释手，竟日把玩，致使卷首小竹及款字稍有磨损，造成墨痕精神乏焉。

《偃松图》

五

元赵孟頫《浴马图》卷，1964 年由郑洞国捐献给北京故宫博物院。图卷为绢本，设色；长 155.5 厘米，宽 28.1 厘米。所绘为碧波清流，梧桐垂柳，9 位奚官在溪边为 14 匹骏马沐浴的情景。画中人马情景交融，生动有致，富唐宋传统韵味，又具怡静隽美风格，用笔流畅，纤细柔和，设色艳丽而不失古雅沉厚。款署“子昂为和之作”，钤“赵子昂”、“松雪斋”印。引首有清高宗弘历书“清溪龙跃”4字，本幅有题诗一首。后纸明王樨登、宋献题记。历经王樨登、清高士奇及内府收藏。溥仪携出宫带至东北后佚，后归国民党高级将领郑洞国。《江村销夏录》、《式古堂书画汇考》、《石渠宝笈续编》中均有著录。

元赵孟頫《浴马图》一卷（上等结二）中有义阳朱维嘉题云：

沙暄草软水泱泱，六十霜蹄几长垂黄。海宇清平无战伐，只应归牧华山阳。

《浴与图》

六

明李梦阳《空同集》卷四十八《宾贡图记》（存缺——引者注）云：

河南按察司佥事吴君，有《宾贡图》一卷。吴君曰：“此物传自我高祖子其记焉。《记》曰：《宾贡图》，长五尺有奇，阔一尺，画蛮夷人十一：一人擎宝□瑚托，一人臂鹘，其一牵兽似鹿，其一人牵狻猊，一人则抱狻猊子，一抱獒子，一又擎宝□瑚托，又一人牵獒，八人者皆左而趋至肃也。而一人独右向立，而胥八人者来，知其首长也。一人背行婉，娩抱乐挈器，一人两手捧一物，二人者则右而趋，其首长一一，人者貌固人人殊也。乃冠佩物属亦人自殊异，今不能尽考识，识其气象为宾贡者云。”按：图后题志曰“冶城陈龢、曰永嘉王溥、曰徐谅、曰林本清、曰缙云朱维嘉”。

李梦阳（1473—1530），字献吉，号空同，汉族，祖籍河南扶沟。李工书法，得颜真卿笔法，精于古文词，乃明代中期文学家，复古派前七子的领袖人物。

明温州知府——何文渊[①]

前不久，缙云县有关团体创作演出了廉政现代古装婺剧《却金馆》，剧中的主人公——温州知府何文渊的真实一生，是人们所关心的。《明宣宗实录》、《明英宗实录》、《明史》，清龙文彬《明会要》、《弘治温州府志》，孙衣言《瓯海轶闻》、《章恭毅公集》等书记载：何文渊（1386—1457），字巨川，初号东园，晚号钝庵，江右广昌（今江西广昌）人。他幼入社学，刻苦攻读，稍长则学贯经史，文章中矩，乃登永乐十六年（1418）进士，初授湖广道监察御史。

洪熙改元（1425），何文渊考察四川吏治，贪暴望风解印。时属大旱，所临郡邑辄雨，人谓之“御史雨”。巡建昌，行都司，入云南，经贵州，出播州。宣慰杨某迎谒，献银器文绮，公笑而却之。

明宣宗宣德元年（1426）敕清山西戎伍，直枉发匿，归于当理。选察南京各道弊政，悉为肃清，又奏准审刑赎罪、择耆劝善等事，通行天下。宣德二年（1427），上赐敕命，追赠考妣（去世的父母），因告归省。途中遇盗，行李为之一空，独县丞张履道所寄白金一镒，存封如故。公还京，举而还之，人皆叹服。

宣德五年（1430）五月，帝以知府多循资格不称职，会推地剧九郡（边境）缺守，命大臣举京官廉能者用之。尚书郭连、都御史顾佐等推荐何文渊、陈鼎、况钟等九人为知府。皆赐敕，俾驰驿之任。

何文渊至温州，察民情、革奸弊，吏民咸畏服。旧列田分水陆，陆田税最重，而小民受富豪洒纳之害，为奏水陆一例均科；军卫收放仓粮，弊多虚冒，奏请悉隶于有司；江北军卫设关拢民，奏请革之；税课纳银病民，奏请折钞。一切征科差役累及于民者，类者多如此。宣德六年（1431）六月甲辰，何文渊言：“洪武中，商税并三十税一，十七年（1384）以前只收钞及铜钱。十九年（1386）于府设税课司，诸县设税课局，及河泊所收商税钱钞，著为定例。若便于起解者，解本色；路远费重者，许变卖金钱。金每两价钞六锭。九月甲戌，文渊以乐清县知县徐文朴贪酒酷刑，杖杀无罪之人，械送至京，上命刑部罪之如律。”

宣德七年（1432）冬十月，何文渊进京朝觐，途宿处州冯公岭刘山驿。永嘉县丞俞建得到消息，为了让上司举荐，秘密叫儿子追到驿馆，怀金赠公，公笑而却之，其人惭而退。过客闻之，遂书“却金馆”三字于壁。

宣德十年（1435），治温已六年，浙江布政司黄泽以其治行奏报朝廷，礼部尚

---

① 成文于2009年7月20日，曾发表于2009年9月5日《缙云报》。

书胡濙荐公“宜大用”。七月，“何文渊治最，加俸（工资）二级。赐敕，以劝民牧”，擢升刑部右侍郎。临行，举贤御史刘谦自代。去之日，军民老稚遮道挽留。士民砻石摹像于郡学先贤祠，复绘像于岳庙东庑。何文渊亦作诗：

作郡焦劳短鬓蓬，承恩又侍大明宫。行囊不载温州物，唯有民情满腹中。

明英宗正统元年（1436）九月，命刑部右侍郎何文渊、王佐，副都御史硃与言提督两淮、长芦、两浙盐课，命中官御史同往。未几，以盐法已清，下敕召还。正统三年（1438），岁旱，录上疑狱，且请推行于天下，报可。旋坐决狱不当，与刑部尚书魏源同时下狱。得宥，复以上辽王贵烚罪状，不言其内乱事，与三司官皆系诏狱。累月，释放恢复原职。

此时，麓川平缅宣慰司使思任发（思伦发子）反明。朝廷讨论征讨麓川。何文渊上疏谏曰：“麓川徼外弹丸地，不足烦大兵。若遣云南守将屯金齿，令三司官抚谕之，远人获更生，而朝廷免调兵转饷，策之善者也。”皇帝下其议，廷臣多主用兵。派遣王骥、方政、张荣会黔国沐晟攻麓川。于是西南骚动，乃克之，而失亡太多。是年冬，何文渊以有疾病为由，获准离职归养。

正统六年（1441）四月，灾异频见，敕遣三法司官详审天下疑狱。于是御史张骥、刑部郎林厚、大理寺正李从智等十三人同奉敕往。而复以刑部侍郎何文渊、大理卿王文、巡抚侍郎周忱、刑科给事中郭瑾审两京刑狱，亦赐敕。

正统十四年（1449）七月，国家发生土木之变，英宗皇帝被瓦剌贵族也先俘去，兵部尚书于谦等拥立比英宗小一岁的景帝接位，遥尊英宗为太上皇，并以英宗子为太子，抗击瓦剌。何文渊改吏部左侍郎，寻进尚书，佐王直理部事。

过了几年，景帝私心日发，就想换自己的长子为太子。景泰三年（1452）初，广西思明土知府黄冈年老，由其子黄钧接任。四月，黄冈堂兄黄宏官浔州（今广西桂平）守备，暗中叫儿子黄铼带兵五千，星夜疾驰，攻破府城，杀死黄冈全家。第二天，黄宏假装不知情，跑到思明为黄冈父子发丧。黄冈仆人福童乘乱逃出找到宪司。巡抚李棠（缙云人）得报，派人彻查，结果真相大白。李棠将黄宏父子逮捕下狱论罪。黄宏窘急，事前派人携带珍宝到北京活动。有人出主意，教黄宏上书给景帝，请求景帝废除太子见深，立景帝之子见济为太子。景帝一见此奏，大喜说“万里外竟有如此忠臣”，立即下旨命李棠释放黄宏父子，杀人之事不再追究，并升任黄宏为都督同知。景帝立自己亲儿子为太子成功，十分高兴，封何文渊等满朝大臣为太子太保和太子少保。

时激昂论事，总有直臣，而谬误亦不可避免。当上报有灾异见，给事中林聪等弹劾吏部尚书何文渊奸邪。左庶子周旋反对，亦上疏指责林聪狂妄。于是林聪又弹劾周旋。御史曹凯复廷争之，争论中何文渊与周旋一起被关进大牢。林聪上疏奏本中有“嘱内臣”语，太监兴安查问指哪位皇帝，林聪不敢坚对，于是将何文渊、周旋一起无罪释放。同时，朝廷下旨让何文渊告老致仕。

景泰八年(1457)正月十七日，景帝病亡。皇宫发生夺门政变，英宗复位，改称天顺元年，当即下民族英雄、兵部尚书于谦、大学士王文于狱。二十二日，将两大臣斩于市并籍其家。在这非常时期，由于景泰中易储诏书“父有天下传之子”一句，语出何文渊之口，又传英宗逮捕他的诏书已经发出，致仕在家的何文渊，在万分无奈的处境中，以自缢结束了一生，时年七十二岁。

何文渊一生经历太祖、建文、成祖、仁宗、宣宗、英宗、代宗七朝，从担任监察御史入官，勤政廉明，忠于职守，履行了弹劾纠察之权，有“御史雨”的美誉；出任温州知府时，铲除弊政，平反冤案；注重感化，境内大治。他入京出任吏部天官后，仍能奉职守法，为国家效劳，是一个清官，而在遇到土木堡、夺门等重大国家变故时，却得到和民族英雄于谦一样的不幸结局。奸佞遗臭万年，忠烈流芳百世。五百七十多年前，何文渊出任温州知府时，曾在缙云县土地上留下他风尘仆仆的清廉芳躅；五百七十多年后，健康乐观的缙云艺人将他在桃花岭上真实的却金故事，搬上了艺术舞台，这是件多么有意义的事情啊。

明代永嘉榜眼王瓒、大学士张璁与缙云[①]

缙云县地处浙江省中南部的括苍山区。括苍山，东北—西南走向，与东海海岸线并列，为浙东南沿海第一道天然屏障；而瓯江东北支流好溪发源于此，自西北—东南穿越，缙云好溪涧谷是我国东南沿海唯一的天然通道。缙云县邑设在好溪溪谷上，古称缙云墟[②]，亦称缙云驿[③]。城中东郭李氏和麻氏、仙岩郑氏、通济应氏等均为邑中望族。处州丽水与缙云之交的瓯婺山道桃花岭，又有桃支岭、木合岭之称，相传是善士冯大杲所凿，故亦称冯公岭。它绿树合道，峰岗嵯峨，势接云霄，全长20公里。缙云部分从东渡经荆坑、岭脚、庆善寺、公凸头、至隘头、桃花洞，然后入丽水境三望岭、大湾、高青岭、雨伞角、却金馆、余岭、银场坑、枫树湾，全长30公里，岭上全铺石级。对于这大自然十字交会的复杂地理区域，据古代文献记载，大约从汉代开始就有驿道从这里穿越。晋代大书法家、永嘉刺史王羲之曾在溪谷之中留有题刻摩崖[④]；唐代大书法家李邕就有"百方使通缙云"的记载[⑤]；大诗人李白用"缙云川谷难"的诗句，描绘过它的险峻和秀丽[⑥]；那历代文人墨客、大吏官员、商人生员的风尘仆仆的鸿爪圣迹更是不胜枚举，这其中，就有永嘉大罗山麓的明代文化名人王瓒、张璁、王健等。

中国古代士人心志，唐中书令（宰相）薛元超云："吾不才，富贵过分，然平生有三恨：始不以进士擢第，不得娶五姓女，不得修国史。"[⑦]进士，始于隋大业中，盛于贞观、永徽之际，搢绅虽位极人臣，不由进士者终不为美，推重谓之"白衣公卿"，又曰"一品白衫"，此潮流至明尤盛。明弘治九年（1496）春，永嘉35岁的王瓒（居住在今温州市龙湾区永中镇殿前村），殿试得一甲二名（榜眼），名高海内。

---

① 成文于2012年7月14日，曾发表于《丽水方志》2012年第3期。本文中有关张璁的生平资料，主要引自张宪文校注《张璁集·年谱简编》（上海社会科学出版社）。

② 光绪缙云《梅苏王周宗谱》："缙云墟梅氏，源于建康（南京），支分宣城（今属安徽）。南朝宋元嘉间，宣城梅棱官蔡州刺史，元嘉末退隐缙云墟（缙云县城）。后裔分迁前阳、深菠、梅宅、下东方以及丽水浮云、永康古山等处。"

③ 孙逖《送杨法曹按括州》："东海天台山，南方缙云国。溪澄问人隐，岩险烦登陟。潭壑随星使，轩车绕春色。傥寻琪树人，为报长相忆。"见《全唐诗》二函七册。

④ 郑缉之《永嘉记》："王右军游此恶道，叹其奇绝，遂书'突星濑'于石。"见宋《太平御览》卷。

⑤ 李邕《缙云三帖》；明董其昌《戏鸿堂帖》卷八。

⑥ 李白《送王屋山人魏万还王屋》，见《李太白全集》卷十六。

⑦ 刘悚《隋唐嘉话》卷中。

十一年(1498)秋八月，永嘉(今温州市龙湾区三都普门村)24岁的张璁乡试中举。王瓒一试高中，士人仰望，赴翰林院编修任时，途经缙云，恰遇麻姓修谱。麻氏，源于武林(今浙江杭州)，支分永嘉。宋孝宗、光宗年间，麻大用、麻大任由永嘉柴峰迁入缙云水南，王瓒见其族与永嘉同源，应麻氏之请，作《麻氏宗谱续修序》。[①]

十二年(1499)春，张璁在京初试礼部，不第。明初由各省选送了品行俱优的生员入监为监生，举人会试落第者亦可入监。张璁即赴南京就学国子监(南雍)。十四年(1501)春，张璁在京二试礼部，不第，归。十五年(1502)王瓒母丧过缙云回温州。

十七年(1504)春，张璁在京三试礼部，报罢，不第，留滞京师。缙云郑禧，27岁乡荐第七名中举。[②] 十八年(1505)郑禧入京一试礼部，不第，入南雍。五月七日，李玺母卢卒，恰张璁回永嘉过缙云，见丧礼。[③] 正德三年(1508)春，郑禧入京二试、张璁四试礼部，仍不第，归。五年(1510)刘瑾处死，王瓒升南京国子监(南雍)祭酒(太学校长)。李玺入岁贡。岁贡，是由地方贡入国子监的生员的一种，是在国子监(封建时代国家最高学校)读书或取得进国子监读书资格的人，理论上可以当官。李玺后授官重庆府推官，公正廉明，襄橐萧然。缙云东郭李氏，“先为温州独山人，再徙于台之仙居，始祖德大公仕元美化书院山长，遂家于邑之东廓”。王瓒《寿官一峰郑公偕配吕氏合葬墓志铭》(1522)：“……其婿李生玺，业南

---

① 缙云县地方志办公室：《缙云文献》，第308页。

② 郑禧(1478—1551)，字宗庆，号东湖，缙云人。郑铿之子。弘治十七年(1504)乡荐第七名中举。上春宫不偶，毕业南雍。以父年老图迎养，授知瑞金，嘉靖七年(1528)以母丧去任。九年(1530)知漳浦、后改广信府判，再调德安。时大中丞顾璘荐于朝，分理显陵大工。嘉靖二十一年(1542)工毕迁知信阳。著《东湖文集》、《群忠事略》。清迈柱《湖广通志》云：“郑禧，缙云人。嘉靖中通判德安，决事折以大义，不问纤琐，善摘奸。凡舞文者，寘法不少贷。自御素约，遇大吏不解阿承，虽见责，弗为动。”

③ 李玺(1474—1537)，字朝用，忠直多大节，嗜学博洽，正德十五年(1520)岁贡。嘉靖初官重庆府推官，公正廉平，襄橐萧然。后升赵州知府。苦节惠民，甫五月，卒于官，民建《仰德祠》以祀。著有《一泉集》、《淬瀹集》、《就正集》。嘉靖十六年(1537)重庆府推官李玺，访得宋绍兴乙卯、丙辰间(1135—1136)丹棱令冯时行，罢归后出守蓬黎州，终提点成都刑狱公事。尝居县北缙云山授徒，因以为号。冯时行旧抄文集五十五卷残本，李玺编为四卷，定名《缙云文集》，授梓以传。是年李玺升赵州知府。苦节惠民，甫五月，卒于官，民建《仰德祠》以祀。著有《一泉集》、《淬沦集》、《就正集》。明李偑(1541)《白庵先公赵州府君圹志》曰：“李氏讳贲(1453—1539)，字从素，别号白庵。先为温州独山人，再徙于台之仙居，始祖德大公仕元美化书院山长，遂家于邑之东廓。”王瓒《寿官一峰郑公偕配吕氏合葬墓志铭》(1522)：“……其婿李生玺，业南雍，撰事状请铭其墓。生尝从余游，故予淑人与其内时相往还，见其哀毁瘠立，心恻然悯之，亦为速铭，故不获辞。……公讳鑿，字仲英，号一峰，其先荥阳人。”《五云郑氏宗谱》郑鑿(1438—1522)，字仲英，号一峰，缙云人，李玺岳父。缙云《李氏宗谱》(1996)载“李贲(1453—1539)、卢氏(1455—1505)”，故卢氏卒在弘治十八年(1505)五月七日，“卢弃玺十有四年”，即此文写于王德十四年(1519)，当时张璁四十五岁。与《张璁集·年谱简编》相合，具体时间为九月。

雍，撰事状请铭其墓。生尝从余游，故予淑人与其内时相往还。”因此，王瓒与李玺为师生关系。冬，张璁北上京师，应明年礼部试。

六年(1511)春，郑禧入京三试礼部、张璁在京五试礼部，同不第。郑禧以父年老图迎养，赴吏部报名，授知瑞金。八月望日，王瓒到缙云游访。王瓒《竹坡先生传》(1512)云：“余尝括道经缙云，见其峰峦岩壑，峭拔蟠郁，如仙都、吏隐诸山，并擅名天下。蕴灵献秀，千态万形。”[①]王瓒《题缙云应氏双节巷(姑赵氏、妇田氏)》：

玉壶蓄清冰，松节多劲枝。婉婉闺闱中，式克敦民彝。
所天早弃背，素节坚操持。两世无异志，一门自相思。
终夕共积纷，积岁蠲膏脂。苦乐惯经历，寒暄习追随。
孤灯鸣蛩处，筚门零雨时。姑爱妇尽孝，妇爱姑能慈。
何独绵世绪，荣显将在兹。乡人重懿义，迭歌柏舟诗。[②]

八年(1513)，张璁出游杭州。王瓒改任北京国子监(北雍)祭酒。冬，张璁北上京师，应明年礼部试。十二月晦前二日，过缙云作《明故听泉处士(郑禧之父)墓志》。[③] 九年(1514)春，张璁在京六试礼部，仍不举，出京南归。十一年(1516)春，张璁北上京师，应明年礼部试。十二年(1517)春，张璁在京七试礼部，仍不举，返家。

十四年(1519)九月，张璁八上京师，应明年礼部试。友人叶希行送至括苍(丽水)。处州知府林富供仆马。张璁作《柬林处州太守二首》以赠。[④] 张璁过缙云，为好友李玺母作《缙云李母挽歌序》云：

缙云有李母卢氏，其辟为白庵李君，元子为太学生玺也。予观白庵以仁成家，则卢有相之道焉。玺以学成器，则卢有教之道焉。似有得于后妃、孟母氏之风化者耶？卢弃玺十有四年于兹，玺哀慕之如一日，言及辄流涕。是故与之游者皆感激悲怆，此挽歌之所游作也。……初，卢之属纩也，于辱玺父之知，尝吊其卢。见能以礼

① 缙云县地方志办公室：《缙云文献》，第311页。王瓒《竹坡先生传》：“余尝括道经缙云，见其峰峦岩壑，峭拔蟠郁，如仙都、吏隐诸山，并擅名天下。蕴灵献秀，千态万形。”

② 《王瓒集》，第14页。

③ 缙云县地方志办公室：《缙云文献》，第313页。

④ 《张璁集》，第287页。林富，字守仁，莆田人，弘治壬戌(1502)进士，授大理评事，忤逆瑾系诏狱，谪潮阳县丞。瑾诛，起袁州府同知，升宁波府知府。当道喜事者增募乡兵，命编户输直，富以俭岁民贫持不可。广德湖自宋为官田，输租特重。民陈乞如花屿湖全折，例下所司辄格。富悯其困乞与全折。丁父忧，服阕(1517)补处州。山民聚徒盗矿，富计擒首恶毙之狱。其党怖，诣愿复业。富命代诸邑民兵食其役，兵既精，矿患亦息。孝丰(乡)冠汤毛乃倡乱，富亲抵贼巢，擒其魁并党数百，他兵乘之遂殲以尽。升广西参政。仕至兵部右侍郎。

治丧，至今不忘。……若夫其懿行颠末，吾瓯滨太史公志之详矣。[①]

十五年(1520)秋会试，确定会元张治等三百五十名贡士入围，浙江温州张璁、缙云泽矶施山亦在其中。后因武宗南巡，未及廷试。返家时，在缙云县，遇好友李玺恰获岁贡，作《送李上舍》：

天上归来日，山中酒熟时。老亲欣会面，长路免相思。
储用当平世，高歌献寿卮。登科空有我，感激蓼莪诗。[②]

张璁作《送曹缙云》诗云：

亲民为父母，久任长儿孙。古意成荒典，今人不惮烦。
鸣琴归单父，把酒送都门。未艰功名簿，先惊岁月奔。[③]

在括苍(丽水)，张璁作《赠林处州》诗以赠。[④]

十六年(1521)四月，待选进士张璁对同乡王瓒言："帝入继大统，非为人后，与汉哀、宋英不类。"瓒然之，宣言于众。一时大臣闻之，皆讪骂。杨廷和谓瓒独持异议，令言官列瓒他失，出为南京礼部侍郎。五月十五日，新皇世宗登位廷试，张璁中二甲七十六名进士。七月初三，礼部观政进士温州张璁、毛澄等知不可已，乃谋于内阁。此疏未上时，吏部主事曾录得其文送交内阁与礼部，并劝张璁改变主张。张璁怀疏至左顺门呈进，杨廷和派同榜进士杨维聪(状元)阻止，张璁抱定"上不负天子，下不负所学"上奏。世宗方扼廷议，得璁疏大喜，曰："此论出，吾父子获全矣。"十一月二十五日，张璁闻讯，立即著《大礼或问》以上，且说"非天子不议礼，愿奋独断，揭父子大伦，明告中外"。

嘉靖元年(1522)正月，张璁出为南京刑部主事。六月二十日，王瓒致仕。过缙云时，王瓒《寿官一峰郑公偕配吕氏合葬墓志铭》："……其婿李生玺，业南雍，撰事状请铭其墓。生尝从余游，故予淑人与其内时相往还，见其哀毁瘠立，心恻然悯之，亦为速铭，故不获辞。"[⑤]冬十月，缙云陈献可之请，作缙云《虞山陈氏宗谱重修序》。[⑥]

四年(1525)冬，《大礼集议》成，张璁进詹事兼翰林学士。五年(1526)七月，璁以省墓请，既辞朝，帝复用为兵部右侍郎，兼官如故。六年(1527)六月召黄绾

---

① 《张璁集》，第313页。

② 《张璁集》，第313页。

③ 《张璁集》，第294页。曹濠，句容(今江苏句容)人，正德间以举人知缙云县。旧役亩数多寡不均，濠不畏强御，悉为均之，合邑称便。

④ 《张璁集》，第295页。

⑤ 缙云县地方志办公室：《缙云文献》，第309页。

⑥ 缙云《虞山陈氏宗谱》1993年、2011年卷首。

擢光禄少卿，预修《明伦大典》。璁言："昔议礼时，泽劝臣进《大礼或问》，致招众忌。今诸臣去之，将以次去臣等。"泽乃得留。居三日，复言："臣与举朝抗四五年，举朝攻臣至百十疏。今修《大礼全书》，元恶寒心，群奸侧目。故要略方进，谗谤繁兴。使《全书》告成，将诬陷益甚。"因引疾求退以要帝，帝优诏慰留。会山西巡按马录治反贼李福达狱，词连武定侯郭勋，法司谳如录拟。璁谗于帝，谓廷臣以议礼故陷勋。帝果疑诸臣朋比，乃命璁署都察院，桂萼署刑部，方献夫署大理，覆谳，尽反其狱。京察及言官互纠，已黜御史十三人，璁掌宪，复请考察斥十二人。又奏行宪纲七条，钳束巡按御史。年冬，遂拜礼部尚书兼文渊阁大学士入参机务，去释褐六年耳。十月，璁、萼逐诸翰林于外，引己所善者补之，遂用绾为少詹事兼侍讲学士，直经筵。

七年(1528)正月，帝视朝，见璁、萼班兵部尚书李承勋下，意嗛之。一清因请加散官，乃手敕加二人太子太保。璁辞以未建青宫，官不当设，乃更加少保兼太子太保。《明伦大典》成，复进少傅兼太子太傅、吏部尚书、谨身殿大学士。一清再相，颇由璁、萼力，倾心下二人。而璁终以压于一清，遂相龃龉。一清再疏引退，且刺璁隐情。帝手敕慰留，因极言璁自伐其能，恃宠不让，良可叹息。璁见帝忽暴其短，颇愧沮。六月，完成《明伦大典》的纂修。郑禧以母丧去任。

八年(1529)二月，郑禧丁父忧葬父母，王瓒子王键作《明故贵州思南府照磨郑公暨孺人墓表》。[①] 又诗《过冯公岭》：

飘飘谷云飞，泠泠涧水流。水云亦何心，旦夕使我愁。
忆昔离乡县，迄今逾二秋。形容日以变，光景去不留。
墨翟非成英，楚王恶卞璆。主恩不时遇，志士徒包羞。
井渫岂不食，受福明王求。攘袖启箧笥，揽取双吴钩。[②]

九年(1530)郑禧知漳浦，后改广信府判，再调德安。时大中丞顾璘荐于朝，分理显陵大工。郑禧与张璁友善，以介性耻内托，张不敢夺其志。[③]

十年(1531)二月，张璁以名嫌御讳请更。乃赐名孚敬，字茂恭，御书四大字赐焉。

十一年(1532)张璁三月还朝，言已擢礼部尚书，益用事。八月，彗星见东井，帝心疑大臣擅政，孚敬因求罢。帝许致仕。

十二年(1533)正月，帝复思之，遣鸿胪赍敕召。四月还朝。明年(1534)，进少师兼太子太师、华盖殿大学士。

① 缙云县地方志办公室：《缙云文献》，第347页。

② 朱彝尊：《明诗综》卷四十七。

③ 《光绪缙云县志》。

十四年(1535)张璁春得疾,帝遣中官赐尊牢,而与时言,颇及其执拗,且不惜人才以丛怨状。又遣中官赐药饵,手敕言:"古有剪须疗大臣疾者,朕今以己所服者赐卿。"孚敬幸得温谕,遂屡疏乞骸骨。命行人御医护归,有司给廪隶如制。十五年(1536)五月,帝复遣锦衣官赍手敕视疾,趣其还。张孚敬过缙云县,行至金华,疾大作,乃最后一次经过缙云县,然后回永嘉,不久去世。

温州永嘉王瓒、张璁等几代人在缙云县结下的深情厚谊,必将在后代裔孙中发扬光大。

明巡按御史樊献科的生平和业绩[①]

人类的历史总有许多事情会让人捉摸不透：有的人官不大，社会名声却很高；有的人地位很高，却又没有在国史上立传。缙云人熟悉的“樊御史”，就是其中一个典型的例子。

一

樊献科(1517—1576)，字文叔，号斗山，明缙云县人。嘉靖二十一年(1542)父樊守受官京师，得山东陵县儒学训导。嘉靖二十五年(1546)领浙江乡荐(会魁)。献科上南宫，省父母于山东陵县。嘉靖二十六年(1547)三月庚午，登李春芳榜进士，授行人(通使之官，掌传旨、策封等)。不久，樊献科奉使南都(南京)，著名诗人谢榛有《送樊侍御文叔之金陵》诗云：

地入淮阳路，天分牛斗墟。秋帆二水外，春草六朝余。
冰雪生官舍，风尘走谏书。从来知国士，岂亦念樵渔。

途中过陵县。樊母王氏说：“吾在田间，闻国家取进士，恩荣礼数最盛，汝父终身力学不能得，汝今得之。夫进身益高，立身益不易，汝始服官，慎无忘先世。……清白之吏后必昌。”献科说：“敢不受命，不辱先世。”

嘉靖二十七年(1548)秋，献科还朝，至陵县奉母入京就养。僦庐湫隘，修随时竭，母日怡然，顾献科曰：“书生得官，便有富贵相非好消息。汝甘此，我无忧也。”嘉靖二十八年(1549)正月七日，长子问智生。嘉靖二十九年(1550)正月十一日，次子问孝生。

此年夏六月，俺答犯大同，总兵官张达、副总兵林椿战死。秋八月，俺答大举入侵，攻古北口，蓟镇兵溃。戊寅，掠通州，驻白河，分掠畿甸州县，京师戒严。召大同总兵官仇鸾及河南、山东兵入援。壬午，薄都城。仇鸾为平虏大将军，节制诸路兵马，巡抚保定都御史杨守谦提督军务，左谕德赵贞吉宣谕诸军。癸未，始御奉天殿，戒敕群臣。甲申，寇退。逮守通州都御史王仪。丙戌，京师解严。丁

① 成文于2011年1月1日。本文参阅：《世宗实录》，明严从简《殊域周咨录》，王士祯《池北偶谈》，俞汝楫《礼部志稿·疏琉球册封事》，郑汝璧《由庚堂集》、《国榷》、《明史》，雍正《浙江通志》，郝玉麟《福建通志》，谷应泰《明史纪事本末》，郝玉麟《广东通志》、《钦定续文献通考》，历代《缙云县志》、《樊氏宗谱》等。

亥,仇鸾败绩于白羊口。兵部尚书丁汝夔、巡抚侍郎杨守谦有罪,弃市。杖左都御史屠侨、刑部侍郎彭黯。九月辛卯,振畿内被寇者。乙未,罢团营,复三大营旧制,设戎政府,以仇鸾总督之。丁酉,罢领营中官。戊申,免畿内被灾税粮。十一月癸巳,分遣御史选边军入卫。虏犯郊甸,众讴惧,母谓家人无恐,密令从者,凿大坎于庐后。献科见之惊问故,母曰:"吾意也。勿问,汝为臣子,慎无草草。"

不久,拜御史南台。南台,即御史台,明都察院古名。御史即监察御史,官名。隋开皇二年(582)改检校御史为监察御史,始设。唐御史台分为三院,监察御史属察院,品秩不高而权限广,宋元明因之。明永乐元年(1404)二月,遣御史分巡天下,遂为定制。废御史台设都察院,通掌弹劾及建言,设左右都御史、左右副都御史、左右佥都御史。又设十三道监察御史 110 人,为正七品官,与知县同阶,分区掌管监察,称为"巡按御史"。巡按御史被称为"代天子巡狩",大事奏裁,小事主断,官位虽不高,但权势颇重。御史选授极慎重,永乐八年(1410)以后,规定御史必须从进士及监生中有学识并通达治体者选任。监察御史平时在京城都察院供职称为内差或常差,如奉命出巡盐务即为巡盐御史,奉命出巡漕运即为巡漕御史,奉命巡按地方即为巡按御史,均称外差或特差。而监察御史奉命外出担任巡按御史则是外差或特差当中最多的一项任务。奉命巡按地方时职权和责任非常重大:"而巡按则代天子巡狩,所按籓服大臣、府州县官诸考察,举劾尤专,大事奏裁,小事立断。按临所至,必先审录罪囚,吊刷案卷,有故出入者理辩之。诸祭祀坛场,省其墙宇祭器。存恤孤老,巡视仓库,查算钱粮,勉励学校,表扬善类,翦除豪蠹,以正风俗,振纲纪。凡朝会纠仪,祭祀监礼。凡政事得失,军民利病,皆得直言无避。有大政,集阙廷预议焉。盖六部至重,然有专司,而都察院总宪纲,唯所见闻得纠察。诸御史纠劾,务明著实迹,开写年月,毋虚文泛诋,讦拾细琐。出按复命,都御史覆劾其称职不称职以闻。凡御史犯罪,加三等,有赃从重论。"员额北直隶二人、南直隶三人、宣大一人、辽东一人、甘肃一人、十三省各一人。御史出派巡按须受特殊的约束:一是巡历须回避原籍及有亲戚担任行政官的地区;办理公务中若有仇嫌之人亦须回避。二是不得指挥地方行政。三是禁止交游,以免除私谒及请托。四是不得带家眷,也不得与家中通信,以示杜绝私念,一心为公。五是巡按一年一代(一说三年),如无特殊情况及朝廷特准,不得再巡。对巡按御史,还有一系列特殊的规定。《诸司职掌》定:"凡分巡按治州县……其经过去处,差拨弓兵防护。"《宪纲》亦言,凡巡按御史"经过去处,量拨弓兵防送"。后来还有遣官军护送的事例。至于职权行使,《宪纲》规定,巡按御史所巡之处,在职权范围内,如需调阅案卷,传问官吏,所在官吏不得推托。各级官吏对巡按御史"不得挟私沮坏,违者杖八十,若有干碍合问人数,敢无故占像不以发者,与犯人同罪"。"若有官吏犯法,畏避追问,故将财物妇女潜入公膈,设计装诬，沮坏风宪者，并许取问，实封奏闻。犯人重处，财物没官，妇女发有司收问。其出巡官吏，仍不得自生嫌疑回避，以妨巡历。”樊献科从巡视各地搜集情况后，上奏十余事均属“凿凿关开国大计”。温州同知刘正亨说：“始余计偕上春官，适侍御樊斗山先生，疏请增进士额，天下士忻向往。”

文学家李攀龙《与樊侍御》札云：

某狂愚为郡，无状值将上计。持者甚急，执事数语群心沮服，既已入觐顽民，后言执事大畏其志，而反侧晏然矣，顾犹某所及知者也。他如含宏，竢其改过包荒劝其自成，凡使某得以迁，而不肖之迹，得以掩者岂能万一尽哉。不然摈斥矣，又不然不理，众口为累多矣。岂其不安其位，于前而有今日也。某固有不报之德，于执事者如此，犬马私情蚤夜恋恋，而执事竢役，复以某疏之刻中何爱，人无已时，谁令某追怀往咎，抱不测之惧，而惴惴幸免，以善将来者非执事乎？

诗人谢榛有《酬樊侍御文叔》诗云：

论兵何日定，忧国此心同。节钺长吟里，冰霜独坐中。
天留三殿疏，人避两都骢。莫道狂夫醉，扶桑欲挂弓。

文学家王世贞有札云：

洺魏风物，非下觉邢州自妍也。张守日击，牛酒为驩令人邑邑耳。上计得请具金紫前，寿太夫人良慰足下。郡楼之作，聊以塞命殊不铿铿，樊侍御信来遑地羽檄，旁午夜寐不着枕促，奴鼎问信老亲矣。二生慕足下不浅见便输吐，飞鸟依人可怜可怜。

又一札：

樊侍御，某一二从酒所，奉颜色虽往覆亡，几而倾吐，特深日者拜命之候，方苦渴疾匍匐通姓名，门吏不得一捧，别袂中怀愁，如使者揽辔而陟太行之巅，概然有余慕焉。墨吏省已解绶，循雅之士争自刮濯，以庶几下风来谕，似有所未足卷卷，叩攻于硕石胡长者乃尔。某不佞，闻古有助于人者，牛溲马勃亦不却也。乃其所助，则非牛溲马勃比也。顺德李守，于执事属吏也。即亡论其文卓荦趣古，某故同舍郎私之谒，省中归炊脱粟闭门谢客，书声竟夕矣。母来自历下就视毕，数日跨一骡归，不敢以烦县官刍秣，尝谓苍头岁除矣。安所得酒持敝缊袍，东家质之，某幸有余奉推之，不数数受也。比迹其守郡率素亡毫发，改日一肉奉母耳，妻子更日得少鲑菜耳。吏民讴吟戴守若父母，而颇以文法左往使，又不乐除道积精待非常之客，客亡为游，扬者仅鸡肋膝末耳令。李生伏盐车上羊肠，屈足就秣，御围鞭棰而拂之，固所安也。伯乐过不视乃始悚然，骧首啸鸣矣，执事视李生何如也。毋令海内，有以御围窥伯乐者。

时樊献科父亲樊升高密县儒学教谕。冬，献科送母至高密。道出任丘，雪中过景州至高密。嘉靖三十年(1551)，献科数度迎养未果。九月十二日，三子问辩生。三十一年(1552)正月十六日，母王氏亡于山东高密，樊献科奉柩归缙云。他在母墓地附近、独峰书院遗址上建仙都草堂一座，作为自己守墓时的住地。三十二年(1553)三月二十一日，四子问德生。闰三月晦日，处州同知皇甫汸作《仙都草堂记》，并《游仙都同樊侍御》诗云：

寡诤谢昼牍，怀仙抗晨旌。怪石俨壁立，危峰类削成。
阳火伏未息，阴湖鉴以清。下有干霄木，上有承露茎。
汉武建柏寝，秦皇慕蓬瀛。惜哉无灵气，安得遂冲升。
轩后独不朽，鼎实垂鸿名。柱史良地主，邀我钓天行。
黄金九奏发，白玉双童迎。聊从避骢路，一展攀髯情。

八月十八日，发现鼎湖仙踪。嘉靖三十四年(1555)服满，补侍御史巡按真定、京畿南诸郡。《明史·职官志》载：两京刷卷，巡视京营、监临乡、会试及武举，巡视光禄，巡视仓场，巡视内库、皇城、五城、轮值登闻鼓。京畿三辅是国家政治、经济、文化中心，朝内高官荟萃，巡按之责，素来难行。樊献科持斧至，严格按六条整顿各部司，凡枉法者一治如律，豪贵敛手，自避骢马(御史)，部内肃然。当时，朝廷有诏书下达，要征收来年赋，说是“以佐军兴”。饥民聚为盗，献科从实上疏，经批准蠲除近畿一带赋，并下令有关部门赦免胁从者，从而平息了饥民风潮。冬至，《诚意伯文集》由樊献科编次；贵州道监察御史遂昌黄中、刑部陕西司主事松阳毛文邦考订；直隶真岌知府成都于德昌梓行；直隶大名府推官万安罗良、直隶真定府推官东莱刘祐、真定府判官钱塘相文祥、真定府藁城县儒学教谕莆田江从春校正。三十五年(1556)正月，樊献科拜识，夏五月望，书编成。八月十日，作《鼎湖仙踪记》。

二

三十五年(1556)樊献科改巡调福建。“先是使者，行部有司，具驺从供帐甚都，献科先戒罢之。单车行部从书吏数人而已。”上任伊始，他劾去文武大吏若干人，墨吏(贪官)望风解绶去。许多官员豪贵宁愿交赎金，以济军储。且上奏减征于民，便一切夙蠹(遗留问题)一一除去，名声大振。佥宪王时槐、闽清令卢仲佃皆良吏，在三年一届大计中竟坐南都，风闻例当罢免。樊献科力白其事得殊陟。

三十七年(1558)春,樊献科监乡试,得士为盛。三月丙寅,浙江右参政王询(今四川成都人)以右佥都御史巡抚福建。夏四月辛巳,倭分犯浙江、福建的台、温、福、泉、漳等州。广东惠安,居民仅九百家,倭寇四倍犯之。知县林咸悉力拒守。有越城者手斩之,悬首旌竿。擒馘七十余人,寇以吕公交车攻城,林咸制敌棚三座,外施絮被,内藏铳弩火枪射之,贼解围去。寻寇流刦鸭山,林咸整兵往御,躬冒矢石,陷于淖中死之。巡按御史樊献科闻报,上奏后赠府通判,荫子。

琉球,古国名,古书亦称流球、卞是、琉求,位于中国东南端,由琉球、宫古、八重山三个群岛为中心的岛屿组成。倭寇自浙江败还后,残部抵琉球境。世子尚元遣兵邀击,大歼之,获中国被掠者六人。琉球国遣梁炫长史来,告王尚清之丧,新王尚元已接位,同时将六人送还。帝嘉其忠顺,赐赉有加,即命给事中郭汝霖、行人李际春封尚元为王。至福建,阻风未行。后来回国上船前,樊献科作《琉球梁炫长史归国》诗相赠:

尔来沧海外,翘首帝王畿。礼乐瞻周典,征诛识汉旂。
三山春雨过,万里彩云飞。喜得南车去,应荣献雉归。

三十八年(1559)夏四月,倭围攻福州一个月而去,陷永福县(今福建永泰)。清《福建通志》载:“嘉靖间按闽,岛夷犯濒海诸郡,汀州盗阻,山为潢池。大中丞因病与诸将拥兵键城门。献科慨然曰:‘人臣奉玺书境外,苟利社稷专之可也。山海方螫毒,任事者键城自守如元元(老百姓)何?’五月,巡按樊献科请趋。巡抚(王询)闻之,投袂起视师。诸将始决战岛夷就殲。”《福建通志》卷六十五:“三十八年,倭由福宁寇福州,城门昼闭遂掠近郊,陷永福而遁。义士谢介夫战死。五月,倭攻福清,巡按御史樊献科劾巡抚都御史王询、参将黎鹏举失律,夺俸抵罪有差。”批准所请,献科“视师,先驰入泉州与诸将击走贼,贼分道陷福清,复驰援福清。每授诸将方略,皆惊服,莫不用命,岛夷就戮。时严嵩当国,乡守延、邵,怙势虐民,献科为纠去,时论韪之。有豪家子擅杀,儒生莫敢问,献科立置之法,权贵居万端竟不听”。

十月六日,樊献科同邵阳舒春芳登武夷山。越二十有一日,同福建参政、提学副使广陵宗臣又登武夷山。路遇许多人在拜谒“仙蜕”(古人遗骸遗骨),责疑之后,即令崇安县令将遗骸置之石函,藏入石洞,岩石封口,并写《藏仙蜕记》一文。在云窝访问道士汪三宝、刘端阳,并在伏虎岩云:“窝伏虎岩,一曲水光石,二曲仙馆岩,水帘洞三处勒石记游。”

当时,献科任职期届满,下属官员和百姓赶到巡抚衙门乞留。经报御史台批准同意,任期延长两年,这是没有先例的。十一月戊寅,右佥都御史巡抚福建王询以疾去。《实录》壬午，浙江左布政使吴桂芳以右佥都御史巡抚福建。十二月庚申，浙江按察使刘焘以右佥都御史巡抚福建。《国榷》：遣广浙闽省应募为兵者，悉还原籍为乡兵。巡按福建御史樊献科言："近岁军兴，募集武勇多无赖子弟。今广、浙、闽俱有海警，宜以三省兵应调。募者悉遣还原籍收为乡兵，即以待客兵者养赡计无便。"于此得旨永行。

三十九年(1560)，琉球梁炫长史其贡使亦至福建，称受世子命，以海中风涛叵测，倭寇又出没无时，恐天使有他虑，请如正德中封占城故事，遣人代进表文方物，而身偕本国长史赍回封册，不烦天使远临。樊献科按职负责接待，并将情况如实上报礼部，同时建议：

遣使册封，祖制也。今使者欲遥受册命，是委君贶于草莽，不可一。使者本奉表朝贡，乃求遣官代进，是弃世子专遣之命，不可二。昔正德中，占城王为安南所侵，窜居他所，故使者赍回敕命，出一时权宜。今援失国之事，以儗其君，不可三。梯航通道，柔服之常。彼所藉口者倭寇之警、风涛之险尔，不知琛賨之输纳、使臣之往来，果何由而得无患乎？不可四。曩占城虽领封，其王犹恳请遣使。今使者非世子面命，又无印信文移。若轻信其言，倘世子以遣使为至荣，遥拜为非礼，不肯受封，复上书请使，将谁执其咎？不可五。乞命福建守臣仍以前诏从事。至未受封而先谢恩，亦非故事。宜止听其入贡，其谢恩表文，俟世子受封后遣使上进，庶中国之大体以全。

嘉靖皇帝准奏，依其所言。

时樊献科巡按福建时间长，名声很高。在一次巡抚刘焘和他谈到今后官职时，说如果利用严嵩生日之机，送去贺礼，或可升到中垂都察院(御史台)主官。樊献科笑道："吾岂危人自为地哉(我难道可以在危险的人身上，找自己的靠山吗)?"于是，就以父亲年老多病为由，请假回家侍奉。五月和父亲一起游仙都，作《仙都东游记》、《仙都西游记》两文。不久，朝廷正式任命他为江西道监察御史，献科未去赴任。九月诰封其父母。四十年(1561)十月七日，父故，献科守孝。四十二年(1563)正月，卜筑仙都初旸谷，自叹"我将老焉"。春日，青田令丹阳丁一中，访樊斗山翁于仙都初旸谷。三年后服满，再起刷卷南几资，故当内櫂，而以持法不甚当，豪贵心出副便山东，不数月升广西参政。隆庆元年(1570)被说者(劾弹)所中，仍以御史辞官。归盖草房于仙都初阳谷、白云洞等地，赋诗翛然尘垢之外，自称仙都下士。明李键《重刊山居吟序》说，樊献科"公剔历中外，宦辙周环二京、五狱、三蜀、八闽，以至太华之巅，鸟道龙惊江绝栈，靡不登涉"。樊献科著有《读书补遗》、《诗韵音释》、《樊山疏议》、《旅游山居吟稿》等。

明处州抗倭战将——千总缙云陈冕[1]

明嘉靖年间，日本进入战国时期，失意的政客、武人、海盗、流氓等和留居日本的一些中国商人、破产农民和失意知识分子相继结帮成倭寇，侵扰中国东南沿海地区。

明世宗朱厚熜迷信道教，任严嵩专权，贪贿公行，致吏治腐败，为倭寇活动提供了可乘之机。

嘉靖二年(1523)六月，日本使臣宗设、谦导与细川氏使臣瑞佐、宋素卿，因争夺对明贸易，在中国土地上相互厮杀。宗设格杀瑞佐，又以追逐宋素卿为名，大掠宁波、绍兴一带；杀掳明朝指挥刘锦、袁琎等，夺船出海而去。此后，明朝政府要求日方惩办宗设及倡首数人，放回被掳中国官民，缴还旧有勘合，遵守两国所订之约。日方没有答复这些要求，使双方贸易实际中断，由是倭寇走私贸易猖獗，并伺机多方掳掠。

二十一年(1542)，倭寇由瑞安入台州，攻杭州，侵掠浙江沿海。二十三年(1544)，许栋、汪直等导引倭寇聚于宁波境内，潜与豪民为市，肆行劫掠。倭寇在山东、南直隶、浙江、福建、广东沿海大肆烧杀劫掳，江浙一带民众被杀者达数十万人，严重破坏了社会生产力的发展，威胁东南沿海人民生命财产的安全，激起中国朝野上下各阶级、各阶层人民的愤怒反抗。在福建巡抚谭纶、戚继光、总兵俞大猷等领导下，东南沿海军民浴血奋战，抗击倭寇。二十六年(1547)，浙江巡抚朱纨兼督备倭，重挫倭寇，实行严厉海禁，因侵犯闽、浙大姓利益被削巡抚，服药自杀。三十二年(1553)，俞大猷率精兵夜袭普陀山倭寇老营，重创倭寇。三十四年(1555)四月，在南畿总督浙闽军务张经和总兵俞大猷、参将卢镗等指挥下，于王江泾镇歼灭倭寇近两千人。时严嵩党羽赵文华把持抗倭要职，对内陷害抗倭将领张经、李天宠，阻碍了抗倭斗争的发展。

嘉靖三十四年(1555)秋，在总督浙江胡宗宪的要求下，二十八岁的山东都指挥佥事戚继光奉调至浙江，任浙江都司佥书，司屯局事。三十五年(1556)二月，胡宗宪为兵部左侍郎兼都察院左佥都御史，又加直浙总督，总督浙江、南直隶和福建等处的兵务。秋，戚继光任宁(波)绍(兴)台(州)参将。戚继光及时上《任临

① 成文于2014年5月15日，据明东阳杜惟熙《陈冕传》写成。杜惟熙(1521—1601)，字子光，号见山，东阳人。早年讲学于五峰书院，好姓氏谱学，终生钻研不倦，生活节俭，好济贫，尝言："学者一息不昧，则万古皆通；一刻少宽，即终朝欠缺。"有弟子陈时芳。

观请创立兵营公移》,不久又上《练兵议》,提出如果不痛击倭寇,尽数将其歼灭,下次他们还会再来;要做到"大创尽歼",最根本的就是要有一支训练有素的军队;"十室九邑,必有忠信;堂堂全浙,岂无材勇"!他与俞大猷等积极招募新军,同时保证:"诚得浙士三千,亲行训练,比及三年,足堪御敌。"九月,处州知府高超选荐缙云陈冕为把总,作为处州兵的指挥员。

陈冕,字德瞻,号西岩,钦村人,好读书,精武艺。对浙江各地从军新兵,戚继光认为处州兵性悍,生产山中,尚守信义;但"气勇而不坚"。绍兴兵人性伶俐,心虽畏怯,而门面可观;驭之以宽亦驯,驭之以猛亦驯,气治而不可置之短锋者也。台州兵以太守谭公(纶)之严,初集即有以慑其心,故在谭公用之而著绩,他人则否,其人性与温州相类,在于虚实之间,着实鼓舞之,亦可用。义乌之人性,杂于机诈勇锐之间,尤事血气。……结论是处州为第一,义乌次之,台、温又次之,绍兴又次之,他不在此科也。而兵士是可以教育和训练的,陈冕勤教训、明赏罚、恤劳苦,抚疾病或顾物吟咏,以悦其心,或述古忠义以坚其志,故劲卒为之争先,志士乐于效死。三十七年(1558),陈冕率处州兵抵台州白水洋以拒。分兵三道,约戚继光为合应,自引兵二道,前后设伏,一举擒倭 200 人。胡宗宪见陈冕有应变才,暂授千总衔兼理辕卫,俟请旨更为迁秩。

三十八年(1559)四月,倭寇犯台州桃渚,六月,戚继光赴海门。嘉靖四十年(1561)四五月间,倭寇又一次大举进犯浙江沿海,骚扰的地区有几十处,船只总计不下数百艘。戚继光率戚家军等在台州九战九捷,痛歼入寇台州之敌。此后,戚、俞联合,基本肃清浙江倭寇。

四十一年(1562)七月,戚继光奉旨率六千戚家军援闽,连破横屿、牛田、林墩三大倭巢,升任防守台州、温州、福州、兴化和福宁中路等处的副总兵官。四十二年(1563)三月,戚继光奉旨率戚家军再度援闽,取得平海卫大捷,升任总兵官,镇守福建全省及浙江金华、温州二府。七月,陈冕受命主攻,身先士卒,率部奋勇激战,占领倭巢,取得首战告捷,后又相继攻拔福建境内的数个倭穴,十月,班师回浙休整,倭患复盛。十二月,戚家军在仙游再破倭寇,歼敌二万余人。与此同时,在新任内阁首辅徐阶的授意下,陈冕以贪污军饷、滥征赋税、党庇严嵩等十大罪名上疏弹劾胡宗宪。世宗将胡宗宪逮捕押解进京。恰胡宗宪案波及陈冕,委屈数载,公亦怡然自得。

四十三年(1564),有漳、泉流民,据流江爬槽为巢穴,出入肆掠,声势鸱张,闽浙震动。恰巡视海道浙江等处提刑按察司副使陈庆[1]到达，征陈冕议战。陈冕提出方略，请旨命约福建俞大猷。戌亥二时进南口，自率轻锐，藏火器，渡海悬崖，夜逼巢北，炮轰据点，延烧寨棚，喊声蓦起，倭寇不虞水路之有备，弃北而南，仓皇航海而逃，随即受到水陆夹击，倭寇溺死三千，被斩八百，被俘男女千余人获救。一月后，奏平成命下三院复勘，乃为升赏。公以班师乞假，便道回家，战阵积劳，突患伤寒，七日而终。

嘉靖是个精通帝王之术的皇帝，自大狂妄，却又十分小气，也很要面子。在用人上，他忽智忽愚、忽功忽罪，变化很大，功臣、直臣多遭杀害、贬黜。四十四年(1565)，戚继光与俞大猷二军配合，击灭盘踞在广东、南澳的倭寇。至此，东南沿海的倭寇最后荡平。

① 陈庆(1510—1588)，字履旋，号西塘，又号视轩，永丰人。嘉靖二十九年(1550)进士，授行人，嘉靖三十八年(1559)任卫辉知府，嘉靖四十三年(1564)钦差巡视海道浙江等处提刑按察司副使。隆庆元年(1567)任广西布政使，改太常寺卿，隆庆五年(1571)七月初三日致仕。万历十六年(1588)卒，年七十九。著有《视轩集》。

商王名相傅说的文献梳理①

在我国各地，建造房屋历来都是就地取材，梁柱伐之于山，墙垣掘之于地。筑墙时往往用两块木质墙板相夹，中间放进泥土石块瓦片，然后用木制的墙柱筑实为一层，再加土再筑实，墙体渐高。等到四周墙体筑到房屋所需高度以后，再上瓦封檐。这种经济简便实用的传统建造方法，古代称"版筑"，相传发明者是商二十三代君主武丁的名相——傅说。

一

关于傅说一生的业绩，首见于《国语·楚语》：

昔殷武丁能耸其德，至于神明，以入于河，自河徂亳，于是乎三年，默以思道。卿士患之，曰："王言以出令也，若不言，是无所秉令也。"武丁于是作书曰："以余正四方，余恐德之不类，兹故不言。"如是而又使以象梦旁求四方之贤，得傅说以来，升以为公。而使朝夕规谏，曰："若金，用女作砺。若津水，用女作舟。若天旱，用女作霖雨。启乃心，沃朕心。若药不瞑眩，厥疾不瘳。若跣不视地，厥足用伤。"

战国诸子都有记述，《墨子间诂·尚贤中》云：

傅说被褐带索，庸筑乎傅岩。武丁得之，举以为三公。与接天下之政，治天下之民。

《墨子间诂·尚贤下》又云：

昔者傅说居北海之洲，圜土之上，衣褐带索，庸筑于傅岩之城。武丁得而举之，立为三公。使之接天下之政，而治天下之民。是故昔者尧之举舜也，汤之举伊尹也。武丁之举傅说也，岂以为骨肉之亲，无故富贵，面目美好者哉。

《孟子·告子下》："傅说举于版筑之间。"《荀子·非相》："傅说之状，身如植鳍。"《韩非子·难言》："傅说转鬻。"屈原《离骚》："说操筑于傅岩兮，武丁用而不疑。"《吕氏春秋·求人》："伊尹，庖厨之臣也；傅说，殷之胥靡也。皆上相天子，至

① 成文于2008年10月26日。

贱也。”贾谊《鹏鸟赋》云：“傅说胥靡兮，乃相武丁。”《尚书序》：“高宗梦得傅说。”孔安国《孔传》曰：

傅氏之岩在虞、虢之界，通道所经，有涧水坏道，常使胥靡刑人筑护此道。说贤而隐，代胥靡筑之，从供食也。傅说隐于虞、虢之间，即此处也。……傅说佣隐，止息于此，高宗求梦得之是矣。

汉司马迁经过认真的归纳，在《史记·殷本纪》中云：

帝小乙崩，子帝武丁立。帝武丁即位，思复兴殷，而未得其佐。三年不言，政事决定于冢宰，以观国风。武丁夜梦得圣人，名曰说。以梦所见，视群臣百吏，皆非也。于是乃使百工营求之野，得说于傅险中。是时说为胥靡，筑于傅险。见于武丁，武丁曰是也。得而与之语，果圣人，举以为相。殷国大治。故遂以傅险姓之，号曰傅说。

在《史记·游侠列传》中又云：“且缓急，人之所时有也。太史公曰：‘傅说匿于傅险……此皆所谓有道之仁也。’”东汉王符《潜夫论》云：

身号汤，世号殷，致太平。后衰，乃生武丁。即位，默以不言，思道三年，而梦获贤人以为师。乃使以梦求之四方侧陋，得傅说。方以胥靡筑于傅岩。升以为大公，而使朝夕规谏。……故能中兴，称号高宗。

三国管宁《辞疾上书》中云：

臣闻傅说发梦，以感高宗……以通神之才，悟于圣主，用能匡佐帝业，克成大勋。

到了晋朝，皇甫谧加以综合，在他所著的《帝王世纪》中云：

武丁即位，谅暗居凶庐，百官总已听于冢宰，三年不言。既免丧，犹不言。群臣谏，武丁于是思建良辅。梦天赐贤人，姓傅名说，乃使百工写其像，求请天下。见筑者靡衣褐带索，执役于虞、虢之间，傅岩之野。（《太平御览》卷八十三）

高宗梦天赐贤人，胥靡之衣，蒙之而来曰：“我，徒也，姓傅名说。天下得我者，岂徒也哉！”武丁悟而推之曰：“傅者，相也。说者，欢悦也。天下当有傅我而说民者哉？”明，以梦视百官，百官皆非也。乃使百工写其形象，求诸天下。果见筑者胥靡衣褐带索，执役于虞、虢之间，傅岩之野，名说。以其得之傅岩，谓之傅说。（案：谧言初梦即云姓傅名说，又言得之傅岩谓之傅说，其言自不相符。谧唯见此书，附会为近世之语，其言非实事也。）（《书·说命·正义》）

上古许多有关傅说的文献记载，大同小异，表明傅说应该确有其人。武丁得傅说，王国维《今本竹书纪年疏证》载：“三年，梦求傅说，得之。六年，命卿士傅说。"查夏商周断代工程成果，武丁即位于前1250年。武丁三年，即公元前1248年。因此，傅说时代距今约3250年。

胥靡，古代服劳役的刑徒。圣，"于事无不通谓之圣"，而圣人，即人格品德最高的人。《史记集解》："孔安国曰：'傅氏之岩在虞、虢之界，通道所经，有涧水坏道，常使胥靡刑人筑护此道。说贤而隐，代胥靡筑之，以供食也。'"版筑，《史记正义》："《括地志》云：'傅险（岩）即傅说版筑之处，所隐之处窟名圣人窟，在今陕州河北县北七里，即虞国、虢国之界。又有傅说祠。'"北魏郦道元《水经注·河水四》云：

应劭《地理风俗记》曰："城在大河之阳也。"河水又东，沙涧水注之，水北出虞山，东南经傅岩，历傅说隐室前，俗名之为圣人窟。孔安国《传》："傅说隐于虞、虢之间。"即此处也。傅岩东北十余里，即巅軨坂也。《春秋左传》所谓入自巅軨者也。有东、西绝涧，左右幽空穷深，地壑中则筑以成道，指南北之路，谓之軨桥也。傅说佣隐，止息于此，高宗求梦得之是矣。

傅岩，其地即在今山西省平陆县城关镇。武丁得胥靡（刑徒）傅说后，"与之语"，并确定"果圣人，举以为相"，从而使武丁能够"龙旂十乘"，南征于江淮，北伐至河套，西达谓汭，掌国59年，此为商王朝最强盛的时期。

二

古人迷信，认为伟大或特殊的人物出生，多为星宿（座）之精下降。《庄子·大宗师》[①]云：

夫道有情有信，无为无形，可传而不可受，可得而不可见；自本自根，未有天地，自古以固存；神鬼神帝，生天生地；在太极之上而不为高，在六极之下而不为深，先天地生而不为久，长于上古而不为老。……傅说得之，以相武丁，奄有天下，乘东维，骑其尾，而比于列星。

东维，《经典释文》引司马彪："东维，箕斗之间，天汉津之东维也。"尾，星名，二十八宿之一，东方苍龙七宿的第六宿，有星九颗。《尔雅·释天》："大辰、房、心、尾也。"《玉篇·尾部》："尾，星名。"《周礼·冬官·輈人》："龙旂九斿，以象大火也。"汉郑玄《周礼注》："交龙为旂，诸侯之所建也。大火，苍龙宿之心，其属有

---

① 钱穆《庄子纂笺》："此章言伏羲、黄帝、颛顼云云，似颇晚出。"又施天侔《庄子疑检》，也认为此节非庄周之学。

尾。尾，九星。”汉刘安谓傅说骑二星，《淮南子·览冥训》亦云：

夫阳燧取火于日，方诸取露于月。天地之间，巧历不能举其数。手征忽怳，不能览其光。然以掌握之中，引类于太极之上。而水火可立致者，阴阳同气相动也。此傅说之所以骑辰尾也。

辰，星名。心宿，二十八宿之一，又称商星、大火、大辰。东汉高诱以为辰尾二星，一名天策：

言殷王武丁梦得贤人，使工写其象，旁求之得傅说于傅岩。遂以为相，为高宗成八十一符，致中兴也。死托精于辰尾星，一名天策。

《(甘石)星经》曰：“傅说一星在尾上，言其乘东维，骑箕尾之间也。”晋崔撰《庄子注》曰：“傅说死，其精神乘东维，托龙尾，乃列宿。”唐成玄英《南华真经注疏》曰：“武丁，殷王名也，号曰高宗。高宗梦得傅说，使求之天下，于陕州河北县傅(岩)板筑之所居而得之，相于武丁，奄然清泰。傅说，星精也。而傅说一星在箕尾上，然箕尾则是二十八宿之数，维持东方，故言乘东维、骑其尾；而与角亢等星比并行列，故言比于列星也。”《晋书·天文志》也云：“傅说星，在尾后，傅说主章祝，巫官也。”西晋王嘉《拾遗记》亦有：“傅说赁为赭衣者，舂于深岩以自给，梦乘云绕日而行，筮得利建侯之卦。岁余，汤以玉帛聘为阿衡也。”上述诸说，皆源自《左传·僖公五年》：

童谣云：“丙之辰，龙尾伏辰，均服振振，取虢之旂。鹑之贲贲，天策焞焞，火中成军，虢公其奔。”

其中“天策”，晋杜预注曰：“傅说星，时近日，星微。焞焞，无光耀也。”疏谓：“傅说，殷高宗之相，死而托神于此星，故名。”

三

傅说作为商王武丁的名相，殷墟甲骨和战国简帛中应当可以找到实物记载。《晏子春秋·内篇·谏上》将武丁与汤、太甲、祖乙并称为“天下盛君”。武丁时期的重臣，《尚书·君奭》云：“在武丁时则有若甘盘。”《孔传》曰：“高宗即位，甘盘佐之，后有傅说。”甘盘，《史记·燕召公世家》写作“甘般”，前辈学者考证为殷墟卜辞所说的“师般”。而傅说，丁山先生考证认为：“代甘盘辅相武丁者就是傅说。”又指出《殷虚书契菁华》中有傅说的纪事，“傅”通“甫”。顺丁山思路，当今哈尔滨师范大学刘桓找出50条相关卜辞。詹鄞鑫先生考证卜辞“在甫鱼”认为甫鱼两地极近。《侯马盟书》中鱼、吴、虞三字通用，谓鱼指平陆虞城，鱼甫并称，甫为傅岩之傅，可谓深矣。[①] 河南考古研究所郑杰祥先生考证认为，可能是殷墟卜辞所记的“毕”，又称为“小臣毕”。傅与毕二字，古音同属邦纽，为双声字，傅可能即“毕”字的音转，故二字音同义近。[②] 应该说，也有些道理。殷墟甲骨文出土15万片，其中有“毕”字的，郑杰祥先生从《殷墟甲骨刻辞类纂》中找到12片。

《上海博物馆战国楚竹书·竟建内之》中有一简云：“高宗命傅鸢（说）口以……邦，此能从善而远祸者。”[③]这是古文字实物中第一次见到傅说之名，意义十分重大。

四

《书序》：“高宗梦得说，使百工营求诸野，得诸傅岩，作《说命》三篇。”全文曰：

王公忱，亮阴三祀。既免丧，其唯弗言，群臣咸谏于王曰：“呜呼！知之曰明哲，明哲实作则。”天子唯君万邦，百官承式，王言唯作命，不言臣下罔攸禀令。

王庸作书以诰曰：“以台正于四方，唯恐德弗类，兹故弗言。恭默思道，梦帝赉予良弼，其代予言。”乃审厥象，俾以形旁求于天下。说筑傅岩之野，惟肖，爰立作相，王置诸其左右。

命之曰：“朝夕纳诲，以辅台德。若金，用汝作砺；若济巨川，用汝作舟楫；若岁大旱，用汝作霖雨。启乃心，沃朕心，若药弗瞑眩，厥疾弗瘳；若跣弗视地，厥足用伤。唯暨乃僚，罔不同心，以匡乃辟。俾率先王，迪我高后，以康兆民。呜呼！钦予时命其唯有终。”

说复于王曰：“唯木从绳则正，后从谏则圣。后克圣，臣不命其承，畴敢不祇若王之休命？”

（《说命上》）

唯说命总百官，乃进于王曰：“呜呼！明王奉若天道，建邦设都，树后王君公，承以大夫师长，不惟逸豫，唯以乱民。

“唯天聪明，唯圣时宪，唯臣钦若，唯民从乂。唯口起羞，唯甲胄起戎，唯衣裳在笥，唯干戈省厥躬。王唯戒兹，允兹克明，乃罔不休。

“唯治乱在庶官。官不及私昵，唯其能；爵罔及恶德，唯其贤。虑善以动，动

---

① 刘桓：《关于傅说的考证问题》，平陆傅氏宗亲联谊办公室《傅圣文化》2007年第4期。

② 郑杰祥：《傅说的历史功绩》2008年版。

③ 李学勤：《试论楚简中的〈说命〉佚文》，平陆傅氏宗亲联谊办公室《傅圣文化》2007年第4期。

唯厥时。有其善，丧厥善。矜其能，丧其功。唯事事，乃其有备，有备无患。无启宠纳侮，无耻过作非。唯其攸居，政事唯醇。黩王祭祀，时谓弗钦。礼烦则乱，事神则难。”

王曰：“旨哉！说。乃言唯服。乃不良于言，予罔闻于行。”

说拜稽首曰：“非知之艰，行之惟艰。王忱不艰，允协于先王成德，唯说不言有厥咎。”

（《说命中》）

王曰：“来！汝说。台小子旧学于甘盘，既乃遯于荒野，入宅于河。自河徂亳，暨厥终罔显。尔唯训于朕志，若作酒醴，尔唯麴糵；若作和羹，尔唯盐梅。尔交修予，罔予弃，予唯克迈乃训。”

说曰：“王，人求多闻，时唯建事，学于古训乃有获。事不师古，以克永世，匪说攸闻。唯学逊志，务时敏，厥修乃来。允怀于兹，道积于厥躬。唯学文学半，念终始典于学，厥德修罔觉。监于先王成宪，其永无愆。唯说式克钦承，旁招俊乂，列于庶位。”

王曰：“呜呼！说，四海之内咸仰朕德，时乃风。股肱唯人，良臣唯圣。昔先正保衡作我先王，乃曰：‘予弗克俾厥后唯尧舜，其心愧耻，若挞于市。’一夫不获，则曰时予之辜。佑我烈祖，格于皇天。尔尚明保予，罔俾阿衡专美有商。唯后非贤不乂，唯贤非后不食。其尔克绍乃辟于先王，永绥民。”

说拜稽首曰：“敢对扬天子之休命！”

（《说命下》）

这体现了傅说“奉行天道、选贤任能、谦虚谨慎和减少祭祀”的治国策略。

《尚书》是我国最重要的古典文献之一，具有很高的史料价值。汉《纬书》说原来有 3240 篇，孔子删为 120 篇，其中 18 篇为《中侯》，102 篇为《尚书》。《汉书·艺文志》说《尚书》有 100 篇。陈梦家先生研究发现，《论语》、《孟子》、《左传》、《国语》、《墨子》、《礼记》、《荀子》、《韩非子》、《吕氏春秋》九种书引《书》就有 168 条。① 汉武帝末年，鲁恭王扩建宫室，在孔子故居的墙壁中得到一部《尚书》，计 45 篇，其中有 29 篇与秦伏生藏的基本相同，另外 16 篇用先秦古文字书写，孔子后裔孔安国献给朝廷，故称《古文尚书》。西晋永嘉之乱时与《今文尚书》一起，皆佚而不传。东晋初年，忽有梅赜献上《古文尚书》59 篇。其中 33 篇与《今文尚书》相同，其余 26 篇人们认为是《古文尚书》。自宋以后，有人怀疑梅本伪出，宋吴棫、朱熹，明梅颐，清阎若璩、惠栋等递经考证，遂成定

① 钱宗武：《中国历代名著全译丛书·今古文尚书全译·前言》，贵州人民出版社 1992 年第 2 版。

案，梅本被称为“伪孔本”，《古文尚书》被定为晋代人伪造。[①]

近年简帛佚籍的不断发现，证明有的古籍未必全是伪书，于是人们对历史上的伪书的认识逐渐发生变化。以今传本《古文尚书》来说，即有学者认为它是汉魏孔氏家学的产物，非一人一事之伪造，现存诸篇皆为真书，伪古文《尚书》的定案无法成立。上海社会科学院历史研究所杨善群先生经过对阎若璩《尚书古文疏证》一书的全面研究，认为疑古思潮中所定的《伪古文尚书》说，是胡编乱造的一宗学术错案。[②]

对于属于《古文尚书》中的《说命》三篇，清阎若璩《尚书古文疏证》谓，《古文尚书》作者“见(《礼记》)六引《兑命》则撰《说命》三篇，四引《太甲》则撰《太甲》三篇，三引《君陈》则撰《君陈》篇”，而不列任何证据。显然，定伪之据，尚嫌不足。早些年出土的《郭店楚简·成之闻之》中有：“《佋(涎)命》曰：‘允师既德。’”《佋命》以音转即读为《说命》，《佋(涎)命》“允师既德”一句，李学勤先生认为是《说命》的遗文。[③] 曲阜师范大学黄怀信也指出：“阎若璩《尚书古文疏证》首先从篇数上笼统地推断其不可能为真，又根据先秦西汉文献中的零星词句推断其为后人伪撰。这样的论断，完全经不住推敲。”[④]而天津杜勇等学者认为：“西汉所出各种《古文尚书》内无《说命》篇，自东汉至三国所传《古文尚书》亦无《说命》篇，贾逵、王逸、郑玄、唐固、韦昭等学者均未见过《说命》篇，所以今传孔传本古文《尚书》包括《说命》在内的二十五篇，由梅鷟、阎若璩等学者断为晚出伪作，并非冤假错案。”[⑤]

近年发现的《清华简》中有《说命》篇。《说命上》曰：

唯殷王赐说于天，庸为失仲使人。王命厥百工像，以货徇求说于邑人。唯弼人得说于傅岩，厥卑绷弓，绅关辟矢。说方筑城，縢降庸力。厥说之状，鹃肩如椎。王乃讯说曰：“帝抑尔以畀余，抑非？”说乃曰：“唯帝以余畀尔，尔左执朕袂，尔右稽首。”王曰：“亶然。”天乃命说伐失仲。失仲是生子，生二牡豕。失仲卜曰：“我其杀之？我其已，勿杀？”勿杀是吉。失仲违卜，乃杀一豕。说于围伐失仲，一豕乃旋保以逝。乃践，邑人皆从。一豕随仲之自行，是为赦俘之戎。其唯说邑，在北海之州，是唯圜土。说来，自从事于殷，王用命说为公。

---

① 陈梦家：《尚书通论·先秦引书篇》。

② 杨善群：《古文〈尚书·说命〉与傅圣事迹研究》，平陆傅氏宗亲联谊办公室《傅圣文化》2007年第4期。

③ 李学勤：《试论楚简中的〈说命〉佚文》，平陆傅氏宗亲联谊办公室《傅圣文化》2007年第4期。

④ 黄怀信：《〈说命〉考信》2008年版。

⑤ 杜勇：《古文〈尚书·说命〉与傅说身份辨析》2008年版。

《说命中》曰：

说来自傅岩，在殷。武丁朝于门，入在宗。王原比厥梦，曰："汝来唯帝命。"说曰："允若时。"武丁曰："来格汝说，听戒朕言，渐之于乃心。若金，用唯汝作砺。古我先王灭夏，燮强，捷蠢邦，唯庶相之力胜，用孚自迩。敬之哉！启乃心，日沃朕心。若药，如不瞑眩，越疾罔瘳。朕畜汝，唯乃腹，非乃身。若天旱，汝作淫雨；若津水，汝作舟。汝唯兹说，底之于乃心。且天出不祥，不徂远，在厥落，汝克宣视四方，乃俯视地。心毁唯备。敬之哉，用唯多德。且唯口起戎出好，唯干戈作疾，唯衣载病，唯干戈生(眚)厥身。若诋(抵)不视，用伤，吉不吉。余告汝若时，志之于乃心。"

《清华简》的真伪问题，尚在讨论中，在短期内难以一致。由此看来《古文尚书》的真伪问题，需要有更充分的证据和更充分的理由，而这些更充分的证据和理由，又要期待有更新的考古资料的出现。

八、战 事

侯安都、留异桃支岭之战的战场——缙云东渡[1]

清道光十六年(1836)陈棠《丽水志稿》载：

陈天嘉三年，留异据东阳，遣侯安都讨之。异以官军必自钱塘上，既而安都由诸暨出永康，异大惊奔桃支岭，于岩口树(木)栅以拒之。安都进攻，因其山势窄而为堰，会潦水涨满，安都引船入堰，起楼舰与异城等(同等高度)，遂破之，即此岭也。

侯安都(520—563)，南北朝时期陈朝名将，字成师，始兴曲江(今广东韶关)人。留异(？—564)，长山(今浙江金华)人，陈缙州刺史。对于侯安都、留异的桃支岭之战，其正史见唐姚思廉《陈书·留异传》：

异本谓官军自钱塘江而上，安都乃由会稽、诸暨步道袭之。异闻兵至，大恐，弃郡奔于桃支岭，于岭口立栅自固。明年春，安都大破其栅，异与第二子忠臣奔于陈宝应，于是虏其余党男女数千人。

桃支，亦作桃枝。《陈书·侯安都传》稍为具体：

及留异拥据东阳，又奉诏东讨。异本谓台军由钱塘江而上，安都乃步由会稽之诸暨，出于永康。异大恐，奔桃支岭，处岭谷间，于岩口竖栅，以拒王师。安都作连城攻异，躬自接战，为流矢所中，血流至踝，安都乘舆麾军，容止不变。因其山垅之势，迮而为堰。天嘉三年夏，潦，水涨满，安都引船入堰，起楼舰与异城等，放拍碎其楼雉。异与第二子忠臣脱身奔晋安，安都虏其妻子，尽收其人马甲仗，振旅而归。

天嘉，南朝陈文帝年号。陈天嘉三年，即公元562年。桃支岭，《清史稿·地理志》:“缙云，简。府东北九十里。……西南：冯公岭，古桃支岭，上有桃花隘。”故桃支岭即桃花岭，又称冯公岭，亦称木合岭，为缙云、丽水(今浙江莲都)两邑之交一带山岭的总称，当时属永嘉郡松阳县辖区。桃花岭古驿道从缙云县南门出城至东渡，再向西转入荆坑，经山头的梅凤岭、大岩下，即沿马蹄湾、金鸡湾到荆坑。再从岭脚(属樊庄)上山过半岭、公鹅凸头、外隘头、底隘头、桃花洞(以上均属缙云)、三望岭、雨伞岗头、大湾、高青岭、高青岭脚、雨伞岗、却金馆、余岭、银

---

[1] 成文于2009年7月26日，曾发表于2010年1月20日《缙云报》。

场、枫树湾、岩泉（以上均属丽水），全长20公里。纵观桃花岭，符合"于岩口树（木）栅以拒之"、"山势窄而为堰，会潦（大）水涨满，安都引船入堰"的自然地形条件的只有东渡一处。

东渡，在缙云县城南5公里的好溪河谷冲称小平原的西部，古时村东好溪曾设置船渡，因名。村南发源于桃花隘的荆坑水，自西向东左冲右突，破峡而出，进入小平原，最终注入好溪。再往南有兰口村（一名澜口），发源于大洋山的盘溪，自东向西合入好溪。两大溪流合港之处的兰口，河谷狭窄，水流湍急，每到洪水季节，溪水暴涨，如遇大树横卧峡中，常会使上游东渡水位骤然暴升，在荆坑水口附近形成汪洋一片。

对于侯安都、留异的桃支岭之战，《陈书·世祖本纪》载：天嘉二年（561）十二月，"缙州刺史留异应于王琳等反，景（丙）戌（十五）日，诏司空侯安都率众讨之"。十二月十五日（公元561年1月24日），腊月月半，在缙云时属枯水期。侯安都奉诏称率军从钱塘江溯江而上，其实却由陆路经诸暨从永康而出。留异猝不及防，仓促间弃金华过永康入松阳县境（今缙云县地），直奔桃支岭。利用东渡荆坑口易守难攻的山谷地形为依托，在险峻的岩石间伐木竖栅，上筑楼雉（城墙）以拒。在冷兵器时代，留异将主力置于此，妄图依靠坚固的工事，负隅顽抗。安都军到缙州（今金华），立即向留异所据的各城发起全面进攻。安都亲自接战，为流矢所中，血流至踝，乘舆麾军，容止不变。天嘉三年（562），朝廷命临海太守钱道戢率军出松阳断其后。春三月庚寅（即农历三月二十一日，公历5月9日），恶溪（好溪）春汛水涨，侯安都命在两水交汇地兰口拦截水流，伐木扎筏成船舰，与留异军所竖栅并高。时散骑常侍、壮武将军、成州刺史韩子高，亦从征留异，随侯安都屯桃支岭岩下。子高兵甲精锐，别御一营，单马入阵，伤项之左，一髻半落。侯安都放拍（古时投掷石块或火种的攻坚武器）碎其楼雉。留异军心大乱，立即溃败，与第二子忠臣脱身奔晋安（今福建泉州）。侯安都俘其妻子女、人马甲仗，振旅以归。从此，这里才有了拦（兰）口的地名。

当年残酷血腥的战争场面早已被无情的历史云烟抹去，而口口相传的民谚却仍在桃花岭一带流传着：

> 东渡劲共匡，荆坑半夜行。桃花云里过，隘头半天高。
> 晒死俞岭头，陷死银场坑。还有羊蓬峡，马过荚两腹。
> 人过两肩破，羊过只只转。自古传到今，跌死万百千。

缙云黄龙山耿王坟①

在闻名遐迩的缙云县黄龙山南麓、330国道途经的黄龙村段附近，有座小山，山岙内有岩塘，塘不大，仅有几十亩水面。塘后北谷内，古松挺拔，苍翠幽深。谷中有古墓葬一处，俗名大坟，坟前立有石柱，叫耿王坟。人们都说这"耿王"造反，失败后被朝廷剿灭，而更多的情况，大家都说不上来。

"大坟"之名，见《施氏宗谱·甘罗施氏宗族山田文约》：

三都施敬行、施孟遂等承祖遗下山，坐三、五都，土名大坟垅及墓穴并猫儿岩下牛虱窠三处山。……成化廿一年(1485)正月十二日。

照此谱意思，明成化廿一年(1485)前这里就已被称为"大坟垅"，为施姓祖遗产，它表明耿王应是明朝成化以前的历史人物。那么这耿王到底是什么人呢？明何镗《括苍汇纪·地理纪》云：

黄龙山，四周陡绝，池水清洁，相传有龙潜此，概县北之控扼也。……耿再成亦尝驻师于此。

耿再成，元至正二十三年(1363)宋濂《耿公祠堂碑》云：

侯讳再成，字德甫，从吴王(朱元璋)下江东，多著劳烈。……龙凤四年(1358)冬，王躬擐甲胄帅师取金华，侯掺戈为前锋。及金华平，括苍犹未入版图。地有黄龙山，四周(陡)绝，其险可恃。王命侯树栅其上，以遏其冲。敌屡驱兵来斗，侯咸捣退之。五年(1359)冬十一月，王命胡参政大海及侯分道攻括苍，已而又平。王遂命侯统劲卒以镇其土。

耿再成死，《耿公祠堂碑》所载亦甚详：

八年(1362)春二月，军中有旧降帅，相挺为乱。本莫瑶蛮部，众至数千，一旦，相挺为乱。侯方与客饮，闻变即上马，收战卒不满二十人，迎贼骂曰："俘虏奴！国何负于汝，汝乃反耶？俘虏奴！汝急解甲降，不降，吾斫汝万段以报国！汝谓吾剑不利耶？"贼怒，欲刺侯。侯运剑连断数槊，贼将跃而前，正中侯颈，遂堕马。犹大骂，不绝口而死。夏四月，王师四集，尽歼厥丑类。以衣冠改葬侯于金陵之聚宝山。

① 成文于2013年5月2日，曾发表于《续修处州耿代宗谱》2014年刊。

后来，《明史·耿再成传》亦近似：

耿再成……从取金华为前锋，屯缙云之黄龙山，以遏敌冲。与胡大海破石抹宜孙于处州，克其城守之。……再成持军严，士卒出入民间，蔬果无所损。金华苗帅蒋英等叛，杀胡大海。处州苗帅李佑之等闻之，亦作乱。再成方对客饭，闻变上马。收战卒不满二十人，迎贼骂曰："贼奴，国家何负汝乃反？"贼攒槊刺再成。再成挥剑连断数槊，中伤坠马，大骂不绝口死。胡深等收其尸，藁葬之。后改葬金陵聚宝山，追封高阳郡公。侑享太庙，肖像功臣庙。洪武十年加赠泗国公，谥武壮。

藁葬，草葬的意思。"衣冠改葬金陵"，衣冠，泛指衣着、穿戴，故金陵聚宝山，只是供人纪念的耿再成衣冠冢。又《明太祖实录》卷十载：

丁亥，处州苗军元帅李佑之、贺仁得等，闻蒋英等已杀胡大海，亦作乱，杀院判耿再成、都事孙炎、知府王道同及朱文刚等，据其城。同佥朱文忠闻乱，遣元帅王祐等率兵屯缙云以图之。

"王祐等率兵屯缙云以图之"，"胡深等收其尸，藁葬之"。表明朱元璋在处置和平定苗军叛乱的军事行动过程中，与缙云县有许多直接关系。而对耿再成的墓葬，1994 年浙江《耿氏宗谱·行略》中亦未载明。耿再成后裔耿如霆先生从广州来信说："现在'耿王坟'，就有三处：缙云、河北藁城县耿村、广西合浦。"河北、广西两处耿王坟远离耿再成牺牲地，当为招魂墓。缙云黄龙离耿再成牺牲地——丽水最近，又处在婺处驿路旁边，且还有传说的耿王坟存在，综合比较，黄龙大坟的墓主最有可能就是耿再成。

离耿王坟不远有个小村落，叫白面尖，仅五六处农屋，为今古塘自然村，村民大多姓林。据此村《林氏宗谱》，林姓人自称是南宋永康林大中的后裔。而黄龙村有 1000 多人口，主要为林、王、李、麻四姓，姓林最多，与今古塘林氏不同宗。《林氏宗谱》载：明隆庆丁卯(1567)《序》称"彬祖公，大元至正进士，官归举治缙云事，即就居黄龙，家传世系以继承之"。林彬祖，字彦文，丽水人，有文学，至正五年(1345)进士，官青阳县尹；至正十年(1350)为永嘉县丞。官归，丁酉(1357)诠判缙云县，并奉命镇守黄龙寨。居黄龙山期间，得到"吏之清强者"佥宪余阙多次嘉奖。十七年(1357)十一月，朱元璋攻下浙江中部重镇金华。消息传来，出于早二年缙云杜仲光反元起义军被残酷镇压后的复仇心理，缙云名山郑葆(字仁裕)、梅溪陈细、白岩曹进得等赶到金华，向朱元璋面述处州形势，条陈攻取处州之策，得到赏识，皆受百户、千户、万户等职，得到重用。十九年(1359)四月，朱元璋命枢密院制耿再成、参军胡大海率部取处州，再成为前锋。大兵压境，林彬祖率全县丁壮退出。胡大海、耿再成顺利占领黄龙山要隘。朱元璋仅留耿再成率十八人守卫。元处州守将石抹宜孙欲夺回失去的阵地，耿再成立即组织反击。黄龙山四面陡绝，耿再成竖栅其上，居高临下，数败元军。缙云郑葆、陈细、曹进得等率义兵从背后夹攻。元军败，退至缙云、丽水之交的深山。石抹宜孙遣元帅叶琛屯桃花岭，参谋林彬祖屯葛渡，镇抚陈仲真等屯樊岭，元帅胡深守龙泉，以拒明师。久之，元兵将士怠驰，无斗志。胡深知天命有在，自龙泉间道降明，且享处州兵弱易取。再成、大海等闻之大喜，即出军抵樊岭合攻之，连拔桃花、葛渡二寨，遂薄城下。宜孙战败，弃城走建宁。林彬祖辗转潜回黄龙（志称不知所终），遂为黄龙林氏之祖。清乾隆十八年(1753)林启勋《序》中说"至一百三十世彬祖公，大元至正丁酉年间(1357)值守黄龙寨，因是就居黄龙"。对于元缙云县尹林彬祖后裔来说，朱元璋、耿再成等自然为反王了。

清初三藩之乱时缙云纪事和传说①

缙云黄龙山四周一带，古时候是万安乡五都地面，有黄龙、黄龙庵、东洄岭、白面尖、今古塘、青岩前、车路（镭铎岭）、西岩、梅溪、横路章（王路）、大筠、大筠黄、川石等十几个自然村，居住着陈、林、施、王、沈、黄、卢、丁、陶、李等姓氏的村民。黄龙村岩塘北白面尖下古有耿王坟一座，流传着许多有关耿姓氏族佚事和耿王造反失败的故事。但耿王是谁，一直不甚清楚。经笔者反复核实史料，耿王应当是明初处州将领耿再成，黄龙山四周各村耿姓人都是他的后裔。而那个造反未遂的耿王，指的是清康熙时三藩之一的靖南王耿精忠。

黄龙村荷池弄塘和川石村之间的山，名叫良山。良山西麓原有良村，为耿姓居住。相传有一年夜晚，川石火烧屋，人们前往救火。良村一人贪财，趁人不注意，顺手将从火灾户中抢出的棉絮偷抱回家，到下半夜，棉絮中的火星渐渐变成火苗，又将良村烧毁。

清顺治十七年（1660）七月，顺治命靖南王耿继茂停赴广西，率领全体官兵并家口移住福建，与云南吴三桂（平西王）、广东尚可喜（平南王）一起，定三藩（王）兵制。康熙十二年（1673）三月，尚可喜告老，要求以子尚之信嗣封镇广东，清廷却令撤藩辽东。七月，吴三桂、耿精忠（耿继茂子，袭封父爵）假请撤藩，以探朝旨。康熙与大臣明珠等决策，准许撤藩，三藩之乱起。十一月，吴三桂在云南杀巡抚朱国治，以“反清复明”为号，举兵反，自称天下都招讨兵马大元帅，以明年为周元年。贵州提督李本深响应。

康熙十三年（1674）三月十五日，福建耿精忠亦以“反清兴汉，光复华夏”起兵，分攻浙、赣、粤。他派部将曾养性、白显忠等挂将印出征。未逾月，攻陷全闽。接着曾养性兵分三路，自率东路进军温、台、处三州。清平阳总兵蔡朝佐、温州总兵祖引勋、黄岩总兵阿尔泰响应。曾养性屯重兵于黄岩，中军都督徐尚朝占领处州。六月，徐尚朝派萧瞎子据缙云。十九日，永康城破。他们那些在黄龙山附近的耿姓亲友集团，由于同姓和主张反清的缘故，顿时全力响应。他们改村南通往黄龙庵的黄龙坑石桥为光复桥。雅施施天成（其图）亦是骨干。反清队伍迅速扩大，其势甚锐。

战火一起，浙江将军图赖“瘫软不起”，巡抚田逢吉“顿足不止”，总督李之芳“掀髯不已”，接连向朝廷告急。康熙闻报，决定重新调整部署，增兵浙江。授都

① 成文于 2013 年 5 月 2 日，曾发表于《缙云报》和《续修处州耿氏宗谱》2014 年刊。

统赖塔为平南将军，总兵副都统马哈达、胡图为参赞，对耿军作战。六月二十五日，又授和硕康亲王杰书为奉命大将军，同固山贝子傅拉塔，共同指挥浙江清兵对耿精忠作战。康熙指示杰书："先剿灭浙省温州、黄岩诸处贼寇，平定地方，然后进剿福建。"八月，徐尚朝移兵屯踞金华至道山驿（武义上交道）一带。九月十七日，杰书命傅拉塔率军取台州，将军赖塔和浙江都督李之芳守衢州，自领清军主力由杭州进兵金华。十一月，杰书誓师金华。十二月初一，徐尚朝率马步兵三万、民兵二万攻打金华。杰书即命都统巴雅尔、副都统玛哈达统兵出击。在道山双方对阵，清军斩杀二万余，徐尚朝大败。

十四年(1675)正月初四，永康知县车骑回县，召集残黎，迎接王师。清军傅拉塔沿山道茂平岭（洪茂岭）背，攻曾养性沙有祥部。沙有祥败退至缙云城北，分四营驻扎在缙云北门社稷坛。耿姓人家知不可留，亦随军而去。次日，沿途剽掠一空，毁船断龙津浮桥。清玛哈达、李荣、陈世凯部从永康追入缙云县境时，已是深夜，在黄碧桥头将小黄龙应村剿灭。消息传到雅施、今古塘、黄龙各村，百姓全部逃避。清军在黄龙山白面尖一带，掘土截龙脉，并用生铁水灌注。进入缙云县城时，百姓来不及躲避，仓促间纷纷躲入北门坑洞。

相传清军欲烧毁县城时，在缙云知县曹懋极、进士郑载飏和永康梅知行等的积极斡旋下，以较少的代价保护了古城和百姓。其中治前丁氏也勇敢地站了出来，独焚县后自宅，各自分徙岩门新屋、石板路、觅川、仙岩铺等地，以救邑民。清军驻城数日，百姓饥寒交迫，而黄龙山麓各村中的附从人众从容改谱，灭迹留住。四月，清军突破耿精忠军的桃花岭防线，乘胜攻下处州。耿军冯公辅、沙有祥部退守杨梅岗，双方相峙。杰书命马哈达守处州，后来耿军多次反攻，均被击退。夏，马哈达部收复云和、松阳，处州战乱始平。

民国三十二年(1943)治前丁氏会聚于县后，在以翠微山为北障，山龙头为西障，文昌阁山为东郭，南有好溪洄潆于其下，水外叠嶂拱于前的故址上，重建了丁四方祠。以示回归，其祠尚存。

九、宗　教

东吴名僧康僧会与缙云广严寺[①]

缙云县新碧街道西部，隔水有历山，自南向北，逶迤延绵，嵯峨苍秀。山麓依山傍水，有庄姓孙，分内外两处。庄后有两涧，曰黄云、天井，向来以飞瀑成川而闻名，故古名“瀑川”。

村前的古驿道，北通紫凤入婺州永康，南连龙湖、泽基、马渡、笕头，去新建；东过南源万安桥接黄碧街，经桂溪、黄龙去缙云县城，再登桃花岭入丽水、去温州，有“涧道烟深迷古迹，桃花染雨过寒食”的诗句流传。

姓孙，即内外孙二村地处古国道驿路旁，通府通京，见官见宦，有古刹广严寺。明成化《处州府志》、万历《括苍汇纪》、清雍正《浙江通志》、光绪《处州府志》和历代《缙云县志》均载：“广严寺，在县北三十里，吴赤乌元年建。”“赤乌”，孙权年号。赤乌元年，即公元238年，表明这广严寺已有近1800年的历史。古诗云：“寺胜依名谷，年深纪赤乌。瑶阶苍鲜合，祇树绿阴疏。鹤还僧定处，犬吠客来庐。初兴谁能会，留题人画图。”

对于广严寺的历代修造，瀑川《孙氏宗谱》记载：孙渭（1014—1082），字朝清，号溪隐，汴梁人。庆历年间（1041—1048），来缙云访旧友县尉毛维瞻，游览了仙都、黄龙诸名胜后，见灵水之秀，遂定居于瀑川（内孙）。后部分孙姓徒迁东隅另建一村，遂分内、外处。南宋孙敖，刚泱敢为，精究典籍，慨率子姓复兴广严寺，独助寺田，永为国刹。随后立主（佛尊）于寺，僧人永供。明孙棹修整废寺，内殿原有正厅三间、厢房六间；外殿有正厅三间、厢房十八间；占地十余亩。清道光二十六年（1846）新增建大殿。光绪八年（1882）改办善诱初小，余杭训导三溪项球，在此开课任教。新中国成立之初小学迁出，1965年以后僧尼离开，殿宇失修，寺毁。

佛教，乃世界三大宗教之一，由古印度的迦毗罗卫国（今尼泊尔境内）王子悉达多所创，广泛流传于亚洲的许多国家，西汉末年经丝绸之路传入我国。我国早期佛寺的建立，都和西域僧人排除万难、不辞辛苦的努力传播有关。三国吴赤乌元年（238）所建的寺院，在浙江还有莲都（丽水）桃花岭上的普慈寺、东阳法兴寺、天台清化寺。世界上许多事情都有一定的脉络，有一定的规则，是可以推理的。那么，浙江中南部一带当时的传教人，该是哪一位呢？

梁慧皎《高僧传》载：康僧会（？—280），康居（古西域国名，范围约当今巴尔

① 成文于2012年4月12日，曾发表于2012年6月8日《今日缙云》、《丽水方志》2014年第2期。

喀什湖和咸海之间）人，世居天竺（印度）。僧会父亲因经商客居于交趾。僧会十几岁时，父母双亲先后去世，他按照儒家的规定，服丧后出家为僧，从此遍读佛教的经、律、论三方面的典籍，又博览儒家六经，还广泛涉猎天文图纬方技之书，把握精义，同时文辞也很擅长。在交趾期间，康僧会曾从名师受业，其师死后，他为了振兴佛教，兴立图寺，便振锡北游，其间遇安世高的弟子韩林、皮业、陈慧等，接受了安世高系统的小乘佛学。会稽居士陈慧为世高译出的经典作注，康僧会协助他，两人经常斟酌磋商。此后，康僧会离开陈慧等人，抱着弘传佛教的宏愿，在东吴赤乌十年（247）来到建业（今南京），搭建茅舍，设像行道，被称为"胡人沙门"。因他将所求得舍利（释迦牟尼遗体火化后结成的珠状物）献于国王，吴王孙权肃然惊起说："真希有之瑞也。"即命建造佛塔、佛寺，称初建寺，因名其地为佛陀里，由是江左佛法遂兴。

交趾，即越南，秦朝以前，传说名叫鸿庞，秦始皇统一中原以后，于公元前214年将北部归属于象郡管理，并向此地移民。公元前204年，秦南海尉赵佗在秦末的混乱时期自立为南越武王，交趾成为南越国的一部分。公元前111年，汉武帝灭南越，并在越南北部地区设立交趾、九真、日南三郡，实施直接统治。康僧会在交趾期间，汉朝廷任命的太守为士燮。

士燮（137—226），字威彦，苍梧广信（今广西梧州）人。其先本鲁国汶阳（今山东宁阳）人，至王莽之乱，避地交州，六世至燮父赐，桓帝时为日南（越南中部）太守。燮少游学京师，事颍川刘子奇，治《左氏春秋》，察孝廉补尚书郎，公事免官。父赐丧阕后，举茂才除巫（今四川巫山）令，后迁交趾太守。燮体器宽厚，谦虚下士，中国士人往依避难者以百数。东汉建安十三年（208）赤壁之战后，曹操势力退回北方，孙权向西发展遭到刘备的阻击，向北发展尚无胜算，岭南成为孙权必得之地。建安十五年（210），任命步骘为交州刺史，士燮迎接了步骘。在其帮助下，步骘成功斩杀了苍梧太守吴巨，士燮也被加封为左将军。同时士燮又修书给益州的雍闿等人，要求他们派人来投靠孙权。士燮以此又被加封为卫将军，故士燮偏在万里，雄长一州，威尊无上，镇服百蛮。

汉献帝延康元年（220），曹操卒。十月，献帝让位于曹丕，称魏国，建元黄初，东汉亡。这一年，吕岱代替步骘为交州刺史。魏黄初三年（222）十月，孙权称王，建元黄武，吴国正式建立。为巩固东吴在岭南地区的统治，吕岱相机而动，积极寻找剪灭士氏割据势力的机会。黄武五年（226），交趾太守士燮病逝。黄武七年（228），孙权接受吕岱的建议，把合浦以北划为广州，吕岱为刺史；交趾以南为交州，戴良为刺史。但士燮的儿子士徽一面自署交趾太守，一面"发兵拒良"，对此，吕岱力排众议，亲率3000水军"晨夜浮海"，突然兵临交趾城下，迫使士徽束手就擒，避免了割据。第二年（229）四月，吴王孙权称帝，改元黄龙，九月迁都建业（南京）。

社会动荡，战火纷飞，让人难以立足。康僧会离开交趾，他杖锡北上的启程时间，大体当在交趾太守士燮病逝的黄武七年和吴王孙权称帝、迁都建业的黄龙元年(226—229)之间。赤乌元年(238)，康僧会驻足在浙江中南部松阳、乌伤一带，传教立寺，在时间上、地域上都很符合。南宋庆元三年(1197)上虞知县永嘉鲍义叔《真如宝塔记》也云："逮吴赤乌二年(239)，康僧会拥锡至建业，大帝使求佛舍利既得之，即为造塔，自是浮图始建于中土，而吴中特盛焉。"此文载元徐硕《至元嘉禾志》，"嘉禾"，即今嘉兴。由此完全可推断青年康僧会北上传教的踪迹：赤乌元年(238)，在浙江中南部一带；赤乌二年(239)，在嘉禾(嘉兴)；赤乌十年(247)，在建业(南京)被孙权接见后创立初建寺，从此佛教在江南兴起。

总之，康僧会是我国汉末三国时期在东南沿海一带传播佛教的著名外国僧人。浙江省中南部三国孙吴时期建立的寺院，应是他克服语言、文化、习俗的障碍，深入民间努力传教活动的产物，因在时间上又比著名的建业初建寺早十年，故丽水市自然是我国南方佛教的初建之地，缙云广严寺是我国东南地区的第一佛刹。

禅宗在缙云[①]

佛教早在汉代从印度传入中国，后来在漫长传教的过程中，为了克服语言、文化、思想和风土习俗上的差异，逐步和中国本土宗教、文化相结合，到唐宋时期形成独具中国文化特色的三论宗、净土宗、律宗、法相宗、密宗、天台宗、华严宗、禅宗八大宗派。其中禅宗因主张用禅定概括佛教的全部修习而得名，又自称“传佛心印”，以觉悟所称众生本有之佛性为目的，亦称“佛心宗”。相传创始人为菩提达摩（？—528），下传慧可（487—593）、僧璨（？—606）、道信（580—651），至五祖弘忍（602—675）而分成北宗神秀（606—706）、南宗慧能（638—713），时称“南能北秀”。北宗强调“拂尘看净”，力主渐修，“慧念以息想，极力以摄心”，要求打坐“息想”，起坐拘束其心。中唐以后，慧能弟子神会（686—760）等人提倡，南宗成为禅宗的正统，受到唐王室重视，对士大夫和劳动群众有较大影响。《楞伽经》、《金刚经》、《大乘起信论》等对该宗有较大影响。《六祖坛经》提倡心性本净，佛性本有，觉悟不假外求，不读经，不礼佛，不立文字，强调“以无念为宗”和“即心是佛”、“见性成佛”，故自称“顿门”，为南宗代表作。

慧能的门下有青原行思（？—740）、南岳怀让（677—744）、南阳慧忠（683—769）、荷泽神会（683—760），形成禅宗的主流。后来青原系下形成曹洞、云门、法眼三宗；南岳系下形成沩仰、临济两宗，世称“五家”，其中以临济、曹洞两宗流传时间长，影响也大。临济宗在宋代形成黄龙、杨岐二派，合称“五家七宗”。禅宗的流播地区主要为江南一带，集中于广东、湖南、湖北、江西、浙江一带。禅宗在中国佛教各宗派中流传时间最长，影响甚广，在中国哲学思想及艺术思想上有着重要的影响。8世纪北宗传入朝鲜。南宋淳熙十四年（1187）临济宗黄龙派传入日本，宋末曹洞宗亦传入日本。

总体看，禅宗带有老庄化、玄学化的色彩，由于参禅者多，纷纷扰扰，往来憧憧，在祖徒、宾主间睹别问答之间，出现许多各逞机辩但意义不清的禅语。这些禅语，话语平朴，内容不一，有的富于哲理，启迪人生；有的妙趣横生，谐谑兼备；有的则语义晦涩，玩文字游戏。而将禅学作为哲学理论去认识，在主体方面，它强调即心即佛，提倡自我解脱，任心自运；在客体方面，它强调不离世间，提倡随缘放旷；在修行实践上，它提倡无念无往，反对一切固定机械的修行方法，以不修为修，为宋明理学、心学输入了新的血液。

---

① 成文于2010年2月3日，曾发表于2010年《今日缙云》。

佛教宣传佛法无边无量，能破除黑暗，化愚氓，给人以普照光明、悟彻智慧，犹如灯火相传，展转不息，所以叫传灯。记录禅宗传授的有南唐静、筠二僧的《祖堂集》，北宋道原的《景德传灯录》、李遵勖的《天圣广灯录》、惟白的《建中靖国续灯录》，南宋悟明的《联灯会要》、正受的《嘉泰普灯录》。宋绍定间杭州灵隐寺普济，将《景德传灯录》、《天圣广灯录》、《建中靖国续灯录》、《联灯会要》、《嘉泰普灯录》删繁就简，合为一书，总称《五灯会元》，共 20 卷。

缙云县位于浙江中部偏南的括苍山区，地处婺台处三府之交，山高谷深，有"八山一水一分田"之说。境内溪涧众多，风光旖旎雄伟：有好溪向东南到丽水入大溪，为瓯江支流，流向温州；有南源溪向北到永康入武义江，属钱塘江水系，流向婺州；有永安溪向东入仙居，灵江水系，流向台州，历来有地接三府，道通三江的"缙云通道"之称，故缙云虽属山区，但并不封闭，具有多元文化的特性。大家熟知的唐初智威，就是天台宗六祖；仙都山少康，是净土宗五祖。

栖真寺，位于溶江乡郑周村东北笠峰山巅，唐咸通二年(861)建，相传以名僧玄真留栖之地而得名。玄真，唐代僧人，《五灯会元·南岳下三世》载：

> 盐官安国师法嗣。洪州双岭玄真禅师，初问道悟："无神通菩萨为什么足迹难寻？"悟曰："同道者方知师。"师曰："和尚还知否？"悟曰："不知。"师曰："何故不知？"悟曰："去！你不识我语。"师后于盐官处，悟旨焉。

道悟(748—807)，唐代禅僧，婺州东阳(今属浙江)人，俗姓张，年二十五依杭州竹林寺大德具戒，历参诸禅师。德宗建中二年(781)，道悟住天皇寺，精修梵行，大弘禅宗，江陵尹右仆射、晚唐著名书家裴公等均皈依之。盐官安，唐杭州盐安海昌院僧人，亦称齐安，即南岳僧怀让三世门人。玄真，唐代僧人，当为南岳下四世。唐元和末(820)玄真到杭州盐安海昌院谒齐安，后在洪州(今江西南昌)双岭任主持，而留栖缙云县栖真寺，当为玄真晚年。

仙岩寺，缙云名刹，据明成化十八年(1482)《处州府志》载："在(缙云)县东五十步(吏隐山西麓孔庙之后)，唐大历元年(766)建。洪武初，以寺西地为城隍庙，今复为寺。"清乾隆十四年(1749)重建，民国二十四年(1935)寺舍纳入仙都中学。《五灯会元·青原下十三世》载：

> 广灵祖禅师，法嗣处州缙云仙岩怀义禅师，僧问："如何是佛？"师曰："自屈作么？"曰："如何是道？"师曰："你道了。"曰："向上更有事也无？"师曰："无。"曰："恁么则小出大遇也。"师曰："祇恐不恁么。"曰："也是。"师曰："却恁么去也。"

禅师，对僧侣的尊称。法嗣，禅宗称继承衣钵的弟子。佛，梵语 buddha 的音译，全称佛陀、佛驮、休屠、浮陀、浮屠、浮图、浮头、没驮、勃陀、馞陀、步他；意译觉者、知者、觉，觉悟真理者之意，亦即具足自觉、觉他、觉行圆满，如实知见一切法之性相、成就等正觉之大圣者，乃佛教修行之最高果位。用现代的话来说，是一个对宇宙人生彻底明白的人。道，是中国古代哲学的重要范畴，用以说明世界的本原、本体、规律或原理。在不同的哲学体系中，其含义有所不同。老子所说的“道”，是宇宙的本原和普遍规律；佛家所说的“道”，是“中道”，佛家的最高真理。所述道理，不堕极端，脱离二边，即为中道。佛家的道是中观的思想，中观思想涉及“中道”和“空”，“空”的思想似空非空，不能着空相求空。

广灵祖禅师为青原下十三世，疑为宋代处州僧人。仙岩怀义禅师，乃缙云僧人。据原缙云中学校长丁文瑞先生回忆：1968 年建缙云中学厕所时，曾挖出两口缸，缸内有僧人尸骨，有可能就是南宋高僧们圆寂的遗物，可惜丢弃了。

东海天台山[①]

一

天台山，在全国有多处，据《中国古今地名大辞典》载有六座：浙江天台县、陕西南郑县、陕西麟遊县、四川罗江县、四川广元市、广东新会县，均有以“天台”为名的山。另据陈桥驿《浙江古今地名词典》载，还有两处：一在永嘉县，二在龙泉市。

区别古代名山文化历史地位高低，首先应当分清定名时间先后，其次看蕴藏的文化丰富程度。天台山，出处见《山海经·大荒南经》：“大荒之中，有山名曰天台高山，海水入焉。”我们以此为标准，天台山应当位于我国南方的海滨，那就剩下浙江天台县、永嘉县和广东新会三处。

浙江天台县城北的天台山，绵亘浙江东海之滨，晋孙绰《游天台山赋》云：“天台山者，盖山岳之神秀者也。涉海则有方丈、蓬莱，登陆则有四明、天台，皆玄圣之所游化，灵仙之所窟宅。夫其峻极之状、嘉祥之美，穷山海之瑰富，尽人神之壮丽矣……赤城霞起以建标，瀑布飞流以界道。睹灵验而遂阻，忽乎吾之将行。仍羽人于丹丘，寻不死之福庭。苟台岭之可攀，亦何羡于层城？释域中之常恋，畅超然之高情。”意奇语新，绘景如画，为世之名作。南朝宋刘敬叔《异苑》曰：“天台山，遐远自非，忽生忘形，不能跻也。赤城阻其径，瀑布激其衢。石有莓苔之险，渊有不测之深。”古语云：“山不在高，有仙则名；水不在深，有龙则灵。”天台县天台山以佛道祖庭而闻名，古往今来的许多文人墨客、名士显宦为之倾倒，王羲之、谢灵运、李白、苏东坡、朱熹、陆游、赵孟頫、刘基、汤显祖、徐霞客、郁达夫、张大千、郭沫若等人都在此留下了足迹。而永嘉县的天台山，见于王叔果、王应辰《嘉靖永嘉县志·城江北诸山》中，仅为今楠溪江风景名胜区中一景。广东新会县北有天台山一处，西亦有天台山一处，旁有天台墟，它们和天台县天台山雄奇秀丽的自然景观和璀璨瑰丽的历史文化无法比拟，因此，天台县天台山是我国古代首座以“天台”一词命名的文化名山，故唐开元二年（714）状元孙逖《送杨法曹按括州》诗中才有“东海天台山”之称。

① 成文于2011年3月8日。

二

天台山的“台”字，音胎(tāi)，而其义不甚明。至于文字源头，见《楚辞·(宋玉)九辩》：“收恢台之孟夏兮。”朱熹《楚辞集注》云：“恢台，广大貌。”洪兴祖《楚辞补注》引黄庭坚云：“台，即胎也。”胎，怀在母体内的幼体。而当今汤炳正、李大明、李诚、熊良智《楚辞今注》认为：“恢台，当与‘恢拓’、‘挥斥’音近义同，意即开拓发展，此指夏日生长发展的气象。”银雀山战国竹简《尉缭子·一》(存缺——引者注)：“□□不杀□(天)台，不脍不成之财(材)。”影杰注：“读台为胎。”[①]此外，“台”字在古代通假为嗣，上海博物馆《越王大子予》：“于戌(越)台王旨亍大子不寿。”曹景炎《记新发现的越王不寿剑》中有：“读台为嗣。”如《尚书·舜典》：“舜让于德弗嗣。”[②]嗣，有接续、继承、子孙等意思。如果将“天”、“台”两字综合概括起来就有天母之义。“唯元造之胚始，肇磅礴于泰初。”两者结合起来，“天台”一名之义为上天之母，这是反映先秦时期人们对大自然神秘母系崇拜的文化产物。无独有偶，天台山北面的新昌县境有天姥山，天台山南面的缙云境内有大姥山，在更南还有福建的太姥山，它们都与天台之义相近。由此而推，天台山开发的历史可以上溯到二千四五百年前。

三

天台山，见葛洪《抱朴子·金丹》：

又按：《仙经》可以精思合作药者，有……大小天台山、四望山、盖竹山、括苍山，皆是正神在其山中。其中或有地仙之人，上皆生芝草，可以避大兵大难，不但于中可合药也。若有道者登之，则此山神必助之，为福药必成。……今中国名山不可得至，江东名山之可得往者，有霍山在晋安。长山、太白在东阳。四望山、大小天台山、盖竹山、括苍山并在会稽。

葛洪《神仙传》卷八亦载：

葛玄，字孝先，丹阳人也。生而秀颖，性识英明。经传子史，无不概览。年十

① 王辉：《古文字通假字典》，第16页。

② 王辉：《古文字通假字典》，第44页。

余俱失怙恃，忽叹曰：“天下有常不死之道，何不学焉。”因遁迹名山，参访异人，服饵芝术，从仙人左慈，受《九丹金液仙经》，勤奉斋科，感老君与太极真人降于天台山，授灵宝等经三十六卷。

《抱朴子·金丹》亦云：

昔左元放于天柱山中精思，而神人授之金丹仙经，会汉末乱，不遑合作，而避地来渡江东，志欲投名山以修斯道。余从祖仙公，又从元放受之。凡受《太清丹经》三卷及《九鼎丹经》一卷、《金液丹经》一卷。余师郑君者，则余从祖仙公之弟子也，又于从祖受之，而家贫无由买药。余亲事之，洒扫积久，乃于马迹山中立坛盟受之，并诸口诀之不书者。江东先无此书，此书出于左元放，元放以授余从祖，从祖以授郑君，郑君以授余，故他道士了无知者也。然余受之已二十余年矣，资无担石，无以为之，但有长叹耳。

徐来勒，字符和，得道上升为太极真人，总司水旱罪福之籍。汉光和二年(179)正月朔，相传在会稽上虞山奉太上老君敕，授经与王恩真等三人，又以《灵宝经》降授太极左仙葛玄三箓七品斋法，后治括苍山，中宫在天台山。左慈，字符放，庐江(今属安徽)人，善道术，曹操收为军吏。传操尝试闭之，令断谷一月，而颜色不变，气力自若。操以期有左道，欲杀之，遁去。在荆州，刘表为牧，以其惑众，又欲杀之，乃委表东去。汉光和年间(178—184)入吴国见孙策。策复欲杀之，及见孙权，权索知有道术，礼重之。葛玄(164—244)，字孝先，方士，丹阳句容(今属江苏)人，葛洪的从祖父。汉光和二年(179)入天台山拜左慈为师。故天台山得名来自汉末道士，它首先是道教名山。

四

天台的“台”字，又可读臺(tái)。宋陈彭年、丘雍《广韵》：“土来切。”《广雅·释诂一》：“臺，辈也。”清王念孙疏：“台与臺同义。”《诗经·大雅·行苇》：“黄耇台背”。“黄耇(gǒu，苟)”，长寿年老的称呼。“台背”的台，汉郑玄注：“台之言鲐也。”唐陆德明释文：“台，台背，大老也。”宋祁、郑戬《集韵》：“通作鲐。”同鲐背，亦为长寿年老的称呼。台与驼一声之转，疑即驼背。由此，梁陶弘景《真诰》云：“天台山高一万八千丈，周回八百里，山有八重，四面如一，当牛斗之分，以其上应台宿，光辅紫宸，故名天台，亦曰桐柏。”他在《登真隐诀》中又云：“大、小台(大小天台山)处五县中央(即余姚、临海、唐兴、句章、剡县也)。大小台乃桐柏山，六里乃至二石桥，先得小者。复行百余里，更得大者，在最高处采药人，仿佛见之，石屏虹梁，与画相似。又见玉堂金阙，望桥边有莲花状，大如车轮，其花恍惚不可熟见。大小台者，以石桥之大小为名。”唐徐灵府《天台山记》云：“州取山名，曰台州，县隶唐兴，即古始丰县也。肃宗上元二年(761)改为唐兴县。山去州一百四十八里，去县有一十八里，一头亚入沧海中，有金庭不死之乡，在桐柏之中，方圆可三十里，上常有黄云覆之。树则苏玡琳碧，泉则石髓金浆，《真诰》所谓金庭洞天，是桐柏真人之所治也。故《真诰》云：‘吴句曲之金陵，越桐柏之金庭，成真之灵墟，养神之福境。’”《名山福地记》云：“经丹水南行，有洞交会从中过，即赤城丹山之洞，上玉清平之天，周回三百里。”

五

对于佛教在天台，晋支遁《天台山铭序》曰：“余览《内经·山记》云：‘剡县东南有天台山。’‘往天台当由赤城山为道径。’”孙绰《游天台山赋》中有“故事绝于常篇，名标于奇纪”之句(唐李善《文选注》)。支遁(314—366)，字道林，世称支公，也称林公，别称支硎，本姓关，陈留(今河南开封)人，或说河东林虑(今河南林县)人，东晋高僧、佛学家、文学家。他25岁出家，初隐余杭山，曾居支硎山，后于剡县(今浙江嵊州)沃洲小岭立寺行道，僧众百余。晋哀帝时应诏进京，居东安寺讲道，三年后回剡而卒。他精通佛理，有诗文传世。

《内经》，古医书，目前可知由《素问》、《灵枢》两部分组成。《汉书·艺文志》：“《黄帝内经》十八卷，《外经》三十七卷；《扁鹊内经》九卷，《外经》十二卷；《白氏内经》三十八卷，《外经》三十六卷，《旁篇》二十五卷。”故称《内经》的共有三家，现只存《黄帝内经》。而《内经·山记》一篇，不可考。剡县，古县名，西汉置。旧传秦始皇东游，使人刷星子山南以泄王气，称剡坑，建县后乃以名县。因此，佛教传入天台当在东汉时期。

六

隋文帝(杨坚)开皇九年(589)二月，晋王杨广统率隋军平陈。缙云地归隋，在县以下置乡正、里长，五百家为乡，百家为里。永嘉郡，置处州，移治丽水，辖四县：括苍、平陈，置县，有缙云山、括苍山；永嘉，旧曰永宁；平陈，郡府县改名，有芙蓉山。临海，旧名章安，本为临海郡。平陈入括州，有赤山、天台山。时永康县省，入吴宁县(金华)，寻复置婺州。缙云北部地属婺州永康县，南部地属括州括苍县。开皇十年(590)时“刑法疏缓,世族凌驾寒门;平陈之乍,牧民者尽变更之,士民嗟怨。民间复讹言徒之入关,远近惊骇”。十一月,陈地豪民多起事,婺州人汪文进、会稽人高智慧皆举兵反,自称天子,署置百官。乐安(今仙居)蔡道人、永嘉沈孝澈等皆自称大都督,攻陷州县。隋文帝下诏越国公行军总管杨素率兵讨伐。

开皇十一年(591)会稽高智慧自号东扬州刺史,船舶千艘,屯据要害,兵甚劲。杨素进击,自旦至申,苦战而破。智慧逃入海。素蹑之,从余姚泛海去永嘉(今温州)。智慧来拒战,素击走之,擒获数千人。金华汪文进自称天子,据东阳,署其徒蔡道人为司空,守乐安。杨素进讨,悉平之。又破永嘉沈孝澈,于是步道向天台,指海海郡。前后百余战,智慧遁守闽越。史万岁,京兆杜陵人,沧州刺史史静之子。万岁少英武,善骑射,骁捷若飞,好读兵书。平齐时,其父战死,万岁以忠臣子称开府仪同三司,袭爵太平县公。江南陈地反,史万岁从杨素进讨。万岁率众两千,自东阳别道而进,逾岭越海,攻陷溪洞不可胜数。前后七百余战,斗转千余里,寂无声问者十旬,远近皆以万岁已没。万岁以水陆阻挠,信使不通,乃置书竹筒中,浮之于水。汲者得之,以言于素。素大悦,上奏。文帝杨坚嗟叹,赐其家钱十万,还拜左领军将军。泉州王国庆,杀刺史刘弘,据州为乱。杨素兵至,国庆弃州而走。杨素密致书国庆:“尔之罪状,计不容诛。唯有斩送智慧,可以塞责。”国庆于是执送智慧至隋营,斩于泉州,其余支党,悉来降附,江南大定。开皇十二年(592)废永嘉(今温州)、临海(今天台)二郡,改处州为括州,驻丽水,属吴州总管,辖括苍、永嘉、松阳、临海四县;改婺州为东阳郡。开皇十八年(598),太尉晋王于山下为先师创寺,因山为称,是曰天台。仁寿二年(602)晋王杨广下令延请释灌顶开讲法华。仁寿四年(604),杨广登基。大业元年(605)敕江阳名僧云:“昔为智者创寺,权因山称,今须立名,经论之内有何胜目,可各述所怀,朕自详择。”诸僧表两名,一云禅门,一云五净居,其表未奏,而僧使智璪启国清之瑞。大业三年(607)台州改永嘉郡(今温州),辖吴州府。

天台佛教历史远比道教晚,《北史·徐则传》和《隋书·徐则传》载:

徐则,东海郯人(今山东临沂)也。幼沉静,寡嗜欲。受业于周弘正,善三玄,精于议论,声擅都邑……杖策入缙云山(缙云仙都)。后学数百人,苦请教授,则谢而遣之。不娶妻,常服巾褐。陈太建时,应召来憩于至真观。期月,又辞入天台山,因绝谷养性,所资唯松水而已,虽隆冬沍寒,不服绵絮。

初在缙云山,太极真人徐(来勒)君降之曰:“汝年出八十,当为王者师,然后得道也。”晋王广镇扬州,知其名,手书传至括州(丽水)召之。则谓门人曰:“吾今年八十一,王来召我,徐君之旨,信而有征。”于是遂诣扬州。晋王将请受道法,则辞以时日不便。其后夕中,命侍者取香火,如平常朝礼之仪。至于五更而死,支体柔弱如生，停留数旬，颜色无变。晋王下书曰："天台真隐东海徐先生……草褐蒲衣，餐松饵术，栖隐灵岳，五十余年。卓矣仙才，飘然胜气……至此甫尔，未淹旬日，厌尘羽化，反真灵府。身体柔软，颜色不变，经方所谓尸解地仙者哉！"……霓裳羽盖，既且腾云，空椁余衣，讵藉坟垄！……送还天台定葬。是时自江都至于天台，在道多见则徒步，云得放还。至其旧居，取经书道法，分遗弟子，仍令净扫一房，曰："若有客至，宜延之于此。"然后跨石梁而去，不知所之。须臾，尸柩至，方知其灵化。时年八十二。晋王闻而益异之，赗物千段，遣画工图其状貌，令秘书监柳抃，为之撰赞。

晋王广就是杨广，后登基，即隋炀帝。开皇八年(588)，隋文帝杨坚调次子杨广镇守扬州，杨广为了夺得太子之位，勾结母后，制造假象，笼络人心。对晋王过分殷勤的政治手腕，徐则渐感厌恶，觉得此非明君，决定不传其道于世。这使道教在天台山两教争斗中处于劣势，而佛教传自天竺，广结善缘，来者不拒，又将其寺选在天台县邑北郊的华顶山山麓风景秀绝的幽谷之中，方后来居上，开宗佛宗祖庭。

灌顶《国清百录序》载：开皇十八年(598)，太尉晋王于山下为先师创寺，因山为称，是曰天台。仁寿二年(602)，晋王杨广《下令延请释灌顶开讲法华》曰：

夏序炎赫，道体休宜。禅悦资神，故多佳致。近令慧日道场庄论二师讲《净名经》，全用智者义疏，判释经文。禅师既是大师高足，法门委寄，今遣延屈，必希霈然。并《法华经疏》，随使入京也。伫迟来仪，书不尽意。

总之，天台山的"台"字，音胎，宋朱熹、洪兴祖、黄庭坚等云义为大母。而"天台"即上天之母，与天姥山、大姥山、太姥山义相近，这是先秦时期人们对大自然神秘母系崇拜的文化产物。后来，随着社会的发展，天台的"台"字，又可作臺。梁陶弘景《真诰》云："天台山高一万八千丈，周回八百里，山有八重，四面如一，当牛斗之分，以其上应台宿，光辅紫宸，故名天台。"

十、 文物研究

缙云黄龙山晋墓的龙纹砖与墓主[①]

2008年4—6月，缙云县黄龙山西麓发现西晋家族墓葬群，其中靠东第二座墓的墓主人地位最高，且墓室底部墓砖铺设十分考究，既是双层铺设，又是错缝砌筑成人字形。从墓葬群的规模和出土的相关器物来看，墓主人在当时拥有一定的社会地位和资产，属于上层人士。经现场挖掘清理，发现器物大多摆放在墓室与甬道之间。而其他墓室底部墓砖为单层结构设计，一字形铺设，非常简单，疑为墓主的仆从或家人。在五座古墓里，都发现了各种精美的器物和铜盏、银钗、陶灶、陶耳杯、陶香熏和青瓷盏，以及新天凤元年(14)铸制的钱币、金手镯、虎子和网格纹的青瓷碗，等等。此外，在勘探采集时，还发现了至今尚未查明其年代的鼎足、新石器时代人们用于削砸的有段石锛、唐代的玉璧足底碗和执壶。由古墓旁唐代器物的发现可以推断，此晋墓群可能在唐代被盗。

主墓之砖都有铭文："大康七八月十六日。"大康，"大"通"太"，就是太康，是晋武帝司马炎灭吴统一中国后的第一个年号。太康七年，即公元286年。至于"太康七八月十六日"，按照常理而推，自然就是太康七年八月十六日，这很可能就是墓主去世的日子。但让人很不解的是，这铭文中晋朝年号、月、日齐全，却唯独没有"年"字。笔者带着疑问，查阅陆心源《千甓亭古砖图释》中属太康年代的65款砖铭，发现它们都不缺"年"字，因此，黄龙山这处晋墓非比寻常，有些蹊跷。

缙云黄龙山地域，在西晋初年属会稽郡永康县地域。从太康七年(286)上溯七年(280)就是三国战乱时期。早在魏咸熙二年(265)十二月，司马懿之孙、司马昭嫡长子司马炎逼迫魏元帝曹奂禅让，即位称晋武帝，改元泰始。吴末帝孙皓迁都武昌，亦改甘露二年为宝鼎元年。宝鼎二年(267)

① 成文于2013年1月24日，曾发表于《丽水研究》2012年第3期、《丽水方志》2013年第2期。

十二月,吴末帝孙皓还都建业(南京)。晋泰始五年(269)、吴末帝孙皓建衡元年,晋尚书左仆射羊祜都督荆州诸军事,镇守襄阳。他操练士兵,增强军队的战斗力,同时经常与晋武帝商量盘算灭吴的大计,羊祜为晋灭吴做了大量的准备工作。晋咸宁四年(278)、吴末帝孙皓天纪二年,羊祜病逝,司马炎任命杜预为镇南大将军都督荆州诸军事,以继续羊祜未竟的大业。晋咸宁五年(279)、吴末帝孙皓天纪三年,杜预和王濬上表晋武帝请求发兵征讨吴国,朝廷中张华等主战派也努力排除贾充、荀勖等人异议,奉劝晋武帝发兵,司马炎同意了请求,任命张华为度支尚书,主持伐吴大计,掌管漕运粮饷,同时下诏伐吴。晋咸宁六年(280)、吴末帝孙皓天纪四年,三月,晋龙骧将军王濬自武昌直取建业,吴军望旗而降,王濬兵甲满江,旌旗遮天,威势甚盛。三月十五日,八万士兵组成的百里船队进入石头城(江苏南京北郊),吴末帝孙皓向王濬投降,至此,吴国灭亡,全国复归统一,结束了分裂长达半个多世纪的三国时代,晋武帝司马炎成为继秦皇、汉祖、光武帝之后第四位统一全国的皇帝。

最让人欣喜的是,在主墓之砖的砖脑上都有一幅 8.7 厘米×4.8 厘米的飞龙图:龙头昂首,两须清晰,五爪分明,屈曲飞腾,高贵典雅,风华绝伦。在封建社会中,龙是帝王的象征,修墓特制用砖时,敢于用上“龙”的图案,且形象十分高贵典雅,看来此墓之主非一般贵族,当属帝王之胄。查阅陆心源《千甓亭古砖图释》一书,其中收藏湖州乌程、武康和长兴各县汉、三国、晋、南朝及唐宋元墓砖 1000 余块,全都没有龙纹。而西晋太康初年,皇族只有一个司马氏族。

从此墓铭文竟敢无视司马天威,擅自将年号“太康”的“太”字少写一点作“大康”来看,绝非司马皇族们所为。虽然“大康”勉强可以通“太康”,因为“大”只是对“小”相对而言;而“太”表示最,“太康”写为“大康”,还是有贬低的意思。

此砖铭中又没有“年”字。年,甲骨文字形为上“禾”下“人”,是一人背负着成熟的禾的形象,表示收成;小篆字形则从禾、从千,千亦声。“禾”指五谷,没有“年”就是说没有吃的意思,更体现有明显的逆反倾向。

晋咸宁六年(280)三月,晋龙骧将军王濬自武昌直取建业,吴军望旗而降。十五日,吴末帝孙皓投降。孙吴政权虽然被消灭了,而江东世家豪族除了缴出东吴政权过去交给他们率领的一部分世袭兵以外,其他一点也没有变动,他们的家兵,也没有被收编或解散。当时做过帝皇之族的还有汉皇刘氏、魏王曹氏和东吴孙氏。黄龙山地域当时属永康县,为吴国区域,这里的皇族只有孙权后裔孙吴皇族。晋武帝司马炎对孙吴皇族以优相待。《三国志·吴末帝孙皓传》载:“壬申,王濬最先到,于是受皓之降,解缚焚榇,延请相见。伷以皓致印绶于己,遣使送皓。”皓举家西迁,以太康元年五月丁亥集于京邑。四月甲申,诏曰:“孙皓穷迫归降,前诏待之以不死,今皓垂至,意犹愍之,其赐号为归命侯。进给衣服车乘,田三十顷,岁给谷五千斛,钱五十万,绢五百匹,绵五百斤。皓太子瑾拜中郎,诸子为王者,拜郎中。五年,皓死于洛阳。”《吴录》曰：“皓以四年十二月死，时年四十二，葬河南县界。”

“太康”，对战败国亡遗存下来的孙吴皇族来说，是一个十分不愿提及而又无法回避的年号，用书其号去其年的方式，表达对新王朝的蔑视。龙纹墓砖很罕见，至近年才发现，如绍兴富盛晋惠帝司马衷元康三年(293)砖、2006 年 8—12 月间发掘的福建泉州南安丰州元嘉四年(427)和天监四年(512)砖等，但都比黄龙山龙纹砖晚，龙的形态也远逊于缙云黄龙山之龙。

对于孙吴王族在永康，《永康县志》记载：三国赤乌八年(245)，孙权母亲吴国太因病到乌伤县上浦乡进香，祈求“永葆安康”，进香后不久，吴国太病愈，孙权大喜，遂赐名为“永康”，并设置永康县。另外，永康民间还有一种传说是，吴国太患病后，孙权的一名部下跟当时乌伤名医赵炳认识，就将赵炳推荐给孙权。在赵炳的调理治疗下，孙权母亲的病慢慢好了起来。孙权大喜，遂赐名“永康”，并跟着母亲一起乘着马车，找到赵炳住的地方，但一打听，原来赵炳早已被章安县令杀掉了。为感谢赵炳的救命之恩，孙权封他为乌伤侯。

在中国古代帝王中，对“黄龙”这个神兽最早推崇的是孙权。黄武八年(229)夏四月，夏口、武昌并言黄龙、凤凰见，孙权即皇帝位，改元黄龙。清康熙十一年(1672)和二十年(1681)《缙云县志·形胜》均云：“苍岭峙其东，茭岭阻其西，桃花塞其南，黄龙控其北。”也许孙吴皇族中的一位王爷聚居永康县南部后，人们开始用“黄龙”一词作为山地名、村庄名(黄碧应村畈和城北一带统称黄龙)，以作纪念。

对于孙权后裔在永康，应宝容《永康姓氏志》说：“相传住于永康城西。”《梁书·陶弘景传》等载：孙游岳(399—489)，字玄达，东阳永康人，孙权裔孙。《茅山志》等道书称：永初元年(420)，孙游岳在缙云山拜南天师道创建者陆修静(简寂)为师，却粒，饵屑松与术，服谷仙丸。后居缙云四十七年不与世接。《缙云姓氏志》亦云，今丛桂孙氏即为孙权后人。

综上所述，黄龙山有龙纹砖的晋墓，建造的确切年代应当是晋武帝太康七年，即公元 286 年，墓主很大可能是孙吴皇族中的王爷、齐梁间缙云山著名道士孙游岳的先祖。黄龙山之名，也很可能源于三国孙吴时期。

弥足珍贵的《成化处州府志》①

地方志是全面记载某一时期、某一地域的自然、社会、政治、经济、文化等方面情况的书籍，是研究通史、断代史、专门史和地区史的重要参考书。丽水市古代《处州府志》的存世，以明成化二十年(1484)郭忠、刘宣纂修的最早，凡十八卷。台湾历史学家宋晞先生在《明成化处州府志纂修考》一文中介绍：国内收藏此志的只有三处，即北京图书馆、上海图书馆和宁波天一阁，但皆残缺不全。天一阁存卷一、二、五、六、九、十、十一、十二、十六、十七、十八；上海图书馆存卷三、四；北京图书馆藏卷三、四、七、八、九、十、十三、十四、十五、十六、十七、十八，共12卷，分装5册。其中北京图书馆的藏品抗战初期寄存于美国国会图书馆，现已运回台湾，由“国立中央图书馆”保存，此书善本图书现由台北故宫博物院保管。

早在1967年春，宋晞先生检阅山根幸夫所编《日本现存明代地方志目录》，发现日本旧上野图书馆藏有明成化《处州府志》。该馆藏书已归日本国会图书馆保存。这年夏，宋晞赴美出席第二十七届国际东方学者会议时，途经东京，托台湾历史学教授苏振申向日本国会图书馆申请摄成胶卷一份，携回参考，全书方得完整无缺。

《成化处州府志》以元皇庆元年(1312)达鲁花赤脱钵昭勇修《处州路志》为底本，再加以增损而成。《凡例》云：“志事分类，悉以礼部旧颁式，并《大明统一志》为准，遵王制也。微有不同，详略之间耳。仍以元皇庆旧志，参考互订，不尽取之者，著因革焉。”早在正统八年(1443)，浙江右布政使方廷玉命教授陈昇一加以修辑。唯“邦士仍皇庆书而修之，然缮写罕精，中多舛筱，间或颠末委曲，亦莫之详”。成化十八年(1482)郭忠知处州府事，慨然有修举废堕之志，乃开局就事，选拔云和教谕林涧、庆元教谕欧阳鹏汉、景宁教谕丁襄、丽水教谕黄珏、缙云儒士陶坡等，相与搜罗故实，黜削繁芜。以处州府儒学训导刘宣主其事，历时八月而书成，时成化二十年(1484)。

成化《处州府志》凡十八卷。卷一、二为本府志；卷三、四为《丽水县志》；卷五、六为《青田县志》；卷七、八为《缙云县志》；卷十三、十四为《龙泉县志》；卷十五为《庆元县志》；卷十六为《云和县志》；卷十七为《宣平县志》；卷十八为《景宁县志》。卷首除“处州重修郡志序”与夏寅之“重修处州府志序”外，有“目录”、“卷目”、“凡例”、“处州府修志事由”、“引用书目”、“处州府郡城图”、“处州府境总图”

① 成文于2012年11月18日，曾发表于《丽水方志》2013年第1期。

及“处州府历年表”等。

府志及其属县县志，以府境图或县境图冠其首，次为沿革、分野、疆域、形势、风俗、山川、城池、县治、坊巷、公署、学校、壇廊、塘堰、桥渡、养济院、漏泽园、土产、户口、贡赋、寺观、古迹、名宦、人物、灵异、祥瑞、灾及记载等项。其中土产一项，且列窑冶，如丽水县有碗碟窑二十八，龙泉县有盘碗窑八，即盛产瓷器之区；如青田、遂昌、龙泉、云和、景宁等县，有银坑、铁冶多处，即矿产较丰之地。

户口一项，府及其属县，皆列举户与口数，举出景泰三年(1452)、天顺六年(1462)、成化八年(1472)及成化十八年(1482)之户口数者，有处州府及丽水、缙云、遂昌、龙泉等县。其余如青田、松阳、庆元、云和、宣平、景宁等县，只列举成化八年与十八年之户口数。云和、宣平与景宁三县皆于明景泰三年始设置，云和、宣平分自丽水，景宁分自青田。但青田、松阳与庆元三县亦缺景泰三年与天顺六年之户口数。根据上述资料，可知明代的户口统计是十年一次的。

贡赋一项，列举各县之特产(贡品)，夏税、秋粮以及课程等。课程又分商税、茶课、酒醋课、窑冶课及房地赁课等。

人物一项，包括忠烈、孝义、科贡、仕宦、武功、隐逸、贞节与仙释等目。其中科贡一目对进士科自宋初至明成化甲辰(1484)，一一列举；举人与岁贡只列明朝。宋代除进士科外，且列出特奏名、上舍释褐、宗子取应、武举、童科等科。此志对宋代的科举人物能详细列举，根据卷首的引用书目，有《宋登科记》一书，可以找到答案。

记载一项，系收集府、县之历代诗文，列为一类，均以有关风教者为主。

成化《处州府志》的特色之一是，其内容除了府志，还包括十县志，分卷编列。在卷首《处州府修志事由》内，保留有宋、元两代所修地方志的名称及序言，如宋乾道六年(1170)曾贲《括苍志》，嘉泰二年(1202)陈百朋《括苍续志》，元皇庆元年(1312)吴海、梁载《处州路志》，以及宋嘉定二年(1209)林应辰、潘桧《龙泉志》，绍定五年(1232)王汉、程□(人名存疑——引者注)《青田志》，咸淳七年(1271)孙有益《缙云志》，元至大四年(1311)陈晟、吴莱《松阳志略》等，使后世研究处州方志之纂修历史者得益匪浅。再者，纂修此志时，引用书目多达84种，除正史外，以地理书为多，文集亦不少，均一一列举，足见纂修者治学态度的严谨。

成化《处州府志》弥足珍贵的是，保留了宋元以前历代府志的许多重要史料。后来到明万历七年(1579)初，何镗撰修《括苍汇纪》时，删略过甚，致使后修的《府志》和各县方志，因失传而不载。例如：

郡　名　括苍，因山而名。山在缙云县东七十里，又名苍岭。与台、婺为分界，其脉发自闽建，过景宁经龙泉历遂昌、宣平，至缙云而特起，松阳云和诸县皆在其盘□(存缺——引者注)之，内城一郡之领要也。郡城西一里又有小括苍山，亦云是山之止脉，郡因以名。

括州，以山多栝木为名，木柏叶松身。《绍兴括苍志》载：宋熙宁中进士赵璋得石刻于土中，乃唐肃宗上元二年(761)刺史任瑗妻《成纪县君李氏权厝文》有曰："权厝于栝州栝苍县丽水之原。其栝字皆从木。"考之隋唐史，括州及括苍县，又多从手，不能无疑。并书于此，以俟博识者正之。

缙云，缙，赤白色也。《旧志》云："昔尝有赤白云出于塘，故名。"及见《政和志》又云："古有缙云氏，盖以官名也。"

城　池　旧在今城东七里，人称为古城，即其地也。唐中和间，盗卢约窃据是州，而徙今地。周回十八里。约既被诛，时太守惮于迁徙，遂仍其旧。岁月浸久，颓圮湮没，旧址略存，半以为民居。至元二十七年，处州路总管斡勒好古，万户石抹良辅议欲修筑，因旧址之半，委丽水县尹韩国宝督役，东北掘地为池，因土为城，南以溪为池，壅堤为城，西就山为城，即溪为池，城垣周围九里三十步。高阔不等，城身长计一千五百八十六丈七尺。分军守焉，借以为固。

古　迹　缙云墟，处州为古缙云墟，上应牵牛之宿，下当少阳之位，黄帝炼丹于缙云之上。

括苍山　去(缙云)县东七十里，与台州府仙居县接壤，又名苍岭。道书《岳渎名山图记》载十大洞天名为成德隐真洞天，周回三百里，徐来勒真人所理，在台州。《云笈七签》亦云在处州，北海公涓子治之。《吴录》云："括苍山，登之俯视雷雨，高一万六千丈。"《通典》载"台州西南至括苍山足六十里"，以地理考之为苍岭无疑矣。

缙云县·山川　独峰，在县东二十三里，一名玉柱峰，一名丹峰，又名石笋，上有鼎湖。宋《乾道括苍志》云："黄帝铸鼎于荆山下既升天，后世因名为鼎湖。其地在今陕右，不应在越。而《史记》又谓黄帝披山通道，迁徙无常，以兵师为营卫，盖东游至于海，或者帝游幸所临故得名。固若谓炼丹上升之地，恐不然。"

缙云县·题咏　宋梁椅《缙云县儒学记》、陶耕《知县苏公祈雨记》、元范霖《佑圣观记》和宋吴俊、王琮、马愈、胡权、朱熙载；元黄存斋、吕肃、范天碧、叶文范、周辰、盛华、何泰、王称；明易英、潘伯济、王友彦、周芝、黄评、李宗梁、樊公伦、陈椿、桑瑾、李资澜、徐灿等的诗篇。

此外，此志引用宋代有关书籍几占四分之一，如《宋元纲目》、《宋鉴长编》、《编年备要》、《太平寰宇记》、《元丰九域志》、《方舆胜览》、《宋登科记》、《欧阳文忠公集》、《言行录》、《王荆公临川集》、《记纂渊海》、《山堂考索》、《文献通考》、《玉海文集》、《道园学士录》、《梅溪文集》、《叶水心文集》、《宋名贤诸公诗》等。上述诸书今日固大多均可见到，但如《宋登科记》即不易见。

令人欣慰的是，丽水市档案局在 20 世纪末投资数万元将全志复印，又添置投影设备，便于读者查阅。明成化《处州府志》，乃我丽水市珍宝也。

十一、 李阳冰集

李阳冰

苏 文画

李阳冰的生平和书法艺术[①]

（代序）

李阳冰，唐代古文字学家和书法家。他擅长篆书，仿李斯，变化开合，独创一格，人称“笔虎”，其刊定《说文》三十卷，自为新说。宋代大文学家苏轼评曰：“峄山笔法典型在，千载笔法阳冰。”[②]

一

对于李阳冰的家世生平，与他同时代的著名书法评论家窦臮《述书赋》中载：

通家业世，赵郡李君。《峄山》并骛，宣父同群。洞于字学，古今通文。家传孝义，气感风云。

其兄窦蒙的《述书赋注》中说得更具体：

李阳冰，赵郡人。父雍门，湖城令。家世住云阳，承白门作尉。冰兄弟五人，皆负词学，工于小篆……识者谓之仓颉后身。弟澥，澥子腾。冰子均，并词场高第。幼子曰广，勤学孝义，以通家之故，皆同子弟也。

赵郡，春秋属晋，为鄗邑，战国属赵，秦为邯郸、钜鹿两郡地。西晋永嘉二年（308），国号汉，赵郡归刘氏，治所平棘；石勒据襄国（邢台），称后赵。后赵光初九年（326）置赵郡，治所（高邑县西南）辖平棘；慕容儁建前燕，赵郡又属慕容氏；苻坚灭燕建前秦，建元十八年（382）赵郡为符氏所有；慕容垂建后燕，建兴十年（395）赵郡复归慕容氏；慕容垂之子慕容宝立，拓跋珪夺并州（太原），围中山，取常山诸郡，赵郡治所移平棘，遂归北魏，始设赵郡。北魏孝昌二年（526）设殷州，治所广阿（隆尧城东），赵郡归殷州所辖。永安二年（529）复置宋子县，归巨鹿郡。永熙三年（534）分为东魏、西魏，赵郡属东魏，仍归殷州辖。北齐天保二年（551），改殷州为赵州，赵州名始于此，州治初在广阿，后移平棘。隋开皇元年（581），改赵州为赵郡。开皇三年（583）罢赵郡为赵州，平棘县改隶赵州。开皇十六年

① 成文于2009年3月12日。

② 苏轼《孙莘老求墨妙序》诗。见王文诰辑注《苏轼诗集》卷八，中华书局1982年版，第372页。

(596)在平棘县置栾州,辖平棘、宋子二县。大业二年(606)废栾州,平棘、宋子二县改隶赵州,治所平棘。大业三年(607)宋子县并入平棘县,同时罢赵州为赵郡。

唐武德初(618)又改赵郡为赵州,治所柏乡。武德四年(621)州治所迁平棘。武德五年(622)赵州改名栾州,辖平棘县。贞观初(627)栾州复名赵州,治所平棘,属河北道。中唐属成德节度使所辖,天宝初(742)改赵州为赵郡。

赵郡,是李氏陇西和赵郡两大族群的发祥地。相传李耳八世孙、秦司徒赵柏人侯李昙(李兴族子),生崇、辨、昭、玑四子,其中李崇为陇西太守,后推为陇西房始祖。李玑之子李牧始居赵郡,推其父为赵郡房始祖,后至二十二世李晃,因居赵郡巷南,后被称赵郡李氏南祖,至二十六世李真,与陇西祖李暠同辈,又至三十四世为李阳冰,因此,李阳冰为赵郡南祖房李晃十二世孙,亦为李真的八世孙。

家世,就是家庭的世业和门阀(祖先建立功勋者之家世)。家世住云阳,就是李阳冰一家几代在云阳建立功勋,也就是说李阳冰一家从赵州祖居地迁出,居住在云阳已经好几代了。因此,赵郡准确地说应是李阳冰的祖居地或郡望,云阳才是他的出生地。云阳,古县有二:一为四川云阳,二为陕西云阳。四川云阳,即汉朐忍县,元至元二十年(1283)置州,明洪武六年(1373)改州为县,显然与李阳冰无关。陕西云阳,就是唐代京兆府云阳县,今陕西淳化县西北。至于李澥,穆员《刑部郎中李府君墓志铭》云:

府君讳澥,字坚冰,京原宗派。……曾祖行敷,皇朝曹州离狐县主簿。祖怀一,左千牛,并州晋阳县尉。父雍问,虢州湖城县令。

这"京原宗派",与"京兆云阳"同义,且两者相校,除了李阳冰父亲"雍门"写成"雍问"的抄写之误外,基本一致。通家,谓世代有婚姻交谊之家。李、窦两姓有通家之谊,上述所记应当大体可信。而宋欧阳修《新唐书·宰相世系表上》中载:

李阳冰,属赵郡李氏,曾祖行敦,离狐主簿。祖怀一,晋阳尉。父雍门,湖城令。长兄湜,仲兄澥,字坚冰,刑部侍郎。阳冰,将作少监。李湜子埙,三原令。李澥子腾,隰州刺史。李阳冰子服之。

这里李阳冰曾祖"行敷"作"行敦",兄弟五人为三人,李澥由弟变兄,刑部郎中为刑部侍郎,李阳冰的儿子均、广,成为服之一人。李服之有据可查。唐韩愈《科斗书后记》云:"贞元中,愈事董丞相幕府于汴州,识开封令服之者阳冰子。"《宰相世系表》是由吕夏卿从《元和姓纂》、唐人文集和一些氏族谱牒作补充编集而成。这些古籍文献记载上的差别,一方面反映了古籍流传过程中的抄刻之误,另一方面也体现了氏族发展过程中的真实变化。窦蒙《述书赋注》成于大历十年(775),此时李阳冰还住在缙云吏隐山。兄弟五人变成三人,很可能是其中两个小弟夭折了。因此,《宋史·宰相世系表》是对唐窦蒙、窦臮兄弟《述书赋》一书的更正。

二

对于李阳冰的生年，舒元舆《玉箸篆志》载："阳冰生皇唐开元天子时。"舒元舆(789—835)，婺州东阳人，元和八年(813)进士，官御史中丞兼判刑部侍郎。东阳，缙云近邻。作为文人，对名家李阳冰的基本情况的记述，应该不会有错。"开元"，公元713—741年。穆员《刑部郎中李(澥)府君墓志铭》云："春秋四十有三……上元元年秋八月十三日构疾，终扬州官舍之次。"自此逆计，澥当生于开元五年(717)。《宋史·宰相世系表》载，澥是李阳冰的二兄，则李阳冰必生其后。

宋姚铉《唐文粹》收有李阳冰《上李大夫论古篆书》一文，其中有"唐皇圣运，逮兹八叶……阳冰年垂五十"云云。唐皇八叶，当自高祖李渊以下的太宗、高宗、中宗、则天、睿宗、玄宗、肃宗八代君主。然有唐一代多弃则天女皇，如张谓大历初所作《长沙土风碑铭》，其记"巨唐八叶"者，含代宗而无武后。若是，李阳冰此文当作于唐代宗时期。

《旧唐书·职官》："大夫、中丞之职，掌持邦国刑宪典章，以肃正朝廷，中丞为之二。凡天下之人，有称冤者，与三司讯之。凡中外百僚之事，应弹劾者，御史言于大夫，大事则方幅奏弹之，小事则署名而已。若有制使复囚徒，则与刑部尚书参择之。"李大夫，周祖谟《问学集》中断为浙江东道节度使李峘。《旧唐书·李峘传》云：

> 太宗第三子吴王恪之孙。……峘志行修立……乾元初兼御史大夫，持节都统淮南、江南、江西节度宣慰观察处置等使。二年以宋州刺史刘展握兵河南有异志，乃阳拜展淮南节度使而密诏扬州长史邓景山，与峘图之。时展徒党方强既受诏，即以兵渡淮景山。峘拒之寿春，为展所败，峘走渡江保丹阳，坐贬袁州司马。宝应二年病卒于贬所。

《资治通鉴》载：乾元元年，十二月甲辰，"置浙江东道节度使，领越、睦、衢、婺、台、明、处、温八州，治越州，以户部尚书李峘为之，兼淮南节度使"。李峘，乾元元年(758)十二月甲辰由户部尚书出任浙江东道节度使，次年(759)在寿春被宋州刺史打败，随后遭贬袁州司马。他担任浙江东道节度之职的时间，不到一年，均属肃宗时期，与"巨唐八叶"不符。此外，乾元元年李阳冰为处州缙云县令，与文中所载自己"家无宿舂之储，出无代步之乘"也不合，故周祖谟《问学集》中所断不确，李大夫不是李峘。

朱关田《李阳冰散考》中指出:《上李大夫论古篆书》,一名《上探访李大夫论古篆书》。探访即观察使,据吴廷燮《唐方镇年表·京畿》记,仅李栖筠、李涵二人。文中称"衔命北阙,抚宁南方"云云,据史书所载,李栖筠虽有"抚宁南方"之功,而无"衔命北阙"之任。而对李涵,《旧唐书·李涵传》载:

宝应元年,初平河朔,代宗以涵忠谨恪闻,迁左庶子兼御史中丞、河北宣慰使。十一年来朝,拜御史大夫。京畿观察使李栖筠殁,代之。大历六年任苏州刺史兼御史大夫。

故知,李涵任苏州刺史兼御史大夫,是唐代宗大历六年至十一年(771—776)。"垂",将近。李阳冰《上李大夫论古篆书》中称"年垂五十",就是靠近五十。以四十九岁推算,李阳冰当生于唐玄宗开元十年,即公元722年,小李澥五岁。

《述书赋》是我国书法发展史上一部重要著作,流传至今有唐元和年间张彦远的《法书要录》本、《津逮秘书》本、《四库全书》本和嘉靖乙酉刻本。朱关田《唐代书法考评》引用最可靠的张彦远《法书要录》本,推断李阳冰生于唐玄宗开元九、十年间,是严谨科学的。黄宾虹、邓实《美术丛书》收录的《述书赋》中,却无"弟澥"二字。今人马季戈先生《李阳冰》一书中,断为生于开元初年(713),用晚出的一种版本作依据,推翻先前的结论,证据偏软,难以服人。

三

唐代选仕,一是科举(分科取人,分进士科、明经科),二是门荫,三流外入流,四行伍和入幕。铨选,量才授官,属流内铨,可称词学入仕。凡通过礼部考试、具有出身而又通过吏部选试的人,所授官职级别,一般在八、九品之间。李阳冰是当世名士萧颖士的学生,对他一生的仕途,《全唐文》中载有《对元日悬象税千亩竹判》一文,历来被认为是对李阳冰参加吏部铨选时所做的判案。

窦蒙《述书赋注》云:李阳冰"承白门作尉"。尉,就是县尉,为九品上阶。武德七年(624)由法曹改称县尉,唐高宗时为品官,由吏部选授。李白《献从叔当涂宰阳冰》云:"弱冠燕赵来,贤彦多逢迎。"弱冠,古时男子二十成人,初加冠,体还未壮,故称弱冠。就是说李阳冰在天宝元年(742)二十岁时,离开北方到南方做官白门尉。白门,即金陵。唐时金陵为江宁县,高宗上元二年(674)后改为上元县,白门尉正式名称是上元县尉。

唐代官员一般四年一任,因此李阳冰调出上元县的时间,大约在天宝五年以后。缙云县属括苍山区，县邑内有吏隐山一座。宋欧阳棐《集古录目》卷七有《唐吏隐山记》，此条下记曰："凡数百字，虽首尾不完，文字缺灭，而历历可读。其间多述山水景物，其最后曰'名之曰吏隐山'，又曰'时唐百二十九载'。以岁次推之，则天宝五载也。"此《唐吏隐山记》摩崖，在吏隐山巅坐东向西的山岩上，十分模糊。2008 年 12 月，缙云县篆书专家周礼芦先生辨识有"吏、隐、新、尉"等字。篆书的风格，与现存李阳冰《城隍庙碑》、《倪翁洞》摩崖、《黄帝祠宇碑》的篆书基本一致。如果所认不误的话，唐天宝五年(746)，李阳冰就已在缙云新任县尉。

宋董逌《广川书跋》云："颜泉记，李阳冰尝为淄川尉。"淄川，即今山东淄博市南。如果仍以四年推测，李阳冰调出缙云改任淄川尉时，可能是天宝八年(749)了。又六年后的天宝十四年(755)李阳冰 34 岁，淄川县尉任满。十一月，安禄山以讨杨国忠为名，反于范阳(今北京一带)，南下，陷河北诸郡，十二月陷洛阳。平原(今山东德州)太守颜真卿、常山(今山西浑原)太守颜杲卿起兵讨贼，河北诸郡响应。淄川离德州不远，战争将官员升调制度打破了，一般中低级官员若无新职亦有守土之责，李阳冰可能还在鲁北一带服务，他和颜真卿的认识当在此期。

《缙云城隍庙记》载：乾元二年(759)李阳冰为缙云县令。上元二年(761)李阳冰已官当涂县令。岁暮，六十一岁的大诗人李白赴当涂，会县令李阳冰，即留当涂养病。李白有《当涂李宰君画赞》、《献从叔当涂宰阳冰》、《陪族叔当涂宰游化城寺升公清风亭》等诗赠李阳冰。宝应元年(762)李白在李阳冰处养病。暮春，李白脓胸症慢性化，向胸壁穿孔，成为"腐胁疾"。十一月，李白卒于当涂，死前以诗稿付李阳冰，嘱为编次。乙酉，李阳冰作《草堂集序》，即挂冠退隐。次年(763)正月，史朝义自杀，安史之乱结束。十月，吐蕃陷长安，代宗逃往陕州。十一月，郭子仪入长安。十二月，代宗还长安，从此进入战后修复创伤时期。

黄本骥《颜鲁公集·逸诗存目》中记有《岘山送李法曹阳冰西山献书》。在一起赋诗的还有诗人皎然，他也有《同颜使君真卿岘山送李法曹阳冰西山献书时会有诏征还京》诗。京兆府，历称西京、上都，其官员皆同京官待遇。法曹参军，亦称法曹参军事，唐置三京府中三邮驿科程事，七品。对李阳冰出山的文献记载，宋欧阳棐《集古录目》中有《唐刺史裴敬碣》，题集贤院学士李阳冰篆额；《宝刻丛编·复斋碑录》云："大历八年(773)立。"这是李阳冰入朝为官的最早记载。集贤院学士，亦称集贤殿学士，唐开元十三年(725)置，以五品以上官为之，掌刊辑经籍。建中二年(781)《王密德政碑》李阳冰署为国子丞。国子丞，即国子监丞，唐代中央教育机关属官，《元鲁山墓碣》署为京兆府户曹参军。兴元元年(784)《咸宜公主碑》署为将作小监集贤院学士。宋《新唐书·宰相世系表》和《宣和书谱》均云："唐李阳冰，字少温，赵郡人。官至将作少监。"将作监，掌两京宫室、宗庙、城郭、诸台省寺廨宇、楼台、桥道营作之事。佐官少监，正五品。

四

吾家有季父，杰出圣代英。虽无三台位，不借四豪名。
激昂风云气，终协龙虎精。弱冠燕赵来，贤彦多逢迎。
鲁连善谈笑，季布折公卿。遥知礼数绝，常恐不合并。
惕想结宵梦，素心久已冥。顾斩青云器，谬奉玉樽倾。
山阳五百年，绿竹忽再荣。高歌振林木，大笑喧雷霆。
落笔惊篆文，崩云使人惊。吐辞又炳焕，五色罗华星。
秀句满江国，高才掞天庭。宰邑艰难时，浮云空古城。
居人若薙草，扫地无纤茎。惠泽及飞走，农夫尽归耕。
广汉水万里，长流玉琴声。雅颂播吴越，还如太阶平。

这是唐肃宗上元二年(761)大诗人李白到当涂县后，在《献从叔当涂宰阳冰》诗中热情赞许李阳冰身世、人品、志趣、才华和政绩的诗句。同期，在《当涂李宰君画赞》也有精彩的表达：

天垂元精，岳降粹灵。应期命世，大贤乃生。吐奇献策，敷闻王庭。
帝用休之，扬光泰清。滥觞百里，涵量八溟。缙云飞声，当涂政成。
雅颂一变，江山再荣。举邑忭舞，式图丹青。眉秀华盖，目朗明星。
鹤矫阆风，麟腾玉京。若揭日月，昭然运行。穷人阐化，永世作程。

此外，在诗《陪族叔当涂宰游化城寺升公清风亭》中还有“季父拥鸣琴，德声布云雷”的句子。李白称李阳冰为“季父”，崔浩云“伯、仲、叔、季，兄弟之次，故叔云叔父、季云季父”，季父即父之幼弟。“族叔”，又称从叔，父亲的从父兄弟，年幼于父者，因此，李阳冰比李白高一辈，故为从叔。

对于李阳冰、李白的辈分，郭沫若在著名的《李白与杜甫》一书中断为：李阳冰《草堂集序》中称李白是“凉武昭王暠九世孙”，《新唐书·宰相世系表》载李阳冰是赵郡南祖房李真八世孙。李真低李暠一辈，论理李白与李阳冰同辈。但李白称李阳冰为从叔，如果有误的话，李阳冰应该拨正，何况届时李白已年过六旬，而李阳冰仅四十多岁，不是叔而被称叔的一方肯定不会心安理得地接受。李阳冰不仅欣然地接受了李白对自己的称谓，而且还将这几首诗编进《草堂集》中，此事发生在距今一千两百多年以前，双方当事人没有一方出来否定，我们为什么要将其否定呢？

李白到当涂依李阳冰，《新唐书·李白传》载“李阳冰为当涂令，白依之”。李白《献从叔当涂宰阳冰》云：

小子别金陵，来时白下亭。群凤怜客鸟，差池相哀鸣。
各拔五色毛，意重太山轻。赠微所费广，斗水浇长鲸。
弹剑歌苦寒，严风起前楹。月衔天门晓，霜降牛渚清。
长叹即归路，临川空屏营。

照这诗看来，分明是在冬天由金陵去当涂访问阳冰。因为在金陵靠着朋友的周济并不能维持生活，所以来到当涂求靠。但他开始没有说出来意；已经告别了，在船上写出这诗来奉献，才迫不得已说出自己的窘迫。李阳冰看了诗，“公，遐不弃我，扁舟而相欢。临当挂冠，公又疾亟”，毅然把他挽留下来了，这表明李白在此之前对李阳冰原来并不认识。李白是闻名天下的大诗人，到当涂后，李阳冰作为地方官之责，热情周到地接待了他。他们的叔侄关系是通过双方交谈后才确认的。李阳冰《草堂集序》云：“阳冰试弦歌于当涂，心非所好，公遐不弃我，乘扁舟而相顾。临当挂冠，公又疾亟，草稿万卷，手集未修，枕上授简，俾于为序。”大历之世，文士荟萃，大诗人李白临终“枕上授简，俾于为序”。唐代重文，自然会相应地提高李阳冰在当世文坛中的地位。

五

李唐王朝建立以后，感儒学多门，章句繁杂，加之南北经学的不同对科举取士有许多不便，为了统一经义，于是诏国子祭酒孔颖达撰定五经义疏，名曰《五经正义》，于高宗永徽四年颁行全国。所谓“正义”，正前人义疏，就是对前代繁杂的经说来一番统一整理，编出一套统一的经书注释作为标准，其特点是“宁道孔圣误，不言服郑非”。而到中唐的开元、天宝、大历时期，整个学术思想上已发生了变革的势头，称大历学术。首先是古文学的兴起：“匄叔佐善《春秋》，考三家短长，缝绽漏阙，号《集传》，赵匡、陆质传之，遂名异儒。大历时，助、质、匡以《春秋》，施士匄以《诗》……皆自名其学”、“唐有天下几百载，而文章三振。初则广汉陈子昂以风雅革浮侈，次则燕国公张说以宏茂广波澜。天宝以还，则李员外（华）、萧功曹（颖士）、贾常侍（至）、独孤常州（及）比肩而作，故其道亦炽。”故萧颖士是大历学术界的领袖人物。

韩愈《萧颖士传》云：“卢异、贾邕、赵匡、柳並皆执弟子礼，以次受业，号萧夫子。”《唐书・萧颖士传》载：“颖士乐闻人善，以推引后进为己任。如李阳冰、李纾卿、皇甫冉、陆渭等数十人，由奖目皆为名士，天下推知人。”他们的学风是摆脱旧说，直探经义，卑鄙训诂，自名其学。作为萧颖士的得意门生，李阳冰自然加入了这个变革行列。宋朱长文《续书断》云："初，绛州碧落尊像之背，有篆文极奇古，阳冰见之，叹美服膺，寝食其下，不得影响，大热中以权权之。"由于他有扎实的古文字学功底，谦虚好学，不怕辛劳，加上对艺术的领悟和理解，终于改变秦篆的体格，而形成自己的篆书风格。

李幼卿《庶子泉铭》（李阳冰书）中云："贤哉官相，牧此滁上。政成务简，心闲迹放。探幽近郭，选奇垒嶂。疏石导泉，飞流泻涨。蓄泄潭洞，嵌空演漾。澄注悬瀑，千名万状。能谐吏隐，吻合意匠。退食自公，尔和子唱。遗检捨局，体逸神王。勒铭层崖，来者斯尚。""庶子"，官名，掌皇族庶子的教养、训诫等事。唐改左右春坊，分别以左右庶子为主官。独孤及《琅琊溪述序》云：

陇西李幼卿，字长夫，以右庶子领滁州，而滁人饥者粒，流者占，乃至无讼以听，故居多暇日，常寄傲此山中，因凿石引泉，酾其流从为溪。……故长夫名溪曰琅琊，他日赋八题，题于岩石，及亦状而述之，是岁大历六年岁次辛亥春三月丙午。

故庶子指李幼卿，而吏隐乃山名，清光绪《缙云县志》卷二载："在县治东。明薛应旂《缙云诸山志》：'在县东北五十步。一名洼尊山。唐县令李阳冰秩满，尝游于此，筑忘归台，石壁间刻吏隐山三字，阳冰所书也。'阳冰又刻《洼尊铭》、《忘归台记》，已佚。"今吏隐山岩石上，尚留有几幅楷、篆书摩崖石刻遗迹。经千年风雨剥蚀，大多已难辨笔画。此《吏隐山记》摩崖之右，还有篆书题刻一处，为"李阳冰铭辛亥年"等残字。所谓"辛亥"，从李阳冰所生的年代推测，当是大历六年。朱关田《唐代书法考评·李阳冰散考》云："大历六年李阳冰偕滁州牧幼卿游于吏隐，其'退食自公'、清贫如此，正合'家无宿舂'、'出无代步'之说。"这也表明李阳冰在调离缙云县后，在大历年间曾回缙云县吏隐山中隐居。如前所述，大历六年正月李涵任官苏州刺史兼御史大夫，充浙江西道都团练等职。"仓颉后身"、"年垂五十"的李阳冰给李涵《上李大夫论古篆书》一文向上级自荐，这很有可能与右庶子滁州刺史李幼卿出面斡旋有关。

《忘归台铭》铭文为："迭嶂回抱，中心翠微，隔山见川、沟塍如棋。环溪石林，春迷四时。曲成吏隐，可以忘归。"惜此铭已失传。山中还有"□湜题"（存缺——引者注）的楷书摩崖一幅，有可能指的就是李阳冰长兄李湜，另外，其中也有"吏隐"、"忘归台"、"窪尊"等字。窪尊，唐开元中湖州别驾李适之登湖州岘山，以山上有石窦如酒樽，可注斗酒，因建亭名曰窪樽。约大历初年（766），李阳冰在处州缙云县吏隐山中隐居期间，仿此在向阳处凿酒樽形的石窟，名曰"窪尊"。

据《文苑英华》、《括苍汇纪》等记载，《窪尊铭》铭文为："举瓢自挹，既挹曰再，方饮曰举，饮卒曰罄，不再有觥。"处州缙云县邑中吏隐山虽然"去国万里"，且自己常常“家无宿舂之储，出无代步之乘”，为了得到朝中权臣的支持，实现自己光大篆书的目的，不惜“长埋于古学”，哪怕“暗烛之下”、“霜深笔冷”也不松懈，自云：

常痛孔壁遗文，汲冢旧简，年代浸远，谬误滋多。蔡中郎以丰豐同豊，李丞相将束为宋。鱼鲁一惑，泾渭同流。学者相承，靡所迁复。每一念至，未尝不废食雪泣，揽笔长叹焉。天将未丧斯文也，故小子得篆籀之宗旨，唐皇圣运，逮兹八叶。天生克复之主，人乐维新之今；以淳古为务，以文明为礼；钦若典谟，畴兹故实。诚愿刻石作篆，备书六经，立于明堂，为不刊之典，号曰大唐石经。使百代之后，无所损益，仰明朝之洪烈，法高代之盛事，死无恨矣。

《集古录目》中有《说文字源》，唐义成军节度使贾耽撰序，前扬州府曹参军徐琇书，秘书少监李阳冰重修汉许慎《说文字源》，从子检校祠部员外郎腾篆，凡五百四十字，贞元五年(789)十月立碑。前蜀林罕《林氏小说》云：“唐将作少监李阳冰就许氏说文，复加刊正，作三十卷，今之所行者是也。”后到宋初，徐铉《校说文》以为：

唐大历中李阳冰篆迹殊绝，独冠古今。自云“斯翁之后，直至小生”，斯言为不妄矣。于是刊定说文，修改笔法。学者师慕，篆籀中兴。然颇排斥许氏，自为臆说。夫以师心之见，破先儒之祖述，岂圣人之意乎？今之为字学者，亦多从阳冰新义，所谓贵耳贱目耳。

徐铉之兄徐锴也在《说文解字系传·袪妄篇》(存缺——引者注)中曰：

说文之学久矣，其说有不可得而详者，通识君子所宜详而论之。楚夏殊音，方俗异语，六书之内，形声居多。其会意之字，学者不了，鄙近传写，多妄加声字，笃论之士所宜□括；而李阳冰随而讥之，以为己力，不亦诬乎？

二徐在奉旨修撰《说文》时，将李阳冰用一生心血写成的《刊定说文》一书全部销毁。但对李阳冰在文字学上的贡献，学术界并没有否定，宋内府《宣和书谱》中说：

李阳冰……推原字学，作《笔法论》，以别其点划。又尝立说，谓于天地山川得其方圆流峙之形，于日月星辰得经纬昭回之度；近取诸身，远取万类，幽至于鬼神情状，细至于喜怒之舒惨，莫不毕载。后人不足以明此，于是误谬滋多，义理扫地。虽李斯之博雅，以“束”为“宋”；蔡邕之知书，以“豊”作“豐”。故孔壁之余文，汲冢之旧简，所存无几，幸天未丧之斯文，宗旨在己。其自许慎至是，作《刊定说文》三十卷，以纪其学，人指以为仓颉后身。……阳冰之后，诸儒笺述甚众，附益反切，互有异同。

东汉许慎《说文》一书，共540部、9353字。李阳冰真正作了新义，徐铉确定为“祛妄”的有52个字，占总字数的5.5‰。二徐的作为实有颇失公允之处。历史上和李阳冰有相同学术遭遇的人是唐宋八大家之一的王安石。王安石研究学问的方法，与程朱陆等不同。他注意到文字学，著《字说》二十二卷，就是根据许慎的《说文》而作。此书后被人毁掉。其解字法有四，即形、声、义、位，与现在研究文字学的方法差不多。

蒙文通先生说：“唐代中叶，虽然在学术上发生了一次革新运动，无论在经学、文学、史学、哲学各方面都发生了反对旧传统的新学术，而为宋代一切学术的先河。”[①]我国著名的文字学家唐兰在《古文字学导论》中指出，其中，像“木，象木之形，木者五行之一，岂取象于卉乎？”“日，古人正圜象日形，其中一点像乌，非口一，盖篆籀方其外，引其点尔。”不能说是诬妄，李阳冰却是对的，二徐对于形声相从的条例不很清楚。蒙先生很客观地说：

李氏是许慎的后继，二徐的前驱，那时传写《说文》者，皆非真人，错乱遗脱，不可尽究。他由篆书家来刊定修正，于是《说文》学的复兴，不无功绩。所以在宋以前很流行，但二徐都反对他。……小徐作《说文系传》、《说文韵谱》，大徐和句中止等校定《说文》，都有功于《说文》之学。二徐攻击李阳冰，但他们对于形声相从的条例不很清楚，所以错误、谬妄也不少……这一时期是文字学的中兴时期，李阳冰、徐铉、徐锴三人整理《说文》的功绩，在文字学史上是永远不会被人忘记的。

六

篆书，是对大篆和小篆的通称。大篆，指甲骨文、金文、籀文和春秋战国时使用的六国文字。秦统一中国后实行“书同文”，宰相李斯以籀文为基础，加以简化而成的通行文字为小篆，亦称秦篆。汉代，由小篆演变的隶书开始通行，再往后更为简化方便的楷书逐渐推广，篆书变成古体字，进入衰微的时期，不再是老百姓日常使用的文字。但当时又以篆书为郑重、庄严的社会风尚，凡碑铭、墓额或盖和公私印章上，均采用篆书。

对于李阳冰的篆书，大诗人李白赞曰：“落笔惊篆文，崩云使人惊。吐辞又炳焕，五色罗华星。秀句满江国，高才掞天庭。”窦臮《述书赋》中云：“赵郡李君，《峄山》并骛，宣父同群。洞于字学，古今通文。”其兄窦蒙的《述书赋注》中更具体地说：“李阳冰……工于小篆，初师李斯《峄山碑》，后见仲尼《吴季札墓志》，便变化

① 《蒙文通文集》第五卷，《古史甄微》1999年刊，第372页。

开阖，如虎如龙，劲利豪爽，风行雨集。文字之本，悉在心胸，识者谓之仓颉后身。"李阳冰曾评价自己说："斯翁之后，直至小生，曹嘉（喜）、蔡邕，不足言也。"在《上李大夫论古篆书》中更具体地叹云：

阳冰志在古篆，殆三十年，见前人遗迹，美则美矣。惜其未有点画，但偏旁摹刻而已。缅想圣达立制（卦）造书之意，乃复仰观俯察六合之际焉：于天地山川得方圆流峙之形，于日月星辰得经纬昭回之度，于云霞草木得霏布滋蔓之容，于衣冠文物得揖让周旋之礼，于鬓眉口鼻得喜怒惨舒之分，于虫鱼禽兽得屈伸飞动之理，于骨角齿牙得摆拉咀嚼之势。随手万变，任心所成，可谓通三才之气象，备万物之情状者矣。

唐右相贾耽《说文字源序》曰："至德（756）后方事之殷，乡吏富家咸俯拾青紫，郡邑髦楚不复积功于六艺。唯赵郡李阳冰，神假篆法，上怜李斯，时人获之，悉藏箧笥。"唐舒元舆《玉著篆志》亦云："秦丞相斯变仓颉籀文为玉箸篆，体尚太古，谓古若无人，当时议书者输伏之，故拔乎能成一家法式，历两汉三国至隋代，更八姓，无有出其右者，呜呼！天意谓篆之道不可以终绝，故受之以赵郡李氏子阳冰。阳冰生皇唐开元天子时，不闻外奖，躬入篆室，独能隔一千年而与秦斯相见，可谓不孤天意矣。当时议书者皆输伏之，且谓之其格峻，其力猛，其功备，光大于秦相有倍矣。此直见上天，以字宝瑞吾唐矣。"

宋朱长文《续书断》论书法，分神、妙、能三品。他列唐宋书家94人，唯推李阳冰、颜真卿、张旭三人的作品为"神品"，又说：

阳冰篆品入神，自秦李斯以仓颉、史籀之迹变而新之，特制小篆，备三才之用，合万物之变，包括古籀，孕育分隶，功已至矣。历两汉、魏晋至隋唐逾千载，学书者唯真草是攻，穷英撷华，浮功相尚，而曾不省其本根，由是篆学中废。阳冰生于开元，始学李斯《峄山碑》，后见仲尼《吴季扎墓志》，精探小学，得其渊源，遍观前人遗迹，以谓未有点划，但偏旁模刻而已。尝叹曰："天下之未丧斯文也，故小子得篆籀之宗旨。"其以书为己任也如此，当世说者皆倾伏之。以为其格峻，其气壮，其法备，又光大于秦斯矣。盖李斯去古近而易以习传，阳冰去古远而难于独立也。雅好书石，鲁公之碑，阳冰多题其颜。观其遗刻，如太阿、龙泉，横倚宝匣；华峰崧极，新浴秋露，不足为其威光峭拔也。或其谓之仓颉后身……是时四方杂乱，执政者以为迂，而阳冰之志不克就，后之人将安师仰乎？惜哉！舒元舆尝得阳冰真迹，在六幅素上，见虫蚀鸟步，痕迹若屈铁石，陷入屋壁；霜画炤著，疑龙蛇骇解，麟甲活动皆飞去。且赞之曰："斯去千年，冰生唐时，冰复去矣，后来者谁？后千年有人，谁能待之？后千年无人，篆作于斯！"自阳冰后，虽余风所激，学者不坠，然未有能企及之者。……开元初，时尚褚、薛，诚为之最。书碑刻，李阳冰多为之题篆，或评其书云："舞鹤交影，腾猿在空。"

宣和内廷近臣编纂的《宣和书谱》中称：

自汉魏以及唐室，千载间寥寥相望，而终唐室三百年间，又得一李阳冰，篆迹殊绝，自谓仓颉后身，观其字真不愧古作者。篆书：唐李阳冰，字少温，赵郡人。官至将作少监。善词章，留心小篆迨三十年。始见李斯《峄山碑》与仲尼《延陵季子字》，遂得其法，乃能变化开合，自名一家。……方时颜真卿以书名世，真卿书碑，必得阳冰题其额，欲以擅连璧之美，盖其篆法妙天下如此。议者以"虫蚀鸟兽"语其形，"风行雨集"语其势，"太阿龙泉"语其利，"嵩高华岳"语其峻，实不为过论。有唐三百年以篆称者，唯阳冰独步。舒元舆作《玉京篆志》亦曰："阳冰之书，其格峻、其力猛、其功备，光大于秦斯倍矣，此直见上天以字宝瑞吾唐。"其知言哉！

对于李阳冰篆书的风格，宋初周越《古今法书苑》曰："唐李阳冰工篆书，人号之为笔虎。"又适之和尚《金壶记》亦云："其豪骏墨劲，当时人谓之笔虎。"赵明诚《金石录》云："阳冰在肃宗朝所书，改是年尚少，故字画差疏瘦。至大历以后诸碑，皆误暮年所篆，笔法愈淳劲。"元郑杓《衍极・至朴篇》收古今名家十三人，唐代仅三人，李阳冰为首，颜真卿为次，张旭为尾，并云："李阳冰生于中唐，独蹈孔轨，潜心改作，过于李斯。"

李阳冰的篆书，在唐、宋、元、明历朝都有很大的影响，习篆者莫不祖述斯冰，到了清代可资参考的古代书迹发现日丰，才使篆书一艺呈现众多种体格并举的局面。李阳冰传承古法，津梁后世，其功永垂。

七

如前所述，李阳冰出山在大历八年(773)。《宣和书谱》曰："方时颜真卿以书名世，真卿书碑，必得阳冰题其额，欲以擅连璧之美，盖其篆法妙天下如此。"故李阳冰与颜真卿交往深厚。黄本骥编《颜鲁公集》卷一十二《逸诗存目》中，记有《岘山送李法曹阳冰西上献书》。在一起赋诗的还有诗人皎然，他也有《同颜使君真卿岘山送李法曹阳冰西上献书时会有诏征还京》诗："汉日中郎妙，周王太史才。云书捧日去，鹤版下天来。草见吴州发，花思御苑开。羊公惜风景，欲别几迟回。"

岘山，在原浙江吴兴县南五里，有浮玉泉，其右有凿岭。相传秦时其地有王气，故凿之以断其脉。此山本名显山，晋太守殷康在山下建显亭，因唐中宗名显，避讳改名岘山，山下有唐相李适之石(窪)尊。大历八年(773)至十二年(777)颜真卿为湖州刺史，有《岘山送李法曹阳冰西上献书》(佚)，皎然《同颜使君真卿，岘山送李法曹阳冰西上献书时会有诏征赴京》诗。故李阳冰出山进京赴任途经湖州岘山，与颜真卿会面当在大历八年。

对于李阳冰的篆书，当时右相贾耽云："至德后方事之殷，乡吏富家咸俯拾青紫，郡邑髦楚不复积功于六艺。唯赵郡李阳冰，神假篆法，上怜李斯，时人获之，悉藏箧笥。大历中，故李司徒《新驿记》于东厅之门右，笔法古淡，识者宗师。"著名文学家韩愈亦云："愈叔父，当大历世，文辞独行中朝，天下欲名述其先人功行，取信来世者，咸归韩氏。于时李监阳冰，独能篆书，而配叔父。择木善八分，不问可知。其人不如是者，不称三服，故三家传子弟往来。"元郑杓《衍极》云："真卿之《剑池》，阳冰之《讲台》、《祠宇》等作，纵横生动，不假修饰，其署书之雄秀者乎！颜鲁公书《虎丘剑池》、李监书《孙公讲台》，在苏州虎丘寺，又篆处州仙都山《黄帝祠宇》字，其上刻'丹阳葛蒙勒石'，乃颜真卿楷书也。……孔氏遗迹，阳冰独神会之。"

八

对于李阳冰的卒年，宋欧阳修《集古录·说文解字》卷八载："秘书小监李阳冰重修汉许慎《说文解字》，阳冰从子检校祠部员外郎腾篆，凡五百四十字，碑以贞元五年十月立。"由此可知，贞元五年(789)李阳冰之书得以立石镌刻，其字由阳冰之侄李腾所书。阳冰毕生心血所完成之书，却由子侄书写，想必此时李阳冰已不在人世，因此，李阳冰卒年的下限应为贞元五年(789)。而宋欧阳棐《集古录目》四云："唐《咸宜公主碑》，鄜坊节度使掌书记武元衡撰，苏州常熟令袁中孚书，将作少监集贤院学士李阳冰撰额。兴元元年(784)立。"它是目前所知李阳冰最晚书作，即李阳冰应卒于唐贞元二至五年间(785—789)。由此推算，李阳冰大约活了六十多岁。

九

李阳冰，元吾邱衍以为杜甫甥，其《学古篇》有："阳冰名潮，杜甫甥也，后以字行，因以为名，而别字少温。木玄虚《海赋》有云：'其下阳冰不冶，阴火潜然，则知与潮，又且有理。'"此论，清著名文学家顾炎武驳曰：

若为潮，而以阳冰、少温为字，于义皆无取。阳冰工篆书，潮工八分，观赵氏《金石录》载《城隍神祠记》、《忘归台铭》、《孔子庙记》、《栖先茔碑》、《三坟记》等为阳冰篆书，而《慧义寺弥勒像碑》、《彭元曜墓志》为李潮书，则非一人明矣。

此驳，清人多从之，现代朱关田教授在《李阳冰、李潮小议》、《李阳冰散考》等文中更作了全面的补充。我认为顾炎武的论断是正确的，李阳冰和李潮实为两人，杜甫根本没有李阳冰这样一个外甥。

十

李阳冰名字中的“冰”字，汉《说文》曰“水坚也，从仌，从水。……俗冰为凝，鱼陵切”，鱼陵切，音 níng(凝)。南唐徐铉曰“今作笔陵切，以为冰冻之冰”，笔陵切，音 bīng(冰)。顾炎武曰：“仌于隶、楷不能独成文，故后人加水焉。”邵瑛《群经正字》云：“冰冻作仌，坚凝作冰，俗以冰代，凝仌代冰字，而仌字遂废不用。”清古文字学家段玉裁注：“从冰代仌，用别字制凝字，经典凡凝字之变也。”上海师范大学人文与传播学院韩栋先生最近研究认为：冰、凝两个字，原来是同一个字。大约从唐代开始人们用冰(níng)字代替了仌(bīng)字，音和义也随字形变为冰(bīng)。因此，李阳冰名字中“冰”字，应读 bīng(冰)，不应读 níng(凝)。

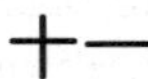

十一

对于李阳冰所书碑版，宋米芾《书史》载：“吕穆仲侍郎收李阳冰白麻篆一卷。笔细与缙云石刻相似。”后据史籍著录，可见者六十五通。宋时存世尚多，元明后大都亡佚，虽经重刻，亦多见失真，且盛名之下必多伪托。今查核的作品奉旨与颜真卿、韩散木、徐浩等书法大家合作或给当朝公主、宰相、大臣、名人、僧道、望族、庙宇篆额的计有四十四通。

十二

在李季卿《抔先茔记》中，李阳冰自署“从子”，表明李阳冰和李季卿一家近亲，都为非皇族。当今有人将李季卿之父户部侍郎李适，错认为左相李适之，足见甚有些影响。李适之(684—747)，唐陇西成纪人，唐宗室，李世民长子恒山王李承乾(原太子)之孙，历官通州刺史、刑部尚书等职，天宝元年(742)任左相。李适之因与李林甫争权失败，天宝五年(746)罢相，后任太子少保的闲职，天宝六年贬死袁州。李适之酒量大，与贺知章、李琎、崔宗之、苏晋、李白、张旭、焦遂、杜甫一起被尊为“酒中八仙”。

对元日悬象税千亩竹判[①]

甲悬政象之法阙，下金吾不许，曰职在佐天子以平邦国，浃日以敛之。

又乙家渭滨有竹千亩，京兆府什一税之，辞云非九谷。

司马之职，悬攺一时。封君之富，比竹千亩。高标魏阙事，昭晰于周官。近数渭滨，理详明于汉典，所以平邦国之度，通货殖之宜，传称百王。其道不易，著乎三代，厥义难渝。方今区宇乂宁，刑辟不用，百工以理庶绩其凝，实由悬法有孚，执古以道，宁从变俗之宄。以紊守官之政敛在浃日执云：其非至如什一而取，井田遗制，九谷之外，均输未闻。苟修篁之可率，且丹桔其何赋。金吾不许实懵，大猷乙也。有云：雅符旧典，两端是扣，片言斯折。

注　释：

这是李阳冰参加吏部铨选时所做的判案。唐代入仕，一是科举（分科取人，分进士科、明经科），二是门荫，三流外入流，四行伍和入幕。李阳冰为名士萧颖士学生，参加科举时，因进士名额太少，应当从明经科入仕。考试时，试帖经、经义、策论。铨选，量才授官。李阳冰属流内铨，词学入仕。

① 《全唐文》卷四百三十七。

颜泉记[①]

注　释：

唐李忱《独异记》载："淄川有女曰颜文姜，事姑孝。谨樵薪之外，远汲山泉，以供姑饮。一旦缉笼之下，涌泉清冷可爱，时谓之颜娘泉。"宋董逌《广川书跋》卷十载："余见李胜作《颜泉记》，昔文姜事姑则异，一日泉发其居遂庙食于此。或曰昔李阳冰尝尉淄川（贝丘，今淄博市），刻碑庙中。今所书盖据李监说：'余往来求阳冰记不得，其后得破石仅尺，盖为础或视之，书字可读。'"

① 原文已遗佚。

吏隐山记[①]

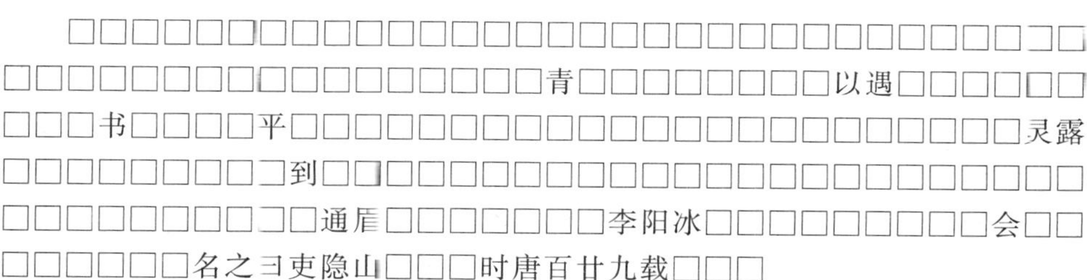

□□□□□□□□□□□□□□□□□□□□□□□□□□□□□□□□
□□□□□□□□□□□□□□□□□青□□□□□□□□以遇□□□□□□
□□□书□□□□平□□□□□□□□□□□□□□□□□□□□□□□灵露
□□□□□□□□□到□□□□□□□□□□□□□□□□□□□□□□□□
□□□□□□□□□□通肩□□□□□□□李阳冰□□□□□□□□□会□□
□□□□□□名之彐吏隐山□□□时唐百廿九载□□□

注　释：

[1]吏隐山，古代名山。光绪《缙云县志》卷二载："在县治东。"明薛应旂《缙云诸山志》载："在县东北五十步。一名注尊山。唐县令李阳冰秩满，尝游于此，筑忘归台，石壁间刻'吏隐山'三字，阳冰所书也。阳冰又刻《注尊铭》、《忘归台记》，已佚。"今吏隐山岩石上，尚留有几幅楷、篆书摩崖石刻遗迹，经千年风雨剥蚀，大多已难辨笔画。《忘归台记》已失传。

① 据周礼芦先生辨识记录，有残缺。

[2]《吏隐山记》，唐李阳冰篆，在缙云。《复斋碑录》，宋陈思《宝刻丛编》卷十三载："唐李阳冰残碑，凡数百字，虽首尾不完，文字缺灭，而历历可读，其间多述山水景物，其最后曰'名之曰吏隐山'，又曰'时唐百二十九载'。以岁次推之，则天宝五载也。"天宝五载，即公元746年。在缙云县城吏隐山巅坐东向西的山岩上的苔藓藤蔓中发现有古代摩崖。2008年10月25日，丽水陈子立、松阳吴伟民拓下。12月，经缙云县退休干部、篆书专家周礼芦先生艰苦辨识，当李季卿文。幅大约90×190厘米，篆书，字径8×12厘米，全幅直行8字，共22行，约176字。篆书风格与现存李阳冰《城隍庙碑》、仙都《倪翁洞》摩崖、《黄帝祠宇碑》大体一致，是目前我国发现时间最早的李阳冰书法摩崖真迹。

[3]欧阳棐(1047—1113)，宋欧阳修次子，字叔弼，登进士乙科。知襄州。忤曾布妇兄魏泰，徙潞州。后以直秘阁知蔡州，后坐党籍废，有文集。

恶溪铭[1]

天作巨堑，险于东南。岌邱阚呀，苍山黑潭。
殷云填填，怒虎魈魈。一道白日，四时青岚。
鸟不敢飞，猿不得下。舟人篙棹，行子夹马。
知雄知雌，为天下蹊。亘然如此，人将畏之。
水德之柔，狎侮而死。畏尔亦死，宁敢放彼。

注　释：

[1]明何镗《括苍汇纪》载："李阳冰撰。"清光绪《缙云县志·碑谒》云："佚。"

---

① 《文苑英华》787 铭。

缙云县城隍庙记

城隍神，祀典无之，吴越有尔风俗，水旱疾疫必祷焉。有唐乾元二年秋，七月不雨，八月既望，缙云县令李阳冰躬祷于神，与神约曰："五日不雨，将焚其庙。"及期大雨，合境告足。具官与耄耋群吏，乃自西谷迁庙于山巅，以答神休。

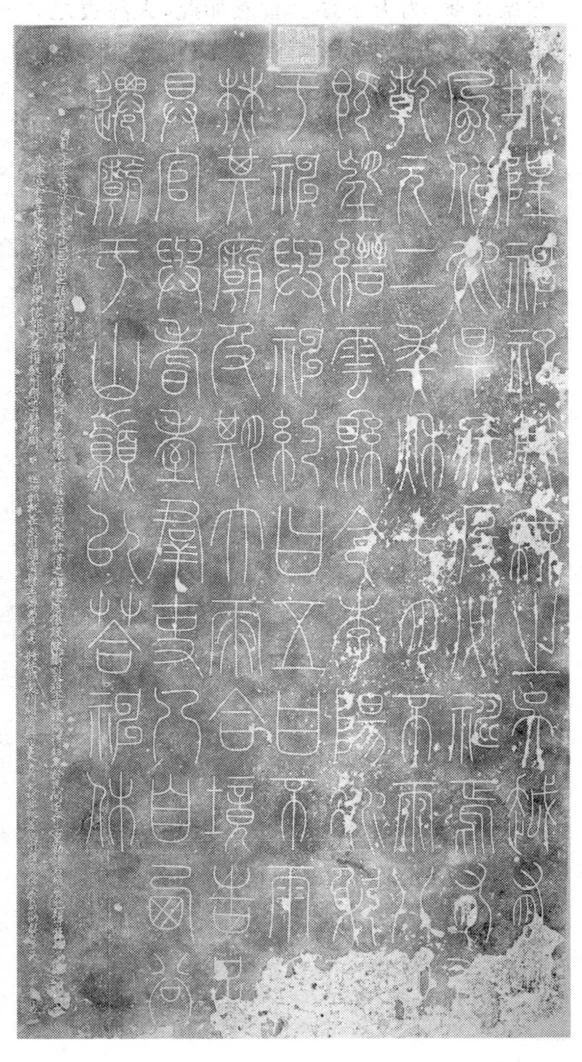

注　释：

[1]此碑篆于唐乾元二年(759)，原立于缙云城隍庙。宋欧阳修《集古录·唐李阳冰城隍神记》云："右城隍神记，唐李阳冰撰并书。阳冰为缙云令，遭旱祷雨。约以七日不雨，将焚其祠。既而雨，遂徙庙于西山。阳冰所记云：'城隍神祀典无之，吴越有尔。'然今非止吴越，天下皆有，而县则少也。"宋宣和四年(1122)毁于方腊战火。次年(1123)依民间纸本重刻，今碑存缙云博物馆。碑高167厘米，碑头圆形，留空部分高24厘米。篆书8行，行11字，末行9字。字大7×11厘米，全文36字，今除6字外，皆清晰。此碑书法，用笔中锋，笔画匀细而结体修长，表现出端庄秀美之姿、雅淡中和之态。

[2]宋重拓附刻释文："唐乾元中，李阳冰尝宰是邑。邑西山之巅有城隍神碑刻，实所为记与篆也。阳冰以篆冠古今，而人争欲得之。咋缘寇壤，残缺断裂，殆不可读。偶得纸本于民间，遂命工重勒诸石。庶广其传，亦将以传之不朽也。大宋宣和五年岁次癸卯十月朔。承信郎就差权处州缙云县尉周明。廸功郎就差处州缙云县主簿费季文。将士郎处州缙云县丞史良翰。文林郎就差处州缙云县令管勾劝农公事吴延年立。"

[3]宋《石墨镌华》曰："李阳冰为缙云县令，值旱祷于城隍，约五日不雨将焚其庙，及期而雨，乃迁庙而记其事，书固奇事亦奇。余观其篆瘦细而伟劲飞动若神。欧阳公以为视阳冰他篆最瘦，余谓佳处正在此。又云世言此石与《忘归台》、《孔子庙》三石俱活，岁久渐生，刻处几合故细若然。今去欧公又四五百年，宁不为无字碑乎！记云'祀典无城隍神，吴越有之'，至欧阳公云'天下皆有，县犹少'，则今无县无之矣。且记云'自西谷迁庙于山巅'，又以见城隍庙，前朝不在城中也。今西安府西郡落大者，多有城隍，是其遗意。"又云："篆书《神禹碑》，坛山石有疑非真者，石鼓文出史籀手，披之恍游三代。下此则李阳冰《缙云城隍庙记》为最，盖其字细而遒，飞动如神。欧阳公乃以细疑之，不知篆正以细为佳。如李斯《峄山》翻刻，子美有肥失真之诮。夫肥为失真，则其真正当瘦劲如缙云碑也。不然《先茔》、《三坟》亦阳冰手笔，何一经翻刻亦肥失真耶。"

赤松山碑

赤松山。乾元二年八月，少温李阳冰。

注　释：

[1]宋倪守约《金华赤松山志》载："赤松山碑，李阳冰书。"

[2]元方凤《金华洞天行纪》云："回宿宝积观中，西庑石刻'赤松山'三大字，李阳冰篆，伟甚。"

忘归台铭①

迭嶂回抱，中心翠微。隔山见川，沟塍如棋。
环溪石林，春迷四时；曲成吏隐，可以忘归。

注　释：

[1]宋欧阳修《集古录·唐李阳冰·〈忘归台铭〉》云："右《忘归台铭》，唐李阳冰撰并书。铭及孔子庙、城隍神记三碑，并在缙云。其篆刻，比阳冰生平所篆最细瘦。也言此三石皆活，岁久渐生，刻处几合，故细尔。然时有数字笔画特伟劲者，乃真迹也。"

[2]宋赵明诚《金石录》载："右《唐忘归台铭》，《集古录》云：'此铭及孔子庙、城隍神记三碑，并在缙云。其篆刻，比阳冰生平所篆最细瘦。也言此三石皆活，岁久稍生，刻处几合，故细尔。恐无是理，果若尔，更加以岁月，则遂无复有字矣。此数碑皆阳冰在肃宗朝所书，是时年尚少，故字划差疏瘦。至大历以后诸碑皆暮年所篆，笔法愈淳劲，理应如此也。"

[3]明何镗《括苍汇记》载："吏隐山巅有忘归台，李阳冰撰铭并篆。"

① 出自《文苑英华》。

倪翁洞

注　释：

[1]元陈性定《仙都志》:“宋嘉泰间,郡人陈百朋《括苍续志》云:‘洞正属仙都山,练溪旁。初阳谷中崖上有洞名三大字,或云李阳冰篆。’”光诸《缙云县志·碑碣》:“摩崖刻字不计高广,三字一行,李阳冰篆书。字径一尺三寸、一尺五寸不等,在初阳谷。”

[2]清阮元《两浙金石志》:“倪翁洞,《舆地碑目》(宋王象之《舆地纪胜》略本)云:在处州仙都山初阳谷。倪翁不知何许人,事迹无证。宋郡守钱竽诗云‘初阳便是扶桑谷,洞里倪公招我来’即此。……欧阳文忠公谓为缙云之隐者,彼以遁俗为高而终,以无名于后世,可谓其志矣。倪翁颇类似在传不传之间耶。阳冰自篆,淳古严肃,不似‘黄帝祠宇’天清地宁。诸刻惜传摹者少,操觚者无能道者。”

[3]清李遇孙《括苍金石志》载丽水王芝庭曰:“李阳冰宰缙云时,有石刻见于宋人记载者,如《孔子庙碑》、《城隍庙碑》、《窪尊铭》、《忘归台铭》、《黄帝祠宇》。又有吏隐山、阮客洞、倪翁洞等篆勒之于石。又有《处州新驿记》,今皆磨灭。唯有‘倪翁洞’、‘黄帝祠宇’二刻尚存。然黄帝祠宇,宋胡志通诗云:‘无复世间有。’而阮相国以‘丹阳葛豪’,考证辨伪原刻。余观‘倪翁洞’三字,较胜他刻。《书品》所谓‘古钗倚物,力有万夫’者,‘倪翁洞’三字足以当之。”

窪尊铭

举瓢自挹，既挹曰再，方饮曰举，饮卒曰罄，不再有觥。

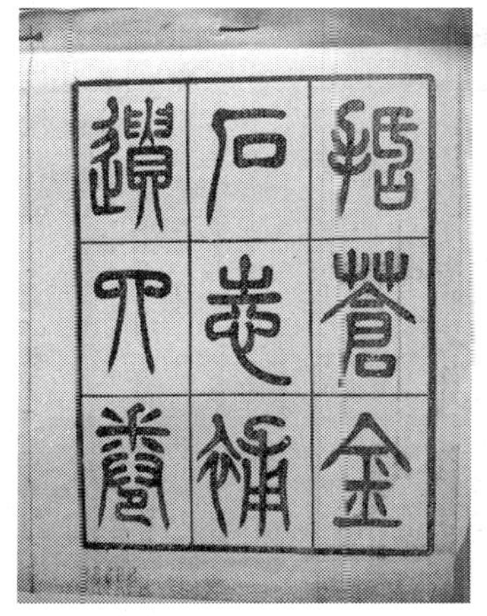

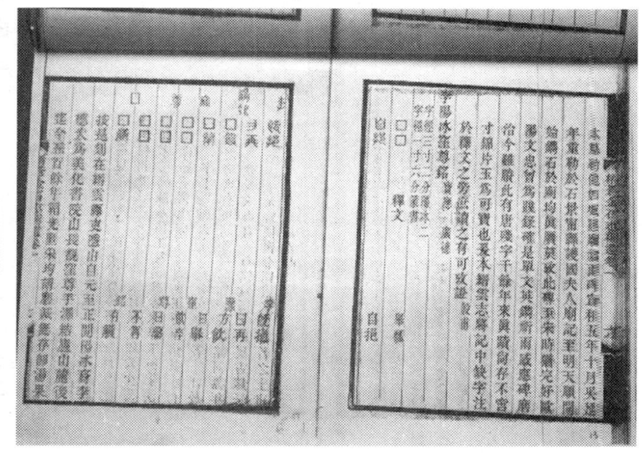

注　释：

[1]宋赵明诚《金石录》卷十："1942·篆书无姓名。"

[2]宋叶廷珪《海录碎事》："吏隐山，在缙云。县令李阳冰退居于此山，创亭室以宴居因名，其南有阳冰凿石为窪尊。"

[3]明何镗《括苍汇纪》："李阳冰在吏隐山凿岩为窪尊而饮之，奇迹尚存，作铭刻于石。"

[4]清邹伯森《括苍金石志》载："李阳冰窪尊铭……字径三寸二分，阳冰二字，径一寸六分，篆书。按：是刻在缙云县吏隐山。……乙亥(1875)夏赴武林，道经缙城登吏隐山，瞻乡贤石刻，于文昌阁东去数十步，得石孤卷耸秀，隐约有篆字三四行，摩挲洗剔见横题有李阳冰窪尊等字，并分行'自挹'、'既挹曰再'，及'饮'字、'举'字半截，末有觥字，知为少温原刻，不胜喜悦。亟倩工往搨，虽零珠碎玉，而篆法雄奇伟劲，奚啻璜琮洵可宝也。细审原铭：计十行，行凡二字上横题六字，爰将铭中磨泐各字，注于释文之旁，庶有可读。此与《忘归台》、《恶溪铭》，同无年月纪元。考元次山有《窪尊铭》，欧阳文忠《集古录》云：'是永泰二年元结撰。'瞿令闻(问)书次山喜，名之士也。其所有为唯恐不异于人，所以自传于后世者；亦唯恐不奇，而无以动人之耳目也，视其辞翰可以知矣。或谓次山之文，即阳冰所撰，是先

撰于吏隐山，复为次山铭也。要之是一是二莫辨，唯欧阳文忠云：'自传于后世，唯恐不奇，而无以动人之耳目，视其辞翰可以知，则阳冰之铭未尝奇异，疑次山之撰者别是一铭。'志载阳冰缙云秩满，退居是山，因名吏隐。"

[5]窪尊，唐开元中湖州别驾李适之登湖州岘山，以山上有石窦如酒樽，可注斗酒，因建亭名曰窪樽。大历初(766)，李阳冰在处州缙云吏隐山隐居，在向阳处凿酒樽形的石窟，名曰"窪尊"，并篆铭。稍后，湖州郡守颜真卿为时，亦曾登台与僚友(吴筠、皎然、陆羽、李萼等)宴集，有《登岘山观李左相石鼎联句》："李公登饮处，因石为窪樽。"

修文宣王记[①]

有唐新上元七月甲辰，缙云县令李阳冰修文宣王庙，焕夫子之容貌，增侍立之九人，其余六十二子图画垩壁。

注　释：

[1]《集古录·修文宣王记碑》，唐新上元元年(760)撰。今佚。

[2]宋欧阳修《唐缙云孔子庙记》云："右缙云孔子庙记，李阳冰撰并书。孔子庙像之制，前史不载。开元八年国子司业郭瓘奏云：'先圣孔宣父，以先师颜子配，其像为立侍，配享宜坐。弟子十哲，虽得列像，而不在配享之位。'按：祠令何休、范宁等二十二贤犹蒙从祀，十哲请列享在何休等上。于是诏十哲为坐像。据阳冰记云：'焕夫子之容貌，增侍立者九人。'盖独颜回配坐，而闵损等九人为立像矣。阳冰修庙在肃宗上元二年，其不用开元之诏，何也？"

[3]明郭忠《处州府志·缙云县志》载有"李阳冰篆"。清道光《缙云县志·碑碣》载："右《修文宣王庙记》，李阳冰撰并篆书，文载《括苍汇纪》及《县志》，为自来金石家所未收，始以为碑佚久矣。今岁(1848)孟夏，余因撰修县志，遣工访拓金石，得元至正甲午(1354)教谕朱安道撰《主簿单公祈雨感应碑》于城隍庙中。展玩久之，见篆额左，别有篆文二，审视之乃'有唐'二字也。虽遭磨治，尚未漫漶。篆势瘦劲有法，决非俗手所能。犹疑其磨他唐刻为之继，乃知此即少温所书之碑也。少温记'有唐'二字，以今营造尺度之，碑高四尺二寸五分，广二尺二寸五分；'有'字长三寸三分，广约二寸一二分。'有'字上，空五寸七分；左旁空四寸。碑右及下方当空者，可推而知'少温记'，凡四十二字。今以碑材及篆书分寸，除上下左右当空者度之，李碑当是六行，每行可刻十字，则记凡五行，其一行或空或题款俱未可知。少温《城隍庙碑》虽系重摹，其款识正与此相似可取为证，则此石即系李碑无疑。俗子无知，妄作轻毁，古刻滥勒俗，书殊堪痛恨。碑为唐上元七月所立。考唐'上元'有二：一为高宗咸亨五年(674)六月所改，一为肃宗乾元三年(760)闰四月所改。少温《城隍庙碑》立于乾元二年(759)，此即次年(760)改上元后所立。记称新上元，其亦有意别高宗之上元耳。少温文笔简质缜密乃如此，惜乎传世甚少，又为书名所掩，览碑吊古，为之三叹。"

---

① 见《集古录》卷一百四十。

千字文

乾元四年冬月　少温李阳冰

天地玄黄，宇宙洪荒。日月盈昃，辰宿列张。寒来暑往，秋收冬藏。闰余成岁，律吕调阳。云腾致雨，露结为霜。金生丽水，玉出昆冈。剑号巨阙，珠称夜光。果珍李柰，菜重芥姜。海咸河淡，鳞潜羽翔。龙师火帝，鸟官人皇。始制文字，乃服衣裳。推位让国，有虞陶唐。吊民伐罪，周发殷汤。坐朝问道，垂拱平章。爱育黎首，臣伏戎羌。遐迩一体，率宾归王。鸣凤在树，白驹食场。化被草木，赖及万方。盖此身发，四大五常。恭维鞠养，岂敢毁伤。女慕贞洁，男效才良。知过必改，得能莫忘。罔谈彼短，靡恃己长。信使可复，器欲难量。墨悲丝染，诗赞羔羊。景行维贤，克念作圣。德建名立，形端表正。空谷传声，虚堂习听。祸因恶积，福缘善庆。尺璧非宝，寸阴是竞。资父事君，曰严与敬。孝当竭力，忠则尽命。临深履薄，夙典温凊。似兰斯馨，如松之盛。川流不息，渊澄取暎。容止若思，言辞安定。笃初诚美，慎终宜令。荣业所基，藉甚无竟。学优登仕，摄职从政。存以甘棠，去而益咏。乐殊贵贱，礼别尊卑。上和下睦，夫唱妇随。外受傅训，入奉母仪。诸姑伯叔，犹子比儿。孔怀兄弟，同气连枝。交友投分，切磨箴规。仁慈隐恻，造次弗离。节义廉退，颠沛匪亏。性静情逸，心动神疲。守真志满，逐物意移。坚持雅操，好爵自縻。都邑华夏，东西二京。背芒面洛，浮渭据泾。宫殿盘郁，楼观飞惊。图写禽兽，画彩仙灵。丙舍旁启，甲帐对楹。肆筵设席，鼓瑟吹笙。升阶纳陛，弁转疑星。右通广内，左达承明。既集坟典，亦聚群英。杜稿钟隶，漆书壁经。府罗将相，路侠槐卿。户封八县，家给千兵。高冠陪辇，驱毂振缨。世禄侈富，车驾肥轻。策功茂实，勒碑刻铭。磻溪伊尹，佐时阿衡。奄宅曲阜，微旦孰营。桓公匡合，济弱扶倾。绮回汉惠，说感武丁。俊乂密勿，多士实宁。晋楚更霸，赵魏困横。假途灭虢，践土会盟。何遵约法，韩弊烦刑。起翦颇牧，用军最精。宣威沙漠，驰誉丹青。九州禹迹，百郡秦并。岳宗恒岱，禅主云亭。雁门紫塞，鸡田赤城。昆池碣石，钜野洞庭。旷远绵邈，岩岫杳冥。治本于农，务兹稼穑。俶载南亩，我艺黍稷。税熟贡新，劝赏黜陟。孟轲敦素，史鱼秉直。庶几中庸，劳谦谨敕。聆音察理，鉴貌辨色。贻厥嘉猷，勉其祗植。省躬讥诫，宠增亢极。殆辱近耻，林皋幸即。

两疏见机，解组谁逼。索居闲处，沉默寂寥。求古寻论，散虑逍遥。
欣奏累遣，戚谢欢招。渠荷的历，园莽抽条。枇杷晚翠，梧桐早彫。
陈根委翳，落叶飘摇。游鹍独运，凌摩绛宵。耽读玩市，寓目囊箱。
易輶攸畏，属耳垣墙。具膳餐饭，适口充肠。饱饫烹宰，饥厌糟糠。
亲戚故旧，老少异粮。妾御织纺，侍巾帷房。纨扇团洁，银烛辉煌。
昼眠夕寐，蓝笋象床。弦歌酒宴，接杯举觞。矫手顿足，说豫且康。
嫡后嗣续，祭祀烝尝。稽颡再拜，悚惧恐惶。笺牒简要，顾答审详。
骸垢想浴，执热愿凉。驴骡犊特，骇跃超骧。诛斩贼盗，捕获叛亡。
布射辽丸，嵇琴阮啸。恬笔伦纸，钧巧任钓。释纷利俗，并皆佳妙。
毛施淑姿，工颦妍笑。年矢每催，羲晖朗曜。旋玑悬干，晦魄环照。
指薪修祐，永绥吉劭。矩步引领，俯仰廊庙。束带矜庄，徘徊瞻眺。
孤陋寡闻，愚蒙等诮。谓语助者，焉哉乎也。

注 释

[1]千字文：南朝梁武帝萧衍指命给事郎周兴嗣用一千个不同的字编写的小册子。四字一句，对偶押韵，叙有自然、社会、历史、伦理、教育等方面知识，后来成为儿童启蒙读本，自隋代开始流行。周兴嗣(？—521)，字思纂，河南项人。武帝时拜安成王国侍郎，改官给事中，著有《皇帝实录》、《皇德记》、《起居住职仪》等。

[2]《千字文》法帖：唐代重王羲之书法，以王字集千字帖，主要有智永、欧阳询、虞世南、褚遂良、孙过庭、张旭、怀素临本。李阳冰临周兴嗣的《篆书千字文》，作于乾元四年(761)当涂令的任上。《宣和书谱》作“千文”。《篆书千字文》又有敦煌写本，今存法国巴黎国家画书馆，编号3568。

[3]宋董逌《广川书跋》卷八：“阳冰千字文，阳冰于书授法张旭，世疑长史游于颠冥之地，所以离逌绳墨而自放者也，岂有迹可求哉。观阳冰此帖，得书法三昧虽规合矩，应不逌方圆，至其神明合离，殆无蹊径可蹈而循，固知与长史异者形迹之间也。书家以法相授其律甚严，非心融神会，未尝以付始求于法，不参流动如羚羊挂角，更无声迹逮其游于法之外，斯可语成法矣。”

千字文
梁员外散骑侍
郎周兴嗣次韵
天地玄黄宇宙洪

雨露结为霜金生
丽水玉出昆冈剑
号巨阙珠称夜光
果珍李柰菜重芥

姜海咸河淡鳞潜
羽翔龙师火帝鸟
官人皇始制文字
乃服衣裳推位让

国有虞陶唐吊民
伐罪周发殷汤坐
朝问道垂拱平章
爱育黎首臣伏戎

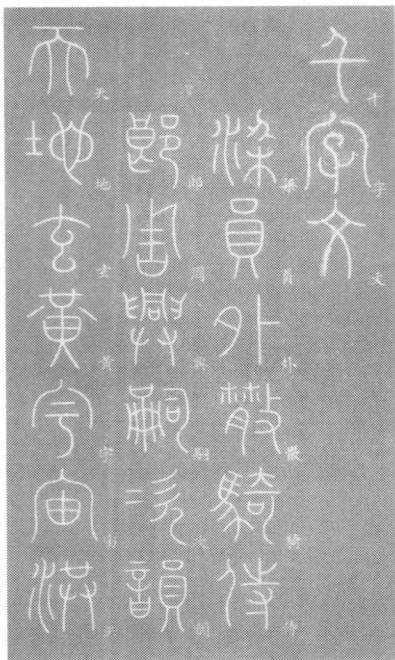

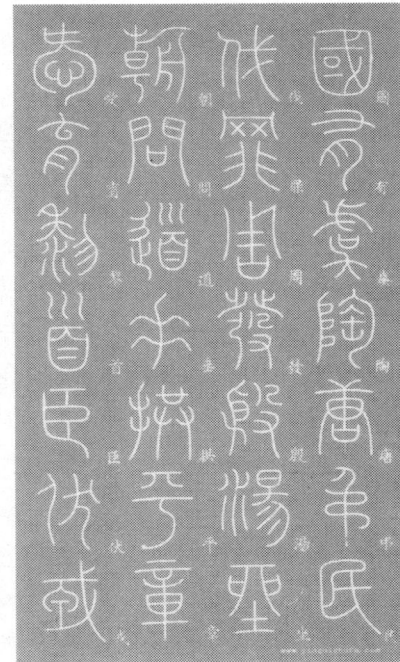

羌遐邇壹體率賓
歸王鳴鳳在樹白
駒食場化被草木
賴及萬方蓋此身

髮四大五常恭惟
鞠養豈敢毀傷女
慕貞絜男效才良
知過必改得能莫

忘罔談彼短靡恃
己長信使可覆器
欲難量墨悲絲染
詩讚羔羊景行維

賢克念作聖德建
名立形端表正空
谷傳聲虛堂習聽
禍因惡積福緣善

慶尺璧非寶寸陰
是競資父事君曰
嚴與敬孝當竭力
忠則盡命臨深履

薄夙興溫凊似蘭
斯馨如松之盛川
流不息淵澄取映
容止若思言辭安

定篤初誠美慎終
宜令榮業所基籍
甚無竟學優登仕
攝職從政存以甘

棠去而益詠樂殊
貴賤禮別尊卑上
和下睦夫唱婦隨
外受傅訓入奉母

儀諸姑伯叔猶子
比兒孔懷兄弟同
氣連枝交友投分
切磨箴規仁慈隱

惻造次弗離節義
廉退顛沛匪虧性
靜情逸心動神疲
守真志滿逐物意

移堅持雅操好爵
自縻都邑華夏東
西二京背邙面洛
浮渭據涇宮殿盤

鬱樓觀飛驚圖寫
禽獸畫彩仙靈丙
舍傍啟甲帳對楹
肆筵設席鼓瑟吹

笙升阶纳陛弁转
疑星右通广内左
达承明既集坟典
亦聚群英杜稿钟

隶漆书壁经府罗
将相路侠槐卿户
封八县家给千兵
高冠陪辇驱毂振

缨世禄侈富车驾
肥轻策功茂实勒
碑刻铭磻溪伊尹
佐时阿衡奄宅曲

阜微旦孰营桓公
匡合济弱扶倾绮
回汉惠说感武丁
俊乂密勿多士寔

宁晋楚更霸赵魏
困横假途灭虢践
土会盟何遵约法
韩弊烦刑起翦颇

牧用军最精宣威
沙漠驰誉丹青九
州禹迹百郡秦并
岳宗恒岱禅主云

亭雁门紫塞鸡田
赤城昆池碣石钜
野洞庭旷远绵邈
岩岫杳冥治本于

农务兹稼穑俶载
南亩我艺黍稷税
熟贡新劝赏黜陟
孟轲敦素史鱼秉

箱易輶攸畏屬耳
垣牆具膳餐飯適
口充腸飽飫烹宰
飢厭糟糠親戚故

舊老少異糧妾御
績紡侍巾帷房紈
扇圓潔銀燭煒煌
晝眠夕寐藍筍象

床弦歌酒讌接杯
舉觴矯手頓足悅
豫且康嫡後嗣續
祭祀烝嘗稽顙再

拜悚懼恐惶牋牒
簡要顧答審詳骸
垢想浴執熱願涼
驢騾犢特駭躍超

俗竝皆佳妙毛施
淑姿工顰妍笑年
矢每催羲暉朗曜
璇璣懸斡晦魄環

照指薪修祜永綏
吉劭矩步引領俯
仰廊廟束帶矜莊
徘徊瞻眺孤陋寡

聞愚蒙等誚謂語
助者焉哉乎也
乾元四年冬月
少溫李陽冰

孝德训[1]

注　释：

《汉书·世经》："少昊帝，《孝德》曰：少昊曰清。清者，黄帝之子清阳也，是其子孙名挚立。土生金，故为金德，天下号曰金天氏。周迁其乐，故《易》不载，序于行。"

① 载于《宣和书谱》卷二，现原文已遗佚。

听　松

江苏无锡惠山寺听松亭中李阳冰“听松”篆书刻石

注　释：

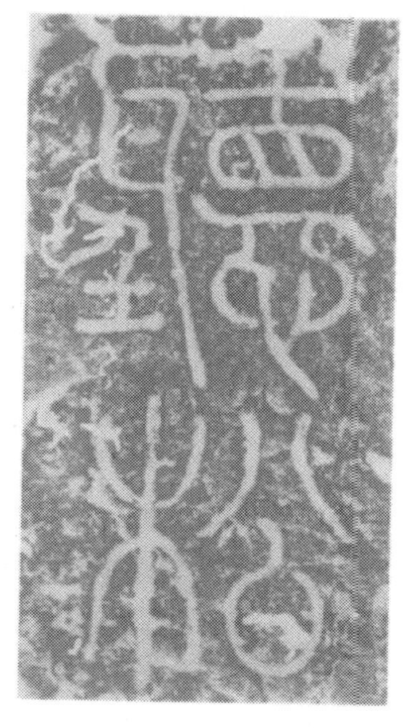

[1]此篆刻于江苏无锡慧山寺殿前，字长15厘米，宽14厘米。故宫博物院藏清初拓本，为清金石家黄易旧藏。王虚舟给谏《竹云题跋》云："《锡山志》惠山寺有石床，在殿前月台下，长可五尺，广厚半之，上平可供偃仰，故名石床。顶侧有'听松'两篆字，传是李阳冰笔，苍润有古色，断非阳冰不能。唐皮日休诗'殿前日暮高风起，松子声声打石床'是也。雍正六年(1728)三月，余率同志往拓此书，一时观者列如堵墙。盖尘埋经久，莫有过而拂拭者，骤见捶拓，故遂惊为仅事也。右有楷跋石刻数行，日久磨蚀不可复读，怅挹良未有已。易家藏此书，古雅流动，在李篆诸刻之上。先子与虚舟先生论交金石又同学，李篆此本盖斯时所获也。易昔年客游吴楚间，扁舟常经无锡，总不能系揽登山一访古刻。屡托人觅拓此书，渺不可得，怅惘沸已。此本为新安吴东序借去二十余年，今忽寄还顿复旧观，欣幸为何如耶。乾隆辛亥(1791)二月钱塘黄易题。"

[2]黄易(1744—1801)，字大易，号小松、秋庵，仁和人，清杰出篆刻家、书画家，曾任山东济宁同知。幼承家学，精篆刻，工书画，兼擅金石考据学。黄易广搜碑刻，绘有《访碑图》，刻印淳厚渊雅，与丁敬并称"丁黄"，为西泠八家之一。著有《小蓬莱阁金石文字》、《小蓬莱阁诗》等。

[3]王澍(1668—1743)，字若霖，号虚舟，金坛人，清经学家，后徙无锡。康熙进士，授翰林院编修，考选户部给事中，充《五经》撰文馆总裁官，累迁吏部员外郎。著有《禹贡谱》、《学庸本义》、《学庸困学录》、《程朱格物法》、《朱子读书法》、《白鹿洞规条目》、《淳化阁帖考正》等。

[4]听松石，民国民间音乐家阿炳在此作二胡独奏曲《听松》。

谦卦爻辞[①]

《谦》:亨。君子有终。《象》曰:《谦》,"亨"。天道下济而光明,地道卑而上行。天道亏盈而益谦,地道变盈而流谦,鬼神害盈而福谦,人道恶盈而好谦。谦,尊而光,卑而不可逾,"君子"之"终"也。《象》曰:地中有山,《谦》。君子以裒多益寡,和物平施。初六:谦谦君子,用涉大川,吉。《象》曰"谦谦君子"。卑以自牧也。六二:鸣谦,贞吉。《象》曰:中心得也。九三:劳谦君子,有终,吉。《象》曰"劳谦君子",万民服也。六四:无不利,㧑谦。《象》曰"无不利,㧑谦",不违则也。六五:不富以其邻,利用侵伐,无不利。《象》曰"利用侵伐",征不服也。上六:"鸣谦",利用行师征邑国。《象》曰:"鸣谦",志未得也。可"用行师",征邑国也。

注 释:

[1]《谦卦爻辞》即《易经·谦卦爻辞》,唐宝应元年(762),李阳冰任当涂县令时作。明嘉靖四年(1525),芜湖榷使张大用嘱石刻名手章藻以民间密藏的碑文阴刻。原立于芜湖文庙,碑高1.95米,宽0.91米,厚0.17米,共四块。"文革"中毁一块。1985年重修大成殿,已补全。谦字凡二十,无一同者。

[2]明重刻释文(存缺——引者注):"阳冰篆书,□秦相斯而□力过之。舒元舆笔谕之详。□邑刻,藏芜湖□□国……有古意,近诸刻矣之矣……板拆裂浮沉,摧毁为泻。吴郡华生简甫寿之石□邑庠明伦堂,□诸好古君子共焉。明嘉靖丙戌春二月,蜀……学张大用识。"

[3]明盛时泰《苍润轩碑跋》曰:"少温书犹蹈孔轨,潜心改作,当时谓为仓颉后身。观其上某大夫书其自任可知矣。此刻旧藏芜湖民家,近世始出,简翁此本乃旧搨,可宝。"

[4]明《杨升庵集》载:"唐李阳冰篆书《谦卦爻辞》。阳冰,唐人,以小篆著者也。其书《谦卦爻辞》,谦字二十余多构别体,乃以講代谦。按《说文》講多语也。从言冉声,地名有講邯县,汝阎切,谦敬也。苦嫌切,音义不同,相去千里,乃以充乏衔奇徒,以此学人所罕习,是以欺人,如此岂知千载而下为识者所勘邪。"

① 唐李阳冰书。

草堂集序[①]

李白，字太白，陇西成纪人，凉武昭王暠九世孙。蝉联珪组，世为显著。中叶非罪，谪居条支，易姓为名。然自穷蝉至舜，五世为庶，累世不大曜，亦可叹焉。神龙之始，逃归于蜀，复指李树而生伯阳。惊姜之夕，长庚入梦，故生而名白，以太白字之。世称太白之精，得之矣。

不读非圣之书，耻为郑、卫之作，故其言多为天仙之辞。凡所著述，言多讽兴，自三代以来，《风》、《骚》之后，驰驱屈、宋，鞭挞扬、马，千载独步，唯公一人。故王公趋风，列岳结轨，群贤翕习，如鸟归凤。卢黄门云："陈拾遗横制颓波，天下质文翕然一变。"至今朝诗体，尚有梁、陈宫掖之风，至公大变，扫地并尽。今古文集遏而不行，唯公文章，横被六合，可谓力敌造化欤！

天宝中，皇祖下诏，征就金马，降辇步迎，如见绮、皓。以七宝床赐食，御手调羹以饭之，谓曰："卿是布衣，名为朕知，非素蓄道义，何以及此。"置于金銮殿，出入翰林中，问以国政，潜草诏诰，人无知者。丑正同列，害能成谤，格言不入，帝用疏之。公乃浪迹纵酒，以自昏秽。咏歌之际，屡称东山。又与贺知章、崔宗之等自为八仙之游，谓公谪仙人，朝列赋谪仙之歌凡数百首，多言公之不得意。天子知其不可留，乃赐金归之。遂就从祖陈留采访大使彦允，谓北海高天师授道箓于齐州紫极宫，将东归蓬莱，仍羽人，驾丹丘耳。

阳冰试弦歌于当涂，心非所好，公遐不弃我，乘扁舟而相顾。临当挂冠，公又疾亟，草稿万卷，手集未修，枕上授简，俾于为序。论《关雎》之义，始愧卜商；明《春秋》之辞，终惭杜预。自中原有事，公避地八年，当时著述，十丧其九，今所存者，皆得之他人焉。时宝应元年十一月乙酉也。

宣州当涂县令李阳冰撰。

注　释：

李白(701—762)，字太白，号青莲居士，我国古代大诗人，祖籍陇西成纪(今甘肃秦安县)，先世隋时谪迁西域，他生于安西都护府之碎叶城(今吉尔吉斯共和国托克玛克城西南阿克·贝希姆故城址)。约五岁时，李白随父母迁居绵州昌隆县(今四川江油)青莲乡，青年时即漫游各地。天宝初，因道士吴筠及贺知章推

① 见《李太白文集》卷三十一。

荐，李白至长安供奉翰林，不久即遭谗去职。安史之乱起，因参加永王李璘幕府，他被牵连，长流夜郎途中遇赦，晚年漂泊东南一带，最后病逝于当涂令从叔李阳冰处。《草堂集序》作于唐宝应元年(762)。

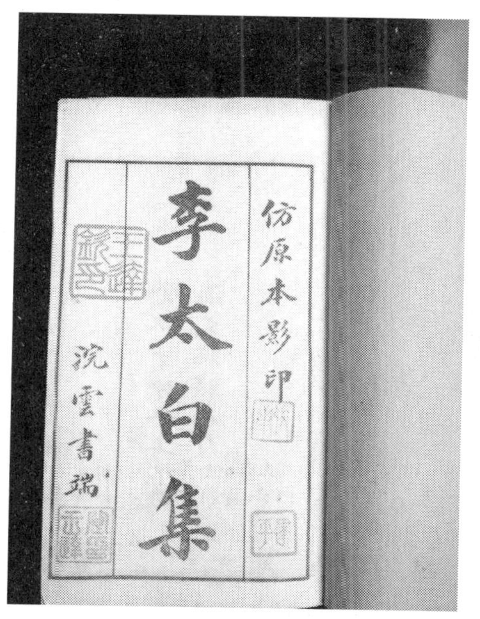
仿原本影印
李太白集
沅雲書端

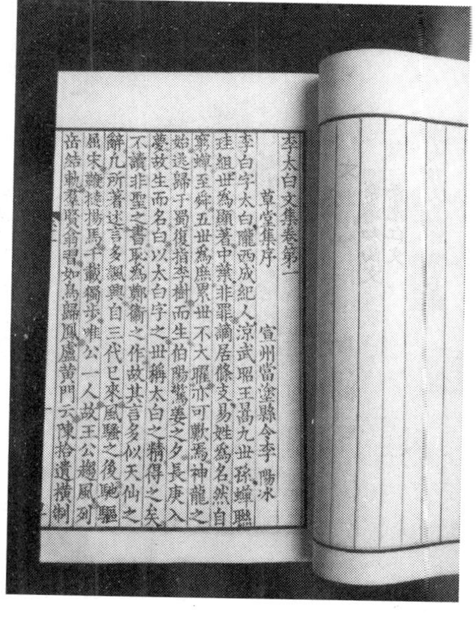
李太白文集卷第一
草堂集序　宣州當塗縣令李陽冰
李白字太白隴西成紀人涼武昭王暠九世孫蟬聯珪組世為顯著中葉非罪謫居條支易姓為名然自窮蟬至舜五世為庶累世不大曜亦可歎焉神龍之始逃歸于蜀復指李樹而生伯陽驚姜之夕長庚入夢故生而名白以太白字之世稱太白之精得之矣不讀非聖之書恥為鄭衛之作故其言多似天仙之辭凡所著述言多諷興自三代已來風騷之後馳驅屈宋鞭撻揚馬千載獨步唯公一人故王公趨風列岳結軌群賢翕習如鳥歸鳳盧黄門云陳拾遺橫制

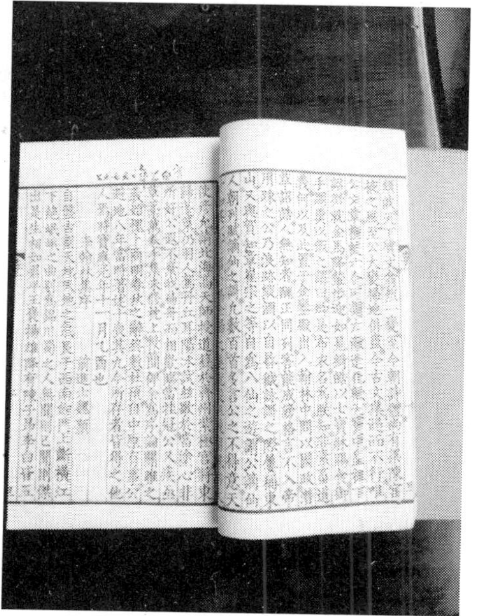

怡亭铭[①]

怡亭,裴鷗卜而亭之。李阳冰名而篆之,裴虬美而铭之曰。

注　释:

[1]朱关田《唐代书法考评·李阳冰散考》:"永泰元年(765)所书《黄鹤楼记》、《怡亭铭》篆额。"

[2]此铭裴虬作于唐永泰元年(765)。李阳冰篆字之后为隶书,释文是:"峥嵘怡亭,磐礴江汀。势压西塞,气极东冥。风云自生,日月所经。众木成幄,群山作屏。顾余逃世,于此忘形。永泰元乙巳岁夏五月十一日,陇西李莒……"裴虬,洗马裴之后,字深原,有气略,敢谏诤,天宝一一年(752)官永嘉尉,大历四年(769)为道州刺史,终谏议大夫。裴鷗,可能是裴虬的族人。李莒,李华之兄,唐陇西人,官越州(今绍兴)录事参军,他长于隶书,绰有古意。

[3]宋欧阳修《集古录》卷七:"(唐裴虬《怡亭铭》)右,怡亭在武昌江水中小岛上,武昌人谓其地为吴王散花滩。亭,裴鷗造,李阳冰名而篆之;裴虬铭,李莒八分书,刻于岛石,常为江水所没,故世亦罕传。裴鷗,不知何人。裴虬,代宗时道州刺史。韩愈为其子复墓志云'虬为谏议大夫,有宠代宗朝,屡谏诤。数命以官,多辞不拜'。然唐史不见其事。李莒,华弟也。治平二年正月十日孟春荐飨摄事,致斋中书东阁书。"此铭书法风格与《缙云县城隍庙记》相近,用笔修长,撇捺之笔末端渐细,有出锋之意,颇似《碧落碑》。

[4]元郑杓《衍极》:"李阳冰《庶子泉铭》、《怡亭刻石》、《二世诏》无是过也。"

---

① 北京故宫博物院藏有拓本。

栖先茔记[1]

粤乌虖，昔苍龙大泉，献遭家不造，先侍郎即世，建茔霸陵，遗令也。先大夫徐公高，□备矣。洎单阏岁十有一月，先夫人合祔。天宝改元，我之伯也卒，间五六年仲也卒，不三四年叔也卒。君子曰："李氏子天假其才，不将其寿。"盍谋及龟策，谋及鬼神，欤方士邵权偏得管郭之道。昔曰，"霸岸凿龛客土耗矣"，干温冥之，禁非窀穸攸宜是用□叶永地，其原风簸之遇损之解，曰损孚解缓，吉孰甚焉。乃□卜郃城左畤□，右唯兹食，枚卜浐水东樊水西，亦唯兹食，新卜茔连山南佐平岗□□坤势之宜，隧而顺之。伯氏、仲氏、叔氏三坟陪侧。摄提格辜月仲旬□日，灵软以降寿藏有佃无藏金玉厥唯琴书。先志也异时述□三百篇。永泰中小宗伯贾公至，为之叙。□□清河郡太夫人□□□版未篆。

皇命大历唯二刻贞石。嗣□□□述。从子阳冰书。栗光刻。

注　释：

[1]唐大历二年(767)刻，李季卿(708—767)撰文，李阳冰书。共十四行，每行十六字。原石早佚，宋大中祥符三年(1010)重刻，碑高六尺八寸三分，广三尺三寸。石存西安碑林，故宫博物院藏清代拓本，每半开纵24.5厘米，横15厘米。此碑结字方正，用笔较粗放，为李阳冰书法成熟时期的作品。释文为："□是钜唐李监阳冰书。以其年代浸远，风雨昏溃，字体不完，读者斯泥。遂有吴兴姚宗萼

① 见施安昌《唐代石刻篆文》，原文存缺。

肇意，率好古者数人，同出刊刻之费，□威安稼重开，所贵名贤笔迹，传诸不朽。时大中祥符三年九月十四日毕功。助缘僧智全、僧审凝、僧省中、僧静已、僧文遇、勾当人邓德诚。”

[2]宋《石墨镌华》曰：“唐李阳冰《先茔记》，此李氏卜茔李曜卿兄弟三人，而弟季卿记，从子阳冰书，卜地人为邵权记云：‘偏得管郭之道，管谓公明郭则景纯也。’书《玉筯经》，大中祥符间翻刻，故不及缙云碑。”

[3]李适(663—712)，字子至，京兆万年人。举进士，再调猗氏尉。武后修三教珠英书，以李峤、张昌宗为使，取文学士缀集，于是适与王无竞、尹元凯、富嘉谟、宋之问、沈佺期、阎朝隐、刘允济在选。书成迁户部员外郎，俄兼修书学士。景龙初(705)，又擢修文馆学士。睿宗时(710—712)，待诏宣光阁，再迁工部侍郎。卒年四十九，赠贝州刺史。尝梦与人论大衍，数寤而曰：“吾寿尽此乎?”敕其子曰：“霸陵原西视京师，吾乐之，可营墓树十松焉。”及未病时，衣冠往寝石榻上，置所撰九经要句及素琴于前，士贵其达。

[4]李季卿(708—767)，李适季子，李阳冰从兄。举明经博学宏辞，调鄠尉，肃宗时(756—762)为中书舍人，以累贬通州别驾。代宗立(763)，迁为京兆少尹，复授舍人，进吏部侍郎，河南、江淮宣抚使。振拔幽滞，号振职。大历中，终右散骑常侍。卒赠礼部尚书。季卿在朝，荐进才髦，与人交有终始，恢博公子也。李曜卿，李适长子，李阳冰从兄。字华，以文行，始调秘书正字授右卫骑曹，后转长安尉、左迁普安郡户曹参军。有文集二十卷。关于李季卿的事迹，元辛文房《唐才子传・陆羽》云：陆羽，字鸿渐，不知所生。初，竟陵禅师智积得婴儿于水滨，育为弟子。及长，耻从削发，以《易》自筮，得《蹇》之《渐》曰：“鸿渐于陆，其羽可用为仪。”始为姓名。有学，愧一事不尽其妙。性诙谐，少年匿优人中，撰《谈笑》万言。天宝间，署羽伶师，后遁去。古人谓“洁其行而秽其迹”者也。上元初，结庐苕溪上，闭门读书。名僧高士，谈宴终日。貌寝，口吃而辩。闻人善，若在己。与人期，虽阻虎狼不避也。自称“桑苎翁”，又号“东岗子”。工古调歌诗，兴极闲雅。著书甚多。扁舟往来山寺，唯纱巾藤鞋，短褐犊鼻，击林木，弄流水。或行旷野中，诵古诗，裴回至月黑，兴尽恸哭而返。当时以比接舆也。与皎然上人为忘言之交。有诏拜太子文学。羽嗜茶，造妙理，著《茶经》三卷，言茶之原、之法、之具，时号“茶仙”，天下益知饮茶矣。鬻茶家以瓷陶羽形，祀为神，买十茶器，得一鸿渐。初，御史大夫李季卿宣慰江南，喜茶，知羽，召之。羽野服絜具而入，李曰：“陆君善茶，天下所知。扬子中泠水，又殊绝。今二妙千载一遇，山人不可轻失也。”茶毕，命奴子与钱。羽愧之，更著《毁茶论》。与皇甫补阙善。时鲍尚书防在越，羽往依焉，冉送以序曰：“君子究孔、释之名理，穷歌诗之丽则。远野孤岛，通舟必行；鱼梁钓矶，随意而往。夫越地称山水之乡，辕门当节钺之重。鲍侯知子

爱子者，将解衣推食，岂徒尝镜水之鱼，宿耶溪之月而已。”

[5]陆羽(733—804)，字鸿渐；唐朝复州竟陵(今湖北天门)人。名疾，字季疵，号竟陵子、桑苎翁、东冈子，又号“茶山御史”。一生嗜茶，精于茶道，被誉为“茶仙”，尊为“茶圣”，祀为“茶神”。上元初年(760)，陆羽隐居江南各地，撰《茶经》三卷，成为世界上第一部茶叶著作。

李氏三坟记[①]

先侍郎之子曰:曜卿,字华,名世才也。弘□乐易,机符朗彻。既冠,遭家不造,诸季种藐植之,以□艺博之。以文行,始调秘书正字授右卫骑曹,转新□尉。豪猾未孚,立信以示之礼;浮窳未复,本仁以示之义。领长安尉,直京师浩穰决贼,曹繁剧有立断焉、焯见焉。左迁普安郡户椽,赋古乐府廿四章。左史韦良嗣为之叙,文集十卷。

叔卿,字万,天骨琅琅,德允文蔚,识度标迈。弱冠以明经观国,莅鹿邑虞乡二尉。巍守崔公沔洎、相国晋公□□,甲科第之进等举之。尝游嵩少,夜闻山钟,赋云:"□□继也,洪炉沸鼎火半死,巨壑重林,风稍止无,闲□□□。"未已,词人珍之。转金城尉曹,无受谢吏不敢,卷行于世。

春卿,字荣,宽栗柔立,于穆不瑕,起家拜灵昌主簿。己丑岁,小冢宰李公彭年尚其文翰。署朝邑簿时,漆、沮决溢,冯翊昏垫。釃渠楗菑,股引脉散;下土得干,上腴成赋,人到于今赖之。文集一百十二篇。

乌戏三英!孝友曾闵俦也,文学继业璿碧产也,纯固含章杞梓材也。昊穹生德,宜受封福,仅逾强仕,以讲阴堂。未盈一纪,三坟相比,思其咎职。汛之逢占,占者邵权曰:"霸陵故茔,葬不违禁。害于而家,岁摄提格。"乃贞阳卜,而祔大坟。三坟以东南为伯,仲叔虵之,若雁行然。大历建元之明年,于斯刻石。恐夫溟海为陆,老沙防焉。季卿述,阳冰书,栗光刻。

注　释:

[1]欧阳棐《集古录目》卷八:"《三坟记》题记:'李季卿撰,李阳冰篆书。季卿改葬其兄普安郡户曹参军曜卿(字华),金城尉叔卿(字万),朝邑簿春卿(字荣),凡三坟。'"李季卿撰此记后,不久即卒。此篆书刚劲而秀,但高浑不足,可能是急就之作,故艺术上逊于《栖先茔记》。而它有规矩准绳,便于初学,历来习篆书的人多用以为范本。

[2]宋《石墨镌华》曰:此季卿表曜卿三墓,阳冰书碑。虽无翻刻,字字画法具而神。亡似与前碑同,王元美乃谓石犹故物故无传改之讹。岂别一碑邪,抑未见前碑邪。元美自任识书,恐于此碑失之矣。

[3]《弇州续稿》曰:"唐李阳冰书《三坟碑》。按此碑为李曜卿兄弟三墓,其人

① 见施安昌《唐代石刻篆文》,原文存缺。

皆有文学，早仕宦而不寿，以殁。最少。弟季卿撰表，而宗人阳冰以玉筯刻之也。其石犹故物，故无传改之讹。舒元舆所谓虫蚀鸟步，铁石隔壁，龙蛇骇解，鳞甲活动，庶几于此，见其一班。"《弇州山人稿》曰："李阳冰此刻，虽再登石居然有残雪滴溜之状，是廷尉正脉至于《谦卦》，当人置座右一纸。"

[4]《金石萃编》录：碑高六尺四寸四分，广二尺八寸。唐大历二年(767)作。原石佚，西安碑林存宋代重刻本。故宫博物院藏明代拓本，每半开 30 厘米，横 16 厘米。

[5]李叔卿，李适仲子，字万，李阳冰从兄弟。德允文蔚，识度标迈。弱冠以明经观国，莅鹿邑、虞乡二尉。后转金城尉。李白有《同族弟金城尉叔卿烛照山水壁画歌》。

[6]李春卿，李适三子，字荣，李阳冰从兄弟。宽栗柔立，于穆不瑕，起家拜灵昌主簿。有文集一百一十二篇。

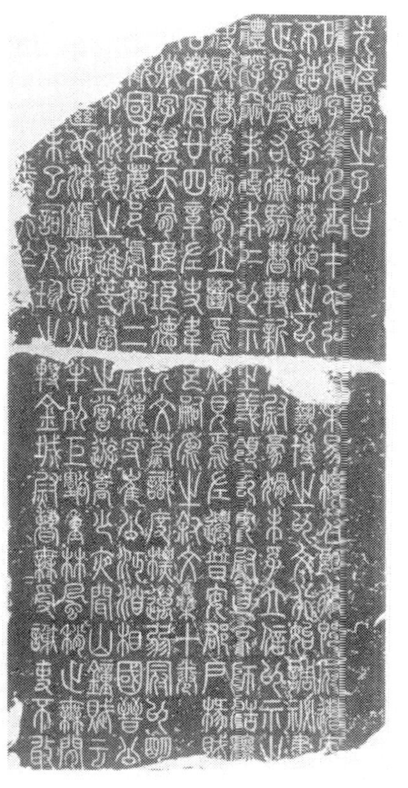

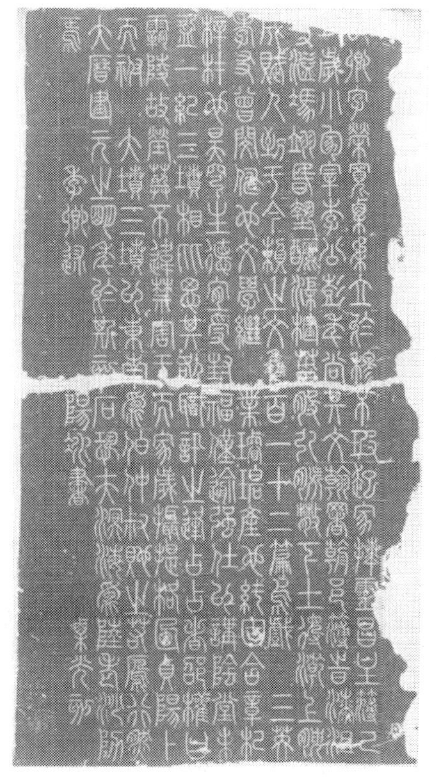

万年县令徐昕碑①

万年县令徐昕碑。　　大历四年，李阳冰。

注　释：

[1]此碑刻于唐大历四年(769)，载宋赵明诚《金石录》。释文佚。

[2]徐昕，唐万年县令。

① 碑文已佚。

龚邱县令庾公德政碑颂[1]

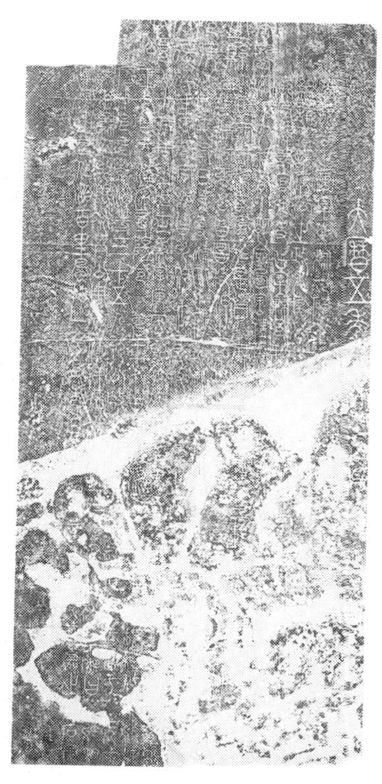

荀蕤，古之良宰也，榆次碣之。庾公，今之贤百里也，龚邱颂之。姑无其髦，孰纪其缪？议者谓庾公之政尤矣。公初告群吏曰："昔孝宣忧元元，以为经国致理，先乎令长。乃择郎官御史，出宰县邑。我自任城尉骤居五百石，非才何以当之？誓务整苏疲人，祇若明命。"乃崇礼让，省刑罚，纾力役，辟土田。宣慈务宽，训俭示德，润作时雨，和为春风。于是齐鲁丕变，井闾咸复，三载考绩，一方归最。都督兼侍御史清河张公曰："是牧伯之贤也。"训俗驭官，劝直沮枉，述职之地，类能称之，曰："方诸爽气，日暮更清，比之松筠，岁寒转茂。"题以上下之目，出乎群萃之表。百城千里，异声同欢曰："以伯达之良牧，赏次孙之茂宰，宜矣。"

公名贲，字文明。其先颍川人，成周之时，世为掌庾，因以命族，公其胄焉。公之考曰钦嗣，为兖州别驾。王父曰元汪，为寻阳令。曾王父曰师则，为蜀王文学。楷模继代，龟麟接武。大历中，邑老彭滔等三十五人，以公政务之大，咸愿刻石褒美，申于元戎，元戎允答。县人以阳冰与公周旋，备详德行，俾之作颂，有愧能文。辞曰：于穆庾公，宰字之良。化洽百里，风播一方。邑老上请，愿言颂德。元戎嘉之，金石乃刻。

大历五年九月三日建。

注　释：

《唐庾公德政碑》，大历五年(770)李阳冰书文，尺寸为199.2×92.3厘米。原石不存，金贞元三年(1155)宗佑之依旧本重刻于山东龚丘县(今山东宁阳)。

[1] 见《兖州府志》卷四十《艺文》二。

黄帝祠宇

黄帝祠宇

李阳冰　　　　丹杨葛蒙勒石

注　释：

[1]此碑为颜真卿题写“丹杨葛蒙勒石”合成之碑。光绪《缙云县志·碑碣》：“碑高七尺三寸，广四尺五寸，四字二行，篆书。长二尺二三四分不等。‘李阳冰’款字，篆书，在‘黄’字上，字长四寸三分。‘丹阳葛蒙勒石’六字，二行，正书。在‘祠’字上，字径两寸五分。碑在学宫，即宋庆历四年(1044)县尉毛维瞻《修孔子庙记》碑阴。”此碑在“十年浩劫”期间，被缙云中学一工友砸毁，仅存下部。1980

年和2006年先后利用清代旧拓重刻，立碑缙云县博物馆和仙都黄帝祠宇内。

[2]元郑杓《衍极》:“真卿之《剑池》，阳冰之《讲台》、《祠宇》等作，纵横生动，不假修饰，其署书之雄秀者乎!”刘有定注云:“颜鲁公书《虎丘剑池》，李监书《孙公讲台》，在苏州虎丘寺，又篆处州仙都山《黄帝祠宇》字，其上刻‘丹阳葛蒙勒石’，乃颜真卿楷书也。”元陈性定《仙都志・碑碣》:黄帝祠宇，“碑石，元(原)在玉虚宫，后为县人辇置邑庠。庆历间于碑阴刊毛维瞻所撰学记，今石尚存焉”。

[3]清阮元《两浙金石志》:“黄帝祠宇，李阳冰篆。此篆结体乃紧，笔力雄伟。胡志通(道)书碑后诗所谓‘古篆跨雄奇，铁柱贯金纽。想当落笔时，云梦吞八九’是也。元初，得此刻疑为祠匾重摹于石者，后见王象之《舆地胜纪》作黄帝祠宇篆额，《复斋碑目》有《唐仙都山黄帝祠堂碑》，袁瞥撰，云游子书，咸通八年立，其为祠额明矣。楼钥《北行日录》:‘谒黄帝祠宇，李阳冰篆额，今留郡庠。’是宋季犹如故也。葛蒙，丹阳镌字之人。徐浩书‘山阴县’额三字，即其所勒，款题同。此见《嘉泰会稽志》。”《复斋碑目》，即宋王厚之《复斋碑录》。徐浩(703—782)，徐峤子，字季海，越州(今浙江绍兴)人。肃宗时(756—762)授中书舍人，四方诏令多出其手。德宗初(780)，召授彭王傅，进郡公，赠太子少师。代宗时(762—779)封会稽县公，出节度岭南，世称徐会稽。入为吏部侍郎，坐事出明州别驾。善真行书，为唐著名书法家。著有《古迹记》一卷。

[4]清李遇孙《括苍金石志》:“缙云县学李阳冰‘黄帝祠宇’四个大字，书法雄奇，所以胡志通书碑后诗云:‘李侯神仙才，宇宙归其手。古篆夸雄奇，铁柱贯金纽。标榜黄帝祠，字画气浑厚。想当落笔时，云梦吞八九。每传风雨夜，蜿蜿龙蛇走。光怪发岩窦，草木润不朽。鬼物烦㧑诃，一旦忽失守。随烟遽飞腾，无复世间有。因闻山中人，石刻尚仍旧。谁能一新之，易若运诸肘。’其推服可谓至矣。宋小茗广文引赵晋斋‘横匾’之说，今读《两浙金石志》跋语考证，明确是原刻，赵说殊属臆断。又案晋斋《竹崦金石目录・黄帝祠宇碑》下，前说业已删去，殆亦自知其非，止引《书史会要》‘葛蒙，丹杨人，书迹似颜鲁公’云云。今按其迹果然。又‘丹阳’作‘丹杨’。考古丹阳县，《隋志》作‘丹杨’，‘阳’正当作‘杨’，以山多赤柳而得名。丹阳旧属扬州，本以木名郡，从‘手’旁者，通用字也。李阳冰篆‘黄帝祠宇’四字石刻，三尺大字，神凝气和，精密理闲，后人所不及者。然较之‘倪翁洞’三字，则稍逊耳。”黄帝祠，在缙云县东二十里仙都山。今碑在缙云县学。碑之阴，即宋庆历四年(1044)县尉毛维瞻《修孔子庙记》。记有云:“先是邑中诸侫密购善伺者，讽执政徙夫子庙于山谷间……毛维瞻因修庙学，即以其碑刻记于阴耳。不知何时移庙学于县，并移此碑也。今庙学之有黄帝祠宇之所由来也，然此石之幸列庙学，亦得永其传矣。”

上李大夫论古篆书[1]

阳冰志在古篆，殆三十年，见前人遗迹，美则美矣。惜其未有点画，但偏旁摹刻而已。缅想圣达立制（卦）造书之意，乃复仰观俯察六合之际焉：于天地山川得方圆流峙之形，于日月星辰得经纬昭回之度，于云霞草木得霏布滋蔓之容，于衣冠文物得揖让周旋之礼，于鬓眉口鼻得喜怒惨舒之分，于虫鱼禽兽得屈伸飞动之理，于骨角齿牙得摆拉咀嚼之势。随手万变，任心所成，可谓通三才之气象，备万物之情状者矣。

常痛孔壁遗文，汲冢旧简，年代浸远，谬误滋多。蔡中郎以丰豐同豊，李丞相将束为宋。鱼鲁一惑，泾渭同流。学者相承，靡所迁复。每一念至，未尝不废食雪泣，揽笔长叹焉。天将未丧斯文也，故小子得篆籀之宗旨，唐皇圣运，逮兹八叶。天生克复之主，人乐唯新之今；以淳古为务，以文明为礼；钦若典谟，畴兹故实。诚愿刻石作篆，备书六经，立于明堂，为不刊之典，号曰大唐石经。使百代之后，无所损益，仰明朝之洪烈，法高代之盛事，死无恨矣。

阳冰年垂五十，去国万里，家无宿舂之储，出无代步之乘；仰望紫极，远接丹霄，若溘先犬马，此志不就，必将负于圣朝，是长埋于古学矣。大夫衔命北阙，抚宁南方，苟利国家，专之可也。

伏望处分，令题简牍，及到主人，寒天已暮，暗烛之下，应命书之。霜深笔冷，未穷体势。傥归奏之日，一使闻天，非小人之己务，是大夫之功业。可否之事，伏唯去就之，阳冰再拜。

注　释：

[1]此文作于唐大历六年(771)。

[2]李大夫即李涵，孝基曾孙，简素忠谨，为宗室裔。郭子仪表为关内盐池判官。再迁宗正少卿。宝应元年(762)，初平河朔，母丧夺情。代宗以涵忠谨洽闻，迁左庶子兼御史中丞、河北宣慰使。后以幽州之乱，充河朔宣慰使。大历六年(771)正月为苏州刺史兼御史大夫，充浙江西道都团练观察等使。此书当上李涵。十一年(776)来朝，拜御史大夫。京畿观察使李栖筠殁，代之。德宗时官尚书右仆射。

---

① 见宋姚铉《唐文粹》卷八十一，清董浩、阮元《全唐文》卷四百三十七。

吏隐山篆题

李阳冰作铭，辛亥年……

注　释：

辛亥年，即大历六年(771)。

庶子泉铭

贤哉官相，牧此滁上。政成务简，心闲迹放。探幽近郭，选奇垒嶂。
疏石导泉，飞流泻涨。蓄泄潭洞，嵌空演漾。澄注悬瀑，千名万状。
能谐吏隐，吻合意匠。退食自公，尔和子唱。遗检舍局，体逸神王。
勒铭层崖，来者斯尚。

注 释：

[1]唐独孤及《琅琊溪述序》云："陇西李幼卿，字长夫，以右庶子领滁州，而滁人饥者粒，流者占，乃至无讼以听，故居多暇日，常寄傲此山中，因凿石引泉，酾其流从为溪。……故长夫名溪曰琅琊，他日赋八题，题于岩石，及亦状而述之，是岁大历六年岁次辛亥春三月丙午。"李幼卿，字长夫，陇西人。大历中以右庶子（右春坊）领滁州刺史。滁州有泉，以幼卿（庶子）得名。

[2]宋欧阳修《集古录跋尾》卷七载：[唐李阳冰庶子泉铭大历六年(771)]"右《庶子泉铭》，李阳冰撰并书。宋庆历五年(1045)，余自河北都转运使贬滁阳，屡至阳冰刻石处，未尝不裴回其下。庶子泉昔为流溪，今为山僧填为平地，起屋于其上。问其泉，则指一大井示余，曰'此庶子泉也'。可不惜哉！"

[3]元郑杓《衍极》："李阳冰《庶子泉铭》、《怡亭刻石》、《二世诏》无是过也。"刘有定注云："《庶子泉铭》李阳冰篆并书，在滁州。其泉昔为溪流，后为山僧填为平地，架屋为上，今存者一大井尔。"

[4]吏隐，山名，在缙云县治东五十步。朱关田《唐代书法考评·李阳冰散考》云："大历六年李阳冰偕滁州牧幼卿游于吏隐，其'退食自公'，清贫如此，正合'家无宿舂'、'出无代步'之说。"据此可知，是时阳冰尚未出山复仕。

般若台铭

般若台。大唐大历七年，著作郎兼监察御史李贡造，李阳冰书。

注　释：

[1]般若台，在福州城外乌石山。唐大历七年(772)书，四行24字，每字约长40厘米，宽25厘米，故宫博物院有明代拓本。此铭结字修长俊美，笔画精壮又不乏婉转，是李阳冰书法成熟时期的作品。李贡，官著作郎兼监察御史。

[2]清丁传写《乌石山访唐李缙云篆〈般若台铭〉记》云："般若台者，昔有沙门持《般若经》于此，日不释手，因是得名。"

唐玄靖先生李含光碑

唐玄靖先生李含光碑。柳识文，李阳冰篆额。

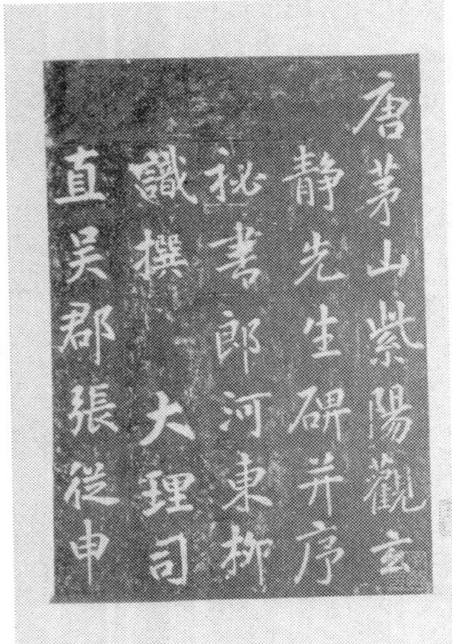

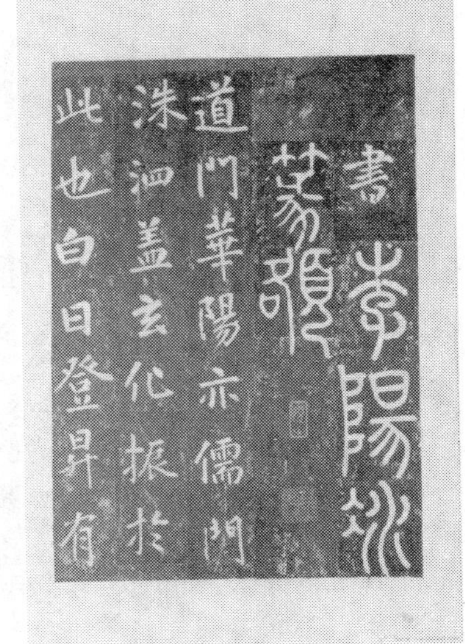

注　释：

[1]《唐玄靖先生李含光碑》，大历七年(772)立。今为元拓本，毡蜡精湛，纸墨淳古。萧山朱翼先生收藏。1953年朱夫人张宪祇率子捐献给故宫博物院。

[2]《张从申茅山玄静碑》的全名为《唐茅山紫阳观玄静先生碑》，原在江苏句容，明嘉靖三年(1524)遭火毁，原碑行数已不可知。共835字，前者"李阳冰篆额"五字，后有"大历七年八月十四日建"十字，柳识撰，张从申写。

[3]欧阳修《集古录跋尾》卷七载："右玄静先生碑，柳识撰，张从申书，李阳冰篆额。唐世工书之士多故，以书知名者难，自非有以过人者不能也。大历七年，然而张从申以书得名于当时者何也？从申每所书碑，李阳冰多为之篆额，时人必称为二绝。其为世所重如此。余以集录古文，阅书既多，故虽不能书而稍识字法，从申所书弃者多矣。而时录其一二者以名取之也。夫非众人之所称任，独见以自信君子于是慎之，故特录之必待知者。"

[4]李含光(682—769)，唐道士，广陵江都(今江苏扬州)人，精黄老之术，与司马承祯为方外交。开元十七年(729)从承祯于王屋山。承祯卒，玄宗召居阳台观以继之。后称疾乞还茅山，纂修经法。天宝四年(745)又召至京，馆禁中，请道法，辞以疾，复求还山，玄宗制诗饯别。七年(748)玄宗受上清经箓于大同殿，遥礼度师，赐号玄靖先生。卒赠正议大夫。

[5]柳识，字方明，代宗朝官左拾遗。工文章，与萧颖士、元德秀、刘迅不相上下。而识练理创端，往往诣极，虽趣尚非博，然当时作者服其简拔。

龙兴寺律经院和尚（法慎）碑

李阳冰篆额。

注　释：

[1]此碑大历八年(773)十二月建于扬州龙兴寺，李华撰文，张从申书，李阳冰篆额。宋欧阳修《集古录》："(唐龙兴寺四绝碑首)右《四绝碑首》者，李阳冰篆法慎律师碑额也。在扬州龙兴寺，唐李华文，张从申书，李阳冰篆额。律师者，淮南愚俗素信重之，谓此碑为《四绝碑》。律师非余所知，华文与从申书余亦不甚好，故独录此篆尔。嘉祐八年夏至日书。"

[2]法慎(666—748)，唐江都郭氏子。少小入道，长从太原怀素学律，名动京国。更通禅法，又通儒说，或以名利请任纲纪，乃潜返故里居龙兴寺以自适。食不求饱，居不易坐。朝士过扬者，以不践门阈为大羞。随方应施，导以正轨。后召入京，房琯、崔涣等争与订交。见宋赞宁《宋高僧传·法慎传》卷十四。

智镜禅师碑

独孤及撰，张从申书，李阳冰篆额。

注　释：

［1］此碑大历八年(773)十二月立于扬州龙兴寺，李华撰文，张从申书，李阳冰篆额。释文佚。见宋赵明诚《金石录・1490》。

［2］智镜，唐惠州禅师。

唐明州刺史河东裴公纪德碣铭[①]

皇唐御神器一百四十二载，天下大康。而海隅小寇，敢肆虿毒，结乱于瓯越，而句章□□□之口战卒数万，皆由此之。故是郡罹灾逾苦，井邑焚□，遗骸积而不掩，生民仅有存者。□□未完其危犹未安，天子哀之。诏择可以子物拯艰者以镇恤之，乃命长安令河东裴敬殿于兹邦。诏书既下，而罢民欢煦，若幼子之望慈父焉，彤□员来，则收合疮痍之境，熙熙如衣之食之。一年而惊逋复、田畴辟，茨塾兴。然后以礼义利物之教教之。人之□窳者，教之以温恭□质；人之卉服祝发者，教以仪饰之度；人之匮财乏食者，教以耕耨之事。群吏怀其仁而畏其严，罔敢射其利焉。故为政三年，其赏人也不用财，其励人也不□□于戏！长人之体不一，若乃华夏之人，习性纯纯，其理之也，可期月而致。若海裔之人，土风□□暴残嗜杀，宽之则法令非行，威之则圜视而凶心勃生。其欲驯之也难矣哉！及公之化夷俗为邹鲁，使父子长幼，各得其宜，则知中庸清静之德，感人深矣。夫理一邑而能人和□□者，则可以移于一郡，而能导之以德教者，则可以施于天下。公之所理之行，岂止郡邑而已，实宜佐彼大化，辅皇王以昌经邦国，以康调元气于阴阳者也。公寻而进秩，州民共思，愿纪词于碑，予忝蹑高踪，窃迹前事，敢不颂厥美，贻诸亿祀。铭曰：

美裴公兮，肃肃清风。纯和积中，令德显融。爰践华省，爰宰赤城。克成厥功，帝曰咨尔休懿。可建□于东。美裴公兮，于郡斯牧。是祗是肃，化流比屋。变此夷风，迄成鲁俗。人之父母，匪公而夜班，慰我惸独。羡裴公兮，胡弃我而适他邦。唯我下民，思心徘徊，殷焉不忘。愿颂休绩，播亿万载，刊于□璋。

注　释：

[1]此碣大历八年(773)立，王密文，集贤院学士李阳冰篆额。

[2]宋欧阳修《集古录》卷七：右《裴公纪德碣铭》，唐越州刺史王密撰，国子监丞、集贤院学士李阳冰篆。裴公儆为明州刺史，密代之，为作此文。其文云“皇唐御神器一百四十二年，天下大康。海隅小寇，结乱瓯越。因言明州当出兵之冲，民物残敝，儆抚绥有惠爱，而人思之尔”。按唐自戊寅武德元年受命，至己亥乾元二年，乃一百四十二年。是时肃宗新起灵武，上皇自蜀初还，史思明僭号于河北。是岁，洛阳、汝、郑等州皆陷于贼，不得云“天下大康”而“海隅小寇”也。考于史

① 见《宝刻丛编》卷十三《复斋碑录》，原文存缺。

传，又不见其事。唯台州贼袁晁攻陷浙东州郡，乃宝应元年，当云一百四十五年。又据密代儆为明州刺史，至大历十四年移湖州，则儆、密相继为刺史，宜在代宗时。然密当时人，推次唐年，不应有失。余友王回深父曰“唐自武德至大历八年，实一百五十六年，口间除则天称周十四年，则正得一百四十二年。是时天下粗定，文人著辞以为大康，理亦可通。是岁广州哥舒晃作乱，‘海隅小寇’岂谓此欤”。余以谓晃之乱，唐命江西路嗣恭讨平之，不当自明州出兵。深父曰“然兵家出奇，明州海道，去广不远，亦或然也”。故并著之。嘉祐八年十月三十日书。右真迹。

滑台新驿记[①]

滑台旧驿，天宝景申岁，逆臣盗国，师竟而焚。滑台四衢，通于四海，夷貊奉聘，诸侯觐王。有叠骑击毂，真郛翳术之日也。或寒沍凝血，或炎赫铄肌，疲心躁愤，骈立无寄。刚塞者多气奋盱衡，温愿者犹神忿吐息。虽远馨醪膳，腐积菽□，小吏夏执轻箑，冬备重裘，献用无所曷。补馁殆常惕惕，只惧终涓涓，议繁亦有吟愤，作诬口吻。震发者幕客请余构驿传以备政，县吏请余广驿传以息责。遂命试光禄卿兼同州别驾裴万以恪以干。俾主劀劂，圬墁之工，授其意曰："无尚雕木之异，无荣饰土之奇，揆时勿夺详费，就简唯□，楹楝将违暑也，广庭庑将达风也。取宁体之用，去娱目之奢，彤彩为文，刻钊象物，有益劳费，岂利荫庥，况玩巧荡神，垮丽踰度乎。及息役休工，阅成度费则万祇懔不赊，余诚素不违，乘轺之宾无，或嗤余不效徐湛之风亭月观之盛也。"

大历甲寅岁八月二日记。滑亳节度使李勉词。李阳冰书。

注　释：

[1]滑台新驿记碑，作于唐大历九年(774)，原石刻于河南滑县。现存者是咸丰辛酉(1861)出土的残石，碑前刻有同治辛未(1871)长洲宋祖俊题记。中国社科院考古研究所收藏宋拓孤本存世，全碑共 312 字，其中原石拓存 144 字，后 168 字为缺页，后补钩而成。此碑书法，线条绵里藏针，骨肉停匀，笔法圆转淳劲，结体古拙，浑厚朴实，是李阳冰晚年书法中极富代表性的作品之一。

[2]李勉，字元卿，郑惠王元懿曾孙。少贫喜学，内沉雅，外清整。始调开封尉。天宝十五年(756)七月，从肃宗于灵武，擢监察御史，累迁京兆尹兼御史大夫，拜岭南节度使。大历中(773)，进工部尚书封汧国公滑亳节度使。德宗立(780)，加捡校吏部尚书同中书门下平章事。建中元年(780)检校左仆射充汴、宋、滑、河阳等道都统。四年(783)，以司徒平章事征罢为太子太师。卒赠太傅，谥贞简。

[3]宋欧阳修《集古录》卷七：(唐滑州新驿记)右《新驿记》，李阳冰篆。碑在今滑州驿中，其阴有铭曰："斯去千载，冰生唐时。冰今又去，后来者谁？后千年有人，吾不知之；后千年无人，当尽于斯。呜呼郡人，为吾宝之。"不知作者为谁，然贾耽尝为李腾序《说文字源》，盛称阳冰此记。耽为滑州刺史，因见斯记而称之

---

① 见《全唐文》卷四百三十七，原文存缺。

耳。阳冰所书，世固多有可爱者，不独斯记也。嘉祐八年十二月二十六日书。

[4]宋赵明诚《金石录》卷二十八载："右《唐滑台新驿记》，李勉撰，李阳冰篆。其阴有铭。欧阳公云：'不知作者为谁，余尝考之，乃舒元舆《玉箸篆志后赞》也，其文载于《唐文粹》及元舆集中，欧阳公偶未之见尔。"

[5]《广川书跋》卷八："新驿记，唐秘书少监李阳冰书。阳冰在唐以篆学名世，自秦相李斯后号能书者，不得伯仲间见也。今世壮碑巨碣尚多有之，其皆绝处更无蹊辙可索，碑阴有颂谓：'斯去千载，冰生唐时，冰今又去，后来者谁？后千年有人，吾不得知之，后千年无人，当尽于斯。呜呼郡人为吾宝之。'昔欧阳文忠公尝疑唐相贾耽为之，盖耽喜阳冰书，尝为序其《说文字源》。耽后又为滑州刺史，其为刻此或可信也。余考其言盖舒元舆所为《玉箸篆志》谓：'斯去千载，冰复去矣，谁能得也。当尽于斯。'呜呼主人则与今碑阴或异，盖后人因其文，时有改定以合此记，不足怪也。虽然阳冰篆字，其甚工处，不尽于此。而刻元舆颂者独见此碑尔。元舆又谓阳冰其格峻，其力猛，其功备光大于秦斯信矣，则亦屡过而不止也。"

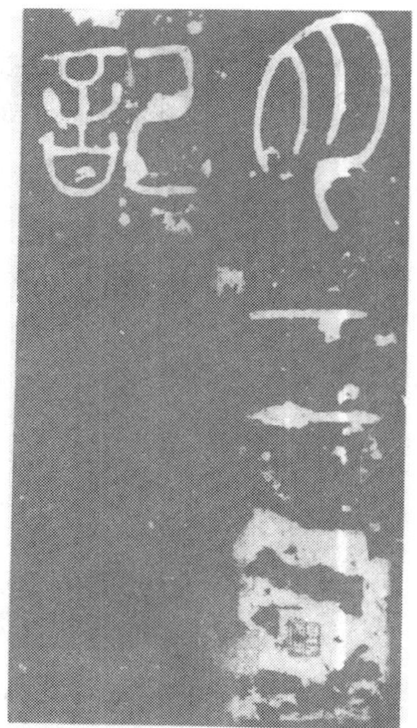

双钩唐李阳冰书滑台新驿记（民国二十五年初版，线装，12开横向翻阅本）图片一

双钩唐李阳冰书滑台新驿记(民国二十五年初版,线装,12 开横向翻阅本)图片二

双钩唐李阳冰书滑台新驿记(民国二十五年初版,线装,12 开横向翻阅本)图片三

双钩唐李阳冰书滑台新驿记(民国二十五年初版,线装,12 开横向翻阅本)图片四

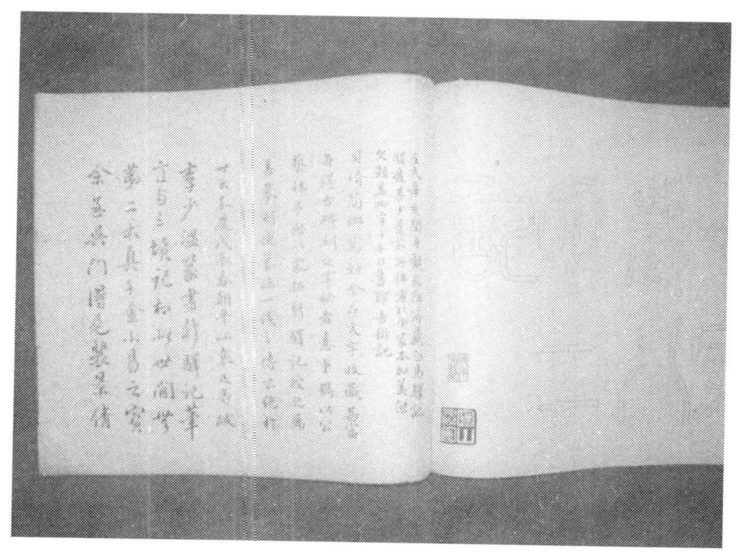

双钩唐李阳冰书滑台新驿记(民国二十五年初版,线装,12 开横向翻阅本)图片五

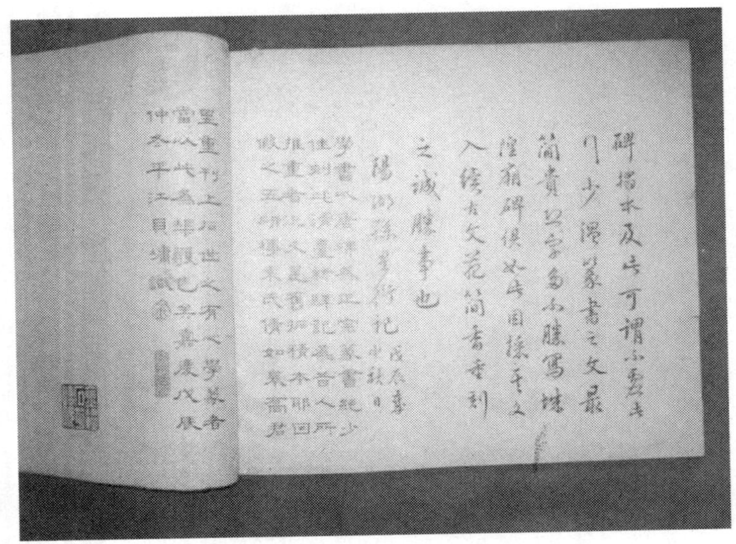

双钩唐李阳冰书滑台新驿记(民国二十五年初版,线装,12开横向翻阅本)图片六

大历十年具官名氏[①]

注　释：

大历十年具官名氏，见于施安昌《唐代石刻篆文》。大历十年，即公元775年。

① 见宋《金石录》。

虞帝庙碑铭[①]

注　释：

碑在广西桂林虞山，大历十一年(776)立。奉议郎守尚书礼部郎中上柱国韩云卿撰。朝议郎守梁州都督府长史武阳县开国男翰林待诏韩秀实书。京兆府户曹参军李阳冰篆额。韩云卿，桂州刺史韩叡素子，韩愈叔父，工文章，好立义节，官礼部郎中。上元辛丑(761)特进试鸿胪卿兼御史中丞。大历世，文辞独行中朝。时人欲铭述其先世功行，取信来世者，多属云卿为之，官终礼部侍郎。李昌巙，李唐皇族袭陇西县男，大历中为桂州总督兼御史中丞。

---

① 见《全唐文》卷四百四十一、陆增祥《八琼室金石补正》卷六五。

鲜于氏里门记

鲜于氏里门记(上)韩云卿撰,韩秀弼书,李阳冰篆。

注 释:

此碑刻于大历十二年(777)五月。见宋赵明诚《金石录·1523》。

平蛮颂碑[1]

朝议郎守尚书礼部郎中上柱国韩云卿撰

朝议郎守梁州都督府长

吏武阳县开国男翰林待诏韩秀实书

京兆府户曹参军李阳冰篆额

……唯大历十一年,桂林象郡之外,有西原贼率(帅)潘长安伪称南安王。诱胁夷蛮连跨州邑,鼠伏蚁聚,贼害平人。南踞(据)雕题交趾(今越南北部),西控昆明夜郎,北泊黔巫衡湘,弥亘万里,流毒如彼其广尔。天子命我陇西县男昌山夔领桂州都督兼御史中丞,持节招讨,斩首三万余级(实为二百余级),擒获元恶并其下将率(帅)八十四人,生献阙下。其余逼逐俘虏二十万,并给耕牛种粮,命还旧居……

注 释:

《平蛮颂碑》,大历十二年(777)立。奉议郎守尚书礼部郎中上柱国韩云卿撰。朝议郎守梁州都督府长史武阳县开国男翰林待诏韩秀实书。李阳冰篆额。大历十二年岁次丁巳五月辛亥十一日辛酉奉敕石。石刻高250厘米,宽200厘米,矗立在桂林市北门的铁封山。

---

① 见《全唐文》卷四百四十一、陆增祥《八琼室金石补正》卷六四。

琴 铭

以为临岳□□□□□□。

(此为故址,后人题记)

注 释:

[1]宋董逌《广川书跋》卷八:"唐李秘监《琴铭》十字,特奇古。李阳冰小篆,唯见于此琴在太常。昔陈仪为协律郎,尝出以示客。余因摹其书,今琴入禁中,故世以其书贵也。沈存中书曰:'南溟岛上得一木,名伽陀罗,纹如银屑,其坚如石,命工斲为此琴。'且谓琴材欲轻松脆,滑木坚如石,可以制琴,所未谕也。观此是括,未尝见琴,其铭亦不尽见也。今铭曰'以为临岳'等,此岂为琴材者耶。或曰'琴之临岳'何据?曰昔孙绰云:'回风临岳,刘饰流离,成公绥,亦曰临岳,则齐州之丹林,颜黄门曰琴首更弦者,名临岳琴,必以坚木藉弦欲其不刻入也,世人既不见琴,而铭又少得传,括以其书行于世,则余不得不辩"。

[2]宋赵明诚《金石录》卷十:"1973,唐李阳冰琴铭。"

大唐故开府仪同三司赠扬州大都督高公神道碑

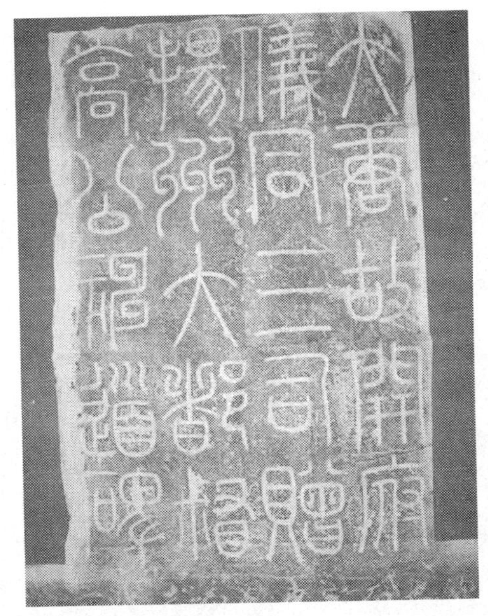

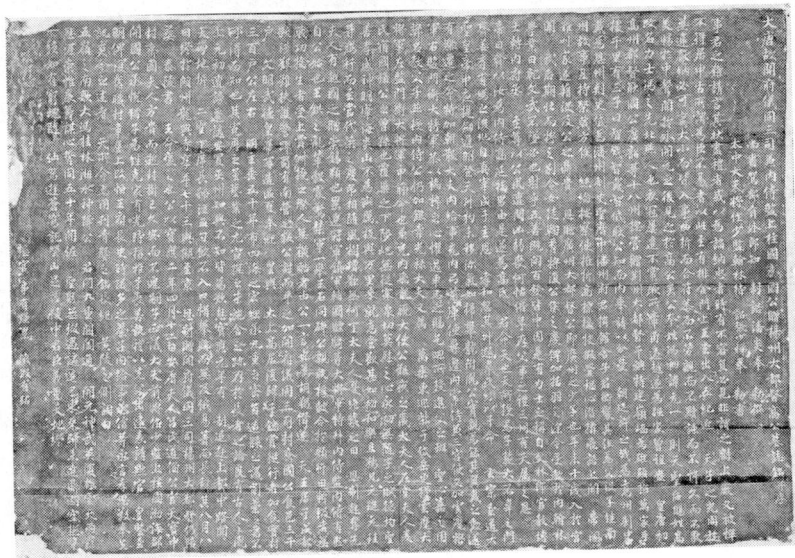

注　释：

[1]大历十二年岁次丁巳五月辛亥十一日辛酉奉敕石。尚书驾部员外郎知制诰潘炎、太中大夫将作少监、翰林待诏张少梯书，京兆府户曹参军李阳冰篆额，徐霁刻字。

[2]高力士(684—762)，唐宦官，高州良德(今广东高州东北)人，本姓冯，后成为宦官高延福的养子，改姓高。玄宗时知内侍省事，进封北海郡公；四方奏事都经他手，权力极大。肃宗为太子时，亦以兄礼事之，安禄山、李林甫、杨国忠等也都与他勾结。安史之乱时，高随玄宗到四川，上元元年(760)被放逐巫州，两年后赦归，病死途中。

[3]此碑刻于唐大历十二年(777)，立于陪葬泰陵的高力士墓前，原碑清代已断裂成两块，1971 年被找到并被对接完好。碑高 4 米，宽 1.5 米。共 30 行，每行 55 字，共 1650 字。今存陕西省蒲城县博物馆。潘炎，史亡，不知何处人。大历末，官右庶子，进礼部侍郎，贬沣州司马。张少梯，官翰林待诏，唐代书法家。

改修吴延陵季子庙记碑

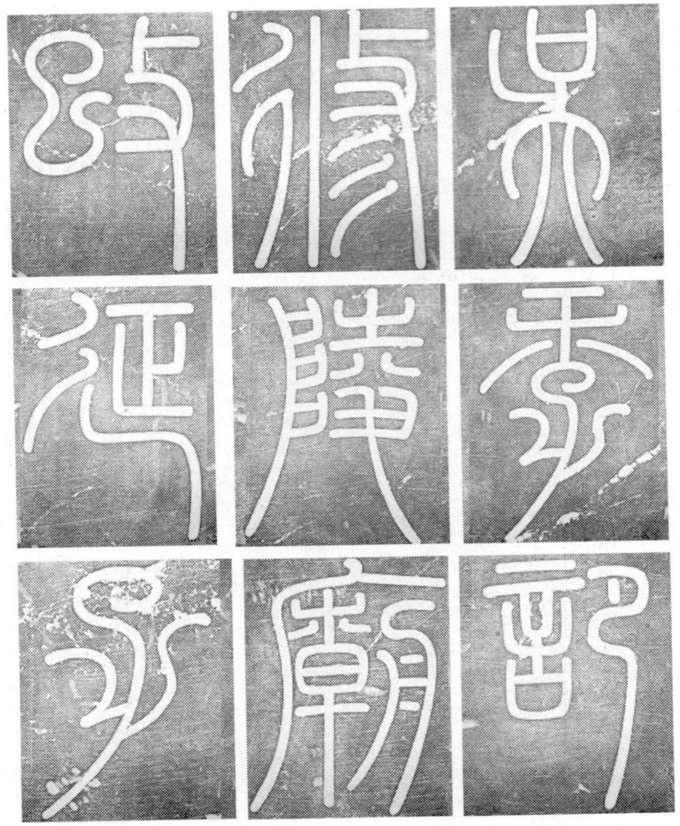

注　释：

[1]此碑刻于唐大历十四年(779)八月，立平润州延陵镇吴季子家庙。季子庙始于汉，盛于唐宋，延于明清至今。吴郡张从申记。大历十四年八月，前司大理司直张从申书，李阳冰篆额，信都魏清海镌。

[2]吴季子，又称公子礼、季札，春秋时吴国贵族。吴王诸樊弟，多次推让君位，封于延陵(今常州)，称延陵季子。后又封州来(今安徽凤台北)，称延州来季子，余祭四年(前544)出使鲁国，欣赏周代传统的音乐诗歌，对各种风格做了分析，借此说明周和诸侯的盛衰大势。后又游历齐、郑、晋等国，以有远见著称。公元前477年，吴国君主夫差失国，越灭吴后，季札后人仅有四子子玉一支血脉，隐姓埋名，世代一直坚守家园，岁岁祭祀吴氏始祖季札墓茔，并在墓左侧建立季子祠。古时，祠四周水泽万顷，沸井百余，今尚存沸井六口，三清三浊。汉时，儒学渐兴，对被誉为"儒家先驱"的季札的君子之德，《史记·吴太伯世家》誉为："延陵季子之仁心，慕义无穷，见微而知清浊，呜呼，又何其闳览博物君子也！"子玉后人把家中祖传的孔子手迹放大刻石立"十字碑"于墓前。晋代，季子庙"世经五代，年积千祀，而坟垅勿剪，庙宇长存"。唐开元年间，延陵九里季子墓前"十字碑"因年代久远，风化开裂，铭文残破，唐玄宗令"殷仲容摹拓其本"。唐大历十四年，时任润州(今江苏镇江)刺史萧定将"十字碑"按殷仲容拓片重刊于石，并亲撰碑文《改修吴延陵季子庙记》。宋郢忠恕《汗简》、清陆心源《唐文拾遗》："前司大理司直张从申书。李阳冰篆额，但无款。信都魏清海镌。"

[3]张从申，唐代书法家。吴郡(苏州)人。大历中进士，初捡校礼部员外郎，官至大理司直，人称"张司直"。善真、行书，师法王羲之，传世墨迹有《玄静先生碑》刻本等。

颜氏家庙之碑

颜氏家庙之碑

高祖記室君國初居此
宅據州君舍人君侍爲
堂令置廟地高祖妣殷
夫次居于守衛西北壁
第[illegible]宅秘書監君禮部
侍郎君侍爲號川君居
後堂華州君於堂中生
爲令充神廚少保君堂
令充齋堂廳屋充亞獻
終獻齋室

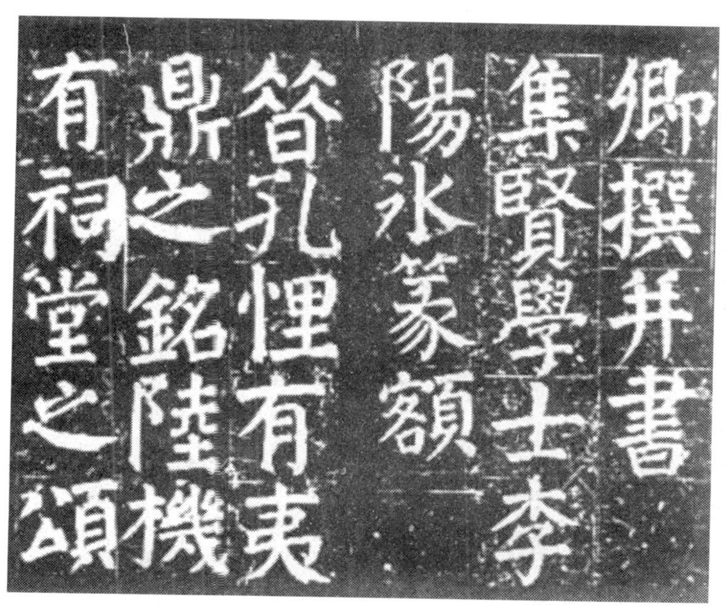

注　释：

[1]此碑系颜真卿为其父颜惟贞刊立，全称“唐故通议大夫行薛王友柱国赠秘书小监国子祭酒太子少保颜君庙碑铭”，楷书，尺寸为338×176×40厘米。四面刻，阴阳两面各24行，每行47字；碑侧各6行，每行52字。李阳冰篆书额，共3行6字，阴额题名10行，每行9字。建中元年(780)六月颜真卿撰文，十月又撰书《碑后记》，时年72岁。其意在发扬祖德，敷演家声。颜真卿将自己一生的功业德行告诸先人，心境肃穆平和，庄重笃实。此碑书法风棱秀出，精彩纷呈，气魄浩大，不使小巧；筋骨刚健，用笔凝重；形质朴拙，不敷雕饰；韵味醇厚，与日芳烈；端庄严正，精神浸人，为颜真卿晚年书法艺术的代表作，与李阳冰篆额有“联璧之美”，因此，备受历代书家推崇。

此碑存于西安碑林，北京故宫博物院藏有宋拓本，首行下刻有宋太平兴国七年(982)八月二十九日重立时李准跋文。据跋文记，此碑经唐室离乱，倒卧于郊野尘土之中，至北宋太平兴国七年李延袭发现后，才移入府城孔庙内。据《校碑随笔》等书记载，碑文第三行“祠堂”之“祠”字钩笔，唯宋拓本完好，明时已凿粗。如“李阳冰篆额”之“阳”字第三撇未损，“冰”字完好，“额”字右“页”直笔未损，则是宋拓“祠”字完好本中的上品。

[2]《唐故通议大夫行薛王友柱国赠秘书少监国子祭酒太子少保颜君碑铭》第七子光禄大夫行吏部尚书充礼仪使上柱国鲁郡开国公真卿撰并书。集贤学士李阳冰篆额。

有唐相国赠太傅崔公墓志铭

注　释：

[1]建中元年(780),吏部侍郎邵说撰,国子丞李阳冰篆额:“有唐相国赠太傅崔公墓志铭。”开封博物馆藏石。此铭书法规整严谨,结字沉实平隐,笔力刚劲雄健;长形与方形结体互见,紧劲与疏宕结合,沉劲浑穆,为李阳冰晚年书法炉火纯青时的代表作之一。

[2]崔祐甫,太子宾客沔子,字贻孙,第进士,调寿安尉。安禄山陷洛阳,祐甫冒矢石入私庙负本主以逃。代宗时自起居舍人累迁中书舍人。性刚直,遇事不阿。德宗时,拜门下侍郎同平章事,改中书侍郎。荐拔人才,推至公以行,未踰年,除吏几八百人,莫不谐允。淄青李正己表献钱三十万缗,祐甫请就赐将士,祐甫惭服。卒谥文贞。

汉黄石碣

汉黄石碣，李翰撰，张从申行书，李阳冰篆。

注　释：

建中元年(780)三月。见宋赵明诚《金石录》卷十：1567。

明州刺史王公德政碑

注　释：

[1]《明州刺史王公德政碑》，李舟撰，颜真卿书，国子监丞李阳冰篆额，建中二年(781)十月书。见宋赵明诚《金石录》卷十：1572。

[2]王密，京兆杜陵人。德宗朝登进士第。历官明州、湖州刺史，迁越州都督。充浙东西团练副使。

鲁山令元德秀墓碣

维唐天宝十二载九月二十九日，鲁山令河南元公终於陆浑草堂，春秋五十九。服名节者，无不痛心。呜呼！堂内有篇简巾褐，枕履琴杖，箪瓢而已。堂下有接宾之位，孤甥受学之室。过是而往，无以送终。名高之士陆浑尉梁园乔潭，赙以清白之俸，遂其丧葬，以玥月十二日，窆于所居南冈，礼也。公讳德秀，字紫芝，延州使君之子。后魏七叶，易为元，公其裔也。世有明哲，承而述之，幼挺全德，长为律度。神体和，气貌融，视色知教，不言而信。《大易》之易简，黄老之清净，唯公备焉。延州弃世之后，昆弟凋落，慈亲羸老，无小无大，仰饴于公。及应府贡，如京师，不忍离亲，躬负安舆，往复千里。以才行第一，进士登科。丁艰，声动于心。既过苴，刺血画佛像、写经，以不赀之身，申罔极之报，食无盐酪、居无爪翦者三年。先人未罚于兆，身迫当室，缄未忘之哀，参调求仕。铨试超等，补南和尉。黜陟使以至行上闻，授左龙武军录事，因坠伤足。乐正之忧，愀然满容，以甥侄婚仕为念。授署鲁山令，以痼疾不能趋拜，故后长吏佥以客礼待之。常获盗未刑，属滨山之乡称猛兽为害，盗请于庭曰："感明府慈仁，愿杀兽赎罪。"公哀而许焉，僚佐坚请，公无变虑。乃从破械纵之，盗果尸兽复命。

吏人老幼，咨嗟震勤，发于庭宇，播于四邻，则政化之行可知也。公自幼居贫，累服齐斩，故不及亲在而娶。既孤之后，单独终身，人或以绝后谕焉。对曰："兄有息男，不旷先人之祀矣。"历官俸禄，悉以经营葬祭、衣食孤遗。代下之日，柴车而返。南游陆浑，考一亩之宅，发八笥之直，唯匹帛焉。居无扃钥、墙藩之禁，达生齐物，从其所好。时属歉岁，涉旬无烟，弹琴读书，不改其乐。好事者携酒食以馈之，陶陶然脱遗身世。涵泳道德，拔清尘而栖颢气，中古以降，公无比焉。知我或希，晦而不耀故也。是宜为国老，更论道佐世，而羔雁不至，殁于空山，可胜恸耶！所著文章，根元极则《道演》，寄情性则《于荐于》，思善人则《礼咏》，多能而深则《广吴公子观乐》，旷达而妙则《现题》，穷于性命则《蹇士赋》，可谓与古同辙、自为名家者也。又其恶万金之藏，鄙十卿之禄，富贵之辨，吾得其真。至哉元公！越轶古今，冲邃冥冥，纯朗朴浑，范于生灵。凡与门人，吟慕遗风，谥曰文行先生，从古也。夫表德铭功，厥义有三：上以简神明，中以铺光烈，下以耸示后人。斯文之作，由此志也。其铭曰：

天地元醇，降为仁人。隐耀韬精，凝和葆神。道心元微，消息诎伸。载袭先猷，竭尽报亲。贞玉白华，

不缁不磷。纵翰祥风，蜕迹泥尘。今则已矣，及吾无身。仰德如在，瞻贤靡

因。怀哉永思,泣涕铭云。

注　释:

[1]《鲁山令元德秀墓碣》,于建中四年(783)二月立,李华撰文,颜真卿书,京兆府户曹参军李阳冰篆额,后人争摹写之,号为"四绝碑"。见宋赵明诚《金石录》卷十:1577。

[2]元德秀(694—753),字紫芝,河南人,少孤,事母孝,举进士,不忍去左右,自负母入京师。既擢第,母亡,庐墓侧,食不盐酪,藉无茵席。元家贫,求为鲁山县令,岁满去职,爱陆浑佳山水,乃居之,陶然弹琴以自娱。房琯每见叹息曰:"见紫芝眉宇,使人名利之心都尽。"天宝中卒。天下高其行,称曰"文鲁山"。

[3]李华,字遐叔,李莒之弟,赵郡人,开元二十三年进士擢第。天宝中,登朝为监察御史。累转侍御史,礼部、吏部二员外郎。华善属文,与兰陵萧颖士友善。华进士时,著《含元殿赋》万余言,颖士见而赏之,曰:"《景福》之上,《灵光》之下。"华文体温丽,少宏杰之气;颖士词锋俊发。华自以所业过之,疑其诬词。乃为《祭古战场文》,熏污之,如故物,置于佛书之阁。华与颖士因阅佛书得之。华谓之曰:"此文何如?"颖士曰:"可矣。"华曰:"当代秉笔者,谁及于此?"颖士曰:"君稍精思,便可及此。"华愕然。华著论言龟卜可废,通人当其言。禄山陷京师,玄宗出幸,华扈从不及,陷贼,伪署为凤阁舍人。收城后,三司类例减等,从轻贬官,遂废于家,卒。有文集十卷,行于时。

咸宜公主碑①

注　释：

[1]宋欧阳棐《集古录目》四云："唐《咸宜公主碑》，鄜坊节度使掌书记武元衡撰，苏州常熟令袁中孚书，将作少监集贤院学士李阳冰篆额。兴元元年(784)立。"《新唐书·诸帝公主传》："咸直公主，贞顺皇后所生。下嫁杨洄，又嫁崔嵩，薨兴元时。"

[2]咸宜直公主，亦作咸宜公主，唐玄宗女，因母亲贞顺皇后(武惠妃)的缘故，很受宠爱。按规矩，公主的实封不过五百户。咸宜首先封到一千户，其他公主感到很不公平，大概大臣们也提了意见，玄宗干脆下令，以后公主都实封一千户。开元二十三年(735)七月，咸宜下嫁杨洄。杨洄就是中宗女长宁公主与杨慎交的儿子，拜卫尉卿，后杨与武惠妃合作，想废掉当时的太子李瑛，改立咸宜兄弟李瑁为太子。二十五年(737)四月，玄宗同意，由于张九龄谏阻，太子才暂时不废。二十六年(738)五月二十三日，玄宗幸宜直公主宅。安史之乱后，玄宗被软禁，咸宜是少数几个能去看望玄宗的公主之一。上元二年(761)嗣歧王李珍谋反事败，杨洄也参与其事，跟他连襟薛履谦一样，被赐自尽。咸宜又嫁崔嵩，崔嵩出身博陵崔氏第二房。兴元元年，咸宜去世。《咸宜公主碑》，鄜坊节度使掌书记武元衡撰，苏州常熟令袁中孚书，将作少监集贤院学士李阳冰篆额。

[3]元陈性定《仙都志》云："杨郎洞，在初阳谷后驿道旁，洞中高下二级，可容二十余人。古老相传昔有杨郎居此，以符药济惠于过往者，后人思之立祠于中。"杨郎洞，即响岩洞。杨郎，疑即驸马杨洄，也许驸马杨洄生前与李阳冰有交往。咸宜公主去世后，李阳冰才会篆此碑。

① 此碑已佚。

笔法论

王，中画近上，王者则天之义。

玉，三画正均如贯玉也。

龠，从亼冊，亼古集字；品象众竅，盖集众管如册之形，而置竅尔。

𡈼，墨斗中形象车轴头；墨之形，上画平引，不从中也。

𨏈，车前重不前，合从车，宜上画平，不从中明矣。

笑，从竹从夭，义云竹得风，其体夭屈，如人之笑。未知其审。

函，许氏作圅非也，当依篆作函。

同，（合）会也。从冃从口。从口非是。

欠，上象人开口，下象气，非从人。

页，皃当作皃。

劦，从肉力。

需，当从天。

坐，从卯。

金，当作金。

勺，古文不从屈一之体，并从勹。

矛，阳冰作𢆉。

巴，从巳中一，不合次己下。

弍，弋质也，天地既分，人生其间，故一二三皆从弋。

羊，干一为羊。

叚，从巨，巨予也，工器也，又手也，手持器为求之于人，人与之也。

隹，鸟之总称，尔雅长尾而从隹，知非短尾之称。

幺，厶不公也。重厶为幺，蒙昧之象也，会意，非象形。

改，己有过，支之即改。

刃，刀面曰刃，一示其处也，此会意。

竹，谓之草非也。

主，U象膏泽之气，土象土木为台，气主火之义，会意。

亼，入者合集之义，自一成乎亿万。入者集之初，故从入从一。

木，象木之形，木者五行之一，岂取象于卉乎？

日，古人正圜象日形，其中一点像乌，非口一，盖篆籀方其外，引其点尔。

才，才木之干也，木体枝上曲，今去其枝，但有槎枿。

尗，父之弟为叔，从上小，言其尊行居上而已小也。

𠂤，㠯字从𠂤而生，一重为𠂤，二为自，三为㠯。

州，三丩为州。

仌，象冰裂之形。

非，两手相背。

土，土数五，成数十，取成数，下一地也。

与，中画盘屈，两头各钩，物有交互相與之义，与互同意。

𠫓，疏流二字，并从古𠫓，疏通流行也，岂不顺哉。

午，五月竹成箬成竹，此半枝出地。

亥，古文本象豕形。

毒，从中母出地之盛，从土，土可制毒，非取毒声，毒烏代反。

路，非各声，从足辂省。

豐，山中之丯，乃豐声也。

血，从一声。

矤，仓颉作字，无形象者则取音从为之，训矢则为矧，其类往往而有之，弜字是也。

臬，自非声，从劓省。

袁，从衣中口，非虫省。

秃，从穆省声。

长，非倒亡声，倒亡，不亡也。

忍，刀非声，当从刈省。

鳏，当从鰥省。

戌，戊土也，一阳也，阳气入地，一固非声。

周祖谟《问学集·李阳冰篆书考·刊定说文与李氏之篆法》

注　释：

[1]此论存于李腾《说文字源碑》中，《说文字源碑》于唐贞元五年(789)十月立。但此石久已泯灭无闻。后宋僧梦英《篆书偏旁字源碑》依李阳冰刊定说文而作。此碑宋真宗咸平二年(999)六月十五日立，今存西安碑林。

[2]宋徐铉《校说文》："唐大历中李阳冰篆迹殊绝，独冠古今。自云'斯翁之后，直至小生'，斯言为不妄矣。于是刊定说文，修改笔法。学者师慕，篆籀中兴。然颇排斥许氏，自为臆说。夫以师心之见，破先儒之祖述，岂圣人之意乎？今之为字学者，亦多从阳冰新义，所谓贵耳贱目耳。"

[3]宋徐锴《说文解字系传·袪妄篇》:"说文之学久矣,其说有不可得而详者,通识君子所宜详而论之。楚夏殊音,方俗异语,六书之内,形声居多。其会意之字,学者不了,鄙近传写,多妄加声字,笃论之士所宜檃括;而李阳冰随而讥之,以为己力,不亦诬乎?"

[4]周祖谟《李阳冰篆书考》评曰:"考其所论,言笔法者多本诸秦篆,论义训声音者,则多出于己见,无所依旁……其中可取者十不一二焉。元熊朋来《经说》卷七评篆一则,于阳冰之说亦多所非难。"

[5]唐兰《古文字学导论》:"李氏是许慎的后继,二徐的前驱,那时传写《说文》者,皆非真人,错乱遗脱,不可尽究。他由篆书家来刊定修正,于是《说文》学的复兴,不无功绩。所以在宋以前很流行,但二徐都反对他。徐锴的《袪妄篇》,是专攻击他的。其实他所说的也有长处,像:'木,象木之形,木者五行之一,岂取象于屮乎?''日,古人正圜象日形,其中一点象乌,非口一,盖篆籀方其外,引其点尔。'不能说是诬妄。……小徐作《说文系传》、《说文韵谱》,大徐和句中止等校定《说文》,都有功于《说文》之学。二徐攻击李阳冰,但他们对于形声相从的条例不很清楚,所以错误、谬妄也不少。这一时期是文字学的中兴时期,李阳冰、徐铉、徐锴三人整理《说文》的功绩,在文字学史上是永远不会被人忘记的。"

存　疑

一、孙公讲台

注　释：

元刘有定《衍极注》："阳冰之《讲台》、《祠宇》等作，纵横生动，不假修饰，真署书之雄秀者乎！……李监书《孙公讲台》，在苏州虎丘寺。"

二、大禹之庙

注　释：

元刘有定《衍极注》："又篆越州《大禹之庙》字，并旷世绝作。"

三、吏隐山

注　释：

[1]明薛应旂《缙云诸山志》："吏隐山，在县东北五十步。一名洼尊山。唐县令李阳冰秩满，尝游息于此，筑忘归台。石壁间刻'吏隐山'三字，阳冰所书也。"

[2]明何镗《括苍汇纪》："吏隐山，一名窪尊山，在县治东。李阳冰公暇日游息于此，篆'吏隐山'三字于壁。"

[3]清光绪《缙云县志》卷二载："'吏隐山'三字，在县治东。"

[4]吏隐：旧时士大夫常以官职低微，自称吏隐，意思是隐于下位。

四、处州新驿记

注 释:

清李遇孙《括苍金石志》载,丽水王芝庭曰:"《天下舆地碑记》云:'李阳冰神光寺《般若台记》、《处州新驿记》、《缙云城隍记》、《镜水忘归台铭》世宝之,为四绝。'"《天下舆地碑记》,当宋王象之《舆地碑记》。

五、北 山

乾元二年八月,唐缙云县令。李阳冰书。

注 释:

元方凤《金华洞天行纪》:"至智者寺,山路有亭,匾'北山',乾元二年八月,唐缙云县令李阳冰书。"

六、天清地宁

天清地宁。李阳冰书。

注 释:

[1]明王祎《清宁堂记》:"清宁堂,赤松山道士俞君元吉之居也。初,俞君之师故藏唐李阳冰所书'天清地宁'四大篆。奎章阁侍书学士虞公集、翰林待制柳公贯,皆为之题识,亦既勒石矣。于是俞公复与其徒陈君依山构堂宝积观之西南偏,而因用'清宁'为堂名。"

[2]清卢标《婺之粹》:"唐'天清地宁'石刻。"李阳冰书。石刻在金华县光孝道观,今移置县学"一览亭",篆书,四字,径一尺六寸五分,旁有李阳冰正书署款,四字径一寸二分。见《两浙金石志》。

七、忘归洞

注　释：

清光绪《缙云县志》云："忘归洞，李阳冰篆。"樊献科《仙都西游记》："过忘归洞，于岩间索篆迹，不可读。止辨'徐凝隐居'数十字，不能句。"

八、阮客洞

注　释：

明何镗《括苍汇纪》："阮客洞，有唐李阳冰题洞额，镌于石上。"

九、初阳谷

注　释：

元陈性定《仙都志》："宋嘉泰间，郡人陈百朋《〈括苍〉续志》云：'洞正属仙都山，练溪旁。初阳谷中崖上有洞名三大字，或云李阳冰篆。'"清道光《缙云县志》作"初阳山"。

十、禁　经[①]

注　释：

《翰林禁经》，八卷。唐太宗《禁经序》（存缺——引者注）云："夫工书须从师授，必先识势，乃可加功；功势既明，则务于迟涩；迟涩和矣，无系拘□；拘□既亡，求诸变态；变态云者，在乎奋研；奋研之理，资于状异；状异之变，无溺荒僻；荒僻黜矣，藉于神采，神采之至；机于元微；元微则宏逸无方矣。设乃一向规模，随其工拙：势以返覆肥瘦，体以疏密齐平；放则失之于速，留乃至之于迟；畏惧生疑，否臧不决；运用迷于笔前，震动惑于手下。若此，欲造于元微，则未之有也。"

① 见《历代大家书千字文·公输翰·李阳冰篆书千字文》。

李阳冰年谱[①]

公元 722 年　壬戌　唐玄宗开元十年　1 岁。

李阳冰生。字少温，赵郡人。韩愈敬称其为“李监”、“李缙云”、“李侯”等。父雍问，湖城令。家世住云阳，承白门作尉。阳冰兄弟五人，皆负词学。兄湜、弟澥。

公元 739 年　己卯　唐玄宗开元二十七年　18 岁。

追谥孔子为文宣王。

公元 741 年　辛巳　唐玄宗开元二十九年　20 岁。

上元(今南京)县尉。

公元 742 年　壬午　唐玄宗天宝元年　21 岁。

安禄山为平卢(营州)节度使。

公元 744 年　甲申　唐玄宗天宝三年　23 岁。

安禄山兼范阳节度使。玄宗纳寿王妃杨太真入宫。

左补阙监察御史李澥奉使朔陲。不久露奏平卢兼范阳节度使安禄山，乱成于宠上莫得闻。为安禄山所恶，配流卢溪郡。

公元 745 年　乙酉　唐玄宗天宝四年　24 岁。

玄宗册杨太真为贵妃。

公元 746 年　丙戌　唐玄宗天宝五年　25 岁。

缙云尉。从兄季卿撰《吏隐山记》，李阳冰书。

公元 748 年　戊子　唐玄宗天宝七年　27 岁。

五月(十三日)，明皇下诏：“自古受命帝王，创业之君，皆经济艰难，勘定祸乱。虽道谢于往古，乃功施于生人。用率典章，亦以经祀。其历代帝王肇迹之处，未有祠宇者，宜令所余郡县，量制一庙，以时享祭。”六月八日，五彩祥云起于李溪源，复绕缙云山独峰之巅，仙乐响亮，诸山皆应，山呼万岁者九，自申至亥乃息。而后，缙云郡太守苗奉倩奉《报祀九庙、岳渎名山大川诏》入京，上彩云仙乐之异于朝。唐朝皇敕改缙云山为仙都。周围三百里，禁樵采捕猎，建黄帝祠宇。岁度吴善经等七人以奉香火。苗奉倩离京时，著名诗人王维作《送缙云苗太守》诗相送。

公元 749 年　己丑　唐玄宗天宝八年　28 岁。

官淄川(今山东淄博)尉。

---

① 成文于 2009 年 3 月 12 日。

公元750年　庚寅　唐玄宗天宝九年　29岁。

赐安禄山爵东平郡王。赐杨钊名国忠。

公元751年　辛卯　唐玄宗天宝十年　30岁。

安禄山兼河东节度使。

公元752年　壬辰　唐玄宗天宝十一年　31岁。

十一月，杨国忠为右相。

公元753年　癸巳　唐玄宗天宝十二年　32岁。

官淄川尉任满。

公元755年　乙未　唐玄宗天宝十四年　34岁。

十一月，安禄山以讨杨国忠为名，反于范阳（今北京市一带），南下，陷河北诸郡。十二月陷洛阳。平原太守颜真卿、常山太守颜杲卿起兵讨贼，河北诸郡响应。

公元756年　丙申　唐玄宗天宝十五年　肃宗至德元年　35岁。

正月，安禄山在洛阳称大燕皇帝。六月十二日，玄宗奔蜀。十四日，至马嵬驿兵变，杀杨国忠，缢杨贵妃。长安陷落。七月，太子李亨即位于灵武，是为肃宗。

李澥宰江阴。此后，历佐晋陵、吴兴、丹阳三郡或参将府张公镐军事，其佐郡。

公元757年　丁酉　唐肃宗至德二年　36岁。

正月，安庆绪杀其父安禄山。九月，郭子仪收复西京。十月，收复洛阳。十二月，上皇（玄宗）归长安。

肃宗博求多士，李澥拜金部员外郎（户部金部司副职）。

公元758年　戊戌　唐肃宗至德三年　乾元元年　37岁。

李阳冰官缙云县令。

十二月，置浙江西东两道节度使。

公元759年　己亥　唐肃宗乾元二年　38岁。

正月，史思明在魏州称大圣燕王。郭子仪战败，断河阳桥以保东京。四月，史思明在魏州称帝。李阳冰之师萧颖士卒。

江南久旱，秋七月不雨，八月既望，缙云县令李阳冰祷雨城隍，篆《缙云城隍庙碑》。是月，应邀游金华。书“赤松山”、“北山”、“天清地宁”三篆。

公元760年　庚子　唐肃宗乾元三年　上元元年　39岁。

七月甲辰，李阳冰修孔庙，篆《修缙云文宣王庙碑》。

八月十三日，李澥卒，春秋四十三。

公元761年　辛丑　唐肃宗上元二年　40岁。

官当涂县令。

三月，史朝义杀其父史思明称帝。

冬月，篆《千字文》。岁暮，61 岁大诗人李白赴当涂，就县令李阳冰，即留当涂养病。李白有《当涂李宰君画赞》、《献从叔当涂宰阳冰》、《陪族叔当涂宰游化城寺升公清风亭》等诗赠李阳冰。

公元 762 年　壬寅　唐代宗宝应元年　41 岁。

李光弼进驻徐州，大破史朝义。

李白在李阳冰处养病。暮春，曾往横望山，与吴筠道士告别，有《下途归石门旧居》以纪其事。李白脓胸症慢性化，向胸壁穿孔，成为"腐胁疾"。十一月，李白卒于当涂，死前以诗稿付李阳冰，嘱为编次。乙酉，李阳冰作《草堂集序》，即挂冠退隐。篆《谦卦》。

公元 763 年　癸卯　唐代宗宝应二年　广德元年　42 岁。

正月，史朝义自杀，安史之乱结束。十月，吐蕃陷长安，代宗逃往陕州。十一月，郭子仪入长安。十二月，代宗还长安。

公元 765 年　乙巳　唐代宗永泰元年　44 岁。

吐蕃军与回纥兵合围泾阳，郭子仪会见回纥帅，与唐修好，共破吐蕃军。

夏五月十一日，在武昌与李莒一共书裴虬《怡亭铭》。

公元 767 年　丁未　唐代宗大历二年　46 岁。

以从子名分，篆《栖先茔记》、《李氏三坟记》。

从兄李季卿逝世。

公元 769 年　己酉　唐代宗大历四年　48 岁。

为《万年县令徐昕碑》篆额。

公元 770 年　庚戌　唐代宗大历五年　49 岁。

为《庾公德政碑》篆额。

公元 771 年　辛亥　唐代宗大历六年　49 岁。

春三月丙午，为滁州刺史李幼卿篆《庶子泉铭》。后与李幼卿谐处州缙云吏隐，题记吏隐山。

公元 772 年　壬子　唐代宗大历七年　50 岁。

在福州，为著作郎兼监察御史李贡篆《般若台铭》。

二月甲寅，兵部侍郎李涵（李元之子）任浙西观察使。（《旧唐书》）夏五月，尚书兵部侍郎李涵为御史大夫、苏州刺史，巡省江左。（独孤及《赠秘书监李公碑》）

李阳冰年垂五十，《上李大夫（涵）论古篆书》自荐，提出建立《大唐石经》主张。

公元 773 年　癸丑　唐代宗大历八年　52 岁。

浙西观察使、苏州刺史兼御史大夫李涵推荐，李阳冰离处州缙云，出山赴京都任京兆府法曹。闻讯，袁州刺史李嘉佑专程赶到缙云吏隐相送，作《送从叔阳冰祗召赴都》。途中过岘山，与大书法家湖州刺史颜真卿、诗僧皎然相会。颜真卿有《岘山送李法曹阳冰西上献书》，皎然有《同颜使君真卿，岘山送李法曹阳冰西上献书时，会有诏征赴京》诗。

公元 774 年　甲寅　唐代宗大历九年　53 岁。

八月，书《滑台新驿记》。

公元 775 年　乙卯　唐代宗大历十年　54 岁。

具官题名。

窦息《述书赋》和窦蒙《述书赋注》书成。

公元 776 年　丙辰　唐代宗大历十一年　55 岁。

为《虞帝庙碑》篆额。

公元 777 年　丁巳　唐代宗大历十二年　56 岁。

五月十一日，李阳冰奉敕为《平蛮颂碑》、《高（力士）公神道碑》篆额。又撰《龚丘县令庾公德改碑》。

公元 779 年　己未　唐代宗大历十四年　58 岁。

二月，河北田承嗣死，成德镇李宝臣请求将节度使授给田承嗣子田悦，代宗同意。五月，代宗死，太子李适即位，是为德宗。八月，以崔祐甫为宰相。

为《唐改修吴延陵季子庙碑》篆额。

公元 780 年　庚申　唐德宗建中元年　59 岁。

宰相崔祐甫卒。

为《颜氏家庙碑》、《崔祐甫墓志》篆额。

公元 781 年　辛酉　唐德宗建中二年　60 岁。

正月，成德镇李宝臣死，子李维岳自为留后并请求批准。德宗不准。田悦为李维岳代请亦不许。

为《王密德政碑》篆额。

五月，田悦反攻荆州。六月，山南东道节度使梁崇义拒绝发兵讨伐田悦。德宗命淮西节度使李希烈讨之。李希烈破襄阳，梁崇义自杀。淮西兵大掠而去。八月，李正己死，其子李纳请求袭节度，战争全面铺开。

公元 782 年　壬戌　唐德宗建中三年　61 岁。

为《元鲁山墓碣》篆额。

十二月，李希烈自称天下都元帅、建兴王，勾结李纳、朱滔等反叛。

公元 783 年　癸亥　唐德宗建中四年　62 岁。

八月，李希烈围攻襄州，德宗命泾原镇节度使姚令言讨伐。十月初三，泾原兵东征过京师，因无犒赏哗变，拥朱泚为帅。德宗出京逃到奉天（今陕西乾县）。

朱泚称大秦皇帝，改元应天，攻奉天。十一月二十日，李怀光解除奉天围。

公元 784 年　甲子　唐德宗建中五年　63 岁。

德宗下《罪己诏》。

李希烈称楚帝，改元武成。朱泚改国号汉，称汉元天皇。李晟收复京师，杀朱泚，德宗还京。大书法家颜真卿、名士孔巢父被杀。二月十六日，李怀光叛变，德宗再一次仓皇南奔梁州(今陕西汉中)。五月二十一日，唐军进逼长安。七月，德宗还京。

奉敕为《咸宜公主碑》篆额。

公元 785 年　乙丑　唐德宗贞元元年　64 岁。

李阳冰去世。子均(服之)，词场高第，开封令。幼子曰广。

唐德宗贞元五年(789)十月，李阳冰《说文源字》镌毕立石，贾耽序，徐琇书，由侄李腾书写。

图书在版编目（CIP）数据

缙云文化研究续编/王达钦著. —杭州：浙江大学出版社，2016. 1

ISBN 978-7-308-15047-7

Ⅰ. ①缙… Ⅱ. ①王… Ⅲ. ①文化史—研究—缙云县 Ⅳ. ①K295. 54

中国版本图书馆 CIP 数据核字(2015)第 200929 号

缙云文化研究续编

王达钦　著

责任编辑　蔡圆圆
责任校对　杨利军　田程雨　王荣鑫
封面设计　刘依群
出版发行　浙江大学出版社
（杭州市天目山路 148 号　邮政编码 310007）
（网址：http://www.zjupress.com）
排　　版　杭州金旭广告有限公司
印　　刷　杭州杭新印务有限公司
开　　本　710mm×1000mm　1/16
印　　张　27.25
字　　数　504 千
版 印 次　2016 年 1 月第 1 版　2016 年 1 月第 1 次印刷
书　　号　ISBN 978-7-308-15047-7
定　　价　68.00 元
